Schriften zur Didaktik der Mathematik und Informatik
an der Universität Salzburg

herausgegeben von
Ao. Univ.-Prof. Mag. Dr. Karl Josef Fuchs

Band 1

Karl Josef Fuchs

Fachdidaktische Studien

Shaker Verlag
Aachen 2007

Bibliografische Information der Deutschen Nationalbibliothek
Die Deutsche Nationalbibliothek verzeichnet diese Publikation in der Deutschen
Nationalbibliografie; detaillierte bibliografische Daten sind im Internet über
http://dnb.d-nb.de abrufbar.

Copyright Shaker Verlag 2007
Alle Rechte, auch das des auszugsweisen Nachdruckes, der auszugsweisen
oder vollständigen Wiedergabe, der Speicherung in Datenverarbeitungs-
anlagen und der Übersetzung, vorbehalten.

Printed in Germany.

ISBN 978-3-8322-6593-9
ISSN 1865-3855

Shaker Verlag GmbH • Postfach 101818 • 52018 Aachen
Telefon: 02407 / 95 96 - 0 • Telefax: 02407 / 95 96 - 9
Internet: www.shaker.de • E-Mail: info@shaker.de

PERSÖNLICHES UND ERKLÄRENDES

Vor einigen Wochen habe ich den 50. Geburtstag gefeiert. Ich denke mir, das ist nun ein guter Zeitpunkt, um ein wenig innezuhalten und auf bereits Vergangenes zurückzublicken. Diese Überlegung hat schließlich in den letzten Monaten dazu geführt, das vorliegende Buch zu gestalten, welches die wesentlichen Stationen meiner Auseinandersetzung mit der Fachdidaktik dokumentiert.

Richten wir den Blick auf die beiden Arbeiten, so gibt es trotz des großen zeitlichen Abstands von 10 Jahren rote Fäden, die sich gleichsam durch beide Schriften ziehen.

Ein zentrales Anliegen meiner Studien und Forschungen ist sicherlich eine sinnstiftende Integration des Computers in den Unterricht. Die beiden Arbeiten sind auch ein Zeitdokument einer sich geradezu zyklisch verändernden Sicht auf den Computer.
Sprach man gegen Ende der Achtzigerjahre von Computern im Unterricht (CiU), so war im Wesentlichen die Maschine als Programmierwerkzeug Gegenstand fachdidaktischer Betrachtungen. Mit Beginn der Neuzigerjahre rückten immer mehr Anwendersysteme – vor allem Computeralgebrasysteme (CAS) und Dynamische Geometrie Software (DGS) in den Mittelpunkt der fachdidaktischen Diskussion. Dennoch habe ich auch damals immer wieder auf die Bedeutung des Programmierens selbst beim Einsatz von Anwendersystemen hingewiesen.

Aktuelle Entwicklungen im Rahmen der Didaktik der Informatik betonen nun wieder stärker die Bedeutung des Programmierens unter dem Gesichtspunkt der *Modellierung*. Ich nehme diese zyklische Entwicklung wahr, nicht ohne ein wenig zu schmunzeln, habe ich doch bereits in meiner Dissertation im Jahr 1988 die Notwendigkeit der *Modell-bildung* beim Programmieren in einem sinnstiftenden Geometrie-unterricht betont.

Mit dem Geometrieunterricht wird ein weiterer roter Faden in beiden Arbeiten sichtbar. So habe ich in meiner Dissertation den Vorgang der *Projektion / der Abbildung* in einer darstellenden Geometrie als Prozess des *Verbindens* und *Schneidens* verstanden. In der Habilitationsschrift wird die Aufgabe der *Konstruktion geometrischer Objekte* in den Themen *Geometrie und Algebra – Zwei gleichwertige Partner* sowie in der *Funktionalen Implementierung von Kegelschnitten* wieder aufgegriffen.

Sprechen wir aber auch die unmittelbaren Auswirkungen meiner Arbeiten über die lokale Schulsituation hinaus an. Gleich nach Abschluss meiner Dissertation wurde ich von MR Mag. Richard STOCKHAMMER in die Arbeitsgruppe ‚Informationstechnische Grundbildung im Geometrischen Zeichnen' eingeladen und konnte als Mitautor in der Publikation „*Neue Techniken im Geometrischen Zeichnen III – CAD* (1991), BMUK, Zentrum für Schulversuche und Schulentwicklung, Abt. I, Klagenfurt" wesentlich zu einer inhaltlichen und methodischen Erneuerung des Geometrisch Zeichenunterrichts beitragen.

Meine Beschäftigung mit CAS habe ich ebenfalls intensiviert. Ein Schwerpunkt meiner aktuellen Forschung im Zusammenhang mit CAS ist im ‚Grenzbereich' zwischen Informatik- und Mathematikdidaktik angesiedelt und gilt dem Aspekt des Programmierens mit CAS und hier vor allem dem funktionalen Programmieren.

Blicke ich zurück auf meine Dissertation aus 1988, so spielte in meinen Modellen zur Computer – Nutzung die Sprache LOGO, am Massachusetts Institute of Technology (MIT) in Cambridge/Boston von Seymour Papert entwickelt, eine zentrale Rolle.

Vor wenigen Wochen hatte ich nun Gelegenheit das MIT zu besuchen und Kollegen dieser Universität kennen zu lernen. Besonders erfreulich war dabei, dass ich die authentische Erfahrung machen durfte, dass jene Ideen mit denen ich mich in den Achtzigerjahren im Zuge meiner Dissertation auseinandergesetzt hatte, heute noch bedeutende Lehr- und Lerninhalte am MIT darstellen.

Aktuelle Publikationen dazu:

FUCHS, Karl Josef (2007): *Functional Thinking - A Fundamental Idea in teaching Computer Algebra Systems.* In: Informatics, Mathematics, and ICT: a 'golden triangle'; College of Computer and Information Science Northeastern University, Boston, Massachusetts, USA.

FUCHS, Karl Josef (2006): *CAS – New perspectives in mathematics and information technology teaching.* In: Learning in Europe (Fothe, Hermann, Zimmermann, Hrsg.), Collegium Europeum Jenense, S. 113 -128.

FUCHS, Karl Josef; VASARHELYI, Eva (2007): *Informatics with CASIO CP 300+. Part I: Basics in Imperative Programming.* Published by CASIO Europe GmbH.

Mein weiterer Forschungsschwerpunkt war in den letzten Jahren die Didaktik der Informatik, vor allem ihre Charakterisierung und Verankerung als wissenschaftliche Disziplin sowie die Fragen nach den Kompetenzen im / für einen sinnstiftenden Informatikunterricht.

Aktuelle Publikationen dazu:

MICHEUZ, Peter; FUCHS, Karl Josef; LANDERER, Claudio (2007): *Mission Possible - Computers in "Anyschool"* In: Informatics, Mathematics, and ICT: a 'golden triangle'; College of Computer and Information Science Northeastern University, Boston, Massachusetts, USA.

FUCHS, Karl Josef; LANDERER, Claudio (2005): *Das mühsame Ringen um in Kompetenzmodell.* In: CD – Austria, 12 / 2005, S. 6 – 9.

FUCHS, Karl Josef (2005): *How Strict May, Should, Must the Borders be Drawn?* In: Innovative Concepts for Teaching Informatics (Micheuz, Antonitsch, Mittermeir, Hrsg.), Verlag Carl Ueberreuther, Wien, S. 7 – 14.

Nicht unerwähnt können schließlich die Veränderungen an Hard- und Software bleiben, die sich seit dem Abschluss der beiden Arbeiten ereignet haben.

Blicken wir auf die Software, so stehen heute komfortable Programmeditoren (wie **MSW – LOGO**) oder Editoren zum Herstellen von Struktogrammen (wie **StructEd**) kostenlos zur Verfügung und erleichtern die Arbeit eines Autors beim Gestalten eines ansprechenden Layouts erheblich. Besondere Erwähnung verdient das Programm **GeoGebra** meines Diplomanden und Dissertanten Markus HOHENWARTER. Sämtliche Konstruktionen aus meiner Dissertation habe ich für das Buch mit diesem Programm ausgeführt. Ich denke, Markus verzeiht mir, dass ich **GeoGebra** ausschließlich als CAD ‚zweckentfremdet' verwendet habe.

Die **LOGO – Procedures** würde ich heute aufgrund ihrer Struktur und Arbeitsweise wohl besser mit *Funktionen* und nicht mehr mit *Prozeduren* übersetzen.

An Computeralgebrasystemen standen mir zum Zeitpunkt des Abfassens meiner Habilitationsschrift **DERIVE** für **WINDOWS, Version 4** und **MAPLE V, RELEASE 2** zur Verfügung.

Auf Seiten der Hardware sind Speichermedien wie Disketten längst verschwunden. Festplatten und USB – Sticks mit vielfacher Speicherkapazität stehen heute zur Verfügung.

Ao. Univ. Prof. Mag. Dr. Karl Josef PARISOT habe ich für sein großes Interesse und seine besondere Aufmerksamkeit für zentrale Fragen der Grundschule und der Unterstufe / Sekundarstufe I sowie für seine Begeisterungsfähigkeit für den Einsatz von (programmierbaren) Taschenrechnern und Computern im Mathematikunterricht zu danken.

o. Univ. Prof. Dr. Fritz SCHWEIGER möchte ich danken für seine vielen Ideen, die er mir in zahlreichen persönlichen Gesprächen anvertraute, sowie für seine fachdidaktischen Beiträge zur Oberstufe / Sekundarstufe II, die ich immer wieder gewinnbringend für den Einsatz Neuer Technologien im Mathematikunterricht heranziehen konnte.

Danken möchte ich aber vor allem meiner Gattin Gabriele und meinen Kindern Peter und Angelika, die mir immer den nötigen Freiraum für mein zeitweise doch sehr zeitintensives Studieren und Forschen ließen.

Salzburg, im Sommer 2007

Karl Josef Fuchs

PROJEKTION, EDV – NUTZUNG –

Zwei fundamentale Ideen und deren Bedeutung für den Geometrisch - Zeichenunterricht

Dissertation, Universität Salzburg, 1988

INHALTSVERZEICHNIS

A. EINLEITUNG   5

B. BEMERKUNGEN ZUM UNTERRICHTSGEGENSTAND
   GEOMETRISCHES ZEICHNEN   11

C. PROJEKTION   25

D. DIE PARALLELPROJEKTION ALS ZENTRALES LEIT-
   MOTIV IM GZ – UNTERRICHT DER 3. KLASSE
   (7. SCHULSTUFE)   29

    D.1   Abbildungsweisen räumlicher Gebilde
                Die Parallelprojektion   30

    D.2   Die zugeordneten Normalrisse
                Grund- Auf-, Kreuzriss   32

    D.3   Der Schrägriss
                Der Kavalierriss   41
                Der Militärriss   44

    D.4   Der anschauliche Normalriss
                Das Einschneideverfahren   46

E. DIE KEGELSCHNITTE: ELLIPSE, HYPERBEL, PARABEL

    E.1   Der Schnitt eines Kegels in einfachster Lage mit
                einer projizierenden Ebene   51

    E.2   Beziehung: Kreis – Ellipse   67

E.3 Konjugierte Durchmesser
Die RYTZsche Achsenkonstruktion
Der Kreis im Schrägriss ... 73

F. DIE ZENTRALPROJEKTION IM GZ – UNTERRICHT DER 4. KLASSE (8. SCHULSTUFE) ... 81

G. UNTERRICHTSERFAHRUNGEN, SCHÜLERARBEITEN
G.1 Unterrichtserfahrungen ... 85
G.2 Schülerarbeiten ... 89

H. EDV – NUTZUNG ... 93

I. ORNAMENTE, PARKETT- UND FLIESENMUSTER EIN ALTERSGEMÄSSER ZUGANG ZUM COMPUTER ... 107

J. DIDAKTISCHE HINWEISE ZU DEN VERSCHIEDENEN SPRACHKONZEPTEN LOGO UND BASIC

J.1 Der gestaltende Aspekt:
LOGO und die Bildung von Makrobefehlen ... 119

J.2 Der numerische Aspekt:
BASIC und „Was macht die Maschine?" ... 129

K. ROTATIONSFLÄCHE IN AXONOMETRIE ... 149

LITERATURVERZEICHNIS ... 163

A EINLEITUNG

Einen breiten Raum im Bereich der Mathematikdidaktik nimmt die Diskussion über fundamentale Ideen ein.
Der Begriff der fundamentalen Idee, der weitestgehend als Bemühung um eine Verbindung isolierter Stoffe und als Ausweg aus der Stofffülle zu sehen ist, wird in unterschiedlichster Breite gesehen.
Diese Breite reicht von einer engen, disziplinär gebundenen Begriffsbestimmung fundamentaler Ideen (vergleichbar etwa Kapitelüberschriften) bis zu einer weiten, interdisziplinären Begriffsbestimmung fundamentaler Ideen (fundamentale Ideen als Strategien, Techniken, etc.) [SCHWEIGER 1982]
Wenn ich in den folgenden Abschnitten über die fundamentalen Ideen der Projektion und EDV – Nutzung und deren Bedeutung für den Geometrisch – Zeichenunterricht sprechen werde, so verstehe ich dabei die fundamentale Idee im Sinne von F. Schweiger.
Fundamentale Ideen sind <u>Handlungen, Strategien oder Techniken, die eine Verankerung im Denken des Alltags besitzen oder benötigen</u> und <u>die in der historischen Entwicklung der Mathematik aufzeigbar sind.</u>

These 1:
    Die Idee der Projektion besitzt eine feste Verankerung im Denken des Menschen und in der Geschichte der Mathematik.

Das alltägliche Verständnis von Projektion dürfte der Mensch wohl sehr früh im natürlichen Erleben sich verändernder Schattenbilder erworben haben.
Welche Faszination diese Beobachtung schließlich auf den Menschen ausgeübt hat, zeigen die ersten praktischen Nutzungen der sich verändernden Schattenbilder. Vom milesischen Naturphilosophen Thales

(6. Jht. V. Chr.), einem weit gereisten Kaufmann, Staatsmann und Naturforscher wird berichtet, dass er die Höhe der ägyptischen Pyramiden durch Messung ihres Schattens zu verschiedenen Tageszeiten ermitteln konnte.

Zunehmend begann man die Technik der Projektion auch als Abbildungsmethode im Bauwesen (Städtebau, Schiffsbau) zu nutzen. Dazu war es nötig, den Projektionsvorgang näher zu betrachten.

Der Projektionsvorgang wurde zum Gegenstand mathematischer Untersuchungen.

Euklid (4. Jht. V. Chr.) war davon ausgegangen, dass die Bilder durch die von den Augen nach den Dingen ausgesandten Sehstrahlen zustande kommen. Den wesentliche Schritt für unsere heutige Auffassung des Projektionsvorgangs stellt die Projektionslehre Witelos in der zweiten Hälfte des 13. Jahrhunderts dar, in der vorgeschlagen wird, die Lichtquelle als Auge zu interpretieren. Filippo Brunelleschi (1377 – 1446) schließlich wird die Entwicklung jenes Verfahrens zugeschrieben, bei dem durch Schnitt der Sehstrahen mit einer Bildebene eine Abbildung ermöglicht wird. Der berühmte Maler Albrecht Dürer (1471 – 1528) gibt in seiner „Under-weysung der messung/mit dem zirkel vn Richtscheyt in Linien ebenen vnnd gantzen corporen..." einen Anleitung zur praktischen Durchführung der punktweisen Abbildung.

(Abbildung aus: STOLLER 1982)

Eine weitere Belebung erfuhr der Projektionsbegriff in der Mathematik durch Gaspard Monge (1746 – 1818), dem Begründer der Darstellenden Geometrie, und Jean Victor Poncelet (1788 – 1867). Eine ausführliche Beschäftigung mit dem Begriff der geometrischen Abbildung findet sich bei A. F. Möbius in seinem 1827 veröffentlichten Werk „Der barycentrische Calcul".

Auf die Bedeutung des Begriffs aus methodischer – didaktischer Sicht hat in besonderer Weise Felix Klein (1849 – 1925) hingewiesen. Seine wesentlichen Grundgedanken hat F. Klein in seinen Göttinger Vorlesungen über „Elementarmathematik von höheren Standpunkt aus" in seiner Schrift „Vergleichende Betrachtungen über neuere geometrische Forschungen" und schließlich im „Erlanger Programm" aus dem Jahr 1872 dargelegt.

F. Klein schlägt den Abbildungsbegriff, entsprechend dem Funktionsbegriff in der Analysis, als festen methodischen Pol für den geometrischen Unterricht vor.
Wie schwer es jedoch ist, neuen Ideen zum Durchbruch zu verhelfen, musste auch F. Klein erfahren. So finden wir in der letzten Ausgabe seiner „Elementarmathematik" die resignierende Bemerkung: „… der geometrische Unterricht kranke heutzutage geradezu an der Überlieferung, denn in ihn haben sich viele nicht mehr lebensfähige Bestandteile so fest eingenistet, daß sie schwer zu beseitigen sind und sogar das Herankommen neuer gesunder Gebiete auf jede Weise erschweren …".
Welche Aktualität dieser Satz Kleins noch heute besitzt, wird uns angesichts der stets bestehenden Gefahr einer konstruktiven Geometrie, die nur zu einer Schule der Perfektionierung von Zeichentechniken (im Sinne von Zeichenstrategien ähnlich Kochrezepten) führt, bewusst.

Auf die Gefahr eines „rein operationalisierten" Geometrieunterrichts weist auch der österreichische Didaktiker T. Marzani hin, wenn es in seinem Aufsatz „Das Tor zur Darstellenden Geometrie" heißt:
„… Der Schüler stellt sich darauf ein, die für eine positive Note unerlässlichen Fertigkeiten mechanisch zu erwerben. Die unvermeidliche Folge ist ein Widerwille, der als Vorurteil jedem späteren Vertrautwerden mit dem Fache im Wege steht.
Die Folgen reichen noch weiter: Beobachtungen ergeben, daß sich der Widerwille oft eben bei allgemein gut Begabten, fleißigen und leistungsfähigen Schülern, welche Mißerfolge nicht gewohnt sind und in keinem anderen Fache von Mitschülern „um viele Längen abgehängt" werden, zu einem rachsüchtigen Haß steigert …".
Eine methodische – didaktische Neugestaltung des Unterrichts in konstruktiver Geometrie, unter starker Betonung des Projektionsbegriffs, findet sich in jüngster Zeit wieder in den didaktischen Schriften von H. Brauner.

Wie verhält es sich nun mit der Idee der EDV – Nutzung?

Der Mensch hat stets Werkzeuge benutzt, die ihm seine Arbeit erleichtern. Diese Hilfsmittel wurden auch ständig weiterentwickelt und verbessert, um ihren Nutzungsbereich zu vergrößern.
In der Mathematik lässt sich dieses Bemühen an der Entwicklung von Rechenmaschinen sehr schön nachvollziehen.
War es zunächst ein langer Weg von den, die Grundrechnungsarten beherrschenden mechanischen Maschinen von Wilhelm Schickard (1623), Blaise Pascal (1642) und Gottfried Wilhelm Leibniz (1674) bis zur „immer noch weitgehend" mechanischen Rechenanlage Zuse 1 von Konrad Zuse (1934), so hat die Entwicklung der Rechenanlagen vor allem in der 2. Hälfte des 20. Jahrhunderts – bedingt durch die Erfindung des Transistors durch John Bardeen, Walter H. Brattain, Wilhelm Shockley – eine nahezu unglaubliche Schnelligkeit ent-

wickelt. Immer leistungsstärkere Maschinen werden in immer kürzeren Zeitabständen präsentiert. Zunehmend erhielten die Wörter Computer und EDV Eingang in die Alltagssprache und in das Denken des Alltags. Der Computer und seine Nutzung wurden auch bald zum Gegenstand bildungspolitischer Überlegungen.

These 2:
> Während der Projektionsbegriff sich als Selbstverständnis aus der langen historischen Parallelität zur Entwicklungsgeschichte der Mathematik im mathematischen Denken entwickeln konnte, hat die neue Idee der EDV – Nutzung nicht jenes a priori Nahverhältnis zur Mathematik. EDV – Nutzung ist stark von der technischen Entwicklung elektronischer Datenverarbeitungsanlagen abhängig. Die Bildung eines Selbstverständnisses von EDV – Nutzung konnte somit aufgrund der erst kurzen Entwicklungsgeschichte elektronischer Datenverarbeitungsanlagen bestenfalls einsetzen.

Fachdidaktische Aufsätze mit Vorschlägen zur methodischen – didaktischen Nutzung des Werkzeugs Computer zeigen das Bemühen, eine neue fundamentale Idee der EDV – Nutzung zu schaffen. Im Bemühen mathematische Inhalte durchsichtiger und verständlicher unter Benützung des Computers zu veranschaulichen wird die EDV – Nutzung allmählich zu einer Idee, die weite Bereiche mathematikdidaktischer Diskussion (<u>Themenbereiche:</u> *Rechner im Analysisunterricht* [BLUM 1986]; *Zur Philosophie von Programmiersprachen* [BENDER, SCHUPPAR, LÖTHE, ZIEGENBALG 1987]) erfasst.

Fundamentale Ideen sollen nach den Kriterien von F. Schweiger schließlich auch <u>tragfähig sein, curriculare Entwürfe vertikal zu gliedern.</u>

These 3:
> Die in den nachfolgenden Kapiteln dargestellten Unterrichtsmodelle zeigen, dass sich die einzelnen Inhalte des Geometrisch – Zeichenunterrichts (vgl. Bemerkungen zum Unterrichtsgegenstand Geometrisches Zeichnen) an der Idee der Projektion orientieren können. Sie zeigen aber auch, wie eine noch zu fördernde Idee der EDV – Nutzung dem Unterricht in konstruktiver Geometrie neue Impulse – vor allem in Richtung einer Förderung algorithmischen Denkens – geben könnte.

B BEMERKUNGEN ZUM UNTERRICHTSGEGENSTAND GEOMETRISCHES ZEICHNEN

Zur Situation des Geometrisch – Zeichenunterrichts

Beim Geometrisch – Zeichenunterricht (kurz: GZ – Unterricht) handelt es sich um einen Pflichtgegenstand, der in der 7. und 8. Schulstufe (3. und 4. Klasse) der Hauptschule und des Realgymnasiums mit jeweils 2 Wochenstunden unterrichtet wird und um einen Freigegenstand, der in den angesprochenen Schulstufen (Klassen) des Gymnasiums mit ebenfalls 2 Wochenstunden unterrichtet wird.

Übersicht über die Zahl der Schüler, die im Schuljahr 1985 / 86 die in Betracht zu ziehenden Schulformen besuchten:

Hauptschule	3./4. Klasse	(7./8. Schulstufe)	148925 Schüler
Realgymnasium	3./4. Klasse		
Gymnasium	3./4. Klasse	(7./8. Schulstufe)	44634 Schüler

(aus: Österreichische Schulstatistik, 1985/86)

Der GZ – Unterricht ist ein Unterrichtsgegenstand, der sich als Teil des Mathematikunterrichts der Unterstufe (5. – 8. Schulstufe) / Sekundarstufe I losgelöst und als eigener Unterrichtsgegenstand etabliert hat. In jüngster Zeit wurde im Zuge der Reform der Unterstufe / Sekundarstufe I die Wiederaufnahme des GZ – Unterrichts in den Mathematikunterricht diskutiert.

Mittlerweile hat man aber den GZ – Unterricht als eigenständigen Unterrichtsgegenstand in die Lehrplanreform der Unterstufe / Sekundarstufe I mit einbezogen.

Darstellung der Bildungsaufgaben, Lehrinhalte und didaktischen Grundsätze des Geometrisch – Zeichenunterrichts anhand der Lehrpläne 1967 (einschließlich Erweiterungen 1979) und der Lehrpläne 1986

GEOMETRISCHES ZEICHNEN
Pflichtgegenstand: Hauptschule und Realgymnasium
(Bundesgesetzblatt 295/1967 //
Bundesgesetzblatt 145/1979, Vbl. 52/1979)

Bildungs- und Lehraufgabe:

Der Schüler soll im Gebrauch der technischen Zeichengeräte eine gewisse Fertigkeit erlangen und zum Anfertigen sauberer und genauer Bleistift- und Tuschezeichnungen erzogen werden.

Durch Vertrautwerden mit einfachen Projektionsverfahren ist die Raumanschauung auszubilden.

Lehrstoff:

3. Klasse (2 Wochenstunden):

Erlernen der Normschrift.

Schulung der Fertigkeiten im Gebrauch zeitgemäßer Zeichengeräte. Konstruieren im Heft und auf dem Reißbrett bzw. der Zeichenplatte; Anfertigen von Bleistift- und Tuschezeichnungen in Verbindung mit dem Geometrieunterricht, besonders der Abbildungsgeometrie.

Anschauliches Zeichnen von Grund-, Auf- und Schrägriß der im Unterricht behandelten ebenflächig begrenzten Körper in einfacher Lage zu den Bildebenen.

Grund- und Aufriß des Drehzylinders und des Drehkegels in einfacher Lage zu den Bildebenen.

Einführung in das räumliche Koordinatensystem unter Verwendung ausschließlich positiver Koordinaten.

4. Klasse (2 Wochenstunden):

Fortsetzung der Konstruktionsübungen auf dem Reißbrett bzw. auf der Zeichenplatte in Verbindung mit dem Geometrieunterricht.

Zeichnen der Kegelschnitte

Zeichnen von Normal- und Schrägrissen einfacher ebenflächig begrenzter Körper, des Drehzylinders und des Drehkegels in einfacher Lage zu den Rißebenen; Seitenriß.

Ermitteln der wahren Größe von Polygonen, die in projizierenden Ebenen liegen. Netze gerader Prismen und regelmäßiger Pyramiden. Werkzeichnen, wenn möglich in Zusammenhang mit Werkerziehung.

Didaktische Grundsätze:

Alle Arbeiten einschließlich der Anfertigung geometrischer Zeichnungen auf dem Reißbrett bzw. der Zeichenplatte sind vollständig in der Schule (ohne häusliche Arbeit) auszuführen.

GEOMETRISCHES ZEICHNEN
Freigegenstand: Gymnasium
(Bundesgesetzblatt 295/1967)

Bildungs- und Lehraufgabe:

Siehe Lehrplan für Hauptschule und Realgymnasium.

Lehrstoff:

<u>3. und 4. Klasse</u> (2 Wochenstunden):

Erlernen der Normschrift. Fertigkeiten im Gebrauch der Zeichengeräte. Konstruieren auf dem Reißbrett, Anfertigen von Bleistift- bzw. Tuschezeichnungen in Verbindung mit dem Geometrieunterricht. Zeichnen von Ellipse, Hyperbel und Parabel.

Anschauungsmäßiges Zeichnen von Grund-, Auf- und Schrägriß der im Geometrieunterricht behandelten ebenflächig begrenzten Körper in einfachster Lage. Grund- und Aufriss des Drehzylinders in einfachster Lage zu den Bildebenen. Zeichnen von Normal- und Schrägrissen einfacher ebenflächig begrenzter Objekte in besonderer Lage zu den Rissebenen.

Didaktische Grundsätze:

Beim Zeichnen von Normal- und Schrägrissen der angegebenen Körper und Objekte ist unter Verwendung von Modellen nur von der Anschauung auszugehen.

Mittlerweile wurden die neuen Lehrpläne für die Unterstufe (5. – 8. Schulstufe) / Sekundarstufe I

>3. Klasse (7. Schulstufe): gültig ab 1.9.1987
>4. Klasse (8. Schulstufe): gültig ab 1.9.1988

verordnet.

GEOMETRISCHES ZEICHNEN
(Bundesgesetzblatt 591/1986//Verordnung v. 3. Juli 1986)

Bildungs- und Lehraufgabe:

Der Unterricht im Gegenstand Geometrisches Zeichnen soll zu folgenden fachübergreifenden Zielen beitragen:

- Ausbilden und Schulen der Raumvorstellung;
- Erziehen zu sauberem und genauem Arbeiten sowie zu präzisem sprachlichem Ausdruck;
- Weiterentwickeln der Konzentrationsfähigkeit und Ausdauer;
- Fördern der Kreativität.

Insbesondere sind folgende fachspezifische Ziele anzustreben:

- Erlangen von Fertigkeiten in der Handhabung zweckmäßiger Zeichengeräte;

- Erlernen von Zeichentechniken für das Anfertigen sauberer und genauer Bleistift- und Tuschezeichnungen mit entsprechender Beschriftung und gegebenenfalls sinnvoller Farbgestaltung;
- Zeichnerisches Lösen von Konstruktionsaufgaben der ebenen Geometrie;
- Erfassen, Analysieren und sprachlich angemessenes Beschreiben von Eigenschaften geometrischer ebener Figuren und räumlicher Objekte;
- Darstellen räumlicher Objekte durch geeignete Abbildungsmethoden;
- Erkennen und Beschreiben von Form, Größe und Aufstellung eines Objektes aus der zeichnerischen Darstellung (Diskutieren eines Risses);
- Selbstständiges Entwerfen einfacher räumlicher Objekte: Anfertigen von Handskizzen, Erkennen der für die Festlegung räumlicher Objekte notwendigen Maße sowie eines passenden Maßstabs.

Der Unterricht im Geometrischen Zeichnen soll auch auf das Erkennen und Herstellen von Querverbindungen abzielen, insbesondere zur Mathematik, Werkerziehung und Bildnerischen Erziehung. Weiters sollten Einblicke in die Arbeit des Technischen Zeichners sowie in das computerunterstützte Konstruieren geboten werden.

Lehrstoff:

Bei den einzelnen Stoffgebieten sind Tätigkeiten angeführt, die von den Schülern durchgeführt werden sollen. Diese Schüleraktivitäten beschreiben Lernrichtungen für die Behandlung der Stoffgebiete im Unterricht. Sie sind teilweise unmittelbare Lernziele, andererseits sollen durch sie die in der Bildungs- und Lehraufgabe formulierten allgemeinen Lernziele angestrebt werden.

Die Tätigkeiten sind auf einem Niveau auszuführen, das dem Leistungsvermögen der Schüler angemessen ist.

In manchen Fällen sind diese Tätigkeiten nicht verpflichtend vorgesehen, was durch das Wort „allenfalls" (Erweiterungsstoff) aufgezeigt wird.

Die Reihenfolge, in der die einzelnen Schüleraktivitäten angegeben sind, entspricht einer gewissen systematischen Darstellung, ist aber keine methodische Festlegung und für den Unterricht nicht verbindlich. Vielmehr ist ein sinnvolles Verbinden verschiedener Tätigkeiten und verschiedener Aspekte eines Themenbereiches wünschenswert.

3. Klasse (2 Wochenstunden):

Durchführen von einfachen Konstruktionen (auch von geometrischen Mustern) zur Schulung im Gebrauch von Zeichengeräten, zur Aneignung von Zeichentechniken, zur Förderung der Sauberkeit, Genauigkeit und Ästhetik; Beschriften in Normschrift.

Lösen von Aufgaben in Verbindung von Lerninhalten der Geometrie aus dem Mathematikunterricht der 1. und 3. Klasse, gegebenenfalls unter Verwendung eines ebenen kartesischen Koordinatensystems.

Zeichnen und Diskutieren von Schrägrissen in horizontalen Bildebenen (horizontalaxonometrische Risse bzw. Militärrisse) und von Schrägrissen in frontalen Bildebenen (frontalaxonometrische Risse bzw. Kavalierrisse) einfacher ebenflächig begrenzter Körper (insbesondere Objekte aus dem Erfahrungsbereich der Schüler) in besonderer Lage zur Bildebene.

Arbeiten mit einem kartesischen Rechtskoordinatensystem; Zeichnen und Diskutieren von axonometrischen Rissen einfacher ebenflächig begrenzter Körper (insbesondere Objekte aus dem Erfahrungsbereich der Schüler) in besonderer Lage zu den Koordinatenebenen durch koordinatenmäßiges Aufbauen (Konstruieren solcher Risse unter Verwendung der Achsenbilder mit den zugehörigen Verzerrungen und den für Parallelrisse gültigen Eigenschaften).

Allenfalls Anfertigen von Explosionszeichnungen.

Zeichnen und Diskutieren von Grund- und Aufrissen (als Normalrisse in Koordinatenebenen) einfacher ebenflächig begrenzter Körper (insbesondere Objekte aus dem Erfahrungsbereich des Schülers) in besonderer Lage zu den Koordinatenebenen. Konstruieren axonometrischer Risse aus Grund- und Aufriß und umgekehrt.

Konstruieren von Netzen einfacher ebenflächig begrenzter Körper.

Allenfalls bestimmen der (wahren) Länge von Raumstrecken.

Allenfalls Anfertigen und Lesen statistischer Schaubilder.

4. Klasse (2 Wochenstunden):

Lösen von Aufgaben in Verbindung mit Lerninhalten der Geometrie aus dem Mathematikunterricht.

Allenfalls Anfertigen und Lesen statistischer Schaubilder.

Konstruieren von Ellipsen, Parabeln und Hyperbeln.

Allenfalls Ermitteln von Tangenten an Ellipsen, Parabeln und Hyperbeln.

Zeichnen und Diskutieren von axonometrischen Rissen ebenflächig begrenzter Körper und technischer Objekte in besonderer Lage zu den Koordinatenebenen durch koordinatenmäßiges Aufbauen.

Zeichnen und Diskutieren von zugeordneten Normalrissen (Grund-, Auf-, Seitenrisse) ebenflächig begrenzter Körper und technischer Objekte in besonderer Lage zu mindestens einer Koordinatenebene; Lesen und Anfertigen von Werkzeichnungen.

Zeichnen und Diskutieren zugeordneter Normalrisse von Prismen und Pyramiden in besonderer Lage zu mindestens einer Koordinatenebene, die mit projizierenden Ebenen geschnitten werden; Zeichnen dieser Schnittfiguren in unverzerrter Gestalt.

Allenfalls Zeichnen und Diskutieren axonometrischer Risse von eben geschnittenen Prismen und Pyramiden.

Zeichnen und Diskutieren zugeordneter Normalrisse oder besonderer axonometrischer Risse (horizontal- bzw. frontalaxonometrischer Risse) von Drehzylinder und Drehkegeln, deren Basiskreise in Hauptebenen liegen;

Konstruieren von Netzen (Abwicklungen, Verebnungen).

Allenfalls Zeichnen und Diskutieren zugeordneter Normalrisse von Drehzylindern und Drehkegeln, deren Basiskreise in Hauptebenen (parallel zur Bildebene) liegen und die mit projizierenden Ebenen geschnitten werden.
Zeichnen dieser Schnittfiguren in unverzerrter Gestalt.

Allenfalls Ermitteln von Kurven, die in der ebenen Kinematik auftreten.

Didaktische Grundsätze:

Eine möglichst saubere und genaue Ausführung unter Beachtung der Übersichtlichkeit (Platzeinteilung) und der entsprechenden Beschriftung in Normschrift (mit und ohne Schablone) ist laufend anzustreben. Dies gilt sowohl für Bleistift- als auch Tuschearbeiten bei zweckmäßiger und normgerechter Verwendung verschiedener Linienbreiten und Linienarten. Das Ausmaß der Zeichnungen, die mit Tusche ausgeführt werden, ist vom Lehrer unter Berücksichtigung der zur Verfügung stehenden Zeichengeräte und der zeitlichen Möglichkeiten festzulegen.
  Zur Erhöhung der Bildwirkung bzw. zur Betonung des Wesentlichen können einzelne Flächen in sinnvoller Weise auch farbig ausgestaltet werden. Der Schüler ist zu laufender Kontrolle der Richtigkeit und Genauigkeit seiner Arbeiten anzuhalten. Die Normschrift ist im Wesentlichen nur für die Beschriftung der Arbeiten einzusetzen. Das Format A3 sollte nicht über- und das Format A4 nicht unterschritten werden.
Im Unterricht soll den Schülern Gelegenheit zu selbstständigem und produktivem Arbeiten geboten werden.
<u>Bei der Körperdarstellung ist von bekannten räumlichen Objekten auszugehen, wobei als Hilfe außer der sprachlichen Beschreibung auch Modelle,</u> anschauliche Skizzen, Overhead – Folien, Fotos, Dias, Anaglyphen und Körpernetze <u>eingesetzt werden können.</u>

Insbesondere soll der Schüler selbst zum Anfertigen anschaulicher Skizzen und zum sprachlich richtigen Beschreiben eines Objektes angeleitet werden. Zur Erhöhung der Anschaulichkeit bei zugeordneten Normalrissen können die Objekte um projizierende Achsen gedreht werden. Unter Rücksichtnahme auf Anwendungen in der Technik ist auch die Darstellung von Voll- und Halbschnitten vor allem bei Drehzylinder und Drehkegel sinnvoll. Im Zusammenhang mit Netzkonstruktionen und Verebnungen ist die Herstellung von Modellen zweckmäßig.

Im Hinblick auf die jeweils verwendete Abbildungsmethode ist auf die Lage der (parallelen) Projektionsstrahlen zur Bildebene hinzuweisen, wobei der Unterschied zwischen Projektionsvorgang und Ergebnis der Projektion (Riß) und somit auch zwischen Objekt und dessen Bild verständlich gemacht werden muß.

In diesem Zusammenhang ist auch die Gegenüberstellung bzw. gegenseitige Ergänzung von axonometrischem Riß und zugeordneten Normalrissen eines Objektes zu pflegen. Das Koordinatensystem dient hier als wesentliches Orientierungsmittel. Es gestattet außerdem auch eine einheitliche Behandlung des Aufbauverfahrens in den verschiedenen Abbildungsmethoden. Unter Umständen können auch geeignete Rasterverfahren herangezogen werden.

Didaktische Hinweise:

In den didaktischen Grundsätzen des neuen Lehrplans erhält der Projektionsbegriff zentrale Bedeutung.
Die Idee der EDV – Nutzung könnte mit den Begriffen „sprachliche Beschreibung" oder auch „Modell" eingefangen werden.
Alter und neuer Lehrplan sehen eine eindeutige Einschränkung auf die Parallelprojektion als Abbildungsmethode vor. Eine Propädeutik zur Zentralprojektion halte ich jedoch als Ergänzung zur Paral-

lelprojektion in besonders motivierten Klassen für möglich, nicht aber obligatorisch.

Die folgenden Unterrichtsmodelle konzentrieren sich in ihren Inhalten auf die Diskussion der Bedeutung der beiden fundamentalen Ideen der Projektion und der EDV – Nutzung auf den Geometrisch – Zeichenunterricht.

Der GZ – Unterricht findet in der Oberstufe / Sekundarstufe II im Darstellenden Geometrieunterricht (kurz: DG – Unterricht) seine Fortsetzung.

Allgemeinbildende höhere Schule (AHS)

			Wochenstunden		
Realgymnasium	7./8. Klasse	11./12.Schulstufe	3	2	-

Berufsbildende höhere Schule (BHS)

			Wochenstunden		
Höhere technische Lehranstalt für Maschinenbau					
	1./2. Jahrgang	9./10. Schulstufe	3	2	-
Höhere technische Lehranstalt für Elektrotechnik und Nachrichtentechnik					
	1. Jahrgang	9. Schulstufe	3	-	-
Höhere technische Lehranstalt für Hochbau					
	1. - 3. Jahrgang	9. – 11. Schulstufe	3	2	3
Höhere technische Lehranstalt für Tiefbau					
	1. – 3. Jahrgang	9. – 11. Schulstufe	3	2	3

Bildungsinhalte, Lehrstoffe und didaktische Grundsätze des Anfangsunterrichts in Darstellender Geometrie decken sich weitgehend mit jenen des Geometrisch – Zeichenunterrichts.
Die Projektion ist wesentlicher Teil des Kernstoffs der Darstellenden Geometrie.

Zitat aus dem Lehrplan (AHS):
„Anschauliche Entwicklung des Projektionsbegriffs und der Grundbegriffe der Darstellenden Geometrie."

Das Unterrichtsbeispiel „Rotationsfläche in Axonometrie" soll zeigen wie die Idee der EDV – Nutzung im Darstellenden Geometrieunterricht konsequent weitergeführt werden könnte.

Zitat aus dem Lehrplan (AHS):
„Das räumliche Konstruktionsprinzip soll verbal und graphisch festgehalten werden."

Zitat aus dem Lehrplan (BHS):
„Die vom allgemeinen Bildungsziel geforderte Einarbeitung und Umsetzung des technischen und wissenschaftlichen Fortschritts erfordert, daß der Lehrer die sein Fachgebiet und dessen Umfeld betreffenden Entwicklungen ständig beobachtet und aufnimmt und den Lehrstoff und die Unterrichtsmethoden dem zeitgemäßen Stand anpaßt."

C PROJEKTION

Eine Idee, die tragfähig ist, die Lehrinhalte des Geometrisch – Zeichenunterrichts aufzubereiten und zu gliedern, ist jene der Projektion bzw. geometrischen Abbildung.

Die *Projektion* ist eine Abbildung $f: \mathbb{R}^3 \to \mathbb{R}^2$, bei der Punkt und Bildpunkt einer gemeinsamen Geraden, der so genannten *Sehgeraden* angehören.
Sind diese *Sehgeraden* zueinander *parallel*, so sprechen wir von einer *Parallelprojektion*.
Schneiden sämtliche *Sehgeraden* einander in einem gemeinsamen Punkt, so sprechen wir von einer *Zentralprojektion*.

Jener Hinweis, dass wir bei der konstruktiven Behandlung nur jeweils Ausschnitte (z. B. Schultafel, Heftseite) der unendlichen Punktmengen betrachten, soll im Anfangsunterricht unterbleiben.

Im Gegensatz zu vielen anderen Autoren vertrete ich die Auffassung, dass bei der Frage der abzubildenden Objekte dem Schüler ein möglichst breiter schöpferischer Freiraum geboten werden soll.

Für Phantasieobjekte ist dabei ebenso Platz, wie für Objekte, die aus der Erfahrungswelt des Schülers stammen und in besonderer Weise für die Technik von Bedeutung sind.

Dies gilt vor allem für die Propädeutik der konstruktiven Geometrie, bei der die Freude an der Vielfalt der Formen noch im Mittelpunkt stehen sollte.

Phantasieobjekt
Kegel – Zylinder – Komposition

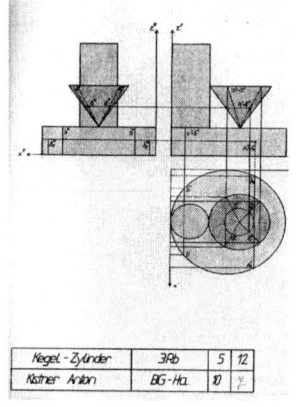

Objekt aus der Erfahrungswelt des Schülers

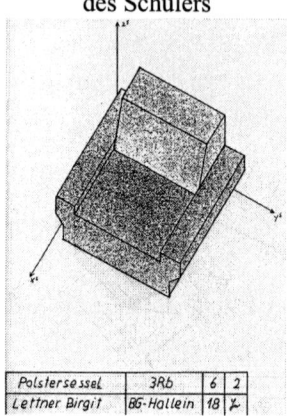

Der Projektionsvorgang bzw. Abbildungsvorgang kann dynamisch als Prozess des Verbindens und Schneidens veranschaulicht werden.

1. f: PARALLELPROJEKTION

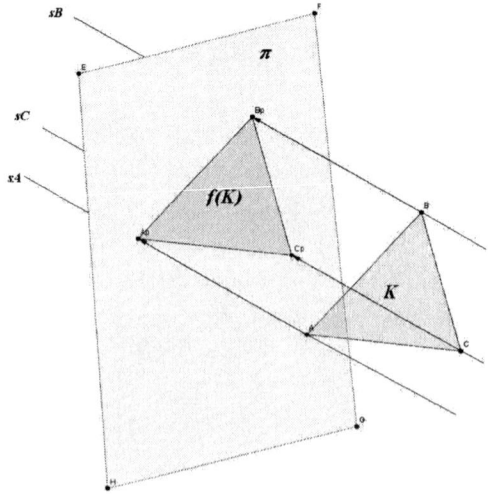

Bei der PARALLELPROJEKTION verbinden wir alle Punkte der abzubildenden Figur **K** mit dem „Fernauge" (stellvertretend stehen hier die Sehstrahlen s_A, s_B, s_C durch die Eckpunkte A, B, und C der Figur **K**).

Die Projektionsstrahlen verlaufen aufgrund der unendlich großen Entfernung der Projektionsquelle (= „Fernauge") parallel und damit gleich geneigt zur Bildebene π.

Die Bildfigur *f(K)* schließlich erhalten wir, indem wir alle Sehstrahlen durch Punkte der Figur K – stellvertretend stehen hier die Sehstrahlen s_A, s_B und s_C durch die Eckpunkte A, B und C – mit der Bildebene π schneiden.

Durch den Projektionszeiger „p" bei den Bildpunkten Ap, Bp und Cp zeigen wir an, dass es sich um ein Bild handelt, das als Ergebnis einer PARALLELPROJEKTION entstanden ist.

2. *f*: ZENTRALPROJEKTION

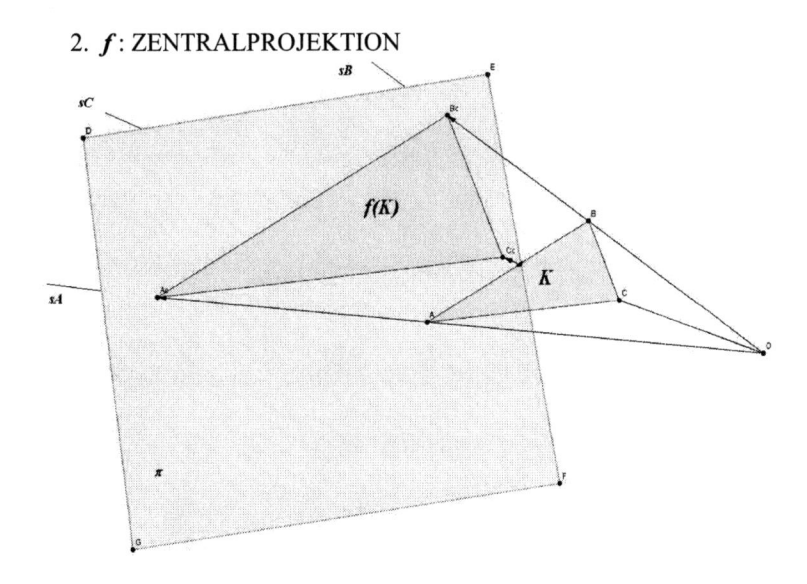

Bei der ZENTRALPROJEKTION verbinden wir wiederum alle Punkte der abzubildenden Figur *K* mit der Projektionsquelle (= Auge) *O*, die sich in endlicher Entfernung zur Bildebene π befindet.

Als Stellvertreter des Sehstrahlenbündels durch *O* wählen wir die drei Sehstrahlen s_A, s_B und s_C.
Die Sehstrahlen haben bei diesem Abbildungsvorgang unterschiedliche Neigung zur Bildebene π.
Die Bildfigur *f(K)* erhalten wir wiederum als Schnitt des Sehstrahlenbündels durch *O* mit der Bildebene π.
Durch den Projektionszeiger „c" bei den Bildpunkten *Ac, Bc, Cc* zeigen wir an, dass es sich um ein Bild handelt, das als Ergebnis einer ZENTRALPROJEKTION (auch: CENTRALPROJEKTION) entstanden ist.

Natürlich wäre es völlig vermessen im Anfangsunterricht der konstruktiven Geometrie das theoretische Gebäude der Projektion auf dem dargestellten Abstraktionsniveau darzustellen.
Im Anfangsunterricht gilt es vielmehr mit einigem methodischen Geschick – von der Erfahrungswelt des Schülers ausgehend – die wesentlichen Elemente einer Projektion in einer dem Schüler zugänglichen Weise herzuleiten.

Die nachfolgenden Unterrichtsmodelle zu wesentlichen Lehrplaninhalten des Geometrisch – Zeichenunterrichts sollen einen methodischen Weg dokumentieren.
Der dargestellte methodische Weg erhebt dabei keinesfalls Anspruch auf Einmaligkeit, sondern soll vielmehr den Versuch widerspiegeln, Lehrplaninhalte unter ein ordnendes Prinzip (= fundamentale Idee der Projektion) zu stellen.

D DIE PARALLELPROJEKTION ALS ZENTRALES LEITMOTIV IM GZ – UNTERRICHT DER 3. KLASSE (7. SCHULSTUFE)

Der Lehrplan für GZ schreibt dem Ausbilden der Raumanschauung eine zentrale Bildungs- und Lehraufgabe zu.
Die Ausformung dieses Persönlichkeitsmerkmals muss dabei in einer altersgemäßen Stoffdarbietung erfolgen.
Darunter verstehe ich eine Entwicklung aus der Anschauung im üblichen Sprachgebrauch heraus, unter weitgehender Hintanhaltung mathematischer Theorien, da diese die geometrische Behandlung zumeist unnötig belasten.
Eine solide Entwicklung der Raumanschauung, das heißt eine kontinuierliche Entwicklung unterschiedlicher Projektionstechniken räumlicher Gebilde, setzt natürlich einen genügend großen zeitlichen Rahmen voraus.
Daraus ergibt sich für mich die Konsequenz für den GZ – Unterricht, Aufgaben der ebenen Geometrie – hier meine ich vor allem Übungen zu den Kongruenzabbildungen und Flächenverwandlungen, die ohnehin im Mathematikunterricht der 7. Schulstufe erschöpfend behandelt werden – bald abzuschließen, um den erforderlichen zeitlichen Rahmen zu gewährleisten.

Bezogen auf die Gewichtung der Bildungsinhalte bedeutet dies, dass es genügt, sich etwa drei Schulwochen mit ebener Geometrie zu befassen. Die folgenden Schulwochen nun – abgesehen von etwa drei Schulwochen, die zur Sammlung neuer schöpferischer Kräfte und zur Auflockerung dem Thema „Ornamente, Parkett- und Fliesenmuster" gewidmet waren – habe ich unter dem Überbegriff „Raumanschauung – die Parallelprojektion als Abbildungsmethode für räumliche Gebilde" geplant.

D.1 Abbildungsweisen räumlicher Gebilde
Die Parallelprojektion

Als Grundlage der Beschreibung räumlicher Gebilde dient uns das dreidimensionale, rechtwinkelige Koordinatensystem.

Koordinatenwege (Strecken in einer zu je einer Koordinatenachse parallelen Geraden) führen zu jedem Punkt des Raumes. Verfahren, die ein dreidimensionales, rechtwinkeliges Koordinatensystem zum Körperaufbau verwenden, nennt man *axonometrische Verfahren*.

Die Schüler haben im Mathematikunterricht das zweidimensionale, rechtwinkelige Koordinatensystem kennen gelernt. Sie finden daher erfahrungsgemäß sehr schnell selbst heraus, dass es einer dritten Achse bedarf, die wir sinnvoller Weise normal zu den beiden bisherigen Achsen wählen werden, um jeden Punkt des Raumes zu erreichen. Die verbleibende Unterrichtszeit besteht für den Lehrer nur mehr darin, die gefundenen Ergebnisse zu würdigen und zusammenzufassen.

Die Anordnung der Koordinatenachsen zueinander und die Anordnung der Bildebenen zum Koordinatensystem werden in den folgenden Abschnitten so gewählt, wie sie in der überwiegenden Mehrzahl der Lehrbücher für Geometrisches Zeichnen und Darstellende Geometrie erscheinen.

Benennung der Achse:
    x-Achse oder 1. Achse
    y-Achse oder 2. Achse
    z-Achse oder 3. Achse

Benennung der Koordinatenebenen:
xy-Ebene oder 1. Bildebene
yz-Ebene oder 2. Bildebene
xz-Ebene oder 3. Bildebene

Schließlich gilt es den Begriff der Projektion zu erarbeiten. Hier greifen wir zunächst auf die alltägliche Erfahrung der Schüler zurück. Denken wir an Schattenbilder, die entstehen, wenn räumliche Gebilde gegen eine Projektionsunterlage gestrahlt werden. Aus einer eingehenden Analyse dieser zu den Schattenbildern führenden Projektionsvorgänge gewinnen die Schüler sehr bald die wesentlichen Komponenten:
Lichtquelle oder Strahlenzentrum,
Projektionsstrahlen,
Körper,
Projektionsfläche.

Auf sehr anschauliche Weise werden damit die bestimmenden Größen jedes Projektionsvorganges gewonnen.
Auf eine Reihenfolge (d. h. Numerierung) soll verzichtet werden, da dies eine weitere spätere Verallgemeinerung des Projektionsbegriffs nur belasten würde.
Befindet sich das Strahlenzentrum nahe am abzubildenden Gegenstand, so sprechen wir von einer *Zentralprojektion*.
Befindet sich jedoch das Strahlenzentrum sehr weit (genau: unendlich weit) vom abzubildenden Gegenstand entfernt, so sprechen wir von einer Parallelprojektion, d. h. die Projektionsstrahlen verlaufen parallel zueinander.

Um die Schüler nun aber auch über meine weitere Absicht zu informieren, habe ich folgende Jahresübersicht, gewissermaßen als Fahrplan für die weitere Unterrichtsarbeit an den Anfang der nachfolgenden Unterrichtswoche gestellt.

Normalprojektion: Die Projektionsstrahlen stehen normal auf die Bildebene.
- Die Bildebenen sind die Koordinatenebenen $x\,y$, $y\,z$, $x\,z$.
  Ergebnis: Grund-, Auf-, Kreuzriss (Riss = Bild).
- Die Bildebene ist zu keiner der drei Koordinatenachsen parallel.
  Ergebnis: anschaulicher Normalriss.

Schrägprojektion: Die Projektionsstrahlen stehen schräg zur Bildebene.
- Die Bildebene ist die Koordinatenebene $y\,z$.
  Ergebnis: *Kavalierriss*.
- Die Bildebene ist die Koordinatenebene $x\,y$.
  Ergebnis: *Militärriss*.

Es ist zu empfehlen, die Eigenschaften der Parallelprojektion – Geraden-, Parallelen-, Teilverhältnistreue, wahre Größen von zur Bildebene parallelen Strecken und Flächen – nicht explizit hier am Anfang aufzuzählen.

Diese Eigenschaften entdecken die Schüler sehr bald bei ihren Konstruktionsübungen als „Aha – Erlebnis".

Gemeinsam kann man dann eine exakte Formulierung der entdeckten Eigenschaften vornehmen.

D.2 Die zugeordneten Normalrisse

Grund-, Auf-, Kreuzriss

Das rechtwinkelige Koordinatensystem

Projektion auf die 1. Bildebene – *Grundriss* (Ansicht von oben)

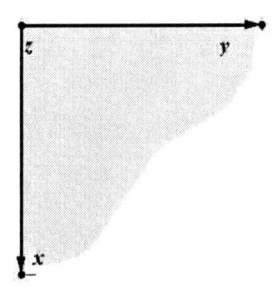

Projektion auf die 2. Bildebene – *Aufriss* (Ansicht von vorne)

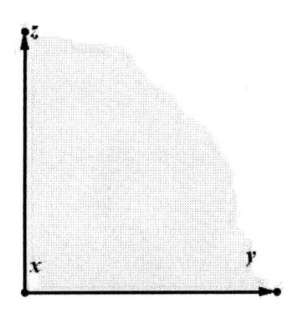

Projektion auf die 3. Bildebene – *Kreuzriss* (Ansicht von der Seite)

Ansicht von rechts:

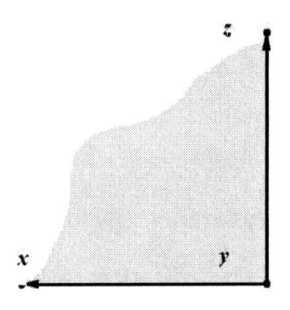

Ansicht von links:

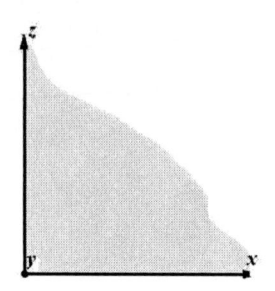

Die Schüler erkennen sehr bald, dass es umständlich wäre jeden Riss losgelöst von den anderen Normalrissen anzufertigen. Der Lehrer findet nun eine gute emotionale Basis vor, um die normierte Kombination der einzelnen Risse zu motivieren.

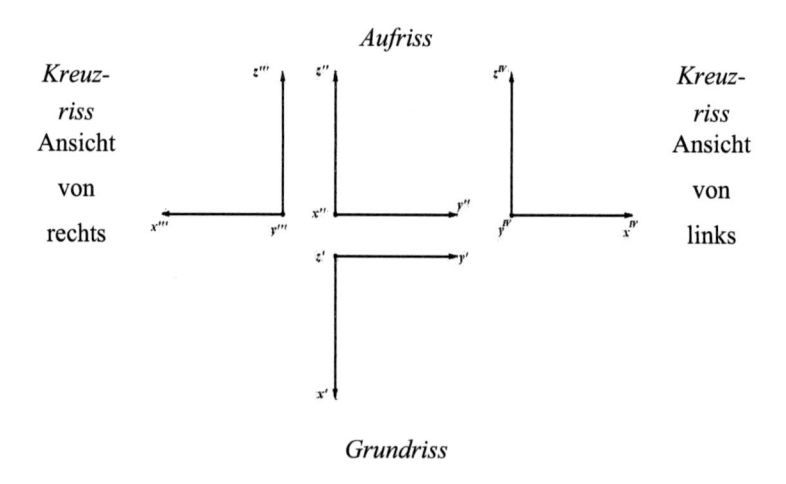

Aufriss

Kreuz-riss Ansicht von rechts

Kreuz-riss Ansicht von links

Grundriss

Anders als die allgemeine Bezeichnung bei *Normalrissen* (Projektionszeiger: n) erfolgt die Bezeichnung bei *Grund-*, *Auf-* und *Kreuzriss*.
(Projektionszeiger: ′ (sprich: Strich) für den *Grundriss*,
″ (sprich: zwei Strich) für den *Aufriss*,

$'''$ bzw. ^{IV} (sprich: drei bzw. vier Strich) für den *Kreuzriss*.

Eine weitere Verallgemeinerung erhalten wir durch vollständiges Zusammenschieben der einzelnen Bilder.

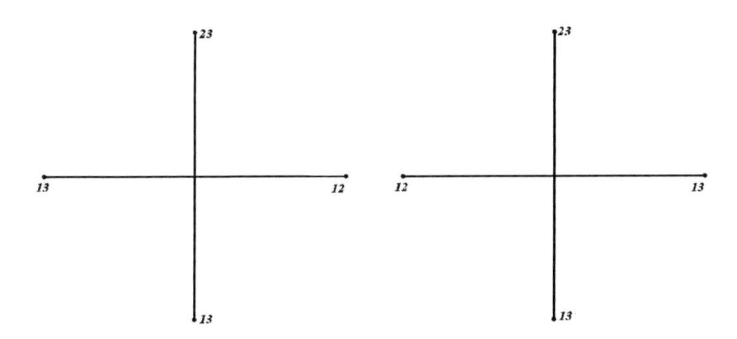

Dabei bezeichnet
    12 die Schnittgerade zwischen 1. und 2. Bildebene,
    13 die Schnittgerade zwischen 1. und 3. Bildebene,
    23 die Schnittgerade zwischen 2. und 3. Bildebene.

Der Punkt in Grund-, Auf- und Kreuzriss

Gemeinsam tragen wir einen beliebigen Punkt in *Grund-* und *Aufriss* ein und ergänzen den *Kreuzriss*.

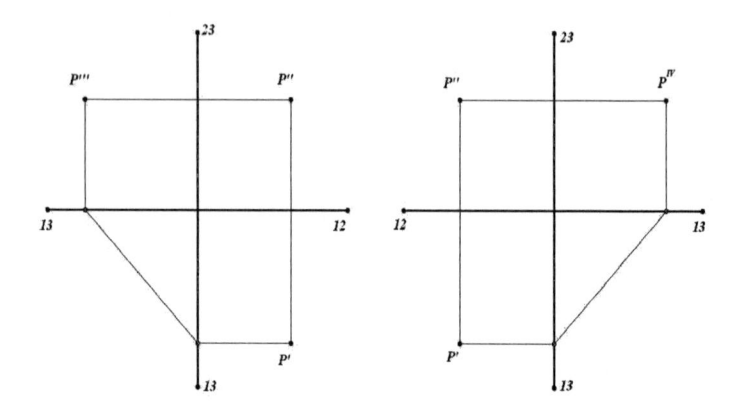

Die Übungsphase besteht anschließend darin, dass die Schüler zu einem vorgegebenen Punkt in

(1) *Grund-* und *Kreuzriss* den *Aufriss*,
(2) *Auf-* und *Kreuzriss* den *Grundriss*

ergänzen.

Darstellung ebenflächig begrenzter Körper in *Grund-*, *Auf-* und *Kreuzriss*

Der Arbeitsauftrag in der Übungsphase besteht darin, dass die Schüler zu einer Reihe von *Kavalierriss*darstellungen *Grund-*, *Auf-* und *Kreuzriss* entwerfen. Verwendet werden dazu Darstellungs- und Rissleseübungen zur Einführung bei *Grund-*, *Auf-* und *Kreuzriss*.

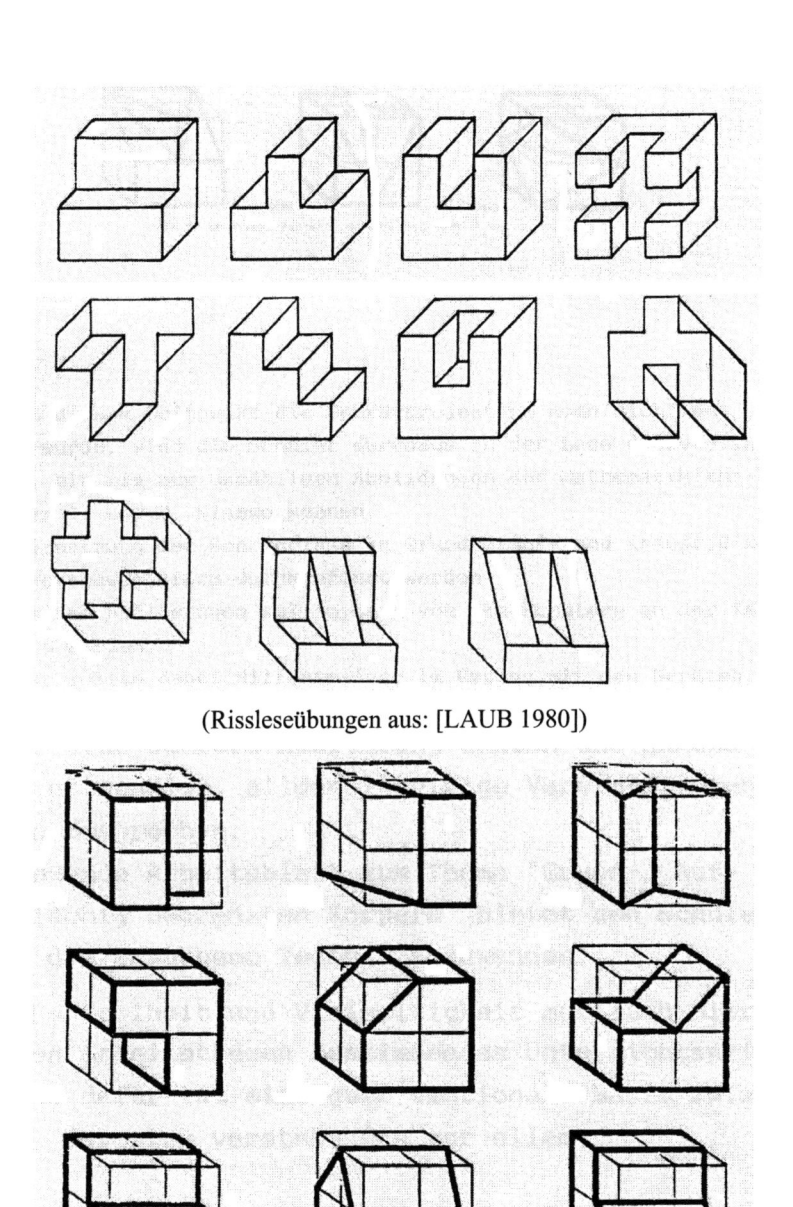

(Rissleseübungen aus: [LAUB 1980])

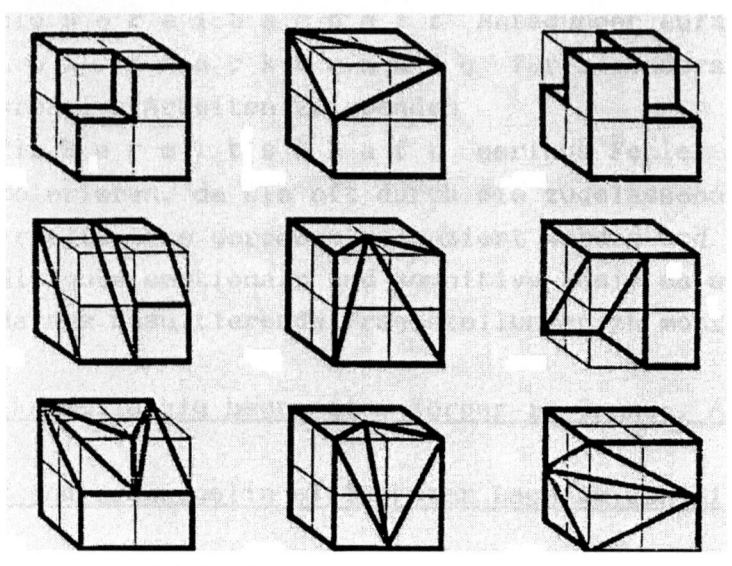

(Rissleseübungen aus: [TSCHUPIK 1984])

Obwohl zu diesem Zeitpunkt die *Schrägprojektion* noch nicht besprochen wurde, sind die Schüler durchaus in der Lage diese Bilder zu lesen, die sie aus unzähligen Abbildungen in den Mathematiklehrbüchern der 1. und 2. Klasse kennen.
Diese Übersetzung der *Schrägrisse* in *Grund-*, *Auf-* und *Kreuzriss* kann auch in Wettbewerbsform durchgeführt werden.
Die einzelnen Auflösungen sollen dann von den Schülern an der Tafel vorgeführt werden.
Der Lehrer sollte dabei Hilfestellung im Umgang mit den Geräten leisten, auf eine saubere Ausführung achten und anhand der Schülerzeichnungen notwendige, allgemeingültige Vereinbarungen und Normierungen besprechen.

Schöpferische Freiheit und Vielseitigkeit muss auch hier, wie bei allen übrigen Arbeitsthemen bestimmendes Unterrichtsprinzip sein. Voraussetzung dafür ist eine gute emotionale Basis zwischen Lehrer und Schüler. Darunter verstehe ich vor allem

(1) die Notwendigkeit, Freude und Begeisterung in der <u>gesamten</u> Klasse zu wecken,
(2) die <u>Bereitschaft</u> Anregungen aufzunehmen,
(3) <u>Lob, Anerkennung</u> für besonders schöne und kreative Arbeiten zu spenden,
(4) die <u>Bereitschaft</u>, geringe Fehler zunächst zu tolerieren, da sie oft durch die zugelassene freie Arbeitsweise geradezu provoziert werden und sie vielmehr als gute emotionale und kognitive Basis zu sehen, um daraus resultierende Fragestellungen zu motivieren.

Darstellung *krummflächig begrenzter Körper* in Grund-, Auf- und Kreuzriss: *Drehzylinder* und *Drehkegel* in einfachster Lage zu den Bildebenen

Die einfachste Lage von *Drehkegel* und *Drehzylinder* besteht darin, dass die Basis in einer der drei Bildebenen beziehungsweise parallel zu einer liegt und damit normal auf die beiden anderen Bildebenen steht.

Zunächst stellen wir gemeinsam unsere Grundbausteine *Drehkegel* und *Drehzylinder* in einfachster Lage in Grund-, Auf- und Kreuzriss dar.

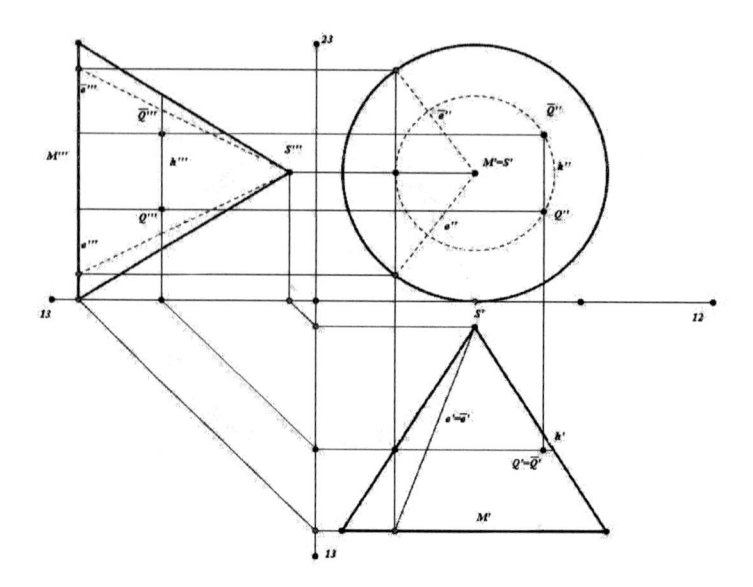

Drehkegel mit Basis parallel zur 2. Bildebene

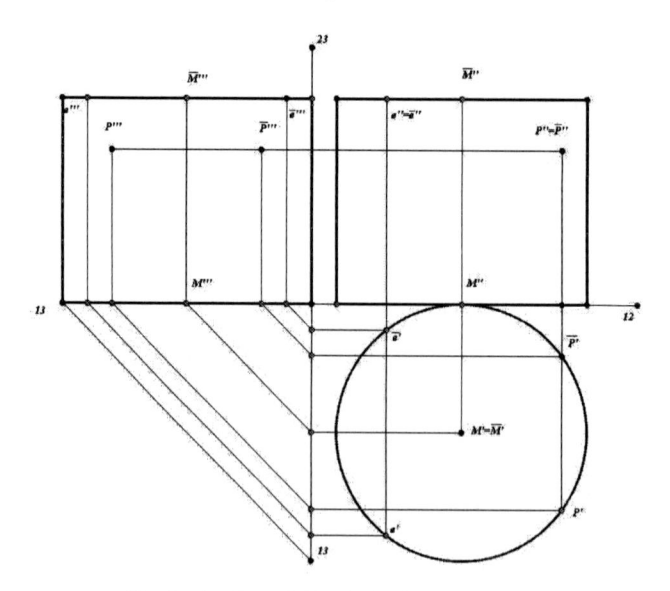

Drehzylinder mit Basis in der 1. Bildebene

Dabei legen wir Wert darauf, dass folgende Größen eingezeichnet und benannt werden:

(a) *Hauptlinie (Schichtkreis)* h des *Drehkegels*.
(b) *Mantelerzeugendenpaar* e und $\bar{e}$ des *Drehkegels* und *Drehzylinders*,
(c) *Mantelpunktepaar* P, $\bar{P}$ sowie Q und $\bar{Q}$.

Im anschließenden Arbeitblatt mit dem Thema „Kegel-, Zylinderkomposition" haben die Schüler Gelegenheit die Grundelemente *Drehkegel* und *Drehzylinder* in vielfältiger Weise zu kombinieren. Auch hier ist darauf zu achten, dass in einem *Kegel* beziehungsweise in einem *Zylinder* die oben angeführten Größen *Hauptlinie, Erzeugendenpaar, Punktepaar* eingezeichnet werden.

D.3 Der Schrägriss

Der Kavalierriss

Diese Darstellung, die für jeden Schüler als Arbeitsblatt abgezogen wird, dient als Grundlage der Besprechung des Projektionsverfahrens. Daneben empfiehlt es sich, den Abbildungsvorgang an einem Modell zu demonstrieren, wobei die Tafelebene als Bildebene dienen kann.

Das rechtwinkelige Koordinatensystem

Gemeinsam erarbeiten wir, dass
(1) sich die x-Achse im *Schrägbild* entsprechend den unterschiedlichen Projektionsrichtungen (= unterschiedliche Sichtweisen) verändert,
(2) die Abstände in x-Richtung entsprechend dem Quotienten

$$v_x = \frac{\overline{A^S B^S}}{\overline{AB}} \text{ verzerrt werden.}$$

Der Punkt im *Kavalierriss*

Ausgangspunkt unseres *Schrägbildes* bilden Grund und Aufriss eines beliebigen Punktes.
Bemerkung:

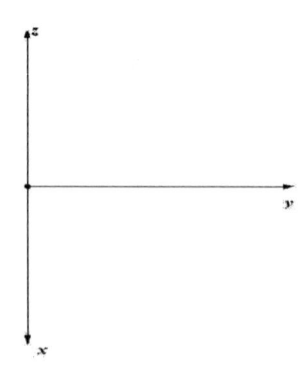

dient als Kurzform für die kombinierte Form

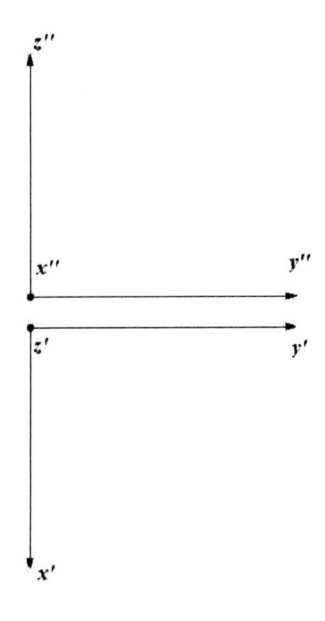

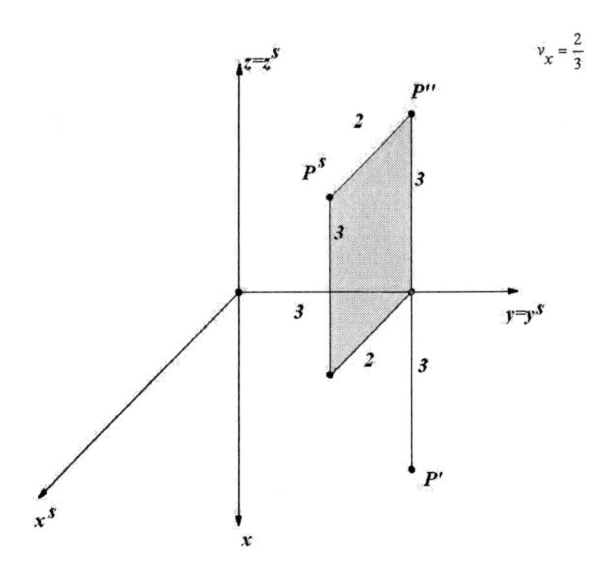

$v_x = \frac{2}{3}$

Nach gemeinsam erarbeiteter Kavalierrissdarstellung eines einfachen, ebenflächig begrenzten Körpers aus Grund- und Aufriss besteht die Schüleraufgabe darin, ebenflächig begrenzte Körper unterschiedlicher Komplexität zu entwerfen und in gleicher Weise dazustellen.

Der Militärriss

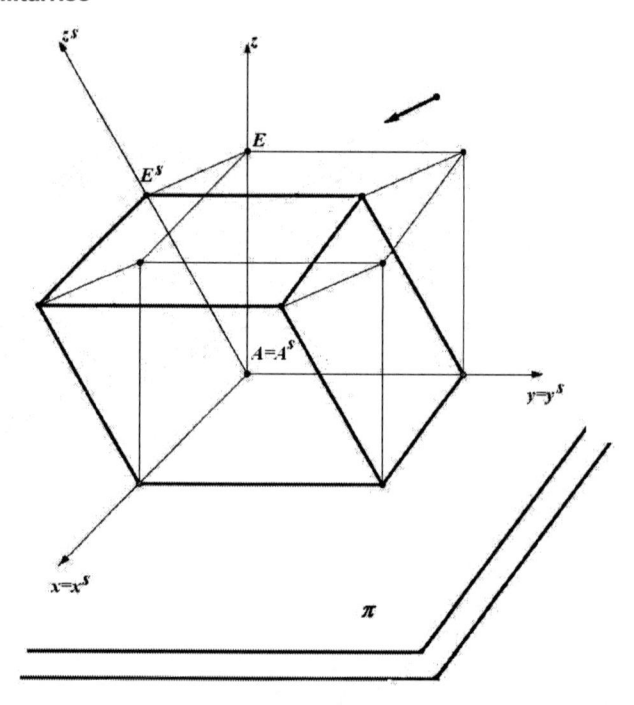

In gleicher Weise dient uns auch beim Militärriss ein Arbeitsblatt als Grundlage zur Beschreibung des Projektionsverfahrens. Bei der begleitenden Veranschaulichung am Modell kann uns diesmal die Schreibtischebene als Bildebene dienen.

Das rechtwinkelige Koordinatensystem

Gemeinsam erarbeiten wir, dass
(1) sich die z-Achse im *Schrägbild* entsprechend den unterschiedlichen Projektionsrichtungen (= unterschiedliche Sichtweisen) verändert,
(2) die Abstände in z-Richtung entsprechend dem Quotienten

$$v_z = \frac{\overline{A^S E^S}}{\overline{AE}} \text{ verzerrt werden.}$$

Der Punkt im *Militärriss*

Ausgangspunkt des *Schrägbildes* bilden auch hier Grund- und Aufriss eines beliebigen Punktes.

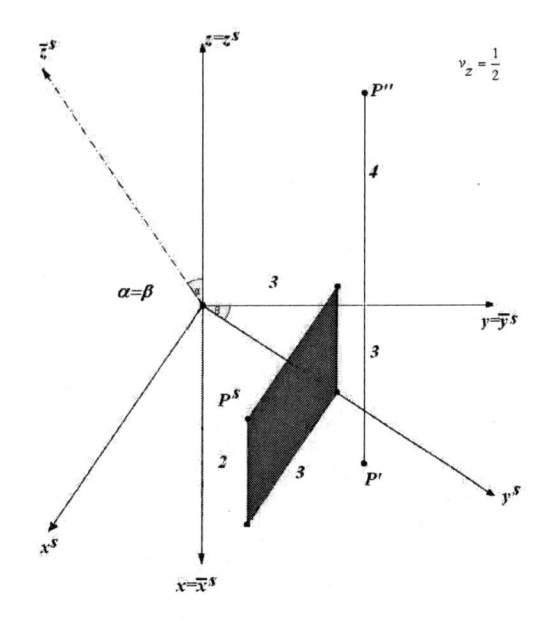

Bemerkung: Da wir darauf dringen werden, dass die z-Achse auch im Schrägbild senkrecht verläuft, werden wir unser System entsprechend drehen.

Übungsphase und anschließende Schülerarbeit werden analog zum Thema „Kavalierriss" gestaltet.
Dabei kann man den Schülern durchaus das Recht einräumen, den bereits für die Kavalierrissdarstellung entworfenen ebenflächig begrenzten Körper zu übernehmen.

D.4 Der anschauliche Normalriss

Das Einschneideverfahren

Es mag vermessen klingen in einer 3. Klasse / 7. Schulstufe das Einschneideverfahren zu behandeln. Jedoch habe ich die Erfahrung gemacht, dass bei behutsamer, altersgemäßer Einführung diese Technik den Schülern keine Schwierigkeiten bereiten.

Die Schüler sind vielmehr aufgrund der hohen Anschaulichkeit der dargestellten Objekte geradezu begeistert von dieser Abbildungstechnik und schließlich verfügen die Schüler auf dieser Stufe auch über die nötigen geometrischen Hilfsmittel, um die normalaxonometrischen Bilder anzufertigen.

Das rechtwinkelige Koordinatensystem

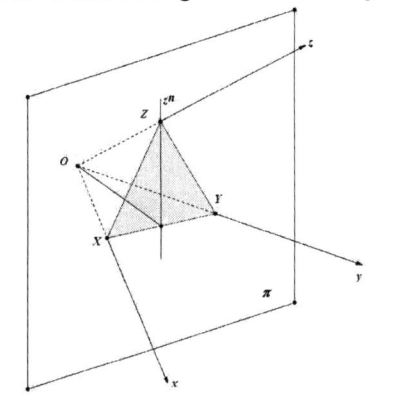

Entsprechend nebenstehender Abbildung bilden wir ein Dreibein aus *Daumen*, *Zeigefinger* und *Mittelfinger* und stützen damit ein TZ – Dreieck oder Geometriedreieck, das unsere Bildebene repräsentiert.

Betrachten wir nun unser rechtwinkeliges Koordinatensystem durch unsere ‚durchsichtige' Bildebene, so finden die Schüler sehr rasch heraus, dass das Dreibein sich in folgender Weise abbildet.

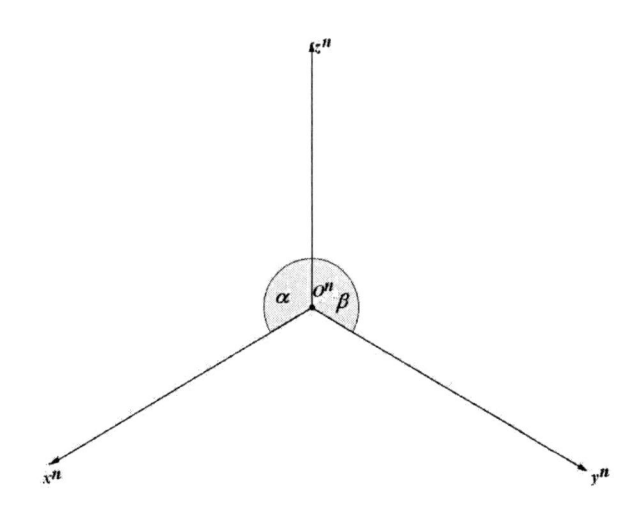

Der Punkt im Einschneideverfahren

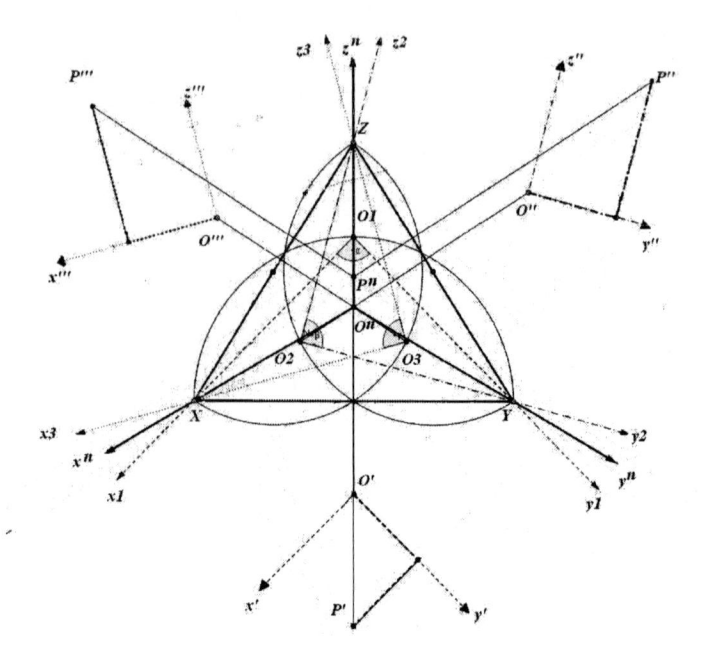

Wir beginnen zunächst mit dem normalaxonometrischen Bild unseres Koordinatensystems, wobei wir die Winkel α, β, welche die positiven Halbachsen $z^{\,n}$ und $x^{\,n}$ beziehungsweise $z^{\,n}$ und $y^{\,n}$ einschließen, vorgeben.

Im nächsten Schritt zeichnen wir das *Spurendreieck XYZ*, wobei einer der Punkte X, Y, Z auf dem Bild der zugehörigen Halbachse gewählt werden kann. X, Y, Z sind die Durchstoßpunkte (= *Spurpunkte*) der Koordinatenachsen mit der Bildebene.

Nun rekonstruieren wir die rechten Winkel zwischen den Koordinatenachsen durch Drehen der Koordinatenebenen in die Bildebene. Der dazu benötigte *Satz von Thales* ist den Schülern aus dem Mathematikunterricht der 2. Klasse bekannt. Der Drehvorgang sollte auch zur Unterstützung an unserem *Finger – Dreieck – Modell* nachvollzogen werden.

Anschließend verschieben wir das durch Drehung gewonnene System

$O_1 x_1 y_1$ in Richtung der z^n – Achse,
$O_2 y_2 z_2$ in Richtung der x^n – Achse,
$O_3 x_3 z_3$ in Richtung der y^n – Achse

und erhalten damit das System

$O' x' y'$, in das wir den Grundriss,
$O'' y'' z''$, in das wir den Aufriss,
$O''' x''' z'''$, in das wir den Grundriss

eintragen können.

Aus einem in Grund-, Auf- und Kreuzriss eingezeichneten beliebigen Punkt gewinnen wir durch „*Einschneiden*" den Bildpunkt P^n.
Dazu ziehen wir durch P', P'', P''' zur z^n-, x^n-, y^n – Achse parallele *Einschneidegeraden*.

Gemeinsam wird zunächst das normalaxonometrische Bild eines einfachen, ebenflächig begrenzten Körpers durch punktweises *Einschneiden* ermittelt. Die Schülerarbeit besteht anschließend darin, normalaxonometrische Bilder ebenflächig begrenzter Körper unterschiedlicher Komplexität anzufertigen.

E   DIE KEGELSCHNITTE: ELLIPSE, HYPERBEL, PARABEL

E.1 *Der Schnitt eines Kegels in einfachster Lage mit einer projizierenden Ebene*

Wir schließen damit an die Aufgaben „Darstellung krummflächig begrenzter Körper in Grund-, Auf- und Kreuzriss: Drehzylinder und Drehkegel in einfachster Lage zu den Bildebenen" aus der 3. Klasse / 7. Schulstufe an.

Der Begriff der projizierenden Ebene (= Ebene parallel zu den Projektionsstrahlen, das heißt: das Bild ist eine Gerade) ist den Schülern spätestens seit der Behandlung des Seitenrisses bekannt. Die folgenden Aufgaben beschränken sich auf Grund- und Aufriss. Die Schnittebenen sind zweitprojizierende Ebenen (zweites Bild ist eine Gerade).

Die Richtebene (= die zur Schnittebene parallele Ebene durch die Spitze des Kegels) enthält keine Erzeugende – KREIS, ELLIPSE

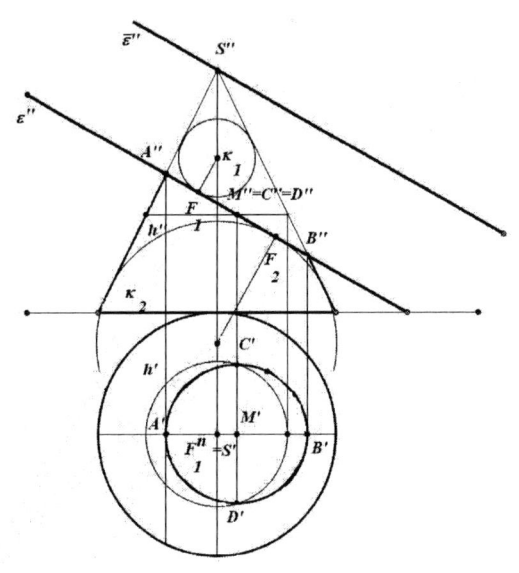

Zur vorangehenden Konstruktion:

Bereits in der 3. Klasse haben wir gelernt, dass Schnitte eines Kegels mit Ebenen normal zur Achse zu konzentrischen Schichtkreisen führen. Neigen wir nun jedoch unsere Schnittebene entsprechend der oben angeführten Bedingung, so kommen wir zu einer neuen Kegelschnittlinie. Mit Hilfe der *Schichtkreismethode* (= Übertragen von Punkten mit Hilfe von Schichtkreisen: Bildungsinhalte der 3. Klasse) können wir nun zuerst einmal die Scheitelpunkte in den Grundriss übertragen.

Wir stellen fest, dass die Verbindungsstrecken zusammengehöriger Scheitelpunkte wieder aufeinander normal stehen, jedoch unterschiedlich lang sind.

Bevor wir in unserer Konstruktion fortschreiten, wenden wir uns den Eigenschaften und verschiedenen Konstruktionsmöglichkeiten unserer Kurve zu.

Ist der Lehrer in der glücklichen Lage die Klasse sowohl in Mathematik als auch in GZ zu unterrichten, so wird er die Behandlung des Themenkreises zeitlich so planen, dass eine wechselseitige Ergänzung und Verteilung von Übungsphasen möglich wird. Besitzt die Klasse in den beiden Fächern verschiedene Lehrer, so kann eine sinnvolle Ergänzung und Koordination nur in ständiger Absprache der beiden Kollegen erfolgen.

Die Definition als Konstruktionsmethode

Definition und vereinbarte Bezeichnungen:
Die *Ellipse* ist die Menge aller Punkte, für die die Summe der Abstände von zwei festen Punkten (= Brennpunkten) konstant ist.

$$ell = \left\{ X \mid \overline{XF_1} + \overline{XF_2} = 2a \right\}$$

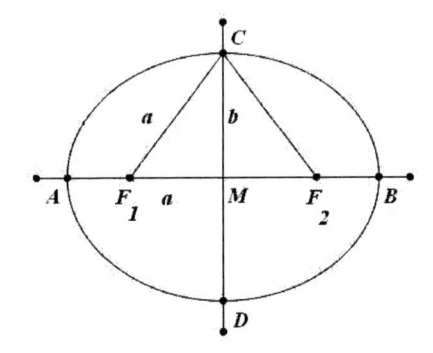

M	: Mittelpunkt
F_1, F_2	: Brennpunkte
A, B	: Hauptscheitelpunkte
C, D	: Nebenscheitelpunkte
AB	: Hauptachse
CD	: Nebenachse
a	: Länge der halben Hauptachse
b	: Länge der halben Nebenachse

Günstig ist hier ein Hinweis, dass diese Punkte und Linien natürlich alle einer Ebene (hier: Schnittebene) angehören müssen.

Greifen wir das Teilergebnis unserer Konstruktion auf und zeichnen Haupt- und Nebenachse einer *Ellipse* mit willkürlich gewählten Maßen.

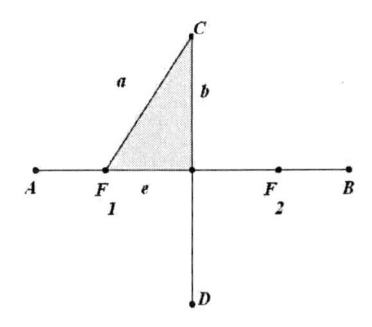

Die Brennpunkte gewinnen wir durch Abschlagen der halben Hauptachsenlänge von einem Nebenscheitelpunkt auf die Hauptachse.
Aus dem entstehenden rechtwinkeligen Dreieck entnehmen wir als Eigenschaft der *Ellipse*:

$$a^2 = b^2 + e^2$$
$$\text{oder}$$
$$e^2 = a^2 - b^2$$

Die *lineare Exzentrizität* (e) bezeichnet den Abstand der Brennpunkte vom Mittelpunkt.
Die Definition der *Ellipse* können wir nun zur punktweisen Konstruktion verwenden.
Für die Abstände, die wir in den Zirkel nehmen, gilt es jedoch $a - e \leq Abst \leq a + e$ zu beachten, wenn wir Schnittpunkte erhalten wollen.

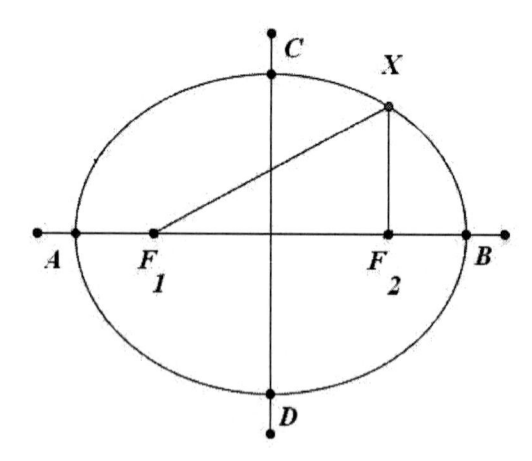

Die Scheitelschmiegkreise und die Konstruktion von Zwischenpunkten mit der 1. und 2. Papierstreifenmethode

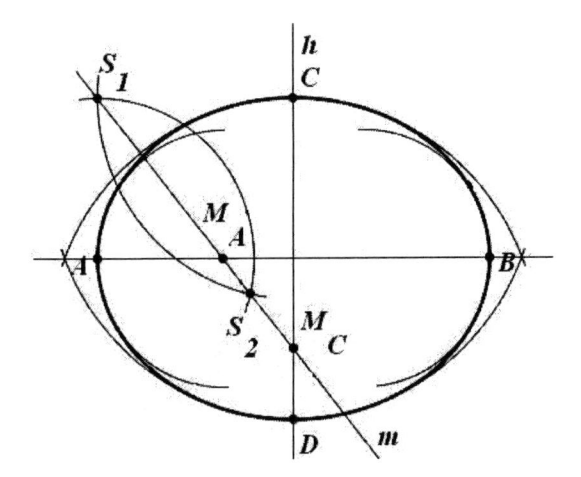

Scheitelschmiegkreise

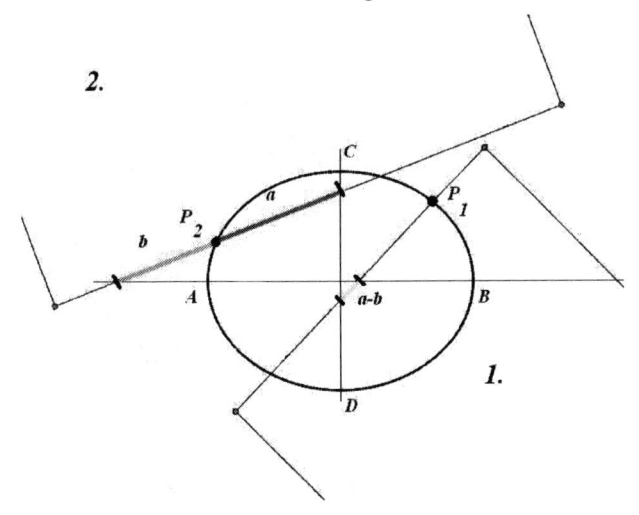

1. und 2. Papierstreifenkonstruktion

Durch Abschlagen der halben Hauptachsenlänge vom Nebenscheitelpunkt C und der halben Nebenachsenlänge vom Hauptscheitelpunkt A erhalten wir zwei Schnittpunkte S_1, S_2.
Die Verbindungsgerade m dieser Schnittpunkte liefert im Schnitt mit der Hauptachse AB und der Trägergeraden h der Nebenachse CD die Schmiegkreismittelpunkte M_A, M_C.
Die beiden entsprechenden Mittelpunkte (M_B, M_C) ergeben sich aus Symmetrieüberlegungen.

Die Handhabung des Papierstreifens bei den beiden Papierstreifenkonstruktionen muss mit den Schülern ausführlich geübt werden, wobei der Lehrer am besten durch die Reihen geht und den Schülern Hilfestellungen leistet.
Die Begründung für die beiden Papierstreifenkonstruktionen kann für besonders interessierte Schüler bei der Besprechung des Themas „Beziehung: Kreis – Ellipse" gegeben werden.

Schließlich bietet sich als Konstruktionsmethode noch das Abtragen von Punkten der Schnittkurve nach der Schichtkreismethode an. (vgl. Darstellung krummflächig begrenzter Körper in Grund-, Auf- und Kreuzriss: Drehzylinder und Drehkegel in einfachster Lage zu der Bildebenen)

Kehren wir zu unserem Normalriss zurück.

Die Gewinnung der Brennpunkte der Schnittkurve:
   (1) Im Grundriss ist die Kegelspitze ein Brennpunkt der Schnittkurve. Den zweiten Brennpunkt erhält man aus der Symmetrie der *Ellipse*.

(2) Die Brennpunkte der Schnittkurve im Aufriss gewinnt man mit Hilfe der eingeschriebenen Kugel κ_1 und κ_2 (= DANDELINsche Kugeln), die die Schnittkurve in den Brennpunkten berühren.

Die Richtebene enthält eine Erzeugende - *PARABEL*

Zur nachfolgenden Konstruktion:

Zunächst übertragen wir den Scheitelpunkt der Parabel sowie die beiden Basispunkte (= Durchstoßpunkte des Basiskreises mit der Schnittebene).

Der Brennpunkt der Schnittkurve ist – wie zuvor besprochen – im Grundriss die Kegelspitze.

Den Brennpunkt im Aufriss erhalten wir durch Einschreiben der DANDELINschen Kugel.

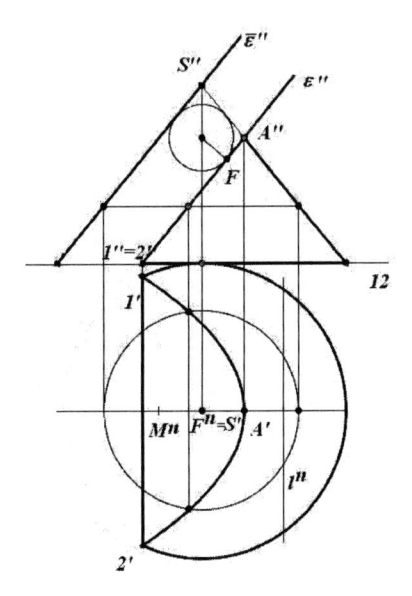

Die Definition als Konstruktionsmethode

Definition und vereinbarte Bezeichnungen:
Die *Parabel* ist die Menge aller Punkte, für die die Abstände von einem festen Punkt (=Brennpunkt) und einer festen Geraden (= Leitlinie) gleich sind.

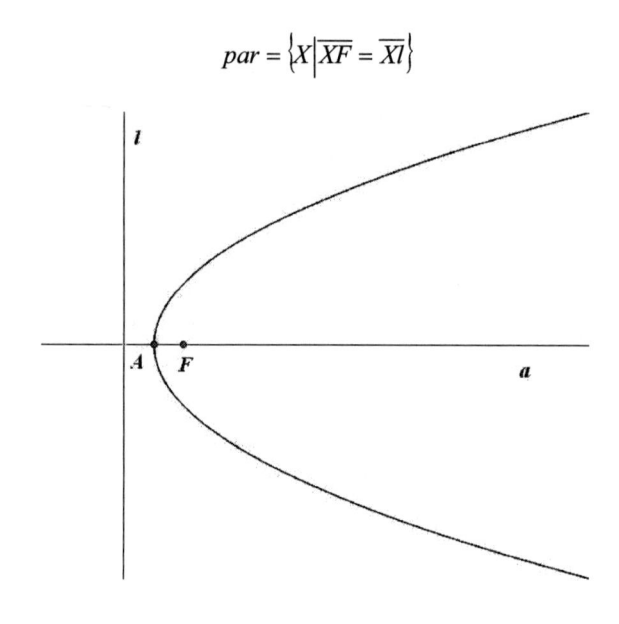

$$par = \{X \mid \overline{XF} = \overline{Xl}\}$$

A	: Scheitel
a	: Achse
F	: Brennpunkt
l	: Leitlinie
$\overline{FL} = p$	: Parameter

Auch hier sollten die Schüler wieder darauf hingewiesen werden, dass die angesprochenen Punkte und Linien alle in einer Ebene liegen müssen.

Greifen wir nun das Teilergebnis unserer Konstruktion auf und zeichnen wir die Achse a. Danach wählen wir den Scheitel A und den Brennpunkt F.

Aus den folgenden Abstandseigenschaften gewinnen wir

(1) die Leitlinie: $\overline{AF} = \overline{Al} = \frac{p}{2}$,

(2) den Scheitelschmiegkreis: $\overline{AM} = \overline{Fl} = p$.

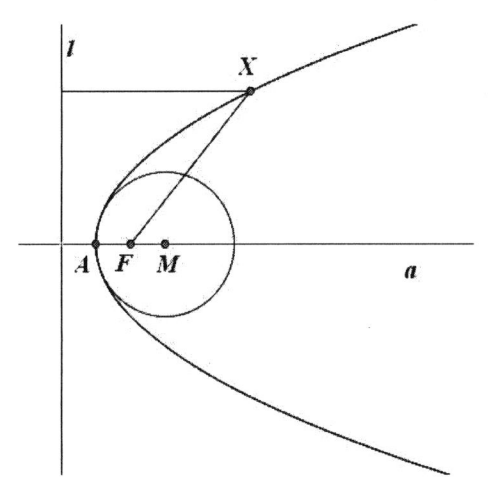

Beliebige weitere Parabelpunkte finden wir durch Anwenden der Definition, die uns damit als weitere Methode neben der bereits erwähnten Schichtkreismethode zur Verfügung steht.

Doch auch hier müssen wir beachten, dass die Abstände der Parallelen zur Leitlinie $l \geq \frac{p}{2}$ sein müssen, wenn wir Schnittpunkte erhalten wollen.

Wir sind damit in der Lage unseren Normalriss fertig zu stellen. (Definition als Konstruktionsmethode, Übertragen einzelner Punkte).

Die Richtebene enthält ein Erzeugendenpaar – *HYPERBEL*

Zur nachfolgenden Konstruktion:

Hier schneiden wir einen Doppelkegel mit einer entsprechend der angeführten Bedingung geneigten Schnittebene und übertragen die Scheitelpunkte sowie die beiden Basis- und Deckkreispunkte.
Die Brunnpunkte in Grund- und Aufriss gewinnen wir auf die bereits bei *Ellipse* und *Parabel* besprochene Weise.

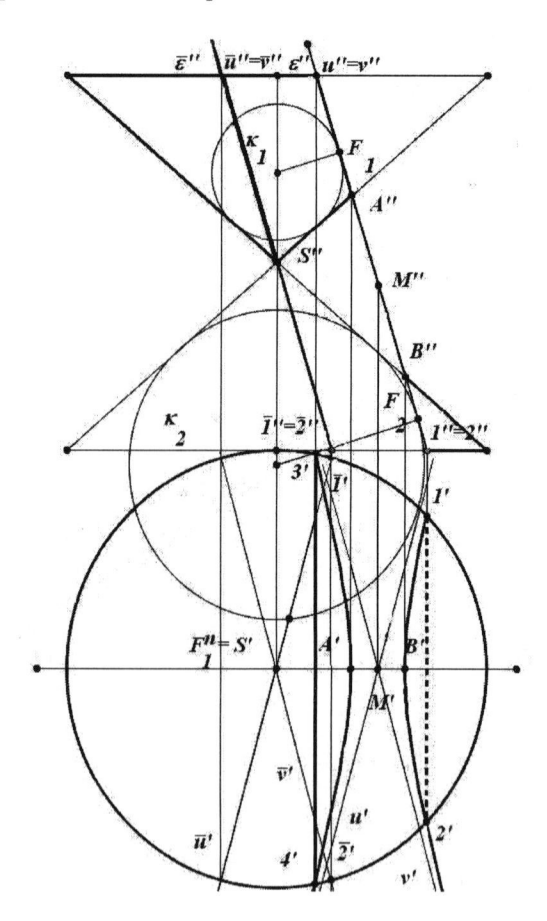

Wollen wir auch diese Kurve nicht nur punktweise durch Schichtkreise abtragen, so müssen wir uns ihren Eigenschaften und Konstruktionsmöglichkeiten zuwenden.

<u>Die Definition als Konstruktionsmethode</u>

Definition und vereinbarte Bezeichnungen:
Die *Hyperbel* ist die Menge aller Punkte, für die die Differenz der Abstände von zwei festen Punkten (= Brennpunkten) konstant ist.

$$hyp = \{X \mid \overline{XF_1} - \overline{XF_2} = 2a\}$$

für den rechten Ast,

$$hyp = \{X \mid \overline{XF_2} - \overline{XF_1} = 2a\}$$

für den linken Ast.

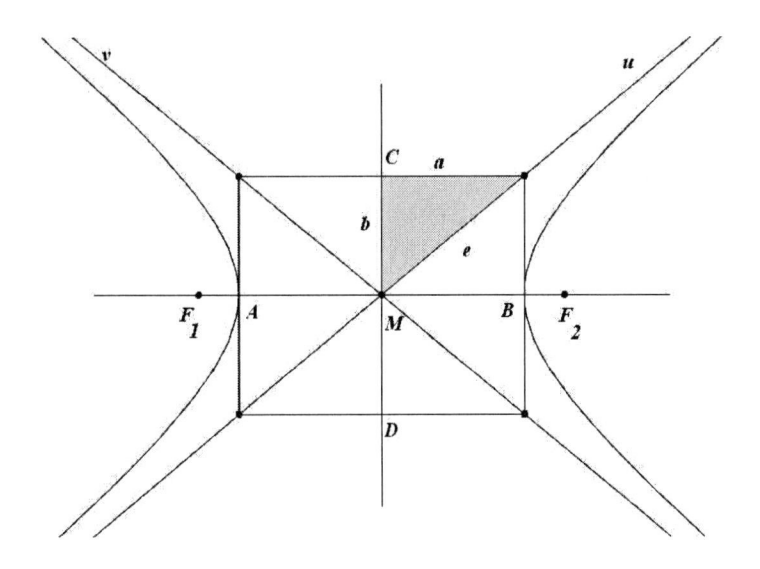

M : Mittelpunkt
F_1, F_2 : Brennpunkte
A, B : Hauptscheitelpunkte
C, D : Nebenscheitelpunkte
(keine Punkte der Hyperbel)
AB : Hauptachse
CD : Nebenachse
a : Länge der halben Hauptachse
b : Länge der halben Nebenachse
e : lineare Exzentrizität
u, v : Asymptoten

Zur Wiederholung soll auch hier noch einmal darauf hingewiesen werden, dass die angesprochenen Punkte und Linien alle in einer Ebene liegen müssen.

Greifen wir das Teilergebnis unserer Konstruktion auf und zeichnen Hauptachse und lineare Exzentrizität – da wir die Hauptscheitelpunkt und die Brennpunkte, nicht jedoch die beiden Nebenscheitelpunkte kennen – einer *Hyperbel* mit willkürlich gewählten Maßen.

Schneiden wir nun einen Kreis mit Mittelpunkt M und Radius e mit den in den Hauptscheitelpunkten errichteten Normalen zur Hauptachse, so gewinnen wir das *Achsenrechteck* und damit die Lage der Nebenscheitelpunkte und *Asymptoten*.
Aus dem entstehenden rechtwinkeligen Dreieck entnehmen wir die Beziehung:

$$e^2 = a^2 + b^2$$

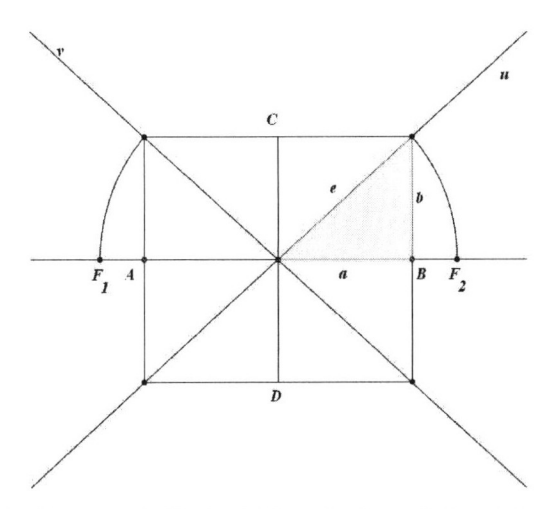

Auch hier können wir die Definition der Hyperbel zur Konstruktion heran ziehen.

Für die Abstände, die wir in den Zirkel nehmen, gilt es jedoch

$e - a \leq Abst$ (für den Subtrahenden)

$a + e \leq Abst$ (für den Minuenden)

zu beachten, wenn wir Schnittpunkte erhalten wollen.

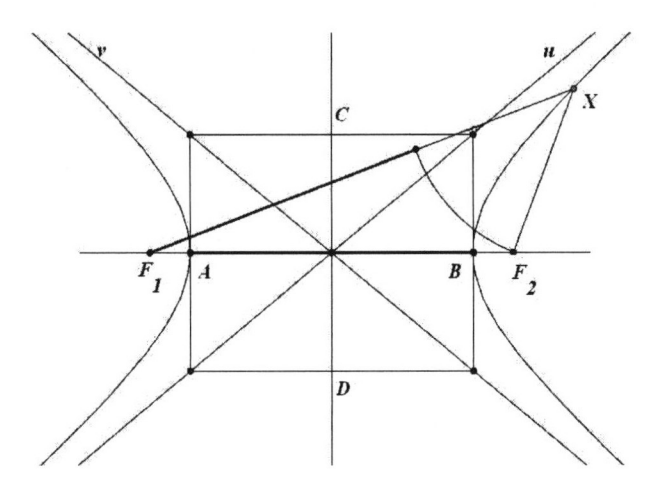

Als Hilfe bei der Konstruktion mögen uns die Scheitelschmiegkreise dienen.
Dazu legen wir eine Normale n auf die Asymptote v im Punkt P. Der Schnittpunkt von n mit der Trägergeraden g der Hauptachse AB ist der Schmiegkreismittelpunkt M_A. Entsprechende Überlegungen führen zum Schmiegkreismittelpunkt M_B.

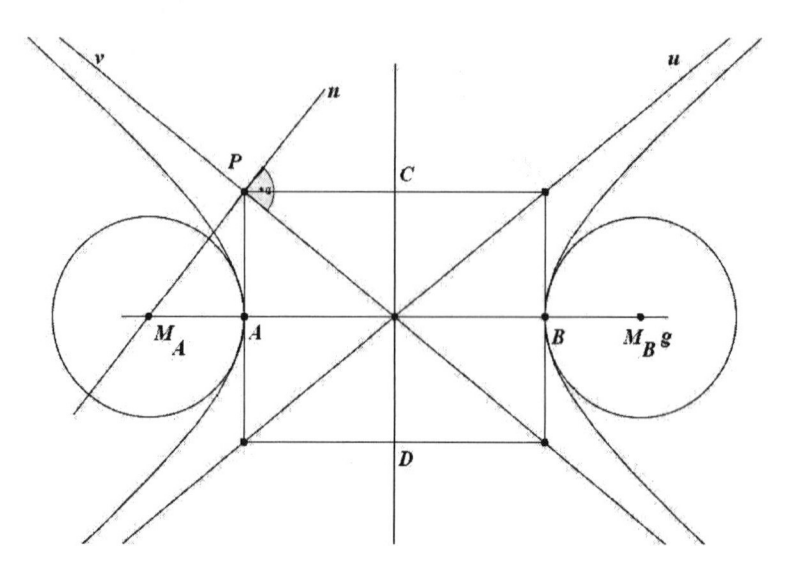

Wir sind nun in der Lage unseren Normalriss fertig zu stellen.
Falls genügend Zeit zur Verfügung bleibt, könnte man noch folgenden Zusatzstoff anbieten.

<u>Die Gewinnung der Asymptoten mit Hilfe der Richtebene</u>

Dazu markieren wir in unserem Normalriss die Basis- und Deckkreispunkte, die beim Schnitt mit der Richtebene entstehen. Die in der Richtebene liegenden zwei Erzeugen sind zu den Asymptoten parallel.

Wir hätten also auch diesen Weg zur Gewinnung der Asymptoten beschreiten können.

Die Stechzirkelkonstruktion für die Hyperbel

Die Bezeichnung Stechzirkelkonstruktion erfolgt aus der Tatsache, dass die angesprochenen Längenübertragungen am besten mit einem Stechzirkel erfolgen.

1. Stechzirkelkonstruktion

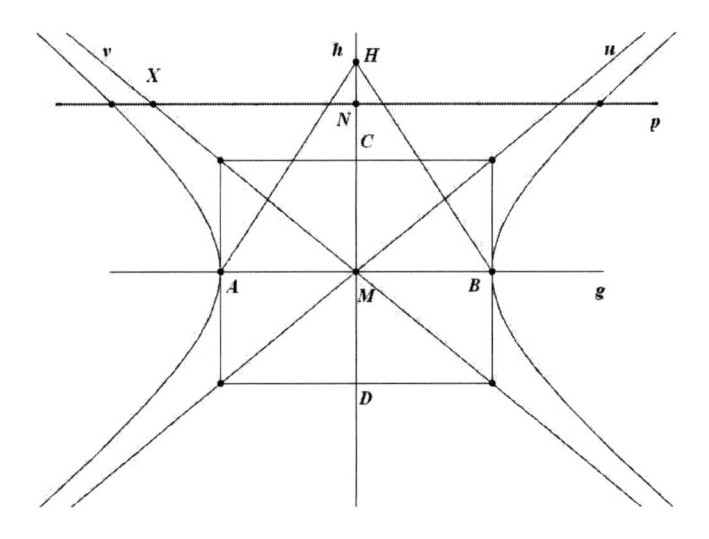

Zunächst legen wir eine Parallele p zur Trägergeraden g der Hauptachse AB. Dann markieren wir die Schnittpunkte X und N der Parallelen p mit der Asymptote v und der Trägergeraden h der Nebenachse CD. Die Streckenlänge $s_1 = \overline{XN}$ tragen wir von M aus auf

h auf und gewinnen damit den Punkt H. Die Streckenlänge $s_2 = \overline{HA} = \overline{HB}$ liefert uns, von N aus auf die Parallele p aufgetragen, *Hyperbel*punkte.

2. Stechzirkelkonstruktion

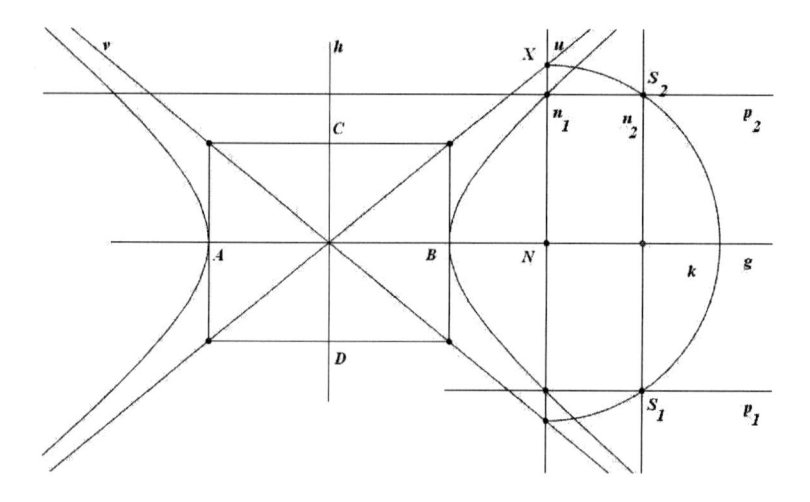

Wir legen zunächst eine Normale n_1 zur Trägergeraden g der Hauptachse AB. Dann markieren wir die Schnittpunkte X und N der Normalen n_1 mit der Asymptote u und der Trägergeraden g der Hauptachse AB. Wir ziehen nun einen Kreis k mit dem Mittelpunkt N und dem Radius NX und schneiden ihn mit einer zu n_1 parallelen Normalen n_2 im Abstand b von N. Die, durch die Schnittpunkte S_1 beziehungsweise S_2 verlaufenden, zur Trägergeraden g parallelen Geraden p_1, p_2, liefern im Schnitt mit der Normalen n_1 *Hyperbel*punkte.

E.2 Beziehung: Kreis - Ellipse

Bemerkung:
Dass es sich bei den folgenden Beziehungen um die Verwandtschaft der *perspektiven Affinität* zwischen den Scheitelkreisen und der Ellipse handelt, kann, aber muss vom Lehrer nicht erwähnt werden. Grundprinzip der Erklärung muss jedoch in jedem Fall die Anschauung bleiben.

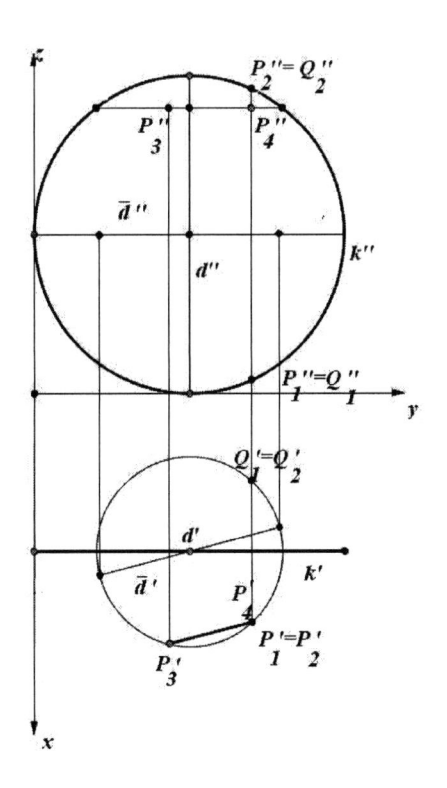

Wir zeichnen zunächst Grund- und Aufriss eines Kreises k, der zur 1. Bildebene normal und zur 2. Bildebene parallel liegt.

Aufgrund der bekannten Eigenschaften der Normalprojektion wird sich der Kreis im Grundriss als Strecke mit der Länge des Kreisdurchmessers und im Aufriss in wahrer Größe abbilden.

Nun drehen wir den Kreis k um jenen Durchmesser (d), der zur 1. Bildebene normal steht.

Wenn wir diesen Vorgang mit unserem Geometriedreieck veranschaulichen, so stellen wir fest, dass die Punkte des zur 1. Bildebene normalen Kreises sich entlang von zur 1. Bildebene parallelen Kreisen bewegen. Kreissehnen (P_1P_2, Q_1Q_2), die zum Durchmesser d parallel verlaufen, bilden sich in der 2. Bildebene – ebenso wie der Durchmesser d selbst – in wahrer Länge ab. Kreisdurchmesser ($\overline{d}$) und Kreissehnen (P_3P_4), sofern sie nicht parallel zur 2. Bildebene verlaufen, erscheinen im 2. Bild verkürzt.

Denken wir daran, dass unsere zur 1. Bildebene parallelen Kreises im Aufriss als Strecke erscheinen, so können wir mit Ordnern unsere Punkte übertragen und erhalten als Bildkurve unseres gedrehten Kreises eine Ellipse.

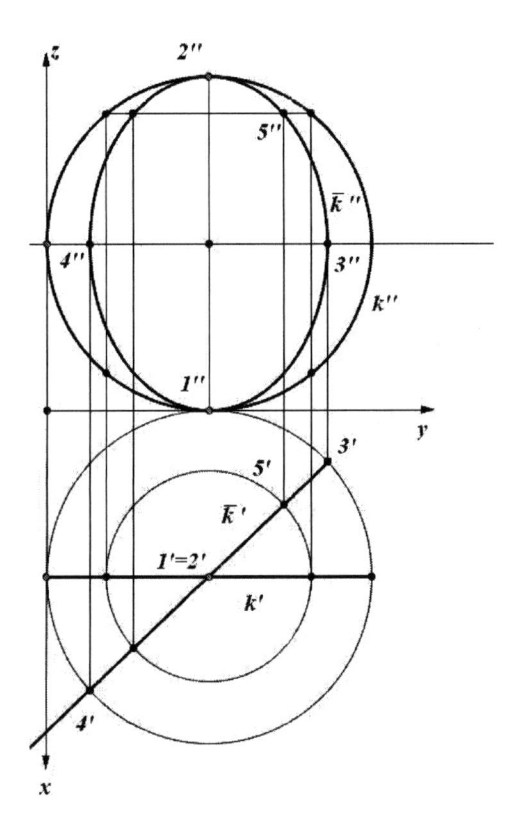

Die Konstruktion von Ellipsenpunkten mit Hilfe der Scheitelkreise

Für diese vom französischen Mathematiker Phillippe De la Hire (1640 – 1718) stammenden Konstruktion werden wir im Aufriss noch den Nebenscheitelkreis ergänzen müssen. Der Hauptscheitelkreis k_0 entspricht unserem Ausgangskreis k von zuvor.

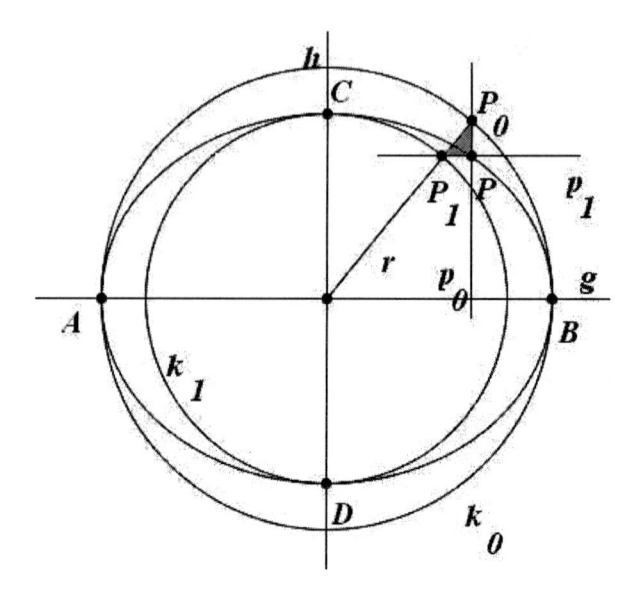

Wir ziehen einen beliebigen Radius r und markieren die Schnittpunkte P_0 und P_1 mit dem Haupt- (k_0) und Nebenscheitelkreis (k_1).

Durch P_0 legen wir eine Parallele p_0 zur Trägergeraden h der Nebenachse CD, durch P_1 eine Parallele p_1 zur Trägergeraden g der Hauptachse AB. Der Schnittpunkt ist ein gesuchter Ellipsenpunkt P.

An dieser Stelle können wir nun auch eine Erklärung für die beiden Papierstreifenkonstruktionen bieten.

1. Papierstreifenkonstruktion:

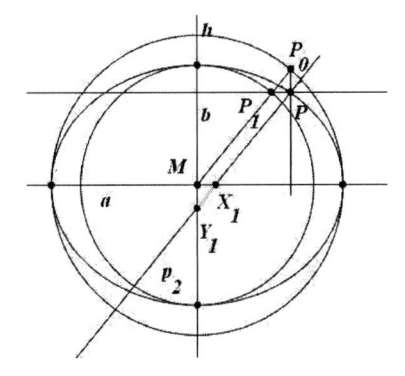

Wie ziehen eine Parallele p_2 zur Strecke MP_0 durch P und markieren die Schnittpunkte X_1, Y_1 auf der Hauptachse AB und der Trägergeraden h der Nebenachse CD.

Es gilt:
$$\overline{MP_1} = \overline{X_1 P} = b \text{ und } \overline{MP_0} = \overline{Y_1 P} = a$$

Also: $\overline{X_1 Y_1} = a - b$

2. Papierstreifenkonstruktion:

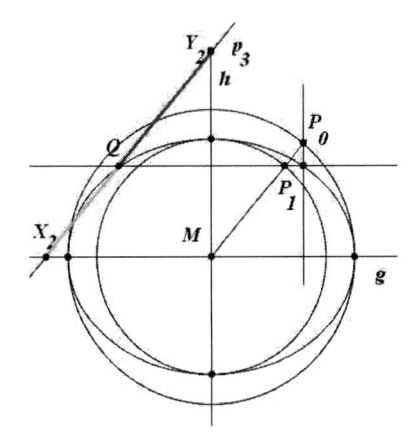

Wir ziehen eine Parallele p_3 zur Strecke MP_0 und markieren die Schnittpunkte X_2, Y_2 auf den Trägergeraden g und h.
Es gilt:
$$\overline{MP_1} = \overline{X_2 Q} = b \text{ und } \overline{MP_0} = \overline{Y_2 Q} = a$$
Also: $\overline{X_2 Y_2} = a + b$

Die Tangente an die Ellipse

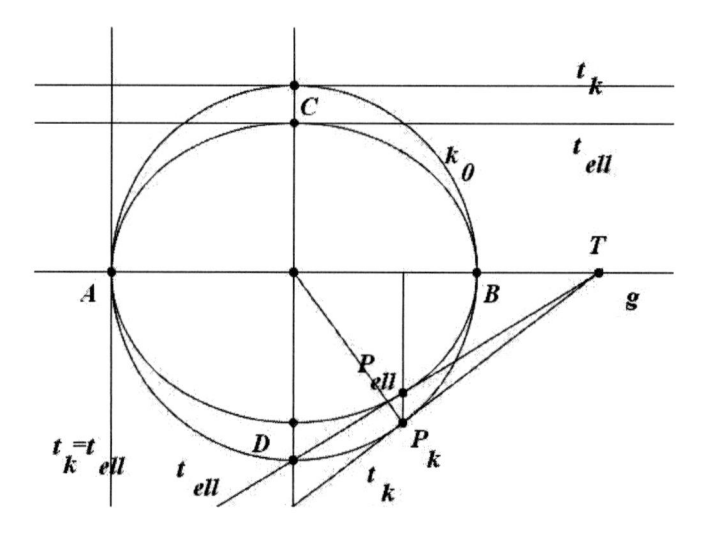

Wir zeichnen eine Ellipse *ell* und den Hauptscheitelkreis k_0. Die Tangenten in den Haupt- und Nebenscheitelpunkten finden die Schüler sehr rasch.

Nun suchen wir jedoch eine Tangente t_{ell} in einem beliebigen Ellipsenpunkt.

Dazu legen wir zunächst eine Tangente t_k an den entsprechenden Kreispunkt P_k. Auf der Trägergeraden g der Hauptachse AB markieren wir uns den Schnittpunkt T mit der Kreistangente t_k. Denken wir uns die Ellipse *ell* durch Drehung aus dem Kreis k_0 um die Trägergerade g entstanden: Wir kennen bereits den Ellipsenpunkt P_{ell} und wissen weiters, dass alle Punkte der Achse AB bei der Drehung fest bleiben, damit auch der Schnittpunkt T.
Wir kennen zwei Punkte unserer Ellipsentangente t_{ell} und können die gesuchte Tangente zeichnen.

E.3 Konjugierte Durchmesser
Die RYTZsche Achsenkonstruktion

Der Kreis im Schrägriss

Wir beschränken uns dabei auf die einfachsten Lagen parallel beziehungsweise normal zur Bildebene.

Aus den Eigenschaften der Schrägprojektion ergibt sich damit, dass
  (1) Kreise, die in der Bildebene oder parallel dazu liegen, in wahrer Größe abgebildet werden,
  (2) Kreise, die normal auf die Bildebene stehen, verzerrt werden.

Man kann hier zunächst die Schüler raten lassen, welche Bildkurve bei der Verzerrung entstehen wird.
Die meisten Schüler tippen hier erfahrungsgemäß auch auf die *Ellipse*.

Nun wollen wir aber den Abbildungsvorgang auch nachvollziehen.

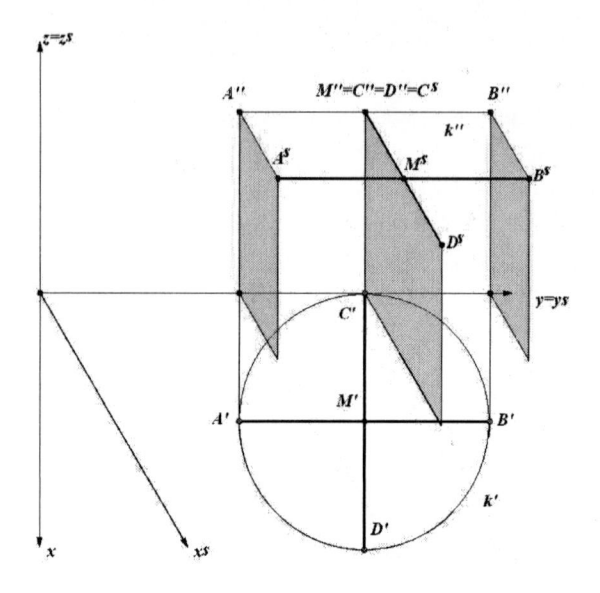

In gewohnter Weise beginnen wir unseren Schrägriss mit dem zu übersetzenden Normalriss. Als Schrägriss verwenden wir einen Kavalierriss, die Lage der Bildachse x^s ist gegeben durch den Winkel $\angle x^s y^s$ und den Verzerrungsfaktor v_x.

In der 4. Klasse / 8. Schulstufe können die Schüler nun mit Hilfe des Strahlensatzes die Länge der verzerrten Strecke bei jedem beliebigen Verzerrungsfaktor geometrisch bestimmen, während dies in der 3. Klasse / 7. Schulstufe weitestgehend nur rechnerisch möglich war. (Ausnahmen bilden hier nur Verzerrungen mit einem Verzerrungsfaktor mit einer Potenz von 2 im Nenner wie z. B. $\frac{1}{2}, \frac{1}{4}, \frac{9}{8}$. Die Länge der verzerrten Strecke lässt sich durch fortgesetzte Halbierung beziehungsweise Übertragung der Streckenstücke gewinnen).

Wenden wir uns nun der Kavalierrissdarstellung unseres Kreises zu und bilden wir die beiden normalen Kreisdurchmesser *AB* und *CD* ab. Die beiden normalen Kreisdurchmesser bilden sich als *konjugierte Durchmesser* (die Tangenten in den Endpunkten eines Durchmessers sind parallel zum anderen Durchmesser) ab.

Wir benötigen nun die dem Schweizer Mathematiker David RYTZ (1801 – 1868) zugeschriebene Achsenkonstruktion, um Haupt- und Nebenachse zu gewinnen.

Es empfiehlt sich an dieser Stelle die Achsenkonstruktion als reine Arbeitsroutine den Schülern Schritt für Schritt anzubieten. Der Beweis, aus der *Scheitelkreisaffinität* hergeleitet, kann, wenn genügend Zeit bleibt, eingebaut werden. Die Beziehung zwischen Kreis und Ellipse muss zu diesem Zeitpunkt den Schülern allerdings bekannt sein. Auch die Darbietung durch einen besonders geschickten Schüler wäre denkbar.

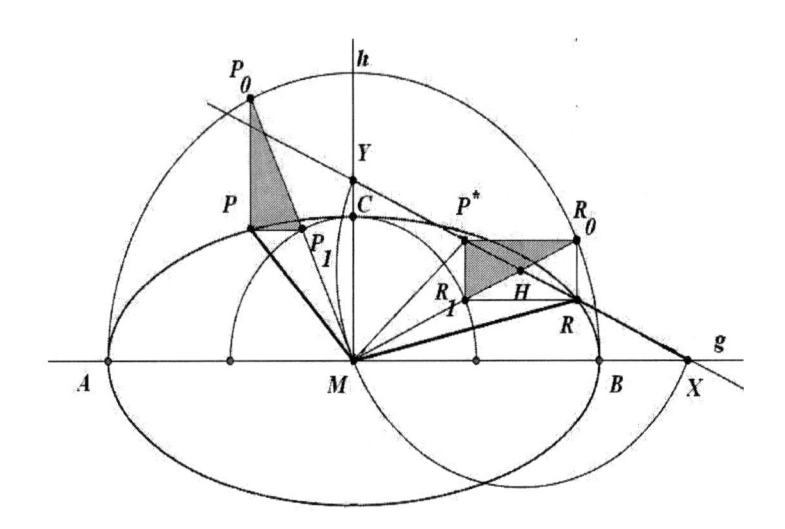

Wir zeichnen zunächst Haupt- und Nebenscheitelkreis der Ellipse und einen Punkt P mit der Konstruktion nach De la Hire. Durch Drehung um 90^0 gewinnen wir den zu MP_0 (bzw. MP_1) normalen Kreisdurchmesser MR_0 (bzw. MR_1), das Dreieck P_0P_1P geht dabei in das Dreieck $R_0R_1P^*$ über. Nach De la Hire gehört zu den Kreispunkten R_0 und R_1 der Ellipsenpunkt R. MR und MP sind konjugierte Halbmesser der Ellipse. Verlängern wir nun die Diagonalen RP^* bis sie die Trägergeraden g und h in den Punkten X und Y schneidet.

Aus Symmetrieüberlegungen gewinnen wir:

$$\overline{YR} = \overline{YH} + \overline{HR} = \overline{XH} + \overline{HP}^* = \overline{XP}^*$$
$$\overline{YR} = \overline{YH} + \overline{HR} = \overline{MH} + \overline{HR_0} = \overline{MR_0} = a$$

analog:

$$\overline{XR} = \overline{YP}^* = \overline{MR_1} = b$$

Die RYTZsche Achsenkonstruktion benützt die aus der *Scheitelkreisaffinität* begründeten Zusammenhänge in umgekehrter Reihenfolge.

Das anschließende Arbeitsblatt soll den Schülern Gelegenheit bieten, den neu erworbenen Lehrstoff umzusetzen.

Wollen die Schüler dabei einen Kegel oder Zylinder in einfachster Lage darstellen, so wird es noch notwendig sein, dass sie zusätzliche Fähigkeiten erwerben.

Tangenten aus einem Punkt an die Ellipse

Wir benützen dabei die bereits bekannte Beziehung zwischen Kreis und Ellipse.

Der Punkt, aus dem wir die Tangenten legen, liegt im endlichen Bereich (1. Fall: Kegel).

Die Gerade g durch den Punkt P und den Nebenscheitel C schneidet die feste Achse im Punkt T. Durch Drehen gewinnen wir g_0 und P_0. Von P_0 aus legen wir die Tangenten u_0, v_0 an den Hauptscheitelkreis k_0. Durch Zurückdrehen gewinnen wir die entsprechenden Tangenten u, v an die Ellipse.

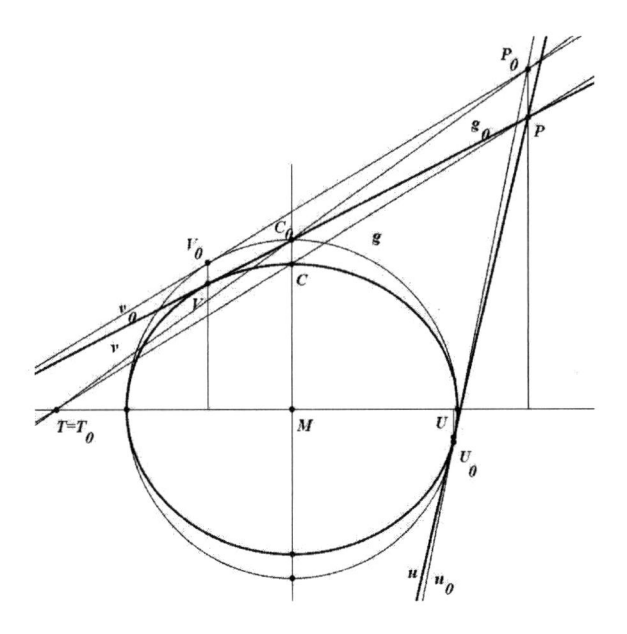

Liegt der Punkt aus dem wir die Tangenten legen auf einer der Trägergeraden von Haupt- (g) oder Nebenachse (h), so gewinnen wir die Berührpunkte einfach, indem wir die entsprechende Trägergerade als feste Achse betrachten und die Konstruktion von De la Hire anwenden.

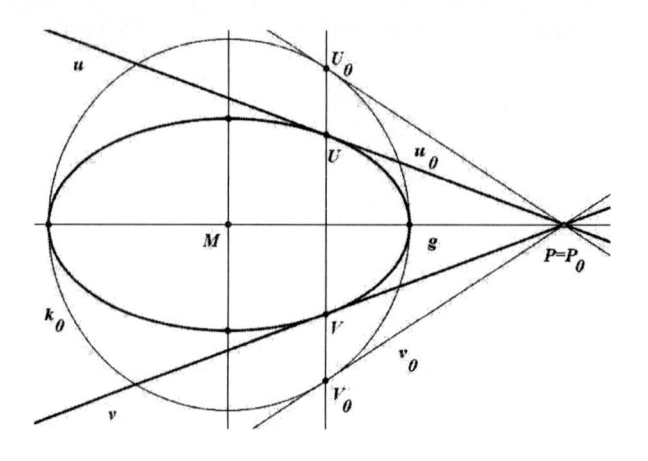

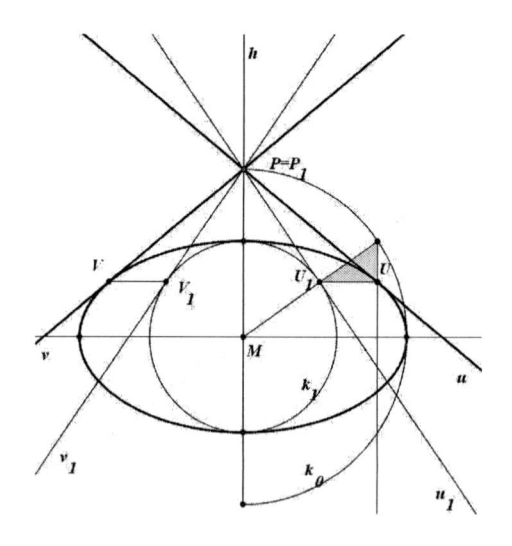

Der Punkt, aus dem wir die Tangenten legen, ist unendlich weit entfernt. (2. Fall: Zylinder)

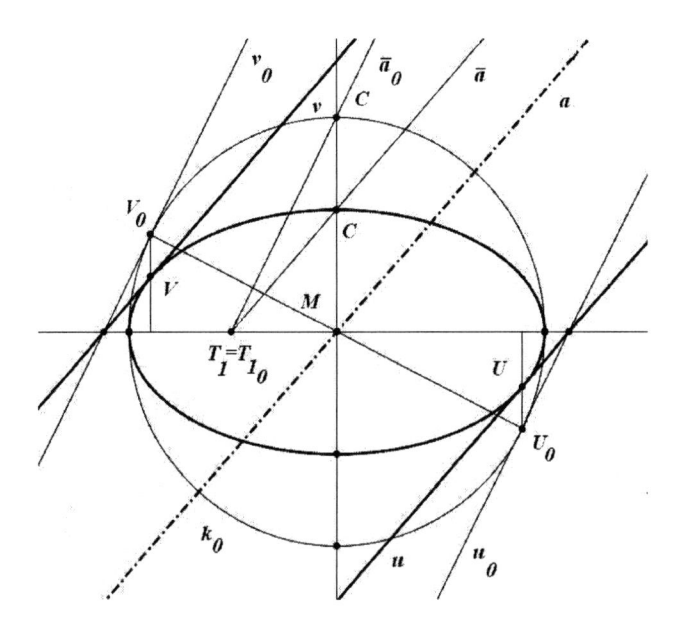

Die Parallele $\bar{a}$ zur Achse a liefert den Schnittpunkt T_1 auf der festen Achse. Durch Drehen erhalten wir $\bar{a}_0$. Nun legen wir die zu $\bar{a}_0$ parallelen Tangenten u_0, v_0 an den Hauptscheitelkreis k_0. Durch Zurückdrehen gewinnen wir die entsprechenden Tangenten an die Ellipse.

F   DIE ZENTRALPROJEKTION IM GZ – UNTERRICHT DER 4. KLASSE (8. SCHULSTUFE)

Für eine einführende Besprechung der *Zentralprojektion* scheint mir die 4. Klasse geeignet. Dieses Thema stellt nämlich eine wunderschöne Ergänzung zu den geometrischen Inhalten *Proportionale Strecken und Ähnlichkeitsabbildungen* des Mathematikunterrichts dar.
Die Schüler benötigen als geometrische Fähigkeiten für das folgende Konzept:
   (1) Die Fähigkeit, Grund- und Aufriss zu lesen und zu ergänzen,
   (2) die Fähigkeit, einen Seitenriss anzufertigen.
Bei (1) handelt es sich um einen Bildungsinhalt der 3. Klasse / 7. Schulstufe, bei (2) um einen Bildungsinhalt der 4. Klasse / 8. Schulstufe, den man in kontinuierlicher Fortführung der 3. Klasse zumeist an den Anfang der 4. Klasse stellen wird.
Da beide Grundlagen zu Ende des 1. Halbjahres erfahrungsgemäß bereits gut beherrscht werden, kann man sich an die Besprechung der *Zentralprojektion* machen.

Zur Einleitung wird man eine Wiederholung der Projektionstechniken (vgl. die Parallelprojektion als zentrales Leitmotiv im GZ – Unterricht der 3. Klasse (7. Schulstufe)) vornehmen.

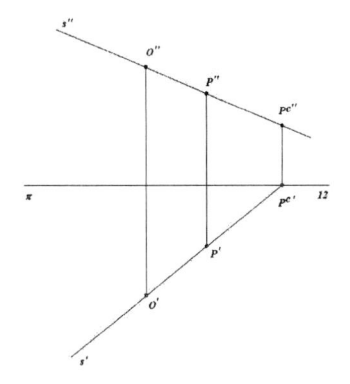

Anschließend zeichnen wir Grund- und Aufriss des Strahlenzentrums (= Auge *O*), einen beliebigen Punkt *P* und als Bildebene dient uns die Koordinatenebene *y z*.

Nun legen wir einen Sehstrahl *s'* vom Auge *O'* durch den Punkt *P'* und fixieren den Bildpunkt $P^{c'}$ im Grundriss, durch einen *Ordner* (= normal auf die Achse stehende Verbindungslinie) finden wir den Aufriss unseres Bildpunktes.

Auch hier empfiehlt es sich, den Abbildungsvorgang am Modell vorzuführen, wobei die Tafelebene als Bildebene dienen kann.

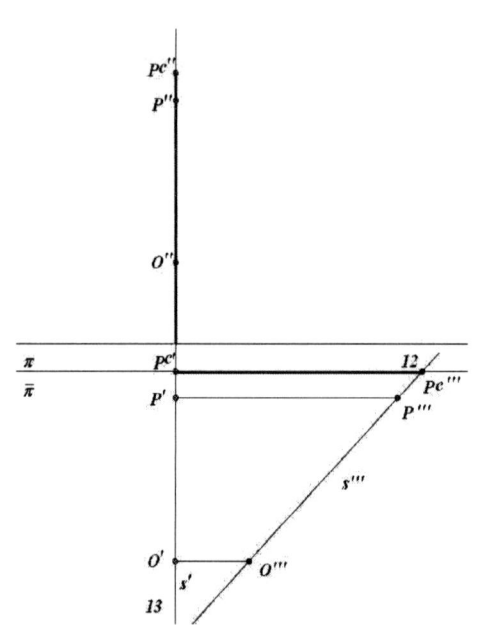

Zur Seitenrisstechnik greifen wir zurück, wenn es sich beim Sehstrahl um einen *Profilstrahl* (Grund- und Aufriss des Strahles fallen in Ordnerrichtung zusammen) handelt. Gleichzeitig wollen wir die Bildebene π verschieben, die zu π parallele Bildebene bezeichnen wir mit $\overline{\pi}$. Durch Umklappen gewinnen wir nun den wieteren Riss und übertragen den gewonnen Abstand zurück.

Dabei müssen die Schüler aufmerksam gemacht werden, darauf zu achten, auf welcher Seite der 13 – Achse sich der gewonnene Bildpunkt befindet.

Die anschließende Übungsphase besteht darin, gemeinsam das perspektive Bild eines einfachen, ebenflächig begrenzten Körpers zu entwerfen.

Die Schüler erleben nun, wie die Wahl des Auges O und der Bildebene π die Lösung bestimmen.
Der Lehrer findet also eine gute emotionale und kognitive Basis vor, um Fragestellungen, die wir unter dem Überbegriff ansprechende, verkaufsträchtige Darbietung oder aussagekräftige Darstellung ansprechen könnten, zu motivieren.
Diese Diskussion kann man überdies durch Fallbeispiele aus der Praxis, die man sich aus einem Architektenbüro oder aus einschlägigen Zeitschriften besorgt, untermauert und lebendig gestalten.
In der anschließenden Arbeitsphase werden die Schüler selbstständig perspektive Bilder ebenflächig begrenzter Körper unterschiedlicher Komplexität anfertigen.
Eine *Sehkegelschablone* zur Bestimmung geeigneter Standpunkte in Grundrissdarstellung erweist sich bei der Konstruktion als besonders hilfreich.

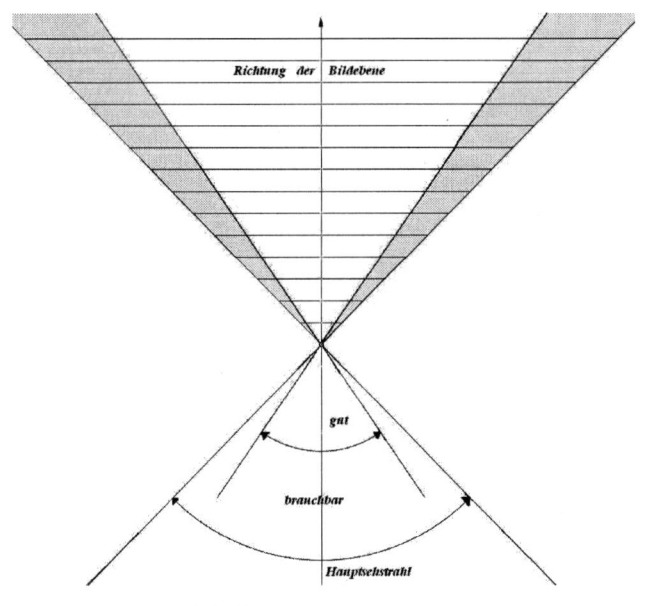

Abbildungsvorgang
(Verbinden und Schneiden)

84

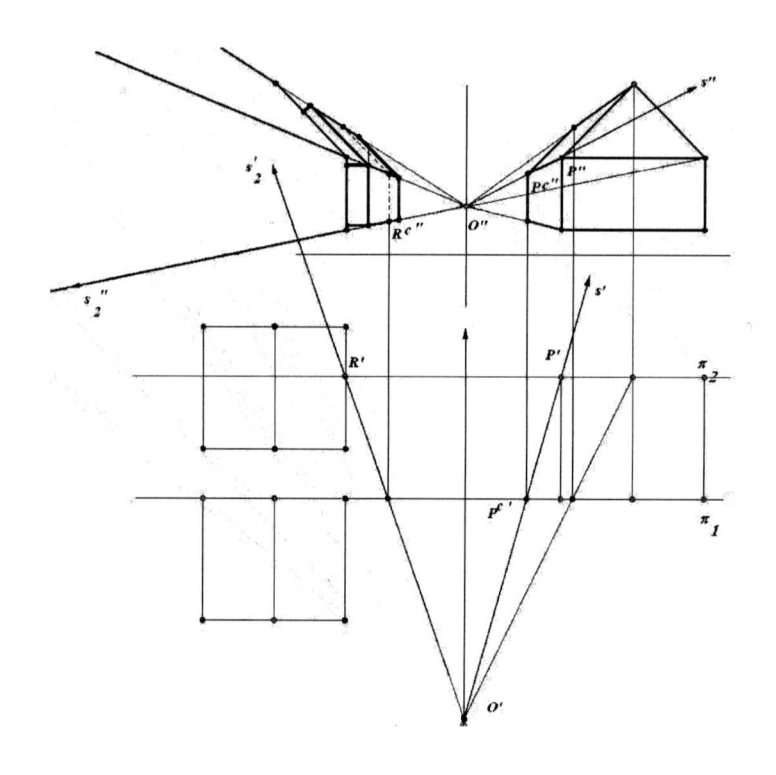

G UNTERRICHTSERFAHRUNGEN, SCHÜLERARBEITEN

G.1 Unterrichtserfahrungen

These 1:
> Der traditionelle Geometrisch – Zeichenunterricht ist sehr oft ein abgeschlossenes System von abrufbaren Grundaufgaben und deren Kombination, sodass beim Schüler der Eindruck entstehen mag, dass es in der konstruktiven Geometrie nichts mehr zu erforschen und zu entdecken gibt.

Ich rede hier sicher nicht gegen die notwendigen Kenntnisse, die jeder Geometer besitzen muss, aber schließlich gehört auch zu jedem Fach das gewisse Know – How, jenes Maß an Fertigkeiten und Erfahrungen, das man im Unterricht gewinnt.

Dieser Seite der konstruktiven Geometrie möchte ich die folgenden Bemerkungen widmen, da ich die konstruktive Geometrie für ein in hohem Maße geeignetes Mittel zur Spekulation (Spekulation im ursprünglichen Sinn, das heißt: speculari = beobachten, ausspähen, Vermutungen über das, was man sieht anstellen) halte.

Die Sensibilisierung für diese Seite der Geometrie muss beim Lehrer beginnen.

Die Bereitschaft, Spekulation in dem angeführten Sinn zuzulassen, bedarf sicherlich eines Wandels der Lehrerpersönlichkeit. Der Lehrer muss das Image einer Autorität mit direktiven Zügen (= Belehrer) ablegen und zu einer Autorität mit nichtdirektiven Zügen (= Vertrauen in die Leistungsfähigkeit und Selbstständigkeit des Schülers) werden.

Dies bedeutet jedoch durchaus nicht, dass der Lehrer den Unterricht in die Hand der Schüler legt, denn gerade der Einsatz der Schülerspekulation im Geometrisch – Zeichenunterricht bedarf der besonderen Unterrichtsplanung und Unterrichtsvorbereitung.

These 2:
> Einheitliche Arbeitvorgaben (Abzeichnen, Darstellen eines einheitlich vorgegebenen Objektes) verhindern auf Dauer die Motivation der Schüler.

Der Erfolg eines Unterrichts hängt in hohem Maß von der Leistungsbereitschaft der Schüler ab.
Zum Scheitern verurteilt ist sicherlich jener Unterricht, der nur durch extrinsische Motivation (= Motivation von außen) am Leben gehalten wird.

Intrinsische Motivation (= Eigenmobilität, Eigeninitiative) ist für einen erfolgreichen Unterricht unerlässlich.

Im Geometrisch – Zeichenunterricht ist es einfach, die intrinsische Motivation der Schüler zu wecken und aufrecht zu erhalten. Überlässt man die Gestaltung der Arbeitsblätter den Schülern, so versuchen sie geradezu selbstverständlich ihre Mitschüler bei der Ausführung der Arbeitsblätter zu übertreffen. Der Lehrer muss natürlich darauf achten, dass bei diesem Wettkampf kein Schüler ins Abseits gedrängt wird. Dies ist jedoch eine Aufgabe, die sich durch etwas pädagogisches Fingerspitzengefühl bewältigen lässt.

These 3:
> Die Schüler müssen die Freude des Lehrers an den erbrachten Arbeitsleistungen spüren.

Es handelt sich um einen bedeutenden Wesenszug einer Lehrerautorität mit nichtdirektiven Zügen, dass sie Freude am Unterrichtsgegenstand vermitteln kann. Der erwünschte Übertragungseffekt wird nur stattfinden, wenn sich der Lehrer mit seinem Fach identifiziert. und damit seine Freude am Unterricht echt ist.

Der Lehrer muss schließlich bereit sein, den Einfällen der Schüler, aber auch den Problemen bei der Ausführung der Konstruktionen, Gehör zu schenken. Dies ist wichtig, da das Ziel des Unterrichts einerseits die Schaffung des zur Umsetzung schöpferischer Ideen notwendigen Freiraums, andererseits aber die Erreichung des Unterrichtszieles von der gesamten Klasse sein muss.

In welchem Maße Raumvorstellung und Kreativität des Schülers bei Einhaltung der angesprochenen Faktoren gefördert werden können, mögen die beiden Arbeiten eines Schülers in der 3. Klasse belegen.

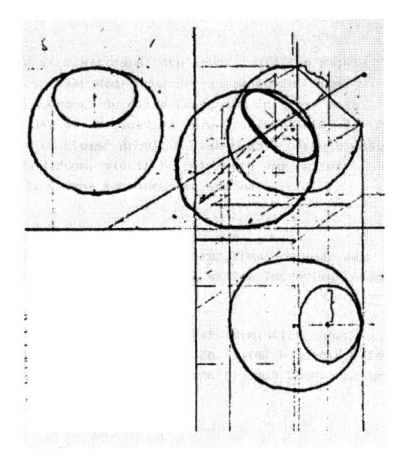

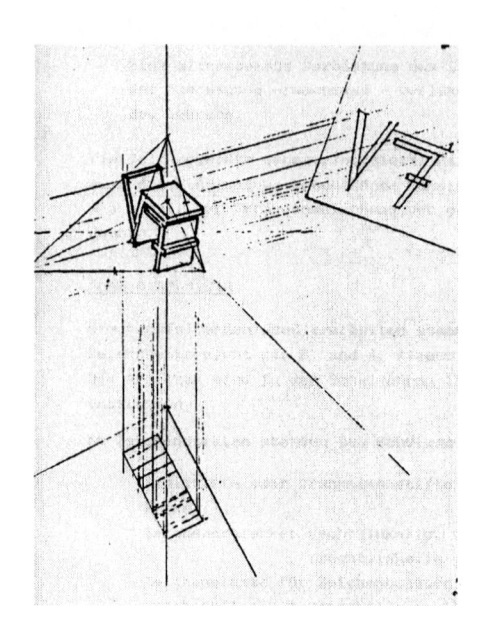

Besondere Beachtung verdient dabei die Arbeit, die den Kugelschnitt darstellt (von der Ausführungsgenauigkeit der Arbeit muss dabei abgesehen werden, da die Zeichnung in jener Zeit erstellt wurde, in der die Mitschüler ihre Arbeitsblätter fertigzustellen hatten), da in dieser Arbeit Zusammenhänge berücksichtigt und richtig erkannt werden, die in keiner Weise vom Lehrer im Unterricht in der 3. Klasse / 7. Schulstufe angesprochen werden.

These 4:
> Eine altersgemäße Darbietung des Lehrstoffs – primär aus der Anschauung erwachsend – verlangt einige Improvisationsgabe des Lehrers.

Die Zeichengeräte Geometriedreieck, Zirkel, Bleistift, aber auch die Einrichtungsgegenstände Schulbank, Tafel können vielfach als Behelf zur Veranschaulichung von geometrischen Sachverhalten dienen.

G.2 Schülerarbeiten

Die nachfolgenden Schülerarbeiten stammen aus dem Geometrisch - Zeichenunterricht der 3. und 4. Klasse des Realgymnasiums Hallein. Die Arbeiten sind in den Schuljahren 1983/84 bis 1986/87 entstanden.

An Zeichengeräten standen den Schülern zur Verfügung:

- Bleistifte oder Druckminenstifte von verschiedenem Härtegrad,
- Zirkel,
- Zeichendreiecks: rechtwinkelig – gleichschenkelig ($45^0 - 45^0 - 90^0$) und rechtwinkelig ($30^0 - 60^0 - 90^0$),
- Zeichenplatte für Zeichenblätter im Format A4,
- Tuschefüller mit verschiedener Linienbreite,
- (im zweiten Jahrgang): Schriftschablonen und Kurvenlineale.

Die folgende Lehrstoffverteilung ermöglicht die zeitliche Einordnung der Schülerarbeiten. Bei der Lehrstoffverteilung wurde von 30 Unterrichtswochen pro Jahr und einer Doppelstunde pro Woche ausgegangen.

3. Klasse:	Lehrstoff
1./2. Woche:	Besprechung der Zeichengeräte, Wiederholung der Grundkonstruktionen: Maßeintragungen, Parallele Geraden, Normalen fällen, Strecken-, Winkelsymmetrale, Winkelübertragung, Streckenteilung.
3./4. Woche:	Besprechung der Normschrift
5. – 7. Woche:	Kongruenzabbildungen: Translation, Axialspiegelung, Drehung.
8. – 10.	Linienmuster,

Woche:	Kreis- und Kreisbogenmuster.
11. – 13. Woche:	Grund-, Auf- und Kreuzriss einfacher ebenflächig begrenzter Körper.
14. – 17. Woche:	Kegel – Zylinder – Komposition: Grund-, Auf- und Kreuzriss von Drehkegel und Drehzylinder in besonderer Lage zu den Bildebenen. 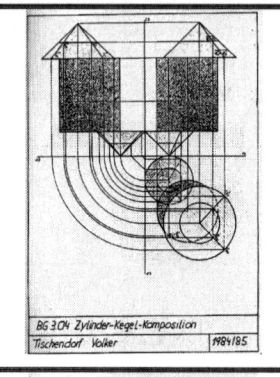
18. – 20. Woche:	Schrägrissdarstellung ebenflächig begrenzter Körper: Frontalaxonometrsicher Riss oder Kavalierriss 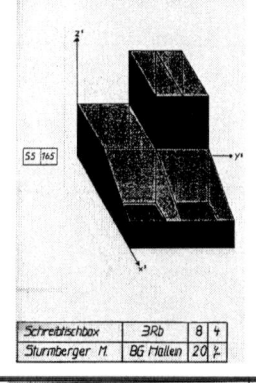
21.- 23. Woche:	Schrägrissdarstellung ebenflächig begrenzter Körper: Horizontalaxonometrsicher Riss oder Militärriss 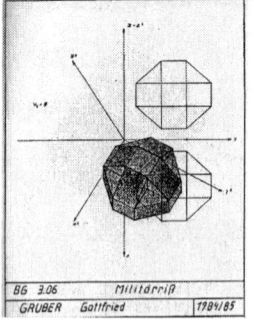

24. – 27. Woche:	Der anschauliche Normalriss: Das Einschneideverfahren
28. – 30. Woche:	Computer im Geometrieunterricht (vgl. EDV – Nutzung)

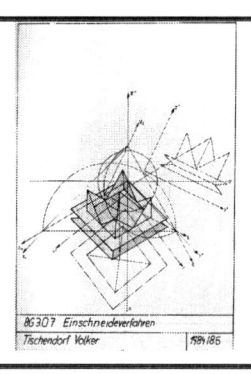

4. Klasse:	Lehrstoff
1. Woche:	Wiederholung der Lehrstoffe der 3. Klasse: Besprechung der Arbeitsblätter der 3. Klasse.
2. – 4. Woche:	Seitenriss ebenflächig begrenzter Körper
5./6. Woche:	Ermittlung der „wahren" Länge einer verzerrten Strecke.
7. – 11. Woche:	Ermittlung der „wahren" Größe einer verzerrten Fläche. Netz und Modell eines Pyramiden- oder Prismenstumpfs..
12. – 15. Woche:	Einfache ebenflächig begrenzte Körper im Zentralriss.

16. – 23. Woche:	Schnitt eines Kegels (mit Basiskreis in der 1. Bildebene) nach einer Ellipse, Hyperbel, Parabel.	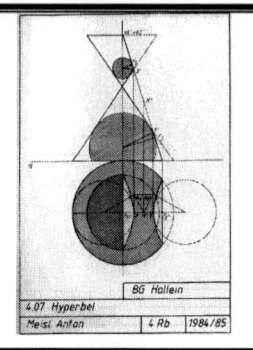
24. – 28. Woche:	Beziehung: Kreis – Ellipse. Der Kreis im Schrägriss: Einfache krummflächig begrenzte Körper im Schrägriss.	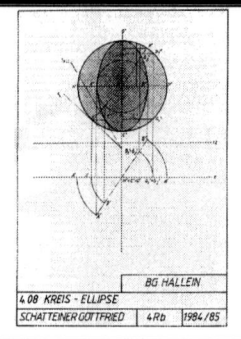
29./30. Woche:	Computer im Geometrieunterricht	

H   EDV – NUTZUNG

> Wesentliche Aussagen der nachfolgenden Abschnitte wurden auch publiziert in:
>
> FUCHS, Karl (1988): *Erfahrungen und Gedanken zu Computern im Unterricht.* In: Journal für Mathematikdidaktik 9, H. 2/3, S. 247-256.
>
> FUCHS, Karl Josef (1989): *Computer im Geometrisch – Zeichenunterricht Integrieren statt Ersetzen.* In: Informatik und Schule 1989: Zukunftsperspektiven der Informatik für Schule und Ausbildung (Stetter, F. / Brauer, W. Hrsg.), S. 334-339, Springer Verlag, Berlin, Heidelberg.
>
> FUCHS, Karl Josef (1990): *Computer im Geometrisch – Zeichenunterricht Integrieren statt Ersetzen.* In: Informationsblätter für Darstellende Geometrie (IBDG) – Sonderdruck, Jg. 9, Heft 1, S. 1-4.

Ein zeitgemäßer Geometrisch – Zeichenunterricht wird wohl auch auf die Einführung des Computers in den naturwissenschaftlichen Unterricht reagieren müssen.

Ich sehe darin sogar eine besondere Gelegenheit für den Geometrisch – Zeichenunterricht, da die Geometrie bisher sehr lange die Chance auf eine wirkliche Grundlegung des algorithmischen Denkens verpasst hat. So haben bereits Peter Bender und Alfred Schreiber in ihrer „Operativen Genese der Geometrie" [BENDER, SCHREIBER 1985] darauf hingewiesen, dass das Aufstellen und Herstellen von Konstruktionsvorschriften eine vortheoretische Basis für die Idee des *Algorithmus* darstellt, die genetisch vor jedem Umgang mit dem Computer liegt.

Die Idee der *Algorithmisierung* (*Modellbildung*) kann für einen EDV – nutzenden Geometrieunterricht in mehrfacher Hinsicht zentrale Leitidee sein.

These 1:
> Eine genaue Problemanalyse steht am Beginn jeder *Algorithmisierung*. Der Entwurf eines *Algorithmus* (= Vorschrift, die die Einzelschritte und ihre Reihenfolge zur Erledigung einer bestimmten Aufgabe angibt) führt zu einer wiederholten Auseinandersetzung mit den Eigenschaften (Kongruenz, Ähnlichkeit, Symmetrie, etc.) der erforderlichen geometrischen Elemente.

These 2:
> Die Realisierung eines Modells informiert über die Leistungsfähigkeit und Leistungsschwächen geometrischer Abbildungsmethoden (Parallel-, Zentralprojektion) und Aufbauverfahren (Aufbau nach Koordinatenwegen). Begriffe, wie die der *Approximation* (= Annäherung komplexer geometrischer Gebilde durch einfache geometrische Elemente), *Linearisierung* (= Reduzierung komplexer Zusammenhänge auf einfache lineare Beziehungen) lassen sich bei der Realisierung geometrischer Probleme mit dem Computer in besonderer Weise motivieren. Sie ergeben sich unmittelbar aus den technischen Rahmenbedingungen (Bildschirmformat, Rechengeschwindigkeit).

These 3:
> Fertig kodierte Geometrieprogramme können als Unterrichtsmedium zur Veranschaulichung der Genese geometrischer Figuren und Körper wirkungsvoll eingesetzt werden.

Jede *Algorithmisierung* beginnt mit einer genauen Problembeschreibung. Diese enthält zunächst die Umschreibung des Gesamtproblems und besitzt die Form einer Beschreibung, wie wir sie aus dem Deutschunterricht kennen. Dabei überlegt man sich, welche Daten, in welcher Form, eingegeben und welche Daten, in welcher Form, ausgegeben werden.

Umfangreiche Probleme werden wir in mehrere Teilprobleme zerlegen. Diese Vorgangsweise ist Teil der *Top – Down – Design – Methode*. Aber nicht nur die sorgfältige Zerlegung des Gesamtproblems in Teilprobleme, sondern auch die Überprüfung und der Nachweis des Zusammenwirkens der Teilprobleme, sind Bestandteile des *Top – Down – Designs*.

Anschließend werden wir versuchen, Algorithmen für unsere Teilprobleme zu konstruieren.
An einen *Algorithmus* stellen wir folgende Anforderungen:

(1) Endlichkeit: Die Anzahl der Rechenschritte in einem Algorithmus muss endlich sein.
(2) Bestimmtheit: Die auszuführenden Arbeitanweisungen müssen präzise angegeben werden.
(3) Eingabebedingungen: Es muss angegeben werden, welche Daten, in welcher Form, eingegeben werden.
(4) Ausgabekorrektheit: Es muss angegeben werden, welche Daten, in welcher Form, ausgegeben werden. Die Beziehungen, in denen die Eingabe- und Ausgabedaten stehen, sollen klar hervorgehen.

(5) Effizienz: Algorithmen sollen effizient sein, d. h. die einzelnen Arbeitsanweisungen sollen derart übersichtlich sein, dass sie mit Bleistift und Zettel nachvollzogen werden können.

Zur Routinearbeit vor jedem Zeichenvorgang gehört das Prüfen der Zeichengeräte. Zu einem ordentlichen Zeichensatz gehören auch ein gut gespitzter harter und ein gut gespitzter weicher Bleistift.

Wollen wir einen *Bleistiftprüfalgorithmus* formulieren, wobei wir davon ausgehen, dass unser Zeichenetui mindestens einen harten und einen weichen Bleistift enthalte und die Zahl der Bleistifte endlich sei.

Schritt 1: Entnimm dem Etui einen Bleistift.
Schritt 2: Schaue, ob der Bleistift gespitzt ist.
Wenn **ja**, dann *Schritt 3*.
Wenn **nein**, dann spitze den Bleistift (Spitze **Bleistift**)
Spitze Bleistift: Bewege die Mine auf dem Schleifblock auf und ab unter gleichzeitiger Drehbewegung bis eine Spitze entsteht.
Ist eine Spitze entstanden, dann *Schritt 3*.
Schritt 3: Ist noch ein Bleistift im Etui,
dann Schritt 1,

Unsere Arbeitsanweisungen können in einer endlichen Zahl von Schritten beendet werden. Die auszuführenden Anweisungen sind klar formuliert, Ein- und Ausgabe sind klar beschrieben, die Arbeitsanweisungen sind übersichtlich.
Es handelt sich also um einen *Algorithmus*.

Wir finden in unserem Algorithmus

    Formulierungen, die sich auf die Handhabung von Daten und Materialien und

    Formulierungen, die sich auf die Reihenfolge der Arbeitsschritte beziehen.

Die durch diese Formulierungen bestimmte Struktur ist die *Kontrollstruktur* des Algorithmus.

Für die immer wiederkehrenden Datenmanipulationen werden Sonderzeichen verwendet:

    z. B. Setze b gleich a: $b \leftarrow a$
         Ist a gleich b: $a = b$

Die Ablaufreihenfolge der Arbeitsanweisungen wird mittels graphischer Elemente dargestellt. Die Anweisungen werden in die Graphikelemente eingetragen.

Zur Darstellung der Abfolge der Anweisungen werden

    Flussdiagramme und *Struktogramme*

verwendet.

1. Sinnbilder für Programmabläufe nach DIN 66001:

Allgemeine Operation:
z. B. arithmetische Berechnungen

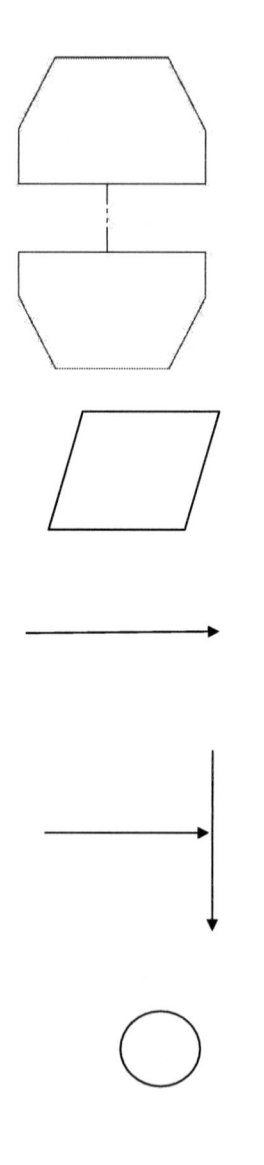

Schleifenbegrenzung:
Die Angabe über Bedingungen, z. B. Startbedingung, Endabfrage sind im Schleifenanfang oder Schleifenende anzugeben.

Eingabe, Ausgabe:
Kennzeichnung:
Eingabe (= E)
Ausgabe (= A)

Ablauflinie:
Vorzugsrichtung:
1. von oben nach unten,
2. von links nach rechts.

Zusammenführung

Übergangsstelle:
Eine Übergangsstelle ermöglicht die Verteilung von längeren Diagrammen auf mehrere Stellen.

Grenzstelle:

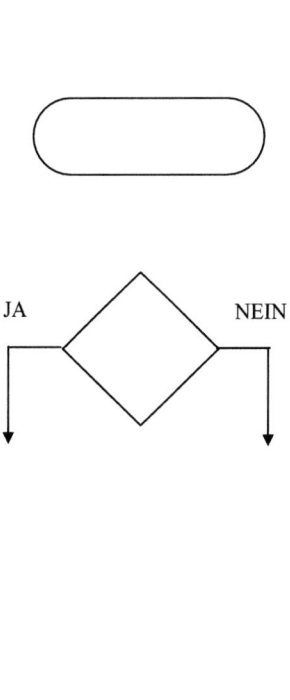

Eine Grenzstelle bezeichnet Anfang und Ende eines Programms.

Verzweigung:

Symbol für die *bedingte* Verzweigung.

Die Bedingung wird in die Raute eingeschrieben.

Der JA – Zweig zeigt die Fortsetzung an, wenn die Bedingung „wahr" ist,

Der NEIN – Zweig zeigt die Fortsetzung an, wenn die Bedingung „falsch" ist.

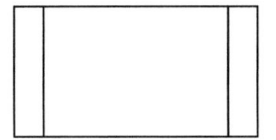

Unterprogramm:

Unbedingter Sprung zu einem separierten Programmteil (= *Programmmodul*).

Wollen wir die komplexe Struktur unseres *Bleistiftprüfalgorithmus* mit Hilfe der Symbole von Flussdiagrammen darstellen.

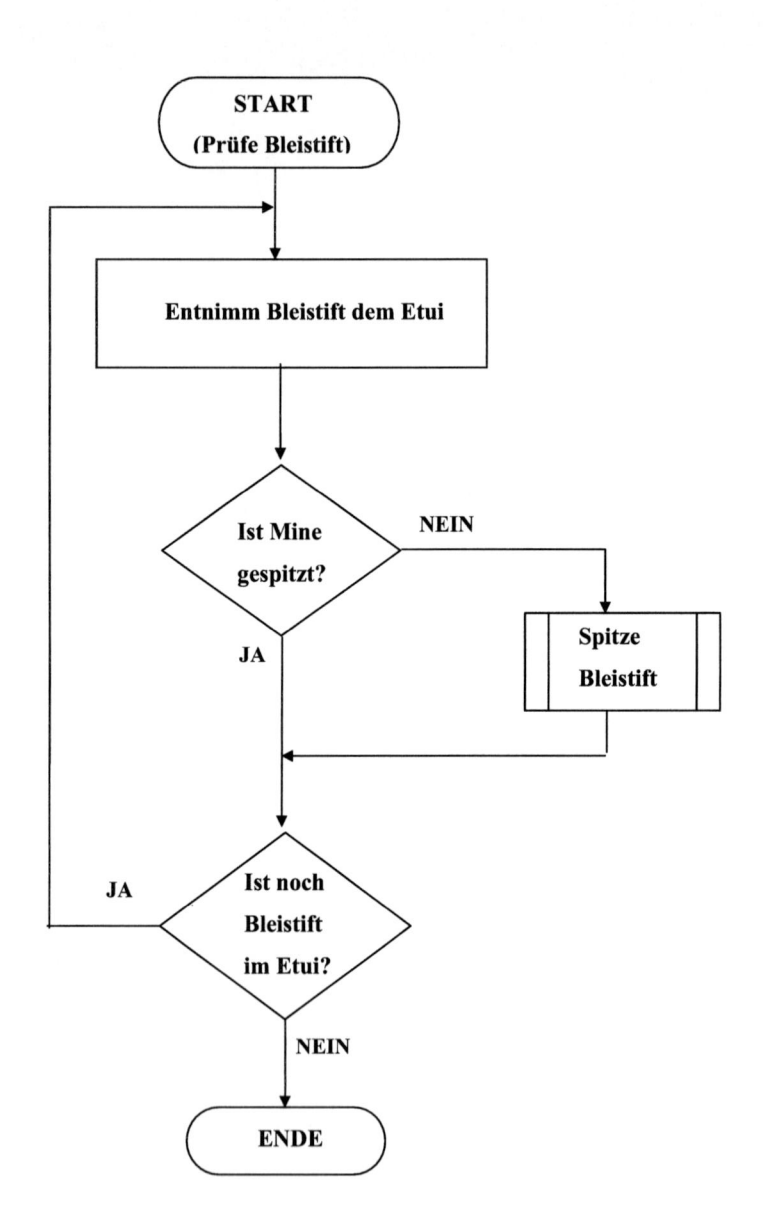

```
        ┌─────────────────┐
        │     START       │
        │ (Prüfe Bleistift)│
        └─────────────────┘
                 │
                 ▼
    ┌──────────────────────────┐
    │ Entnimm Bleistift dem Etui│
    └──────────────────────────┘
                 │
                 ▼
            ◇ Ist Mine      ──NEIN──▶ ┌──────────┐
              gespitzt? ◇              │  Spitze  │
                 │                     │ Bleistift│
                JA                     └──────────┘
                 │                          │
                 ▼◀─────────────────────────┘
            ◇ Ist noch
              Bleistift  ──JA──▶ (zurück zu "Entnimm Bleistift dem Etui")
              im Etui? ◇
                 │
               NEIN
                 ▼
            ┌────────┐
            │  ENDE  │
            └────────┘
```

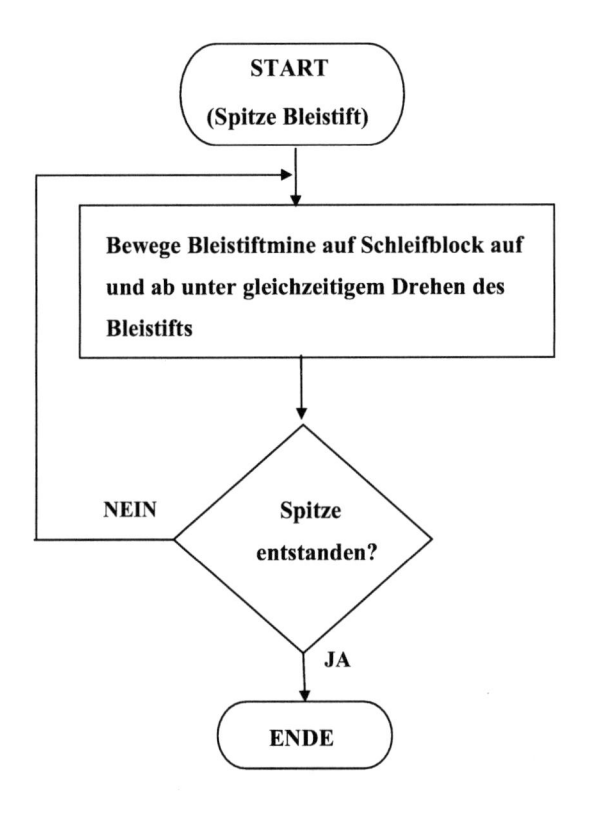

```
        ┌─────────────────────┐
        │       START         │
        │  (Spitze Bleistift) │
        └─────────────────────┘
                   │
    ┌──────────────▼──────────────────────┐
    │  Bewege Bleistiftmine auf Schleifblock auf
    │  und ab unter gleichzeitigem Drehen des
    │  Bleistifts
    └─────────────────────────────────────┘
                   │
              ◇ Spitze ◇
    NEIN ─── entstanden?
                   │ JA
              ┌─────────┐
              │  ENDE   │
              └─────────┘
```

Die Vielfalt der Verzweigung und der Mangel an Beschränkung der Länge des Algorithmus hat zur Entwicklung der *Struktogramme* geführt [NASSI, SHNEIDERMAN 1973]. Die Struktogramme beschränken sich auf einige gut beherrschbare Formen und auf Algorithmen von überschaubarer Länge.

Allerdings muss gesagt werden, dass Struktogramme für einige Programmiersprachen aufgrund der auferlegten Einschränkung in der Symbolik nur bedingt geeignet sind.

2. Struktogramme nach Nassi, I. / Shneiderman B.:

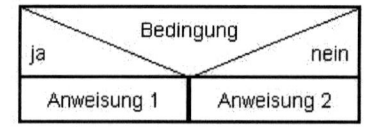

| Anweisung |

„Operations" – **Symbol (Ablaufsymbol):**
Das Ablaufsymbol wird verwendet zur Darstellung eines Verarbeitungsschrittes, z. B. Wertzuweisung, Ein-, Ausgabeanweisung, Unterprogrammaufruf.

| Bedingung |
| ja / nein |
| Anweisung 1 | Anweisung 2 |

„Decision" – **Symbol (Entscheidungssymbol):**
Das Entscheidungssymbol wird verwendet zur Repräsentation der bedingten Verzweigung. Das zentrale Dreieck enthält die Bedingung, die Dreiecke rechts und links enthalten die möglichen Fortsetzungen. Anhängig von der Antwort „ja / wahr" oder „nein / falsch" auf die Bedingung folgt Anweisung 1 oder Anweisung 2.

| Wiederholungsbedingung |
| Anweisung |

„While – do" – **Symbol (Wiederholungssymbol für die kopfgesteuerte Umklammerung):**
Bei einer kopfgesteuerten

```
┌─────────────────────────────┐
│  Wiederholungsbedingung     │
│  ┌───────────────────────┐  │
│  │  Anweisung            │  │
│  └───────────────────────┘  │
└─────────────────────────────┘
```

Umklammerung wird die Ausführung der Anweisung von der einleitenden Bedingung abhängig gemacht. Ist die Bedingung nicht erfüllt, so wird die Anweisung nicht ausgeführt.

„Begin –end" – Symbol (Beginn – Ende Symbol):

Dieses Symbol wird verwendet zur Hervorhebung zusammengehöriger Anweisungsteile, so genannter *Module*.

```
┌─────────────────────────────┐
│  Beginn                     │
│  ┌───────────────────────┐  │
│  │  Anweisung            │  │
│  └───────────────────────┘  │
│  Ende                       │
└─────────────────────────────┘
```

Hinweis: Bei Verwendung von Struktogrammen muss für jedes Unterprogramm (= *Modul*) ein eigenes Struktogramm geschrieben werden.

„Repeat – until" – Symbol (Wiederholungssymbol für die fußgesteuerte Umklammerung):

Erst nach Durchführung der Anweisung folgt die Überprüfung der Wiederholungsbedingung. Eine fußgesteuerte Umklammerung wird daher mindestens einmal ausgeführt.

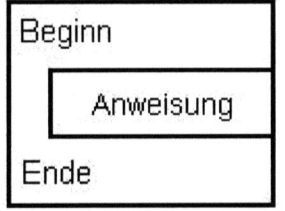

```
┌─────────────────────────────┐
│  ┌───────────────────────┐  │
│  │  Anweisung            │  │
│  └───────────────────────┘  │
│  Wiederholungsbedingung     │
└─────────────────────────────┘
```

Fall 1	Fall 2	Fall 3	Variable / Ausdruck = ?	sonst
Anwsg. 1	Anwsg. 2	Anwsg. 3	Anwsg. 4	

„Case" – Symbol (Entscheidungssymbol für Mehrfachverzweigungen):

Die Verzweigung wird vom Inhalt eines Ausdrucks / einer Variable abhängig gemacht.

Wir können nun unseren *Bleistiftprüfalgorithmus* mit Hilfe der Symbole von Struktogrammen veranschaulichen.

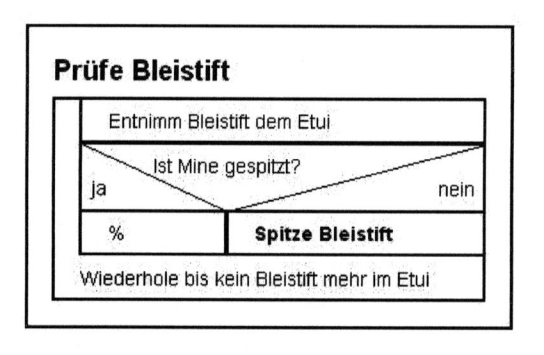

Prüfe Bleistift

Entnimm Bleistift dem Etui	
ja — Ist Mine gespitzt? — nein	
%	**Spitze Bleistift**
Wiederhole bis kein Bleistift mehr im Etui	

Spitze Bleistift

Bewege Bleistiftmine auf Schleifblock auf und ab unter gleichzeitigem Drehen des Bleistifts
Wiederhole bis Spitze entstanden

Am Ende der *Modellbildung* steht die Kodierung (= Übersetzung) des Algorithmus in die gewählte Programmiersprache.

Anschließend möchte ich an zwei Beispielen die Bedeutung der *Algorithmisierung* für den Geometrieunterricht ausführen.

Das erste Beispiel bezieht sich auf den Geometrieunterricht in der 7. Schulstufe. (3. Klasse).
Es soll zeigen, dass bei geeigneter Auswahl der Programmiersprache bereits sehr bald *Modellbildung* im Unterricht betrieben werden kann. Obwohl bei diesen einfachen Modellen noch auf eine ausführliche Problembeschreibung und Algorithmisierung verzichtet werden kann, müssen doch die wesentlichen Teile einer Modellbildung und deren Reihenfolge

    Problembeschreibung,
    Formulierung der Lösungsstrategie,
    Kodierung

klar herausgestellt werden (vgl. Ornamente, Parkett- und Fliesenmuster – ein altersgemäßer Zugang zum Computer:

    Entwurf,
    Strukturierung,
    Programmiersprache,
    Übersetzung,
    Ausführung).

Das zweite Beispiel bezieht sich – blickt man ausschließlich auf die *Implementierung* - auf den Geometrieunterricht der Oberstufe. Die Nutzung der fertigen Software zur Präsentation und Diskussion der Darstellung krummer Flächen hat aber durchaus in der 8. Schulstufe (4. Klasse) ihren Platz. Die didaktischen Hinweise zu Konzepten einzelner höherer Programmiersprachen (Kapitel J) erscheinen mir vor allem für die Vermittlung grundlegender Kenntnisse im Umgang mit dem Computer auch bereits in der Unterstufe von besonderer Bedeutung.

Die Kenntnisse der fundamentalen Idee der Projektion (vgl. Abschnitt Projektion) sowie der trigonometrischen Funktionen *sin* und *cos* sind allerdings Grundvoraussetzungen für die ausführliche Problembeschreibung und Algorithmisierung.

Format und Typ der Eingabedaten müssen – vor allem dann, wenn an einen Einsatz als Präsentationssoftware im Geometrisch – Zeichenunterricht gedacht ist – genau angegeben werden.

I Ornamente, Parkett- und Fliesenmuster – Ein altersgemäßer Zugang zum Computer

Das folgende Unterrichtsmodell versucht einen Weg aufzuzeigen, wie in einer Synthese von Geometrischem Zeichnen und Computerunterricht

(1) die Kreativität des Schülers herausgefordert werden kann,
(2) der Schüler in spielerischer Weise den Umgang mit algorithmischem Denken lernen kann.

Phantasie und schöpferische Freiheit, wie sie in besonderer Weise im Entwerfen von Ornamenten, Parkett- und Fliesenmustern gefördert werden, sind bestimmende Größen des folgenden, grob in die Punkte

(1) Entwurf,
(2) Strukturierung,
(3) Programmiersprache,
(4) Übersetzung,
(5) Ausführung

zerlegten Konzepts.

(1) <u>Entwurf</u>
Linienform (gerad-, krummlinig), Linienart (ausgezogen, strichliert, strichpunktiert), Farbgebung, Lage- und Verhältnisbeziehungen werden den Entwurf begleiten.

Ausgehend von einfachsten Formen werden stufenweise komplexere Formen durch Kombination der Grundelemente erzeugt.

Geradlinig begrenzte Figur: (a) Zacke,
(b) Stern (Zackenkombination),
Krummlinig begrenzte Figur: (c) Kappe,

Zeichenstift: ◁

(a) 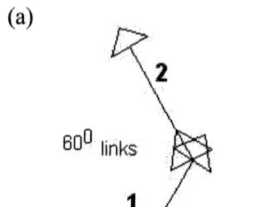 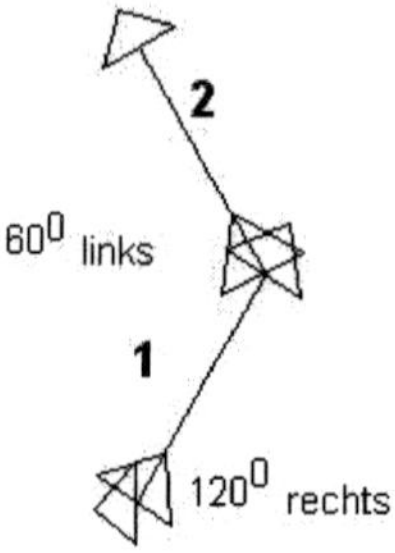 (b)

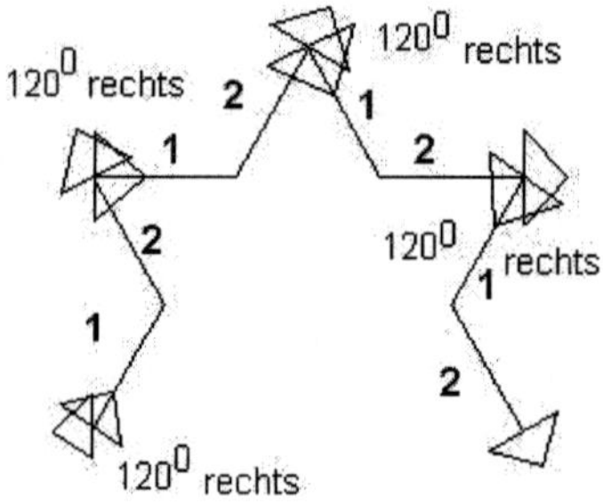

(c)

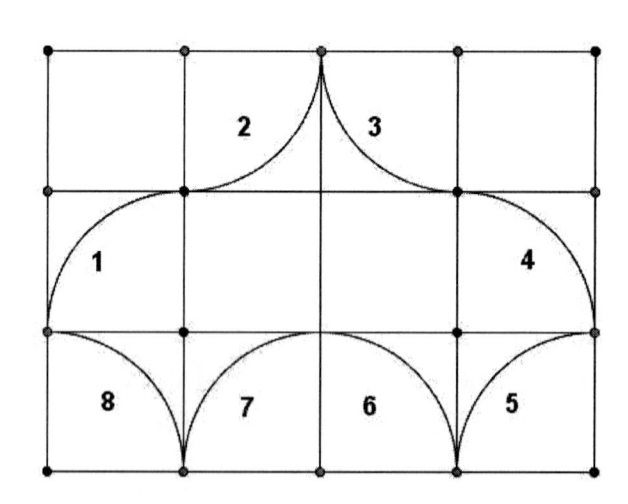

(2) Strukturierung
Im nächsten Schritt werden die Entwürfe in Einzelschritte aufgelöst.

Die Aufbereitung erfolgt dabei nach *Struktogrammen*.

Zacke (Länge var)
- Rechtsdrehung 120 Grad
- Vorwärtsbewegung
- Linksdrehung 60 Grad
- Vorwärtsbewegung

Struktogramm zu Zacke

Stern (Länge var)
- Wiederhole 4 mal
  - Zacke (Länge var)

Struktogramm zu Stern

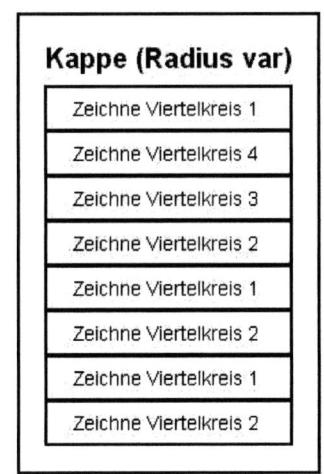

Kappe (Radius var)
- Zeichne Viertelkreis 1
- Zeichne Viertelkreis 4
- Zeichne Viertelkreis 3
- Zeichne Viertelkreis 2
- Zeichne Viertelkreis 1
- Zeichne Viertelkreis 2
- Zeichne Viertelkreis 1
- Zeichne Viertelkreis 2

Struktogramm zu Kappe

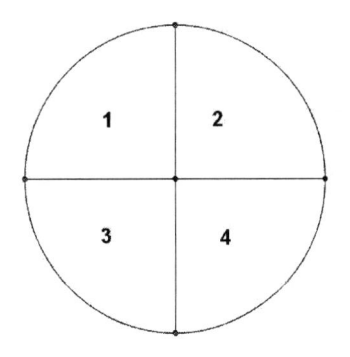

(3) Programmiersprache

Eine Programmiersprache, die uns unmittelbar eine altersgemäße Übersetzung unserer Algorithmen erlaubt, ist die Sprache LOGO mit der Turtle Geometry. LOGO wurde 1968 am Massachusetts Institute of Technology (MIT) entwickelt. Mit der Entwicklung von LOGO untrennbar verbunden sind die beiden Wissenschafter Seymour Papert und Harold Abelson.

Im Gegensatz zur „Papertschen LOGO – Philosophie", die den Computer als „zu Unterrichtenden" sieht, verstehe ich den Computer im dargestellten Curriculum als Werkzeug mit dem – neben Papier und Bleistift bzw. richtigerweise (vgl. Stufen der *Modellbildung*) erst nach dem Entwurf mit Papier und Bleistift – geometrische Figuren dargestellt und vielfach kombiniert werden können (vgl. dazu auch: *Kritik der LOGO – Philosophie* [BENDER 1987]).

Wesentliche Regeln bei der Bildung von LOGO – Programmen

- LOGO – Programme (so genannte *Prozeduren*) werden mit dem Schlüsselwort „TO" eingeleitet:

TO Programmname

- Platzhalter werden in LOGO durch einen voran gestellten Doppelpunkt gekennzeichnet, z. B. :X, :SEITE.
 Einem Platzhalter muss bei Ausführung des Programmes ein Wert zugewiesen werden.

Liste einfacher LOGO Befehle (Kurzformen werden durch Unterstreichen gekennzeichnet).

Die folgenden Befehle bedürfen keines weiteren Zusatzes:

HIDETURTLE   : lässt den Zeichenstift verschwinden,
SHOWTURTLE   : lässt den Zeichenstift erscheinen,
CLEARSCREEN: löscht den Bildschirm.

Die *Turtle* (= Schildkröte, in deutschen LOGO – Übertragungen auch *Igel* genannt) ist unser Zeichenstift. Es handelt sich um ein kleines gleichschenkeliges Dreieck, das auf seiner Fahrt eine Spur zieht.

PEN**U**P: Aufhaben des Zeichenstiftes (es wird keine Spur gezogen),
PEN**D**OWN: Absetzen des Zeichenstiftes (es wird eine Spur gezogen).

Mit diesen Befehlen können die unterschiedlichen Linienarten (strichliert, strichpunktiert) erzeugt werden.

<u>Die folgenden Befehle verlangen nach einer numerischen (ganzzahligen) Eingabe:</u>

FORWAR**D** Schrittweite : Vorwärtsbewegung,
BAC**K** Schrittweite : Rückwärtsbewegung.

RIGH**T** Winkel : Rechtsdrehung
LEF**T** Winkel : Linksdrehung.

SETHEADING Winkel : Ausrichten des Zeichenkopfes (SETHEADING 0 entspricht einer Ausrichtung senkrecht nach oben – Die Ausrichtung erfolgt nach dem Uhrzeigersinn).

<u>Zwei numerische (ganzzahlige) Eingaben verlangt der Befehl</u>

SETPOS [x-Koordinate y-Koordinate] : Positioniert die Turtle im rechtwinkeligen (gerätespezifisch) Bildschirmkoordinatensystem,

Die Eingaben zwischen „[„ und „]" bezeichnen eine *Liste*.

Eine *Liste* kann Zahlen, Zeichen oder wiederum *Listen* enthalten.

Eine numerische Eingabe (= Anzahl der Wiederholungen) und eine Liste verlangt die Wiederholungsanweisung:

REPEAT Wiederholungszahl [Wiederholungsanweisungen]

LOGO besitzt weder einen Vereinbarungsteil noch ein Hauptprogramm, sondern diese Sprache besteht aus einer Menge von *Prozeduren*, die einander wechselseitig aufrufen können.

Vom Benutzer lassen sich *Prozeduren* sehr leicht und vielseitig neu definieren, wobei sich diese neu definierten *Prozeduren* im späteren Gebrauch nicht von den LOGO – Befehlen unterscheiden.

(4) Übersetzung
Da wir nun über das nötige Vokabular verfügen, können wir uns an die Übersetzung unseres Algorithmus machen.
Hauptaugenmerk ist dabei auf die Ausrichtung der Turtle zu lenken.
Denken wir daran, dass zwar

REPEAT 4 [FD :SEITE   ein
RT 90]   Quadrat

aber

REPEAT 3   [FD kein
:SEITE RT 60]   Dreieck

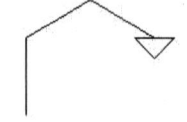

erzeugt.

Es empfiehlt sich daher, die Ausrichtung der Turtle nach jedem Arbeitsschritt in eine Entwurfskizze einzutragen, um vor größeren Überraschungen – deren es ohnehin zumeist noch genug gibt – bei der Ausführung sicher zu sein.

Ideal wäre eine Magnettafel, die jedoch selten zur Verfügung steht, auf der der Weg der Turtle schrittweise nachvollzogen werden könnte. Grundlage unserer Übersetzung ist die graphische Darstellung durch *Struktogramme*.

Krumme Linien werden durch Polygonzüge *approximiert*.

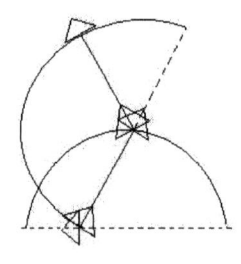

```
TO ZACKE :X
   RT 120
   FD :X
   LT 60
   FD :X
END
```

Übersetzung Zacke

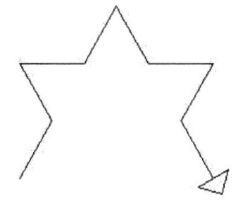

```
TO STERN :X
   REPEAT 4 [ZACKE :X]
END
```

Übersetzung Stern

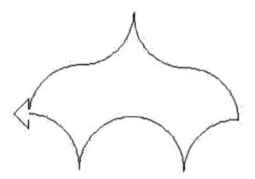

```
TO KAPPE  :X
    REPEAT 30 [FD :X RT 3]
    REPEAT 30 [FD :X LT 3]
    REPEAT 30 [BK :X LT 3]
    REPEAT 30 [BK :X RT 3]
    LT 90
    REPEAT 30 [FD :X LT 3]
    REPEAT 60 [BK :X LT 3]
    REPEAT 30 [FD :X LT 3]
END
```

Übersetzung Kappe

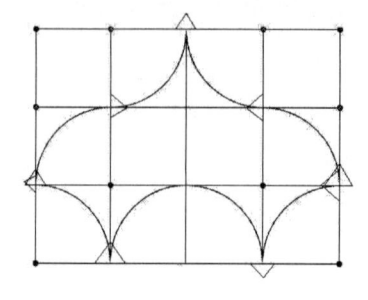

(5) <u>Ausführung</u>
In diesem Stadium schließlich können wir unsere Figuren

(1) positionieren,
(2) dimensionieren,
(3) kombinieren.

Position und Dimensionierung einer Figur wird sich nach Größe und Auflösungsvermögen des Bildschirms richten müssen.
Der Kombinationsspielraum aber muss gänzlich dem Schüler überlassen werden, Reglementierung würde auf dieser Stufe den kreativen Prozess abtöten. Vielmehr muss man hier sogar „Mut zur Improvisation" zeigen, Zufallsroutinen führen sehr oft zu phantastischen Bildern.

Beispiele von Kombinationen der in Abschnitt 1 entworfenen Elemente:

Graphische Darstellung	Kodierung

Mehrstern1 (Länge var)
Positionieren, Ausrichten
Wiederhole 6 mal
　Stern (Länge var)
　Rechts- oder Linksdrehung 180 Grad
	``
	TO MEHRSTERN1 :X
	  CS SETHEADING 270
	  PU SETPOS [1 40] PD
	  REPEAT 6 [STERN :X RT 180]
	END
	``
	
	``
	TO MEHRSTERN1B :X
	  CS SETHEADING 270
	  PU SETPOS [1 40] PD
	  REPEAT 6 [STERN :X LT 180]
	END
	``

Mehrstern2 (Länge var)
Positionieren, Ausrichten
Wiederhole 12 mal
　Stern (Länge var)
　Rechtsdrehung 150 Grad
	``
	TO MEHRSTERN2 :X
	  CS PU SETPOS [0 40] PD
	  REPEAT 12 [STERN :X RT 150]
	END
	``

Streifen (Länge var)
Positionieren, Ausrichten
Wiederhole (var) z.B. 10 mal)
　Wiederhole 10 mal
　　Zacke (Länge var)
　　Rechtsdrehung 120 Grad
	``
	TO STREIFEN :X
	  CS SETHEADING 270
	  PU SETPOS [110 40] PD
	  REPEAT 10 [REPEAT 10 [ZACKE :X] RT 120]
	END
	``

Windrad (Radius var)

Positionieren, Ausrichten
Wiederhole 4 mal
Kappe (Radius var)

```
TO WINDRAD :X
  CS SETHEADING 45
  PU SETPOS [0 30] PD
  REPEAT 4 [KAPPE :X]
END
```

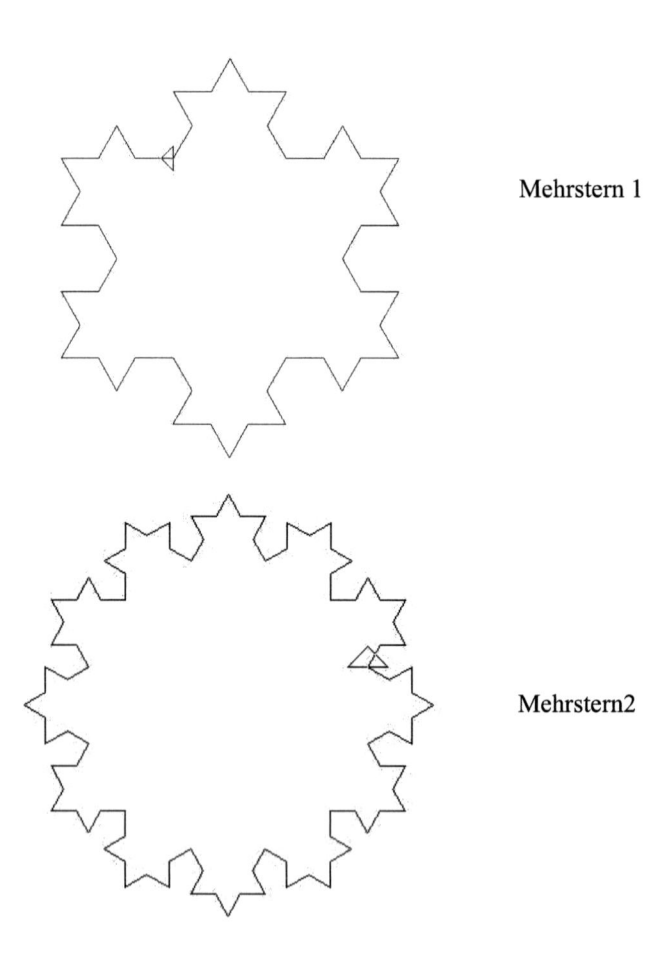

Mehrstern 1

Mehrstern 2

Streifen

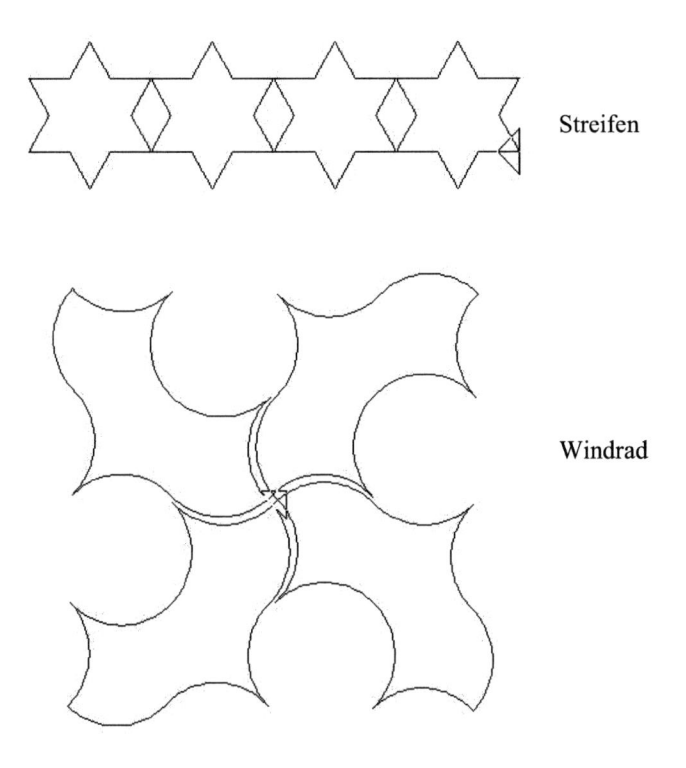

Windrad

Hinweis:
Bei der Angabe der Kontrollstruktur in den vorangegangenen Modellen wurde von einer *kopfgesteuerten Struktur* der Wiederholungs- (= REPEAT) Anweisung ausgegangen (vgl. Symbole für Struktogramme).

Wiederhole 36 mal		Solange die Zahl der Wiederholungen <= 36
BLOCK	entspricht	BLOCK

Ebenso wäre eine *fußgesteuerte Struktur* der Wiederholungs- (= REPEAT) Anweisung denkbar (vgl. Symbole für Struktogramme).

BLOCK		BLOCK
Wiederhole 36 mal	entspricht	Bis die Zahl der Wiederholungen = 36

Die Symbole müssten in den Kontrollstrukturen entsprechend ersetzt werden.

J DIDAKTISCHE HINWEISE ZU DEN VERWENDETEN SPRACHKONZEPTEN LOGO UND BASIC

J.1 Der gestaltende Aspekte: LOGO und die Bildung von Makrobefehlen

Vielfach ist die Diskussion darüber, welche Programmiersprache man im EDV – nutzenden Mathematikunterricht verwenden sollte.

Die beiden Unterrichtsmodelle „Ornamente, Parkett und Fliesenmuster" und die noch folgende über die „Rotationsfläche in Axonometrie" sind in LOGO und BASIC kodiert.

LOGO erscheint mir im Zusammenhang mit der Frage eines EDV – nutzenden Geometrieunterrichts in mehrfacher Hinsicht als geeignete Programmiersprache.

(1) LOGO erlaubt einfache Bewegungen mit dem Zeichenstift – der *Turtle* – durch einfache Befehle (z. B. FORWARD – vorwärts, BACK – zurück, etc.)

(2) Die einfachen Bewegungen des Zeichenstifts (FORWARD, BACK, LEFT, RIGHT) auf dem Bildschirm können unabhängig von einem Koordinatensystem erfolgen. Die Form der geometrischen Figur steht hier vor der koordinatenmäßigen Beschreibung der Figur in einem Raster.

Daraus resultieren unterschiedliche Beschreibungsniveaus geometrischer Figuren. Ich möchte dies am Beispiel des Kreises verdeutlichen.

Modell 1:
Beschreiben wir den Kreis mit Hilfe der Schildkrötgeometrie, so werden wir zunächst an seine Form denken.
Wir setzen uns ans Steuer unserer Schildkröte.

Vorgang 1: Wir fahren unsere Schildkröte an eine Startstelle.

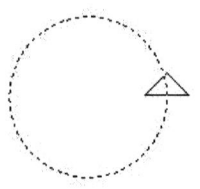

Wir wollen den Kreis gegen den Uhrzeigersinn beschreiben (= Linkskreis).

Wie gelangen wir nun von einem Kreispunkt zum nächsten Kreispunkt?

Vorgang 2: Wir drehen das Lenkrad unserer Schildkröte um einen kleinen Winkel nach links.

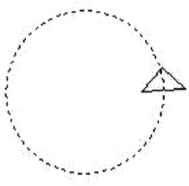

Vorgang 3: Wir bewegen die Schildkröte ein kleines Stück vorwärts.

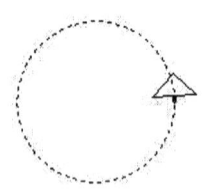

Wir wiederholen Vorgang 2 und Vorgang 3 sooft, bis wir den gesamten Kreis umfahren haben.

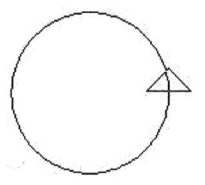

Wir haben ein Modell

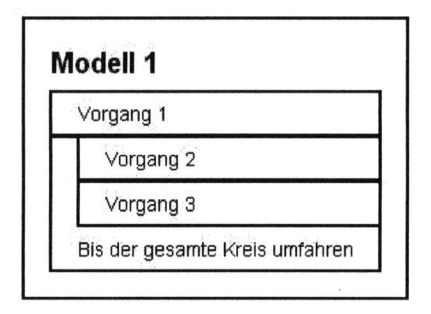

Modell 1
Vorgang 1
Vorgang 2
Vorgang 3
Bis der gesamte Kreis umfahren

gefunden, das uns den Kreis beschreibt. Dieses Modell funktioniert jedoch nur auf der Basis der Schildkrötgeometrie.

Modelle 1 wird auf der Basis einer koordinatengebundenen Geometrie, die fast alle übrigen höheren Programmiersprachen verwenden, nicht wirkungsvoll sein.

Es wird daher notwendig sein, ein neues Modell zu entwerfen.

Modell 2:
Vorgang 1: Wir legen unseren Kreis in ein rechtwinkeliges Koordinatensystem. Der Koordinatenursprung sei Kreismittelpunkt.

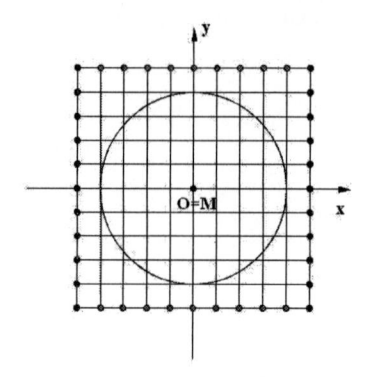

Wir haben nun ein Raster zur Verfügung.

Vorgang 2: In dieses Raster werden wir die Kreispunkte eintragen.

Wie kommen wir zu den einzelnen Rasterpunkten des Kreises?

Drücken wir dazu die x – Koordinate und die y – Koordinate der Kreispunkte als Funktion des zugehörigen Innenwinkels aus.

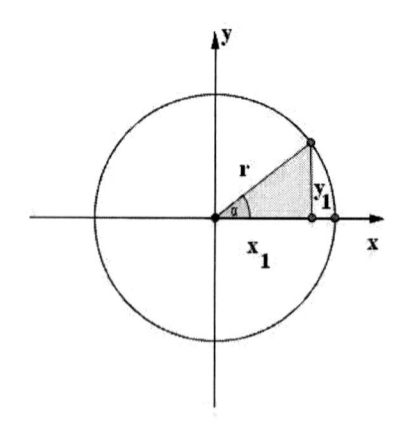

Wir erhalten zwei Gleichungen

$$x_1 = r \cdot \cos \alpha$$
$$y_1 = r \cdot \sin \alpha$$

mit deren Hilfe wir die x – Koordinate und y – Koordinate jedes beliebigen Kreispunktes ermitteln können. Wir können also unseren Kreis in das Raster eintragen, indem wir für möglichst viele Innenwinkel $0 \leq \alpha \leq 360^0$ mit Hilfe der Gleichungen $x_1 = r \cdot \cos \alpha$ und $y_1 = r \cdot \sin \alpha$ die entsprechenden Kreisrasterpunkte ermitteln.

Wir haben ein Modell

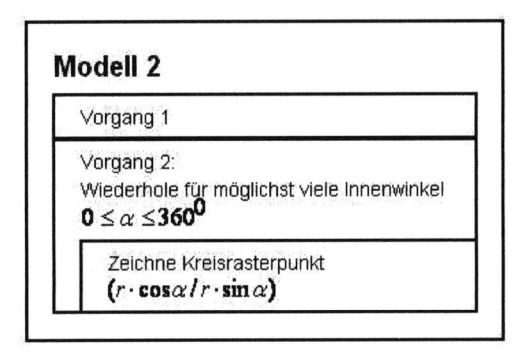

```
Modell 2
  Vorgang 1
  Vorgang 2:
  Wiederhole für möglichst viele Innenwinkel
  0 ≤ α ≤ 360⁰
    Zeichne Kreisrasterpunkt
    (r·cosα / r·sinα)
```

gefunden, das in einem koordinatengebundenen System die Konstruktion eines Kreises ausführt.

Niemand wird bezweifeln, dass dieses Modell vom Schüler erst wesentlich später als Modell 1 zu leisten sein wird.

Eine Alternative zum eben dargestellten Modell in einem koordinatengebundenen System für die Unterstufe (Sekundarstufe I) ist bereits mit Kenntnis des Pythagoräischen Lehrsatzes zu leisten. Dieses Modell wird auch zur Beschreibung des Kreises im anschließenden Kapitel „Der numerische Aspekt: BASIC und Was macht die Maschine?" verwendet.

Modell 3:
Wir ermitteln die y – Koordinate der Kreisrasterpunkte in Abhängigkeit von der aktuellen x – Koordinate mit $-r \leq x \leq r$.

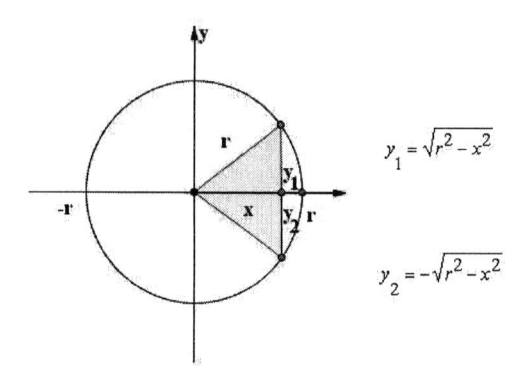

$$y_1 = \sqrt{r^2 - x^2}$$

$$y_2 = -\sqrt{r^2 - x^2}$$

Dieses Modell unterscheidet sich von Modell 2 durch die Gleichungen mit deren Hilfe die Kreisrasterpunkte ermittelt werden.

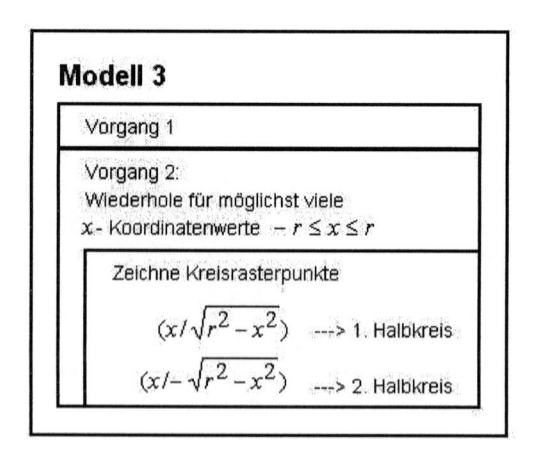

Modell 3

Vorgang 1

Vorgang 2:
Wiederhole für möglichst viele
x- Koordinatenwerte $-r \leq x \leq r$

Zeichne Kreisrasterpunkte

$(x/\sqrt{r^2 - x^2})$ ---> 1. Halbkreis

$(x/-\sqrt{r^2 - x^2})$ ---> 2. Halbkreis

(3) LOGO erleichtert die Bildung von Makrobefehlen

Im vorangegangenen Kapitel „Ornamente, Parkett- und Fliesenmuster – Ein altersgemäßer Zugang zum Computer" haben wir einzelne Befehle unter einem neuen Namen zusammengefasst.

So haben wir z. B. der Befehlsfolge

```
TO ZACKE :X
   RT 120
   FD :X
   LT 60
   FD :X
END
```

den Namen ZACKE gegeben.

ZACKE ist ein neuer Befehl für unsere Schildkröte.
Fordern wir die Schildkröte auf ZACKE 30 auszuführen, so wird die Schildkröte

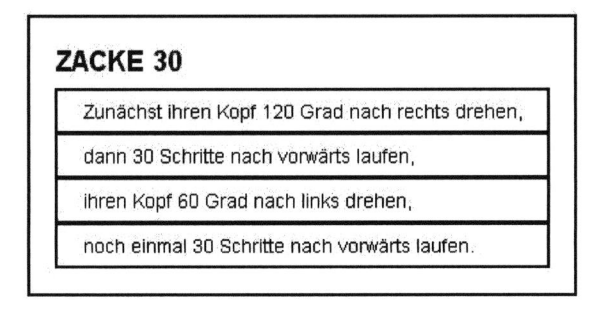

ZACKE 30

| Zunächst ihren Kopf 120 Grad nach rechts drehen, |
| dann 30 Schritte nach vorwärts laufen, |
| ihren Kopf 60 Grad nach links drehen, |
| noch einmal 30 Schritte nach vorwärts laufen. |

als Spur die gewünschte Zacke hinterlassen.

Dieser neue Befehl ZACKE ist ein *Makrobefehl* (kurz: *Makro*). *Makrobefehle* erleichtern die Arbeit des Programmierers. Immer wiederkehrende Befehlsgruppen werden zu *Makros* zusammengefasst. Diese *Makros* können dann stellvertretend für die Befehlsgruppe, die sie umfassen, verwendet werden.

Makrobefehle können selbst wieder Teile anderer *Makrobefehle* sein, wie z. B. im *Makro* STERN.

```
TO STERN :X
    REPEAT 4 [ZACKE :X]
END
```

Fordern wir die Schildkröte zu STERN 30 auf, so wird die Schildkröte die folgenden ineinander geschachtelten Befehle ausführen.

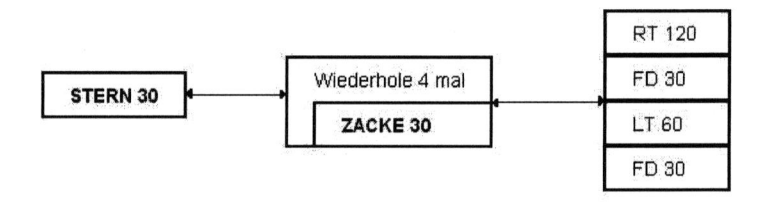

STERN 30	Wiederhole 4 mal	RT 120
		FD 30
	ZACKE 30	LT 60
		FD 30

Aus diesen Überlegungen gewinnen wir 4 Typen von LOGO – Befehlen in LOGO – Programmen:

Einfache LOGO – Befehle	Standardisiert durch den LOGO - Sprachumfang	z. B. F(ORWAR)D L(EF)T
LOGO – Makrobefehle	Gebildet aus einfachen LOGO - Befehlen	z. B. RECHTECK wobei TO RECHTECK :L :B REPEAT 2 [FD :B RT 90 FD END

	Gebildet aus einfachen LOGO – Befehlen und LOGO - Makrobefehlen	z. B. BLUME wobei ``` TO BLUME REPEAT 36 [RECHTECK 30 2(END ```

	Gebildet aus LOGO - Makrobefehlen	z. B. DOPPELRECHTECK wobei
		``
		TO DOPPELRECHTECK
		  RECHTECK 60 45
		  RECHTECK 30 20
		END
		``

Unterrichtsbeispiel:
Die vorliegende Tabelle aus den einfachen geometrischen Elementen Dreieck, Quadrat, Rechteck, Kreis kann als Anregung für ein Arbeiten mit LOGO – *Makros* verwendet werden.

Die Tabelle soll von den Schülern durch weitere geometrische Elemente ergänzt und erweitert werden.

Die Phantasie der Schüler soll dabei in keiner Weise eingeschränkt werden. Unterschiedliche Anforderungen an das Zeichenprogramm werden auch unterschiedliche Erweiterungen rechtfertigen.

Die einzelnen Programmsammlungen können schließlich zusammengetragen und zu einer Zeichenprogrammbibliothek zusammengefasst werden.

Unterrichtsbeispiel: LOGO – Befehlsbibliothek für ein einfaches Zeichenprogramm

Element	Definition
Gleichseitiges Dreieck (mit beliebiger Seitenlänge)	TO DREIECK :SEITE REPEAT 3 [FD :SEITE RT 120] END
Quadrat (mit beliebiger Seitenlänge)	TO QUADRAT :SEITE REPEAT 4 [FD :SEITE RT 90] END
Rechteck (mit beliebiger Länge und Breite)	TO RECHTECK :L :B REPEAT 2 [FD :B RT 90 FD :L RT 90] END
Kreis (Approximiert durch einen Streckenzug (mit beliebiger Streckenlänge))	TO KREIS :S REPEAT 360 [FD :S RT 1] END

(4) Nicht zuletzt ist LOGO eine freundliche Sprache.

Die ‚Freundlichkeit' von LOGO merkt man bereits, wenn man mit LOGO zu arbeiten beginnt. Während sich etwa der Computer in BASIC mit „OK" oder „ready" meldet, wenn er bereit ist, Anweisungen entgegenzunehmen, wird man in LOGO vom Computer mit

              Welcome to LOGO

begrüßt.
Ruft man etwa ZACKE ohne Eingabe einer Seitenlänge :X auf, so antwortet der Computer mit

              ZACKE needs more inputs.

J.2 Der numerische Aspekt: BASIC und „Was macht die Maschine?"

Die höhere Programmiersprache, die wir zur Kodierung des zweiten Beispiels verwenden ist BASIC.

BASIC ist wohl die am meisten verbreitete Sprache auf dem Schulcomputer. BASIC wurde 1964 von John Kemmey und Thomas Kurtz vom Dartmouth College für Schüler zur Lösung mathematisch – naturwissenschaftlicher Fragen entwickelt. Obwohl bis heute eine Vielzahl von BASIC – Versionen entstanden sind, so stimmen doch die Grundelemente von BASIC in fast allen Versionen überein.

Sprachgrundelemente / *Programmstrukturen* in BASIC

Die Wertzuweisung:

$$A \leftarrow 3.14$$

Graphische Darstellung:

BASIC – Kodierung: **A = 3.14**

Ein-/Ausgabe:

Graphische Darstellung

Eingabe
Ausgabe

BASIC – Kodierung: **INPUT / PRINT**

Kommentar:

BASIC – Kodierung: **REM** (= REMark)

1. *Sequenz*:

Graphische Darstellung:

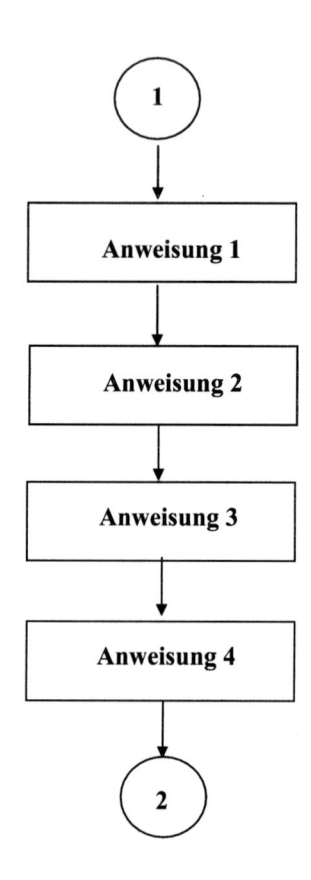

```
        ( 1 )
          |
          v
   [ Anweisung 1 ]
          |
          v
   [ Anweisung 2 ]
          |
          v
   [ Anweisung 3 ]
          |
          v
   [ Anweisung 4 ]
          |
          v
        ( 2 )
```

BASIC – Kodierung:

BASIC wird oft der Vorwurf gemacht, dass es den Programmieranfänger zu einem schlechten Programmierstil (d. h. schlecht lesbare Programme, Programme mit hoher Fehleranfälligkeit) erzieht. Wir wollen den Hauptargumenten dieses Vorwurfs nachgehen und zeigen, dass sich diese „Unzulänglichkeiten" von BASIC durch einfache Auflagen vermeiden lassen. Ergebnis ist das so genannte *strukturierte* BASIC.

In BASIC – Programmen werden sehr oft mehrere Anweisungen – getrennt durch einen Doppelpunkt – in eine Programmzeile geschrieben.

| Anweisung 1 | : | Anweisung 2 | : | Anweisung 3 | : | Anweisung 4 |

Wir wollen bewusst vermeiden, mehrere Anweisungen in eine Programmzeile zu schreiben. Außerdem wollen wir Anweisungen, die zu einer *Sequenz* gehören, durch Einrücken optisch hervorheben. Der *Sequenz*block wird von REM – Anweisungen umschlossen.

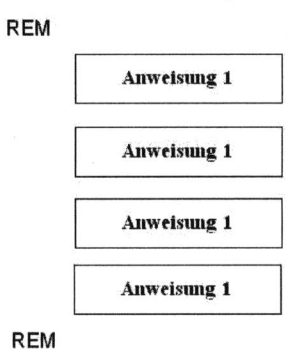

REM
- Anweisung 1
- Anweisung 1
- Anweisung 1
- Anweisung 1

REM

2. *Wiederholung*:

Graphische Darstellung:

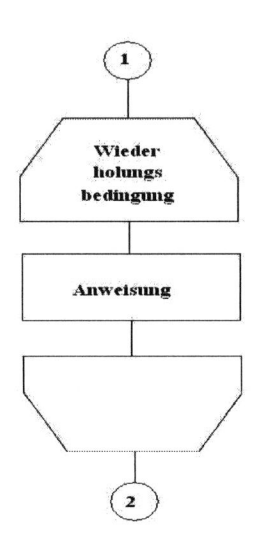

BASIC – Kodierung:

> **FOR Zähler = Startwert TO Endwert**
>
> | Anweisung |
>
> **NEXT Zähler**

Durch Einrücken des Anweisungsblocks können bei der *Wiederholung* – vor allem dann, wenn mehrere *Wiederholungen* ineinander geschachtelt werden – Fehler vermieden werden.

Mehrfache Wiederholung:

> **FOR Zähler$_1$ = Startwert$_1$ TO Endwert$_1$**
> **FOR Zähler$_2$ = Startwert$_2$ TO Endwert$_2$**
> ---
> **FOR Zähler$_k$ = Startwert$_k$ TO Endwert$_k$**
>
> | Anweisung |
>
> **NEXT Zähler$_k$**
> ---
> **NEXT Zähler$_2$**
> **NEXT Zähler$_1$**

3. <u>*Verzweigung*</u>:
3.1. <u>Die *unbedingte Verzweigung*</u>:

BASIC – Kodierung: **GOTO <Zeilennummer>**

Die Anweisung **GOTO** erzwingt eine Fortsetzung des Programmes an der angegebenen Adresse (= Zeilennummer).

Gerade die häufige und unkontrollierte Verwendung der GOTO – Anweisung führt zu fehleranfälligen und unübersichtlichen Programmen. Daher konzentriert sich die Kritik an BASIC im Zusammenhang mit dem Anfangsunterricht in Informatik vor allem auf die GOTO – Anweisung. Dies auch dazu geführt, dass einige andere höhere Programmiersprachen auf die unbedingte Verzweigung (Sprunganweisung) verzichten. Bemüht man sich jedoch, die GOTO – Anweisung nur sehr sparsam und gezielt einzusetzen, so ist dieser Verzicht nicht unbedingt notwendig.

Gezielte Kodierung setzt aber gerade wieder schrittweise Problemanalyse und *Modellbildung* voraus.

3.2. Die *bedingte Verzweigung*:

Graphische Darstellung:

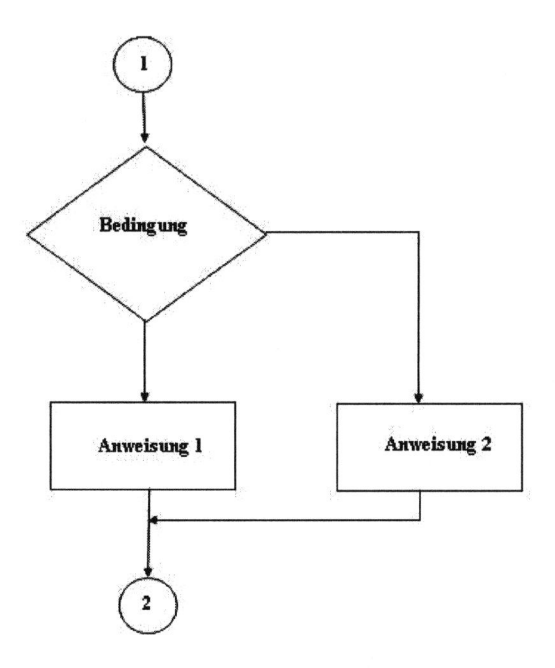

BASIC – Kodierung:

IF Bedingung THEN
> Anweisung 1

    ELSE
> Anweisung 2

Ist die Bedingung erfüllt, so wird | Anweisung 1 |

                sonst | Anweisung 2 |

ausgeführt.

Auch die bedingte Verzweigung kann durch Verwendung der REM – Anweisung und durch Einrücken der Anweisungsteile optisch gegliedert werden, wodurch eine bessere Lesbarkeit der Kodierung erreicht wird.

IF Bedingung THEN
> Anweisung 1 (adr.)

    ELSE
> Anweisung 2 (adr.)

REM then
> Anweisung 1

REM else
> Anweisung 2

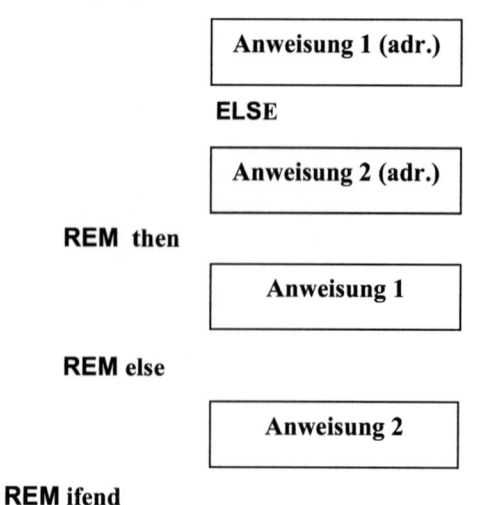

REM ifend

Die bedingte Verzweigung wird somit durch **IF** eingeleitet und durch **ifend** abgeschlossen.

Anmerkung:
Sind keine *alternativen* Anweisungen vorgesehen, so zeigt **Anweisung 2 (adr.)** auf das Ende des *Verzweigung*sblocks **REM ifend** (Kodierungen siehe [CABA, FUCHS 1988]).

BASIC ist – ebenso wie die anderen höheren Programmiersprachen ADA, FORTRAN, LOGO, PASCAL, etc. – eine *Makrosprache*.
Eine Anweisung in einer höheren Programmiersprache wird vom „Übersetzer" in eine Folge von Maschinenbefehlen übertragen. Dieser „Übersetzer" ist ein Programm, das entweder fest im Rechner gespeichert ist oder von Diskette geladen wird. Der „Übersetzer" (oder das „übersetzende Programm) prüft beim Übersetzungsvorgang den eingegebenen Text (= die eingegebenen Programmzeilen) auf die sprachliche Korrektheit (d. h. auf die Einhaltung der Regeln der verwendeten höheren Programmiersprache). Sind die Eingaben sprachlich korrekt, so werden sie in – für den Mikrocomputer verständliche – *Maschinenbefehle* übersetzt.

Welche *Maschinenbefehle* für den Mikrocomputer verständlich sind, wollen wir nun klären.

Mikrocomputer müssen also einen Befehlssatz ständig verfügbarer Maschinenbefehle besitzen. Je nach ihrer Leistungsfähigkeit verfügen sie über einen Vorrat von ca. 50 – 250 Maschinenbefehlen. Diese Befehle sind in binärer Form gespeichert und bleiben in diesem Speicher unabänderlich.
Jedem Maschinenbefehl entspricht ein ganz bestimmter *Binärkode*. Man kann sich nun vorstellen, dass es schwierig wäre, die Vielzahl unterschiedlicher Binärkodes zu merken.

Eine Verbesserung bei der Programmierung von Maschinenprogrammen erhält man nun durch die Zuweisung von Namen zu jedem Befehlskode. Den Namen, den man einem Befehlskode zuweist, nennt man *Mnemonik*. Die einzelnen Mnemoniks beschreiben in irgendeiner Form, was die Befehle ausführen.

Diese Mnemoniks sind bei den einzelnen Computern verschieden, beschreiben jedoch im wesentliche dieselben Aufgaben (vgl. Compilermetacommands zum Abschluss der Arbeit).

Der Befehlssatz an Maschinenbefehlen umfasst – abhängig von einzelnen Mikrocomputern – folgende Befehle:

(1) **Transportbefehle**: Laden, Speichern.

(2) **Arithmetische** und **logische** Befehle:
Addieren, Subtrahieren, Multiplizieren, Dividieren, Vergleichen, Verknüpfen.

(3) **Sprungbefehle**:
Unbedingter Sprung: Unbedingte Verzweigung des Programmablaufes zur angegebenen Adresse,
Bedingter Sprung: Vom Inhalt einer Speicherzelle abhängige Verzweigung zur angegebenen Adresse.

(4) **Ein-** und **Ausgabebefehle**: Lesen, Drucken.

(5) **Unterbrechungsbefehle**: Unterbrechung des Programmes, Programmhalt.

Wollen wir nun die Arbeitsweise eines Mikrocomputers an einem einfachen Beispiel demonstrieren.

Aufgabe:
Der Computer soll die Differenz zweier Zahlen a und b berechnen. Es soll gesichert sein, dass stets die kleinere von der größeren Zahl subtrahiert wird.

Konstruieren wir den zur Lösung des Problems erforderlichen Maschinenbefehlssatz.

(1) **Transportbefehle**: Lade <Operand> vom Speicher in den Akkumulator.

Hinweis 1:
Der *Akkumulator* ist eine Speicherzelle mit spezieller Aufgabe. Bei so genannten *Ein – Adress – Maschinen* kann immer nur ein *Operand* (= zu verarbeitende Größe) mit einem Maschinenbefehl verarbeitet werden.
Der *Akkumulator* enthält daher bei arithmetischen – logischen Operationen den zweiten *Operanden*.

Mnemonik: LOAD <Operand>
Maschinenkode: 0001

Hinweis 2:
<Operand>, <Adresse>: | a | a | a | a | a | $a \in \{0,1\}$

Lade <Operand> vom Akkumulator in den Speicher.
Mnemonik: STORE <Operand>
Maschinenkode: 0010

(2) **Arithmetische** und **logische Befehle**:
Subtrahiere <Operand> vom Inhalt des Akkumulators. Der Wert der Differenz soll im Akkumulator abgelegt werden.

Mnemonik: **SUB** <Operand>
Maschinenkode: 0011

(3) **Sprungbefehle**:
Verzweige zu <Adresse>, falls der Inhalt des Akkumulators kleiner als Null ist.

Mnemonik: **BNEG** <Adresse>
(Branch on NEGative)
Maschinenkode: 0100

(4) **Ein-** und **Ausgabebefehle**:
Eingabe: Die implizite Speicheradresse ist die Akkumulatoradresse.

Mnemonik: **READ**
Maschinenkode: 0110

Ausgabe: Die implizite Speicheradresse ist die Akkumulatoradresse.

Mnemonik: **WRITE**
Maschinenkode: 0111

(5) **Unterbrechungsbefehl**:
Mnemonik: **HALT**
Maschinenkode: 1000

Mit dem Befehlssatz unseres Mikrocomputers können wir nun unser einfaches Beispiel simulieren.

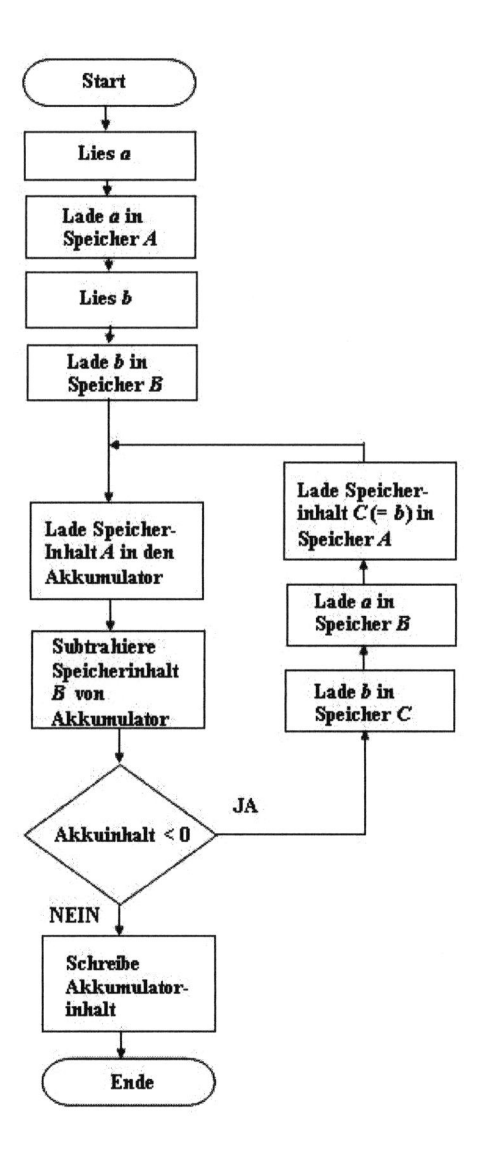

```
                    ( Start )
                        ↓
                    [ Lies a ]
                        ↓
                [ Lade a in
                  Speicher A ]
                        ↓
                    [ Lies b ]
                        ↓
                [ Lade b in
                  Speicher B ]
                        ↓
                        →──────────────────┐
                        ↓                  │
                [ Lade Speicher-    [ Lade Speicher-
                  Inhalt A in den    inhalt C (= b) in
                  Akkumulator ]      Speicher A ]
                        ↓                  ↑
                [ Subtrahiere       [ Lade a in
                  Speicherinhalt     Speicher B ]
                  B von                    ↑
                  Akkumulator ]     [ Lade b in
                        ↓            Speicher C ]
                        ◇────JA─────────────┘
                  Akkuinhalt < 0
                        │
                      NEIN
                        ↓
                [ Schreibe
                  Akkumulator-
                  inhalt ]
                        ↓
                    ( Ende )
```

Speicherverteilung des Programmes:

Hinweis:
Nicht nur Maschinenbefehle und Adressen, die vom Computer angesprochen werden, sondern auch Daten, die in einem Computer verarbeitet werden, werden binär kodiert. Die uns vertrauten dekadischen Zahlen werden also in *Binärzahlen* verwandelt [CABA, FUCHS 1988]
Wir wollen den Vorgang der Transformation einer dekadischen Zahl in eine Binärzahl am Beispiel der Zahl 80 nachvollziehen und verwenden dazu die Methode der *Division mit Rest*.

Durch die Kennungen „D" bzw. „B" wollen wir dekadische und binäre Zahlen kennzeichnen.

$$80D : 2D = 40D \text{ (Rest: 0)} \quad \text{Bit 0}$$
$$40D : 2D = 20D \text{ (Rest: 0)} \quad \text{Bit 1}$$
$$20D : 2D = 10D \text{ (Rest: 0)} \quad \text{Bit 2}$$
$$10D : 2D = 5D \text{ (Rest: 0)} \quad \text{Bit 3}$$
$$5D : 2D = 2D \text{ (Rest: 1)} \quad \text{Bit 4}$$
$$2D : 2D = 1D \text{ (Rest: 0)} \quad \text{Bit 5}$$
$$1D : 2D = 0D \text{ (Rest: 1)} \quad \text{Bit 6}$$

Wir erhalten nun die gesuchte Binärzahl, wenn wir die kleinsten Einheiten einer Binärzahl (= *Bits*) zusammensetzen.
Das niederwertigste Bit (= Bit 0) steht ganz hinten, das höchstwertige Bit (= in unserem Fall Bit 6) steht ganz vorne.

$$80D = 1010000B$$

Jede Speicherzelle (= Register) in einem Computer besitzt eine eigene Adresse. Dies ist notwendig, damit Informationen rasch verarbeitet werden.

Adresse	Speicherinhalt	Programm
00000		**Akkumulator**
00001		**A**
00010		**B**
00011		**C**
00100	0 1 1 0 0 0 0 0 0	**READ**
00101	0 0 1 0 0 0 0 0 1	**STORE A**
00110	0 1 1 0 0 0 0 0 0	**READ**
00111	0 0 1 0 0 0 0 1 0	**STORE B**
01000	0 0 0 1 0 0 0 0 1	**LOAD A**
01001	0 0 1 1 0 0 0 1 0	**SUB B**
01010	0 1 0 0 0 1 1 0 1	**BNEG 01101**
01011	0 1 1 1 0 0 0 0 0	**WRITE**
01100	1 0 0 0	**HALT**
01101	0 0 0 1 0 0 0 1 0	**LOAD B**
01110	0 0 1 0 0 0 0 1 1	**STORE C**
01111	0 0 0 1 0 0 0 0 1	**LOAD A**
10000	0 0 1 0 0 0 0 1 0	**STORE B**
10001	0 0 0 1 0 0 0 1 1	**LOAD C**
10010	0 0 1 0 0 0 0 0 1	**STORE A**
10011	0 1 0 1 0 1 0 0 0	**JUMP 01000**

Nur wenige Anwender höherer Programmiersprachen haben sich bisher Gedanken gemacht, wie viele Maschinenbefehle zur Ausführung einer einzigen Anweisung in einer höheren Programmiersprache nötig sein können.

Wir wollen ein *kleines Gedankenexperiment* durchführen, das uns aufzeigen soll, welche Fülle von Maschinenbefehlen zumeist zur Ausführung einer Anweisung in einer höheren Programmiersprache vonnöten sind.

Die meisten erweiterten BASIC – Versionen erlauben es, durch Eingabe der CIRCLE – Anweisung einen Kreis von vorgegebenem Mittelpunkt M und Radius r zu zeichnen.

Wollen wir nun untersuchen, welche und wie viele Maschinenbefehle hinter dieser einfachen CIRCLE - Anweisung verbergen könnten. Im Kapitel „LOGO und die Bildung von Makrobefehlen" haben wir 3 Modelle zur Beschreibung eines Kreises kennengelernt. Wir wollen Modell 3 auf der Basis des Pythagoräischen Lehrsatzes verwenden, um unseren Kreis zu beschreiben.

Unser Kreis sei – wie in Modell 3 beschrieben – ein Kreis in Hauptlage [$M(0,0)$; $r = 80$ (e)].

Kodieren wollen wir Modell 3 mit dem Befehlssatz eines programmierbaren Taschenrechners (TI 59), mit dem sich maschinennahe Programmierung sehr anschaulich simulieren lässt.

Modell 3:

1. Halbkreis

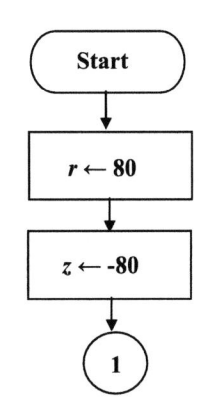

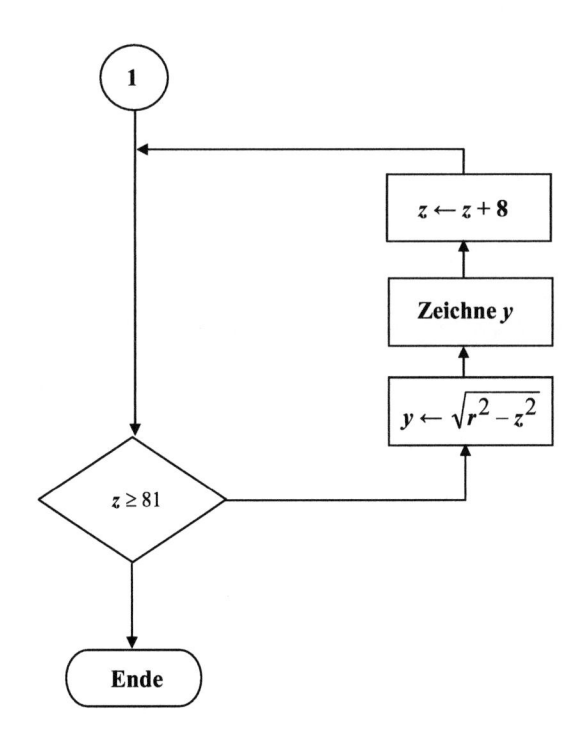

```
Start
  ↓
r ← 80
  ↓
z ← -80
  ↓
 (1)
```

```
(1)
 ↓
→ z ≥ 81 → Ende
   ↓ (nein)
   y ← √(r² - z²)
   ↓
   Zeichne y
   ↓
   z ← z + 8
   ↑ (zurück)
```

$$y \leftarrow \sqrt{r^2 - z^2}$$

Den 2. Halbkreis erhalten wir, wenn wir $y \leftarrow \sqrt{r^2 - z^2}$ durch $y \leftarrow -\sqrt{r^2 - z^2}$ ersetzen.

(Darstellung, vgl. PARISOT 1983)

Belegung der Register R:

R_0	R_1
r	z

r: Kreisradius
z: Kontrollvariable

Spezielle Register:

    x – Register = Anzeigenregister

    (Speicherung des angezeigten Wertes)

    t – Register = Vergleichsregister

    (Speicherung des Vergleichswertes)

Programm-zeile	Tastenbe-deutung	Operations-bedeutung	Kontext-bedeutung
000	8		
	0		
	STO	$r \leftarrow 80$	Kreisradius $r = 80$
	00		
	8		
	0		
	+/-	$z \leftarrow -80$	Kontrollvariable $z = -80$

009 010	STO 01 8 1		Vergleichszahl $t = 81$
	RCL 01 GE (≥) 00 40	$z \geq t$ j ↓A ↓B n	Vergleiche z mit t. Ist $z \geq t$, dann A sonst B.
020	(RCL 00 x^2 - RCL 01 x^2)	B: (r^2 - z^2)	B: (r^2 - z^2)
030	$\sqrt{x}$ ÷ 4 . 1 = OP 07	$\sqrt{r^2 - z^2}$ ÷ 4 . 1 = Zeichne y - Wert	$\sqrt{r^2 - z^2}$ +) ÷ 4 . 1 = Zeichne y - Wert

	8		Erhöhe Kontrollvariable z um 8
	SUM 01	$z \leftarrow z+8$	
	GTO 00 12		Unbedingter Sprung nach 012
040	R/S	A: stop	A: Programmstop

[+)] gerätespezifische Transformation, da vom Zeichengerät nur $0 \leq \textit{Werte} < 20$ gezeichnet werden können.

Führen wir das Programm für die beiden Halbkreise aus, so erhalten wir das erwünschte Ergebnis.

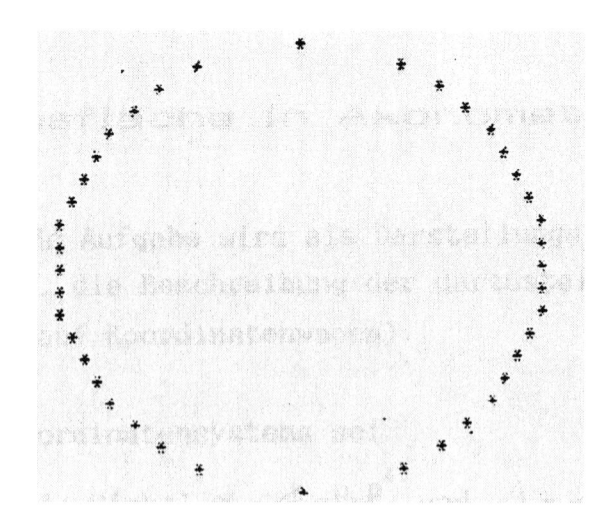

Bemerkung:
Die Verzerrung und der Abstand der Bildschirmpunkte sind durch die Darstellungsgenauigkeit des Rechners bedingt. Mit Hilfe hoch auflösender Graphikbildschirme ist es möglich, Kreise ohne Verzerrung und ohne Lücken dazustellen.
Da das Gewicht unserer Überlegungen in diesem Abschnitt jedoch auf der Darstellungsmethode lag, wollen wir uns mit dem Ergebnis zufrieden geben.

K Rotationsfläche in Axonometrie

Für die folgende Aufgabe wird als Darstellungsform die Axonometrie verwendet (d. h. die Beschreibung der darzustellenden Rotationsfläche erfolgt auf Koordinatenwegen).

Das Bild des Koordinatensystems sei

(1) durch die Winkel $\alpha = \angle z^p x^p$ und $\beta = \angle z^p y^p$, unter der Annahme eines Rechtssystems (vgl. Aufgaben zu Kapitel Projektion) und

(2) durch die Längen der Einheitsstrecken e_x, e_y und e_z auf den einzelnen Koordinatenachsen

festgelegt. Der Projektionszeiger p gibt an, dass es sich um das Ergebnis einer Parallelprojektion handelt.

Diese Darstellung hat den Vorteil, dass sich die Sonderfälle Grund-, Auf- und Kreuzriss leicht erzeugen lassen.

Grundriss: $\alpha = 180^0$; $\beta = 90^0$; $e_x : e_y : e_z = 1:1:0$,
Aufriss: $\alpha = $ bel.; $\beta = 90^0$; $e_x : e_y : e_z = 0:1:1$,
Kreuzriss: $\alpha = 90^0$; $\beta = $ bel.; $e_x : e_y : e_z = 1:0:1$.

Für die Eingabe der beiden Winkel α und β sowie der Einheitsstrecken e_x, e_y und e_z wollen wir nichtnegative ganze Zahlen vorsehen.

Die nächste Aufgabe besteht nun darin, das Dreibein auf den Computerbildschirm zu übertragen.

Der Graphikbildschirm unseres Computers verfügt über ein zweidimensionales Koordinatensystem in der dargestellten Form:

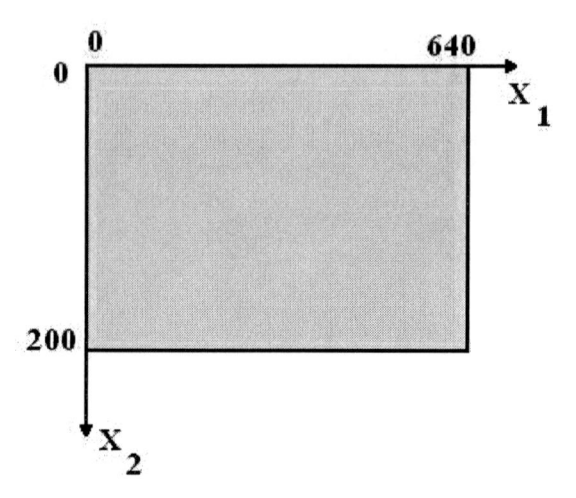

Auf unserem Bildschirm werden also Koordinatenwerte in diesem Bereich dargestellt.

Wir müssen nun *Transformationsgleichungen* suchen, um unser Dreibein und die damit bestimmten Punkte auf unser zweidimensionales Koordinatensystem übertragen zu können.
Wir legen dazu unser zweidimensionales Bildschirmkoordinatensystem in der dargestellten Weise über das Dreibein (vgl. [DINAUER 1984]).

Den Koordinatenursprung können wir frei wählen. u und v seien die nichtnegativen Koordinaten ($0 \leq u \leq 640, 0 \leq v \leq 200$) unseres Koordinatenursprungs auf dem Bildschirm.

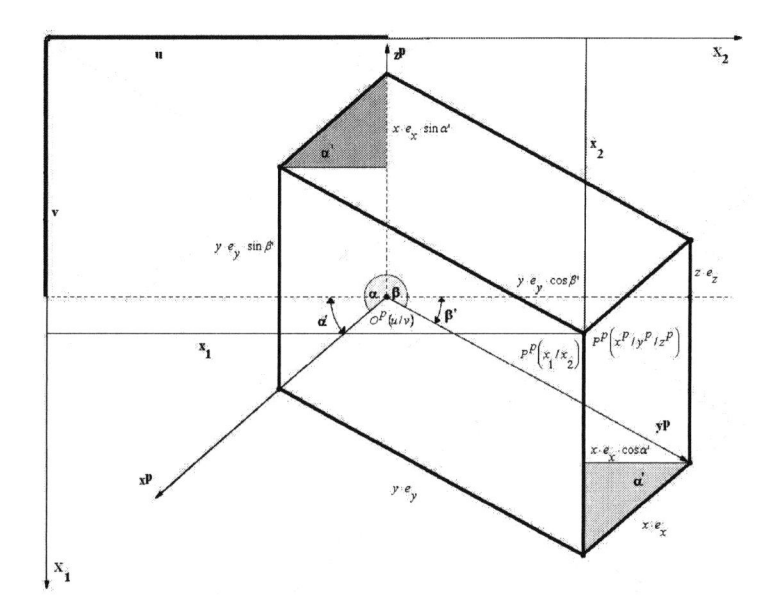

Aus obiger Darstellung erhielten wir folgende trigonometrische Transformationsgleichungen:

$$x_1 = u + y \cdot e_y \cdot \cos\beta' - x \cdot e_x \cdot \cos\alpha'$$

$$x_2 = v + y \cdot e_y \cdot \sin\beta' + x \cdot e_x \cdot \sin\alpha' - z \cdot e_z$$

aus:

$$\cos\alpha' = \cos(\alpha - 90°) = \sin\alpha$$

$$\cos\beta' = \cos(\beta - 90°) = \sin\beta$$

und

$$\sin\alpha' = \sin(\alpha - 90°) = -\cos\alpha$$

$\sin\beta' = \sin(\beta - 90°) = -\cos\beta$

folgt:

$x_1 = u - x \cdot e_x \cdot \sin\alpha + y \cdot e_y \cdot \sin\beta$

$x_2 = v - x \cdot e_x \cdot \cos\alpha - y \cdot e_y \cdot \cos\beta - z \cdot e_z$

Eingabe:

Als Eingabedaten werden benötigt:

    Winkel zwischen z^P- und x^P- Achse (= α - AL),

    Winkel zwischen z^P- und y^P- Achse (= β - BE),

    Einheitsstrecken e_x, e_y, e_z (EX, EY, EZ) auf den Koordinatenachsen,

    Mittelpunkt M (u, v),

    Radius r (R) des Randkreises.

Die angeführten Daten werden auf dem Textbildschirm des Computers eingegeben.

Bildschirmmaske für die (beliebige) Eingabe:

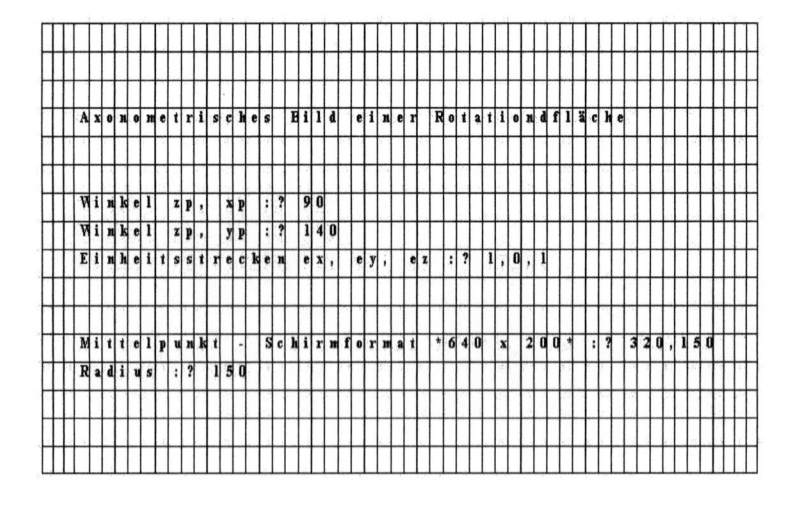

```
Axonometrisches Bild einer Rotationdfläche


Winkel  zp, xp  :?  90
Winkel  zp, yp  :?  140
Einheitsstrecken  ex, ey, ez  :?  1,0,1


Mittelpunkt -  Schirmformat  *640 x 200*  :?  320,150
Radius  :?  150
```

Der *Textbildschirm* unseres Computers besitzt 25 Zeilen und 80 Spalten, in denen Schriftzeichen (Buchstaben, Interpunktionszeichen, Operatoren und Sonderzeichen) dargestellt werden.

Wir wollen unsere Eingaben in ansprechender Form vornehmen. Der Entwurf einer *Bildschirmmaske* ist daher wesentlicher Bestandteil einer ordentlichen Programmentwicklung.

Ausgabe:
Die Ausgabe der einzelnen Flächenpunkte erfolgt auf dem von uns eingangs abgesteckten *Graphikbildschirm*. Dieser Bildschirm besitzt ein engmaschiges Gitter aus 200 Zeilen und 640 Spalten.

Mit Hilfe der Transformationsgleichungen

(1) $rad = \sqrt{x^2 + y^2}$,

(2) $rad = rad \cdot 3.1415926/180$,

(3) $z = 80 \cdot \sin(rad)$ mit $-INT\left(\sqrt{R^2 - Y^2}\right) \leq X \leq INT\left(\sqrt{R^2 - Y^2}\right)$

und $-R \leq Y \leq R$,

können wir die einzelnen Flächenpunkte ermitteln.
Der errechnete Flächenpunkt wird als *Bildpunkt* (= *Pixel*) in unseren Graphikbildschirm eingetragen.

Der üblichen Darstellung axonometrischer Bilder folgend, werden wir auch den Eintrag des Koordinatendreibeins vorsehen.
Zur Vereinfachung der Darstellung der Koordinatenachsen verzichten wir auf die Pfeilspitzen sowie auf die Beschriftung der Achsen.

Graphische Darstellung des Algorithmus:

Rotationsfläche

Eingabe: Winkel Alpha (AL)
Alpha ← Alpha · 3.1415926 / 180
Eingabe: Winkel Beta (BE)
Beta ← Beta · 3.1415926 / 180
Eingabe: Einheitsstrecken EX, EY, EZ Mittelpunkt M der Rotationsfläche (U, V) Radius R des Randkreises der Rotationsfläche
X - Achse
Y - Achse
Z - Achse
Zeichne Fläche

Koordinatentransformation

X1 ← U - X·EX·sin(AL) + Y·EY·sin(BE)
X1 ← INT(X1 + 0.5)
X2 ← V - X·EX·cos(AL) - Y·EY·cos(BE) - Z·EZ
X2 ← INT(X2 + 0.5)

Erklärung der Größen:

X, Y, Z: Koordinaten des Raumpunktes $P(X, Y, Z)$,

X1, X2: Koordinaten des Bildpunktes $P^P(X_1, X_2)$.

Da vom Bildschirm nur Bildpunkte mit ganzzahligen Koordinaten dargestellt werden können, runden wir die errechneten Koordinaten der Bildpunkte P^p.

z. B.:

```
X1 ← 3.14
X1 ← INT(3.14 + 0.5)
X1 ← INT(3.64)
X1 ← 3
```

oder

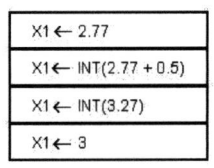

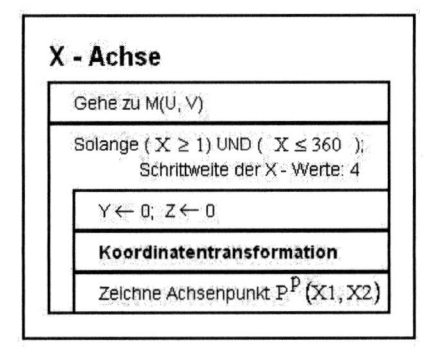

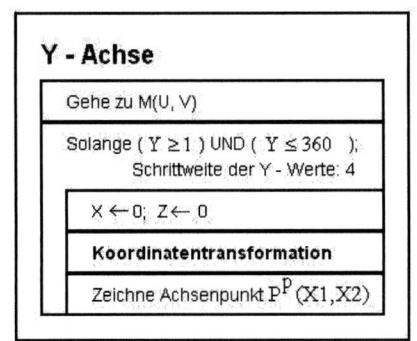

```
X1 ← 2.77
X1 ← INT(2.77 + 0.5)
X1 ← INT(3.27)
X1 ← 3
```

X - Achse

```
Gehe zu M(U, V)

Solange ( X ≥ 1) UND ( X ≤ 360  );
    Schrittweite der X - Werte: 4

    Y ← 0;  Z ← 0
    Koordinatentransformation
    Zeichne Achsenpunkt P^p (X1, X2)
```

Y - Achse

```
Gehe zu M(U, V)

Solange ( Y ≥ 1 ) UND ( Y ≤ 360  );
    Schrittweite der Y - Werte: 4

    X ← 0;  Z ← 0
    Koordinatentransformation
    Zeichne Achsenpunkt P^p (X1, X2)
```

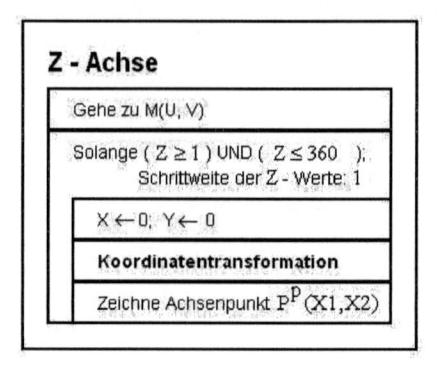

Z - Achse

Gehe zu M(U, V)

Solange ($Z \geq 1$) UND ($Z \leq 360$);
Schrittweite der Z - Werte: 1

$X \leftarrow 0$; $Y \leftarrow 0$
Koordinatentransformation
Zeichne Achsenpunkt P^P (X1,X2)

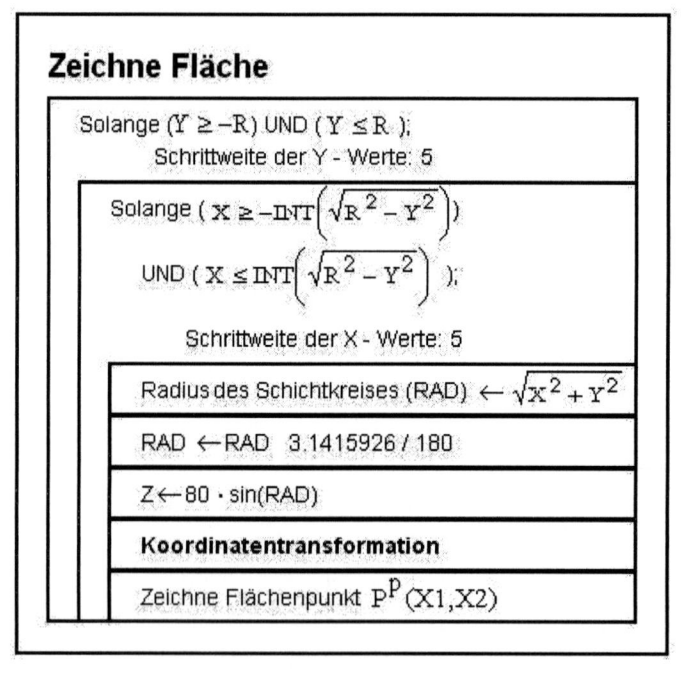

Zeichne Fläche

Solange ($Y \geq -R$) UND ($Y \leq R$);
Schrittweite der Y - Werte: 5

Solange ($X \geq -INT\left(\sqrt{R^2 - Y^2}\right)$)
UND ($X \leq INT\left(\sqrt{R^2 - Y^2}\right)$);

Schrittweite der X - Werte: 5

Radius des Schichtkreises (RAD) $\leftarrow \sqrt{X^2 + Y^2}$
RAD $\leftarrow$ RAD $\cdot$ 3.1415926 / 180
$Z \leftarrow 80 \cdot \sin(RAD)$
Koordinatentransformation
Zeichne Flächenpunkt P^P(X1,X2)

Kodierung:
Die Kodierung des Algorithmus erfolgt in BASIC. Die Kenntnis der allgemeingültigen BASIC – Anweisungen wird vorausgesetzt.

Zum Verständnis der folgenden Kodierung müssen jedoch die beiden
Graphikanweisungen

SCREEN 2

PSET(X1,X2)

erklärt werden.

Die Anweisung **SCREEN 2** dient der Anwahl unseres *Graphikbildschirms* mit dem Gitter von 200 Zeilen und 640 Spalten.
Die Anweisung **PSET(X1,X2)**, 1 dient zur Darstellung eines Bildschirmpunktes $P^p(X_1, X_2)$ im angegebenen Gitter.

Die zur Kodierung der Problemlösung verwendete BASIC – Version ist GW – BASIC. In GW – BASIC werden *Bildschirmpunkte*, die außerhalb des gewählten Bildschirmformates von 200 x 640 liegen, nicht angezeigt. Bei einigen anderen BASIC – Versionen würde ein Eintragsversuch außerhalb des gewählten Bildschirmbereiches zu einer Fehlermeldung führen. Für diese BASIC – Versionen wären entsprechende Kontrollroutinen vorzusehen.

Wir haben bereits gehört (vgl. der numerische Aspekt: BASIC und „Was macht die Maschine?"), dass Computer nur Maschinenbefehle verstehen.
„Übersetzer" (oder „übersetzende Programme") leisten die Arbeit, Programmzeilen in einer höheren Programmiersprache zu analysieren und in bedeutungsgleiche Maschinenbefehle umzuwandeln.

Der so genannte *Kompilierer* (*Compiler*) übersetzt die Programmzeilen in einer höheren Programmiersprache (= Quellcode) in eine maschinenorientierte Programmiersprache (= Zielcode). Bei diesem Übersetzungsvorgang werden aus einer Programmzeile im Quellcode mehrere Befehle in der maschinenorientierten Sprache erzeugt (vgl.

nachfolgende Auswahl der *Compiler* – Metacommands der BASIC – Kodierung).

Während des Übersetzungsvorganges kann der Programmierer nicht eingreifen.

Das übersetzte Programm kann für eine spätere Verarbeitung in einer Programmbibliothek abgelegt werden. Fertig *kompilierte* Programme besitzen eine hohe Ausführungsgeschwindigkeit.

Da gerade bei Graphikprogrammen eine schnelle Programmausführung wünschenswert ist, werden wir unser Programm „Rotationsfläche in Axonometrie" *kompilieren*.

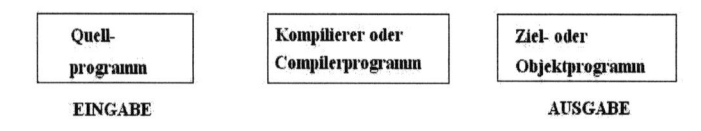

Quell-programm	Kompilierer oder Compilerprogramm	Ziel- oder Objektprogramm
EINGABE		AUSGABE

(Darstellung, vgl. [HANSEN 1986])

Damit die übersetzten Programme ablauffähig sind, bedarf es noch der Dienstprogramme *Lader* oder *Loader* und *Binder* oder *Linker* im Computer.

Der *Binder* übernimmt die Aufgabe, die in verschiedenen Übersetzungsabläufen (eventuell auch von verschiedenen „Übersetzern") erzeugten Objektprogrammteile „zusammenzubinden" und allenfalls fehlende Ein- und Ausgabeprozeduren zu ergänzen.

Der *Lader* schließlich übernimmt die Aufgabe, das übersetzte und gebundene Programm an die Ladeadresse im Arbeitsspeicher zu bringen und alle Adressspegel des geladenen Programmes auf diese Ladeadresse auszurichten, damit das Programm vom Computer ausgeführt werden kann.

Darstellung der Ergebnisse:
(a) BASIC – Quellcode:

```
1000    REM Compilermetacommands
1010    REM $list+
1020    REM $ocode+
1030    REM $pagesize: 70
1040    REM $title: 'Rotationsflache'
1050    REM
1060    REM Rotationsflache - ohne Berucksichtigung der Sichtbarkeit

1070    REM
1080    REM var: AL,BE: Winkel zwischen den Koordinatenachsen zp,xp und zp,yp
1090    REM      EX,EY,EZ: Einheitsstrecken in der gekennzeichneten Achsenrichtung
1100    REM      R,(RAD): Radius des ersten (der folgenden) Schichtkreises
1110    REM              (Schichtkreise)
1120    REM      U,V: Bildschirmkoordinaten des Koordinatenursprungs Op
1130    REM      X,Y,Z: Koordinaten des Raumpunktes P(X,Y,Z)
1140    REM      X1,X2: Bildschirmkoordinaten des Bildpunktes Xp(X1,X2)
1150    REM
1160    CLS
1170    PRINT "Axonometrisches Bild einer Rotationsflache"
1180    PRINT
1190    PRINT
1200    REM
1210    INPUT "Winkel zp, xp :";AL
1220    AL=AL*3.14159265#/180
1230    INPUT "Winkel zp, yp :";BE
1240    BE=BE*3.14159265#/180
1250    INPUT "Einheitsstrecken ex, ey, ez :";EX,EY,EZ
1260    PRINT
1270    PRINT
1280    INPUT "Mittelpunkt - Schirmformat %640 x 200% :";U,V
1290    INPUT "Radius :";R
1300    REM
1310    SCREEN 2
1320    KEY OFF
1330    REM
1340    REM X-ACHSE
1350    PSET(U,V),1
1360    FOR X=1 TO 360 STEP 4
1370        Y=0
1380        Z=0
1390        GOSUB 1710
1400        PSET (X1,X2),1
1410    NEXT X
1420    REM Y-ACHSE
1430    PSET(U,V),1
1440    FOR Y=1 TO 360 STEP 4
1450        X=0
1460        Z=0
1470        GOSUB 1710
1480        PSET (X1,X2),1
1490    NEXT Y
1500    REM Z-ACHSE
1510    PSET(U,V),1
1520    FOR Z=1 TO 360
1530        X=0
1540        Y=0
1550        GOSUB 1710
1560        PSET (X1,X2),1
1570    NEXT Z
1580    REM
1590    FOR Y=-R TO R STEP 5
1600        FOR X=-INT(SQR(R*R-Y*Y)) TO INT(SQR(R*R-Y*Y)) STEP 5
1610            RAD=SQR(X*X+Y*Y)
1620            RAD=RAD*3.1415926#/180
1630            Z=80*SIN(RAD)
1640    REM
1650            GOSUB 1710
1660            PSET (X1,X2),1
```

```
1670        NEXT X
1680      NEXT Y
1690      GOTO 1770
1700 REM
1710      X1=U-X*EX*SIN(AL)+Y*EY*SIN(BE)
1720      X1=INT(X1+.5)
1730      X2=V-X*EX*COS(AL)-Y*EY*COS(BE)-Z*EZ
1740      X2=INT(X2+.5)
1750      RETURN
1760 REM
1770      END
```

(b)

Beispiel 1:

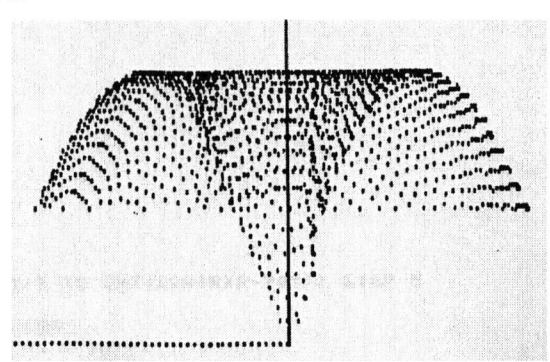

Beispiel 2:

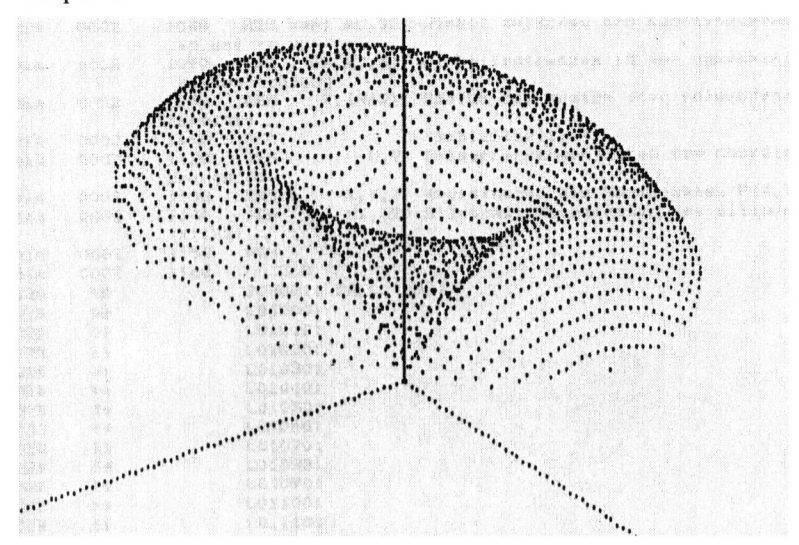

(c) Auswahl der *Compiler* – Metacommands der BASIC – Kodierung:

Strukturelemente

Eingabe - Anweisung

```
L01290: MOV  BX,OFFSET (const
        INT  0E0H
        DB   00H
        INT  0E2H
        DB   01H
        DB   05H
        MOV  BX,OFFSET R!
        INT  0E3H
```

1290   INPUT "Radius ;"|R

Ausgabe – Anweisung

```
L01180: INT  0E6H
        MOV  BX,OFFSET (const)
        INT  99H
```

1180   PRINT

Graphik - Ausgabe

```
L01350: MOV  SI,OFFSET V!
        INT  0A0H
        MOV  DX,BX
        MOV  SI,OFFSET U!
        INT  0A0H
        MOV  CX,0001H
        INT  3EH
        DB   4DH
```

1350   PSET(U,V),1

Wertzuweisung

```
L01370: MOV  DI,OFFSET Y!
        MOV  SI,OFFSET (const)
        INT  0A6H
```

1370   Y=0

Kontrollstruktur: *Wiederholung*

```
L01360: MOV   SI,OFFSET <const>
        INT   9AH
        JMP   I00002
```
`1360    FOR X=1 TO 360 STEP 4`

```
L01410: MOV   DI,OFFSET <const>
        MOV   SI,OFFSET X!
        INT   0AAH
I00002: MOV   DI,OFFSET X!
        INT   0A8H
        MOV   SI,DI
        MOV   DI,OFFSET <const>
        INT   0CAH
        JNA   $-3BH
```
`1410    NEXT X`

LITERATURVERZEICHNIS

<u>Schulbücher.</u>   Mathematik,
Geometrisches Zeichnen,
Darstellende Geometrie,
Informatik.

AMSTLER, J.; GIERLINGER, H.; MÜHLBAUER, J.; PARISOT, K. J.; WINGERT, O. (1981): *M7, M 8- Arbeitsbuch für Mathematik mit Lösungen.* Verlag Jugend und Volk, Wien.

CABA, Helmut; FUCHS, Karl (1988): *Informatik heute 5.* Salzburger Jugend - Verlag, Salzburg.

FELZMANN, Reinhold; WEIDINGER, Walter (1979): *Geometrisches Zeichnen – Arbeitsbuch für die 3. und 4. Klasse.* Verlag HPT, Deuticke, Leykam, Jugend und Volk, Wien, Graz.

FRISCHHERZ, Adolf; Sinnl, Peter (1980): *Lehrbuch des Geometrischen Zeichnens – 3. und 4. Klasse.* Verlag HPT, Deuticke, Leykam, Jugend und Volk, Wien, Graz.

LAUB, Josef (1980): *Geometrisches Zeichnen – Arbeitsbuch für die 3. und 4. Klasse.* Verlag HPT, Deuticke, Leykam, Jugend und Volk, Wien, Graz.

LAUB, Josef; GRILLMAYER, Dieter (1981): *dg 7, dg 8.* Verlag HPT, Wien.

LAUB, Josef; HRUBY, Eugen (1977): *Lehrbuch der Mathematik und Aufgabensammlung, Arbeitsbuch für die 3., 4. Klasse.* Verlag HPT, Deuticke, Leykam, Jugend und Volk, Wien, Graz.

LICHTENSTEINER, Karl (1984): *Geometrisches Zeichnen 1, 2.* R. Oldenbourg Verlag, Wien.

LICHTENSTEINER, Karl (1981): *Darstellende Geometrie 1, 2.* R. Oldenbourg Verlag, Wien.

PECHARDA, Peter (1981): *Geometrisches Zeichnen – Arbeitsbuch 3. und 4. Klasse.* Verlag Carl Ueberreuter, Wien.

POLANSEK, Franz (o.J.): *Arbeitsbuch und Arbeitsmappe für das Geometrische Zeichnen, 3. und 4. Klasse.* Schulbuch- und Lehrmittelsammlung Paul Sappl, Kufstein, Wien, Heidenreichstein.

Didaktische Schriften zum Geometrieunterricht:

BENDER, Peter; SCHREIBER, Alfred (1985): *Operative Genese der Geometrie.* Schriftenreihe Didaktik der Mathematik, Bd. 12, Verlag HPT, Wien, B. G. Teubner, Stuttgart.

BRAUNER, Heinrich (1981): *Darstellende Geometrie im Schulunterricht.* In: MU, Heft 3/ Jg. 27, S. 7 – 68.

BRAUNER, Heinrich (1985 / 1986): *Zur Methodik der darstellenden Geometrie II, IV.* In: IBDG, Heft 2/Jg. 4, S. 15 – 24 und IBDG, Heft 2/Jg. 5, S. 11 – 13.

BRUCHHOLD, Horst (1982): *Zur Gestaltung von Schülertätigkeiten im Unterricht der darstellenden Geometrie.* In: Mathematik in der Schule, Jg. XX, S. 827 – 831.

FREUDENTHAL, Hans (1983): *Wo fängt die Geometrie an?* In: Der Mathematiklehrer, Heft 1, S. 2 – 4.

FUCHS, Karl (1985): *Überlegungen zum GZ – Unterricht.* In: IBDG, Heft 1/Jg. 4, S. 33 – 35.

GEISE, Gerhard (1982): *Zur Notwendigkeit und über Möglichkeiten räumliches Vorstellungsvermögen auszubilden.* In: Mathematik in der Schule, Jg. XX, S. 506 – 510.

JANK, Walther (1984): *Ornamentgruppen im GZ – Unterricht.* In: IBDG, Heft 2/Jg. 3, S. 19 – 26.

KIESSWETTER, K.: (1980): *Geometrische Propädeutik und Kreativität des Schülers.* In: der Mathematiklehrer, Heft 1, S. 16 – 20.

LAGOJA, Walter (1984): *Geometrisches Zeichnen im Mathematikunterricht.* Skriptum zur Lehrerfortbildung, Salzburg.

MARZANI, Theodor (1958): *Das Tor zur Darstellenden Geometrie – Die Vorschule der Darstellenden Geometrie.* In: MU, Heft 1/Jg. 4, S. 52 – 86.

MARZANI, Theodor (1961): *Lineare Abbildungsverfahren.* In: MU, Heft 2/Jg. 7, S. 89 -91.

MEYER, Karlhorst (1982): *Propädeutik der Raumanschauung.* In: Der Mathematiklehrer, Heft 3, S. 29 – 33.

NIEBEL, Wilhelm (1956): *Das Erlanger Programm und die Geometrie der Abbildung.* In: MU, Heft 2/Jg. 2, S. 7 -12.

PRIMETZHOFER, Felix (1984): *Warum muß und wie kann die Schule Kreativität fördern?* In: IBDG, Heft 2/Jg. 3, S. 3 – 7.

PRIMETZHOFER, Felix (1983 / 1984): *Möglichkeiten einer Leistungsmotivation im DG- und GZ – Unterricht.* In: IBDG, Heft 2/Jg. 2, S. 3, 4 und IBDG, Heft 1/Jg. 3, S. 3 – 10.

RISTL, Rainer; ZEITLHOFER, Karl (1985): *Geometrisches Zeichnen für Mathematiker.* Skriptum zur Lehrerfortbildung, Hollabrunn.

SCHMIDT, Albert (1984): *Angewandte Perspektive – aus der Sicht eines Architekten.* Referat am Fortbildungsseminar des ADG im BIfEB, Strobl/ Wolfgangsee.

STOLLER, Diethelm (1983): *Die Mathematische Erfassung der Wirklichkeit am Beispiel der Zentralperspektive.* In: Der Mathematiklehrer, Heft 1, S. 15 – 22.

STOWASSER, Roland (1982): *Problemfeld „Geometrische Konstruktion".* In: Der Mathematiklehrer, Heft 2, S. 39, 40.

STOWASSER, Roland (1976): *Über Stofforganisation und Werkzeuggebrauch im Geometrieunterricht.* In: MU, Heft 3, S. 5 – 11.

TSCHUPIK, Josef P. (1984): *Darstellungs- und Rißleseübungen zur Einführungsphase bei Grund-, Auf- und Kreuzriß.* In: IBDG, Heft 1/Jg. 3, S. 43 – 46.

WHEELER, David (1983): *Die Schwierigkeit Geometrie zu lehren.* In: Der Mathematiklehrer, Heft 1, S. 4 – 6.

Lehrbücher: Programmiersprachen,
Betriebssysteme,
Einsatzgebiete des Computers.

ABELSON, Harold (1984): *TI – LOGO Education.* Mc Graw – Hill Book Company.

BASIC Compiler by Microsoft (1982). International Business Machines Cooperation, Boca Raton, Florida 33132.

FRANKE, Werner W. (1984): *Computergraphik – alte und neue Aufgabenbereiche.* In: c't – magazin für Computertechnik, Mai, Juni 1984, S. 28 – 34.

FRIEDMAN, F.; KOFFMAN, E. (1981): *Problem Solving and Structured Programming in BASIC.* Addison – Wesley.

HANSEN, Hans Robert (1986): *Wirtschaftsinformatik – Einführung in die betriebliche Datenverarbeitung.* UTB für Wissenschaft / Uni Taschenbücher, Gustav Fischer Verlag, Stuttgart, 5. Auflage.

Individuelles Programmieren TI 58/58C/59 (1977, 1979). Copyright Texas Instruments.

JANKO, Wolfgang (1980): *APL I – Elemente der Sprache und des Systems.* Verlag Athenaeum, Königsstein/Ts.

KIMM, R.; KOCH, W.; SIMONMEIER, W.; TONTSCH, F. (1969): *Einführung in Software Engineering.* Walter de Gruyter, Berlin, New York.

MICROSOFT GW – BASIC Reference Manual. Microsoft Corporation, Bellevue, WA 98004 (1975), Bull Micral (1985).

MICROSOFT Macro – Assembler – Manual for the MS – DOS Operating System. MICROSOFT Corporation, Bellevue, WA 98004 (1981, 1983).

MICROSOFT MS – DOS Operating System – Programmer's Reference Manual. MICROSOFT Corporation, Bellevue, WA 98004 (1981, 1983).

SCHAUER, Helmut (1985): *Einfach LOGO*. Verlag Jugend und Volk, Wien.

Didaktische Schriften:

ABELSON, Harold; DI SESSA, Andrea A. (1981): *Turtle Geometry – The Computer as a Medium for Exploring Mathematics*. MIT Press, Cambridge MA.

AHRENS, Volkmar (1986): *Fußbodengestaltung mit LOGO*. In: Lehrmittel Computer, Heft 3, S. 42, 43.

BENDER, Peter (1987): *Kritik der LOGO – Philosophie*. In: JMD – Zeitschrift der Gesellschaft für Didaktik der Mathematik, Heft 1./2., S. 3 – 103.

BLUM, Werner (1986): *Rechner im Analysisunterricht*. In: Beiträge zum Mathematikunterricht, Franzbecker - Verlag, S. 58 – 62.

DINAUER, Gerhard (1984): *Mikrocomputereinsatz im Unterricht aus DG*. Referat am Fortbildungsseminar des ADG im BIfEB, Strobl/Wolfgangsee.

FERSTL, O. (1978): *Flowcharting by Stepwise Refinement*. In: SIGPLAN Notices, S. 34 – 42.

FUCHS, Karl (1985): *Die Turtle als Integraph – Ein didaktisches Konzept zur Visualisierung des Hauptsatzes der Differential- und Integralrechnung*. In: Mathematiklehren, Heft 13, S. 52, 53.

GOLDSTEIN, Ira P.; MILLER, Mark L. (1977): *Overview of a Linguistic Theory of Design*. Massachusetts Institute of Technology, Artificial Intelligence Laboratory A. I. Memo 383A, LOGO Memo 30A.

GOLDSTEIN, Ira P.; MILLER, Mark L. (9176): *Structured Planning and Debugging – A Linguistic Theory of Design*. Massachusetts Institute of Technology, Artificial Laboratory A. I. Memo 387, LOGO Memo 34.

GOLDSTEIN, Ronnie (1985): *Contrasts with LOGO*. IN: Mathematics Teaching, The Association of Teachers of Mathematics, S. 40 – 42.

LÖTHE, Herbert (1987): *Benders Kritik und die Wirkung*. In: JMD – Zeitschrift der Gesellschaft für Didaktik der Mathematik, Heft 4, S. 315 – 319.

NASSI, I.; SNEIDERMAN, B. (1973): *Flowchart Techniques for Structured Programming*. In: SIGPLAN Notices, 8, 8, S. 12 – 26.

PAPERT, Seymour (1982): *Mindstorms – Kinder, Computer und Neues Lernen*. Birkhäuser Verlag, Basel, Boston, Stuttgart.

PAPERT, Seymour; SOLOMON, Cynthia (1971): *Twenty Things To Do With A Computer*. Massachusetts Institute of Technology; A. I. Laboratory, Artificial Intelligence MemoNo. 248, LOGO Memo No. 3.

SCHUPPAR, Berthold (1987): *Reicht es aus, Papert und die Logo – Philosophie zu kritisieren?* In: JMD – Zeitschrift der Gesellschaft für Didaktik der Mathematik, Heft 3, S. 229 – 238.

ZIEGENBALG, Jochen (9184): *Computer im Mathematikunterricht*. In: Mathematiklehren, Heft 7, S. 6 – 15.

ZIEGENBALG, Jochen (1987): *Anmerkungen zur „Kritik der Logo – Philosophie"*. In: JMD – Zeitschrift der Gesellschaft für Didaktik der Mathematik, Heft 4, S. 305 – 313.

Weitere didaktische Schriften, Nachschlagewerke:

BUSE, Dirk (1985): *Denken, Sprechen, Programmieren.* In: Bildschrim: Fascination oder Information, Friedrich Jahresheft III, S. 95 – 98.

BAUERSFELD, Heinrich (1985): *Die Andersartigkeit der Computererfahrung oder die „Neue Mathematik"?* In: Bildschrim: Fascination oder Information, Friedrich Jahresheft III, S. 100 – 107.

KAISER, Hans; NÖBAUER, Wilfried (1984): *Geschichte der Mathematik.* Verlag HPT, Wien und G. F. Freytag, München.

Normen für Information und Dokumentation.

Aus: KLEIN (1980): *Einführung in die DIN – Normen.* Herausgegeben von DIN Deutsches Institut für Normung e. V., 8. Auflage, BG Teubner, Stuttgart und Beuth Verlag, Berlin / Köln.

PARISOT, Karl Josef (1983): *Beiträge zur Gestaltung aktivierenden Mathematikunterrichts.* Habilitationsschrift an der Universität Salzburg.

SCHULZE, Hans Herbert (1978): *Lexikon der Datenverarbeitung.* Rowohlt Taschenbuch Verlag GmbH, Reinbek bei Hamburg.

SCHWEIGER, Fritz (1982): *Fundamentale Ideen.* Erweiterte Fassung eines Vortrages auf der Bundestagung für Didaktik der Mathematik, Klagenfurt.

STÖRIG, Hans Joachim (1976): *Kleine Weltgeschichte der Philosophie 1.* Fischer Taschenbuch Verlag, Frankfurt am Main, 11. überarbeitete und ergänzte Auflage.

STRUVE, Horst (1985): *Zur Geschichte des Abbildungsbegriffs.* In: Mathematische Semesterberichte, Bd. XXXIII, S. 181 – 194. In: Bildschrim: Fascination oder Information, Friedrich Jahresheft III, S. 95 – 98.

COMPUTERALGEBRA –

Neue Perspektiven im Mathematikunterricht

Habilitationsschrift, Universität Salzburg, 1998

INHALTSVERZEICHNIS

VORWORT	175
1 GRUNDFRAGEN AN EINEN MATHEMATIK-UNTERRICHT MIT ALGEBRASYSTEMEN	179
1.1 Spezifische Lernziele eines Mathematikunterrichts mit Algebrasystemen	179
1.2 Forderungen an einen Mathematikunterricht mit Algebrasystemen	186
1.3 Die neue Herausforderung: Symbolisches Rechnen mit dem Computer	192
2 EINE MOTIVIERENDE BEHANDLUNG QUADRATISCHER FUNKTIONEN	197
2.1 Modellbilden, Fächerübergreifende Aspekte	197
2.2 Auf dem Weg zu Verallgemeinerungen – die Visualisierung funktionaler Abhängigkeiten	200
2.3 Strategien zur Anerkennung von Ergebnissen beim Einsatz von Algebrasystemen	204
3 AUTOMATISIEREN VON LÖSUNGSSCHRITTEN	209
3.1 Die Funktion als Baustein	209
3.2 Problemlösen durch Definieren und Verketten von Funktionen	214
3.2.1 Logische Funktionen	214
3.2.2 Geradlinig berandete Gebiete	219
3.3 Module verändern den Mathematikunterricht	224
4 ZWEI BEISPIELE AKTIVIERENDEN MATHEMATIKUNTERRICHTS	227
4.1 Formeln als Funktionen	227
4.2 Gleichungslösen und Prototypen	231
5 BEOBACHTUNGSFENSTER: UNTERRICHT MIT COMPUTERALGEBRA UNTER DER LUPE	237
5.1 Studieren von Grenzprozessen: Iterieren, Zählen, Visualisieren	239

5.2	Entdecken von Eigenschaften reeller Funktionen	251
5.3	Entwickeln, Beschreiben und Bewerten von Modellen	257
6	**ZWEI GLEICHWERTIGE PARTNER: GEOMETRISCHE UND ALGEBRAISCHE REPRÄSENTATION**	263
6.1	Aufgaben zur Raumvorstellung Die Lagebeziehungen dreier Ebenen	268
6.2	Ein Ausflug in den Raum – Kegelschnitte funktional generieren	273
7	**ALGEBRASYSTEME VERÄNDERN DEN ANALYSISUNTERRICHT**	283
7.1	Analysisunterricht im Computerzeitalter	283
7.2	Die optimal approximierende Gerade	287
7.3	Der Computer als Funktionenmikroskop	296
7.4	Ableitungsregeln: Experimentieren, Visualisieren und Begründen mit DERIVE	299
7.5	Präformales Beweisen mit Algebrasystemen	309
7.6	Der Integraph als aktivierender Modul	319
8	**ZUR BESCHREIBUNG VON PUNKTMENGEN IN DER EBENE – DIE OPTIMAL EINGEPASSTE GERADE**	329
8.1	Die innermathematische Problematik	330
8.2	Experimentieren: Beispiele für lineare Modelle verbunden mit Anregungen zur Verwendung weiterer Werkzeuge	343
9	**ZUM EINSATZ VON ALGEBRASYSTEMEN IN DER SCHULE – EINE KURZE BESTANDSAUFNAHME**	351

LITERATURVERZEICHNIS 357

ANHANG I: VOM PROGRAMMIERWERKZEUG ZUM SYMBOLISCHEN RECHNER 367

ANHANG II: ORGANISATION UND LEHRPLAN DER OBERSTUFE DES GYMNASIUMS 373

VORWORT

In zunehmendem Maß drängen neue Technologien in den Mathematikunterricht. Eingeleitet wurde diese Entwicklung Ende der 80er Jahre in Österreich durch die Forderung nach einer informationstechnischen Grundbildung als Unterrichtsprinzip in der Schule der 10- bis 14-Jährigen, also in der Hauptschule und im Gymnasium. Die Oberstufe des Gymnasiums schien zunächst von dieser Entwicklung unbeeinflusst zu bleiben. Die Vermittlung neuer Technologien blieb weitestgehend auf den Unterricht in Informatik, das seit 1985/86 als eigenständiges Fach in der Oberstufe unterrichtet wurde, beschränkt. Da kein eigenes Lehramtsstudium für Informatik an Gymnasien an den Universitäten eingerichtet wurde, waren es hauptsächlich Mathematiklehrer mit Kenntnissen im Programmieren, die mit Informatikunterricht betraut wurden. Einige dieser Lehrer, die mit großer Begeisterung die Einführung der informationstechnischen Grundbildung in der Schule der 10- bis 14-Jährigen mittrugen, begannen auch sehr bald Modelle für den Einsatz von neuen Technologien in ihren Unterrichtsfächern zu erproben. Die damals rasch an Bedeutung und Bekanntheit gewinnenden Computeralgebrasysteme und Tabellenkalkulationsprogramme waren die geeigneten Werkzeuge für den Mathematikunterricht. Diese hier angesprochenen Veränderungen im Unterrichtsalltag haben auch meine Erfahrungen im Umgang mit dem Computer stark beeinflusst und geprägt.

Die Einführung von Algebrasystemen erzwingt wichtige Fragen an einen modernen Mathematikunterricht. Im ersten Kapitel werden daher neue und veränderte Zielsetzungen in einem Unterricht mit Algebrasystemen und daraus resultierende Forderungen an einen modernen Mathematikunterricht diskutiert. Nach einer kurzen Darstellung jener symbolischen Fähigkeiten, die für Algebrasysteme charakteristisch sind, zeige ich in den folgenden Kapiteln anhand von Beispielen aus der Unterrichtspraxis verschiedene Zugänge zu Begriffen und Ideen der Mathematik unter Nutzung der graphischen, numerischen und symbolischen Fähigkeiten eines Algebrasystems auf. Die ausgewählten Aufgaben dienen dabei in erster Linie als Vehikel zur Vermittlung der Bedeutung spezifischer Zielsetzungen (Modellbilden, Experimentieren, Argumentieren, (präformales) Beweisen), der strukturierenden Kraft fundamentaler Ideen, veränderter innermathematischer Gewichtungen und des Programmierens für einen Mathematikunterricht mit Algebrasystemen. Zahlreiche weitere methodischdidaktische Hinweise und Beschreibungen von Entwicklungsprozessen in der Didaktik der Mathematik sind in die Beispielsequenzen integriert.

Die ausgewählten Beispiele sind im Wesentlichen aufsteigend entsprechend den Schulstufen (9 bis 12) der Oberstufe des Gymnasiums angeordnet. Eine kurze Bestandsaufnahme über den Ist-Stand des Einsatzes von Computern und Algebrasystemen schließt die Darstellung und Diskussion der Unterrichtsmodelle ab.

Zum besseren Verständnis meiner didaktischen Auseinandersetzung mit dem Einsatz neuer Technologien im Mathematikunterricht findet sich im Anhang I: „Vom Programmierwerkzeug zum Symbolischen Rechner" eine ausführliche Darstellung meiner Erfahrungen und Gedanken, die einer mehr als zehnjährigen Unterrichtsarbeit entstammen.

In Anhang II findet sich eine ausführliche Darstellung der Ziele, Lehrstoffe und didaktischen Grundsätze des Mathematik-, Informatik- und Darstellende Geometrie-Unterrichts in der Oberstufe des Gymnasiums und die Stundentafeln der einzelnen Organisationsformen. Besondere Beachtung verdient dabei die Informatik und die Darstellende Geometrie als eigenständige Unterrichtsfächer. Obwohl für das Fach Darstellende Geometrie, im Gegensatz zum Unterrichtsfach Informatik, ein eigenes Lehramtsstudium an den Universitäten eingerichtet ist, sind auch in diesem Fach in großem Ausmaß Mathematiklehrer mit dem Unterricht betraut.

Die Möglichkeiten für einen fächerübergreifenden Unterricht von Mathematik und Darstellender Geometrie unter starker Einbindung von Algebrasystemen werden zu Beginn von Anhang II kurz angesprochen. Querverbindung der Mathematik zum Fach Informatik eröffnen sich in vielfacher Weise, sei es beim Einsatz von Algebrasystemen als Programmierwerkzeug bis hin zur Besprechung spezieller Software für einzelne Unterrichtsfächer im Informatikunterricht der 12. Schulstufe (8. Klasse).

Augenblicklich ist in Österreich ein neues Curriculum, das unter anderem auf stärkere fächerübergreifende und fächerverbindende Bildung abzielt, für den Mathematikunterricht von der 5. bis zur 8.

Schulstufe (1. bis 4. Klasse) in Planung [Weißbuch zum LEHRPLAN 1999, BMUK 1996]. Stärkere Autonomie der einzelnen Schulen, aber auch des einzelnen Lehrers sind dabei durch eine Aufteilung in einen Kern- und Erweiterungsstoff gefordert. Außerdem sollen neue Qualitäten (verstärkte Schüleraktivität, Einbindung neuer Technologien, Mathematik und Modellbildung, Entwicklung von Kompetenzen der Schüler) das Unterrichtsgeschehen leiten. Sicherlich wird dadurch eine gesteigerte Professionalität des einzelnen Lehrers gefordert. Die Auswirkungen dieser Reform auch auf die Oberstufe des Gymnasiums erwarte ich mit Spannung und großem Interesse.

1 GRUNDFRAGEN AN EINEN MATHEMATIKUNTERRICHT MIT ALGEBRASYSTEMEN

Durch das neue Werkzeug Computeralgebra ist die Didaktik der Mathematik in besonderer Weise gefordert, Modelle für deren Einsatz anhand praktischer Aufgabenstellungen dem Lehrer anzubieten. Zusätzlich ist sie aber auch angesichts des neuen Werkzeuges aufgefordert zu einer Bewertung bestehender Lernziele beziehungsweise zu einer Diskussion von neu in den Mathematikunterricht einzuführenden Lernzielen. Damit könnte schließlich auch kontroversiellen Ansichten zum Einsatz neuer Technologien, wie sie Hans-Georg Weigand beschreibt [WEIGAND 1997a], angemessen begegnet werden.

1.1 Spezifische Lernziele eines Mathematikunterrichts mit Algebrasystemen

Die in dieser Arbeit vorgenommene Auswahl und Akzentuierung einzelner Ziele ist einerseits durchaus durch persönliche und subjektive Erfahrungen, die aus meiner mehrjährigen Unterrichtsarbeit einschließlich der dabei gewachsenen Visionen und Wünsche stammen, getragen. Andererseits habe ich mich aber bemüht, die persönlichen Beobachtungen und Erfahrungen vor dem Hintergrund aktueller didaktischer Überlegungen zum Einsatz von neuen Technologien im Mathematikunterricht zu sehen und einzuordnen.

Modellbilden

Zunehmend wird als Ziel des Mathematikunterrichts die Forderung erhoben, dem Schüler die Bedeutung der Mathematik für die Beschreibung von realen Problemen und Prozessen vorzuführen. Gerade mit Algebrasystemen stehen uns leistungsstarke Werkzeuge zur Modellbildung zur Verfügung. Sie können sehr vorteilhaft zur Visualisierung dynamischer Prozesse oder als numerische und symbolische „Rechenknechte" herangezogen werden, die im Modellbildungsprozess dem Schüler Routinetätigkeiten, wie das Erzeugen von Listen numerischer Daten oder das Aufarbeiten von erfahrungsgemäß fehleranfälligen Differentiationsroutinen, abnehmen. Werden nämlich Ausgangsgrößen oder einzelne Modellparameter verändert, so generiert das Algebrasystem rasch neue Listen numerischer Ausgabedaten oder verändert einen Funktionsgraphen aufgrund neuer Eingangsdaten.

Damit kann sich der Schüler einerseits stärker auf die Beobachtung des Einflusses einzelner Modellvariablen auf das Verhalten des Modells und somit auf die kritische Bewertung des Modells konzentrieren (siehe dazu Kapitel 5.3: Entwickeln, Beschreiben und Bewerten von Modellen).

Dass es aber zur Erreichung dieses Lernzieles noch viel zu tun gilt, zeigt unter anderem eine Bestandsaufnahme über den Mathematikunterricht in der gymnasialen Oberstufe von Hans Werner Heymann, der große Defizite im mathematischen Modellieren bei den Schülern feststellt [HEYMANN 1996, S. 111].

Aber auch als ich 1995 meinen Beitrag von einem Zugang zu quadratischen Funktionen über die Modellbildung an die Zeitschrift mathe-journal zur Veröffentlichung einreichte, erhielt ich von der Mitherausgeberin Christiane Weber die folgende Antwort:
„... Konzeption, Sinn und Machbarkeit (ihres Beitrags) waren heiß umstritten. Selten habe ich in den letzten Jahren so intensiv mit Kollegen über Mathematik diskutiert ...".

Schließlich findet sich auch im Vorwort zur 5. österreichisch-ungarischen Tagung für Didaktik der Mathematik ein Hinweis auf die Bedeutung von innermathematischen Konzepten in einer angewandten Mathematik (Modellbildung) [PARISOT, VÁSÁRHELYI 1997]. Ich bin überzeugt, dass eine zunehmende Verwendung von Algebrasystemen im Mathematikunterricht das spezifische Ziel der Modellbildung noch stärker einfordern und fördern wird.

Weiters scheint mir aber auch der Hinweis von Gregor Noll und Günter Schmidt wichtig, die in einer Beteiligung von Lehrern und Lehrerinnen eine notwendige Bedingung für diese Innovation sehen [NOLL und SCHMIDT 1997]. Wir werden daher auf der Ebene der Schule erst wirklich etwas bewegen können, wenn eine Vielzahl erprobter Unterrichtssequenzen zur Modellbildung von Personen, die an diesem Innovationsprozess interessiert sind, präsentiert und diskutiert werden [vgl. dazu: „Kurz notiert - Computeralgebra im Mathematikunterricht, TI - Nachrichten 1997].

Experimentieren (besonders Visualisieren), Argumentieren und Begründen

Völlig zu recht wird von Didaktikern beansprucht, dass im Mathematikunterricht eine zu starke Konzentration auf algorithmisch abarbeitbare Aufgabenstellungen gelegt wurde und wird. Bereits 1969 hat Helge Lenné darauf hingewiesen, dass sich „... die in der traditionellen Mathematik sichtbar werdende Stofforganisation folgendermaßen charakterisieren läßt: Jedes Teilgebiet ist durch einen bestimmten Aufgabentypus bestimmt, der systematisch von einfachen zu komplexen Formen hin abgehandelt wird. ... Die einzelnen Gebiete zeigen so in sich eine strenge Systematik. Sie sind jedoch untereinander wenig verknüpft, sondern werden jeweils relativ isoliert behandelt..." [LENNÉ 1969, S. 34]

Nun schafft das Werkzeug Computeralgebra die Möglichkeit zu einem experimentellen Zugang zu mathematischen Begriffen über numerische, graphische und symbolische Darstellungen. Gerade dem Aspekt des *Visualisierens* mit Algebrasystemen möchte ich eine besondere Bedeutung zuschreiben. So kann etwa der Einsatz des Funktionenmikroskops, also das Betrachten interessanter Stellen reeller Funktionen unter der Lupe, im Analysisunterricht zu ersten Argumenten über das Verhalten der betrachteten Funktionen führen. Ausgehend von der Argumentationsbasis des Schülers, die im Fall des Funktionenmikroskops *anschaulich-handelnd* gegeben ist, sollen Verallgemeinerungen (z. B. Differenzierbarkeit, Stetigkeit) intuitiv erkannt werden. Mit dem Zusatz *handelnd* in *anschaulich-handelnd* möchte ich die aktive Rolle des Schülers beim Experimentieren hervorheben. Wesentlich ist schließlich, dass die aus dem repräsentativen Einzelfall erfolgende Verallgemeinerung in einer „psychologisch-natürlichen Ordnung" [TIETZE, KLIKA, WOLPERS 1997], also in einer korrekten formal-mathematischen Argumentation erfolgt.

Eine zentrale Rolle im Begründungsprozess kommt der Behandlung von Allgemeinbegriffen, sogenannten *Prototypen*, zu. Ich teile die

Meinung von Willibald Dörfler, wonach ein Gegenstand erst dann für den Schüler als *Prototyp* wirksam wird, wenn es gelingt eine ganz bestimmte Sichtweise auf den Gegenstand zu entwickeln. Algebrasysteme leisten hier eine wesentliche Hilfe, da sie komfortable Transformationen von Figuren (wie Graphen reeller Funktionen) am Bildschirm ermöglichen. Damit kann sich der Schüler auf zentrale Eigenschaften der Objekte konzentrieren, die in allen Lagen unverändert bleiben und damit offenbar konstitutiv für den Begriff sind [DÖRFLER 1991]. Ich teile auch die Ansicht von Willibald Dörfler, wonach dem Arbeiten mit *Prototypen* im Mathematikunterricht bisher zu wenig Beachtung geschenkt wurde. Algebrasysteme können nun in einem modernen Mathematikunterricht eine wesentliche Rolle bei der Bearbeitung von *Prototypen* spielen, wie ich das an zahlreichen Beispielen aufzeigen werde.

Neben einer *anschaulich-handelnden* Dimension kann die Argumentation des Schülers auch *numerisch-* (d. h. durch Erzeugen und Interpretieren von Listen numerischer Werte oder Tabellen) oder *symbolisch-handelnd* (d. h. durch Ausführen einzelner Symbolfunktionen) begründet sein (siehe dazu Kapitel 7.5: Präformales Beweisen mit Algebrasystemen bzw. Kapitel 4.2: Gleichungslösen und Prototypen)

Die komfortable Möglichkeit von Algebrasystemen, numerische, graphische und symbolische Darstellungen als Argumentations- beziehungsweise Begründungsbasis parallel heranzuziehen, unterstützt zusätzlich das wünschenswerte Zielverhalten einer „breiten" Argumentation des Schülers.

Einstellungen initiieren und verändern

Interesse, Freude an mathematischer Arbeit wecken

Michele Artigue und Jean Baptiste Lagrange berichten in den didaktischen Prinzipien zu einem in den Jahren 1993 bis 1995 in Frankreich durchgeführten Forschungsprojekt „Pupils learning Algebra with DERIVE" [ARTIGUE und LAGRANGE 1997] in den Klassen 9 bis 12, dass Algebrasysteme wesentlich dazu beitragen, den Mathematikunterricht zu beleben. Die Möglichkeit zur Selbsttätigkeit des Schülers, die schließlich in einer größeren Selbstverantwortung des Schülers münden soll, setzt jedoch eine wesentliche Veränderung im Rollenverhalten des Lehrers voraus. Die traditionelle Form eines lehrerzentrierten Unterrichts ist in einem experimentierenden Mathematikunterricht mit Algebrasystemen nicht mehr aufrecht zu erhalten. Ein Unterricht mit zahlreichen handlungsorientierten beziehungsweise projektartigen Phasen wird an die Stelle der traditionellen Form treten. Der Lehrer übernimmt dabei die Rolle des Supervisors, der die Aktivitäten der Schüler ohne sich aufzudrängen leitet und die Ergebnisse des Experimentierens zusammenfasst. Dass eine gesteigerte Aktivität im Mathematikunterricht - durch den Einsatz von Algebrasystemen initiiert - schließlich auch zu einer stärkeren intrinsischen Motivation zur Beschäftigung mit Mathematik führt, davon berichtet David Bowers in einer englischen Untersuchung [BOWERS 1997].

Bedingungen für soziales Lernen schaffen

Im Mathematikunterricht mit Algebrasystemen wird auch die Kommunikation und Diskussion zwischen Lehrer und Schüler und zwischen den Schülern zunehmen. Wie bereits zuvor erwähnt wird das Bearbeiten von Unterrichtsprojekten in den Vordergrund treten. Diese Projekte werden verstärkt in Partner- und Gruppenarbeit sinnvollerweise zu bearbeiten sein, womit positive Einstellungen zu diesen Arbeitsformen beim Schüler geweckt werden können [vgl. dazu SCHNEIDER 1997].

Den ästhetischen Wert graphischer Darstellungen hervorheben

Wie bereits mehrfach betont, erfährt der Aspekt der graphischen Darstellung mathematischer Begriffe und Ideen durch den Einsatz von Algebrasystemen im Mathematikunterricht wieder eine besondere Betonung. Neben der vielbeachteten Bedeutung graphischer Darstellungen für die Begriffsbildung (z. B. Funktionenmikroskop) oder als Argumentationsbasis beim Modellieren (z. B. Einpassen von Funktionsgraphen) erachte ich den ästhetischen Wert einer graphischen Darstellung mit Algebrasystemen für besonders erwähnenswert.

Für das Anfertigen axonometrischer Bilder von interessanten Objekten, wie Kegelschnitten, in einem dreidimensionalen Koordinatensystem durch den Schüler drängen sich leistungsstarke Algebrasysteme als Werkzeuge geradezu auf. Zusätzlich erlauben sie eine komfortable Variation der Objektdarstellungen vom Drahtmodell bis hin zum farbig-schattierten Volumsmodell. Algebrasysteme leisten damit als Werkzeuge, die schöne anschauliche Bilder erzeugen, einen - wie ich meine - bedeutenden ästhetischen Beitrag für den Mathematikunterricht. Da für das Programmieren von objekterzeugenden Funktionen zumeist besondere Kenntnisse aus der Darstellenden Geometrie erforderlich sind, bietet sich eine enge Zusammenarbeit mit diesem Fach bei der Behandlung der Beschreibung dreidimensionaler Objekte an.

Verschiebungen innermathematischer Gewichte aufzeigen

Inhalte der diskreten Mathematik, die gewissermaßen deutlich voneinander getrennte Objekte im Gegensatz zum Kontinuum der reellen Zahlen behandelt, gewinnen gerade auch durch die Einführung neuer Technologien für den Mathematikunterricht an Bedeutung [LINHART 1996].

Grundzüge mathematischer Logik (z. B. Elemente der Aussagenlogik) halten daher ebenso wie graphentheoretische Fragestellungen (z.B. Durchsuchen von Bäumen) Einzug in den Mathematikunterricht. Schließlich werden auch Fragen wie die Kodierung von Algorithmen mit dem neuen Werkzeug Computeralgebra und damit die Diskussion unterschiedlicher Programmierphilosophien (funktionale oder prozedurale Programmierung) oder das Arbeiten in Moduln beim Lösen von Problemen zu Themen im Mathematikunterricht. An diesen Stellen rücken Mathematik- und Informatikunterricht nahe zusammen. Eine fächerübergreifende Behandlung dieser Themen liegt daher sehr nahe.

Auch bei der Modellierung von Wachstumsprozessen herrschen große Meinungsunterschiede unter Didaktikern. Für die diskrete Modellierung mit Hilfe von Differenzengleichungen spricht, dass durch den Einsatz von neuen Technologien wie Algebrasystemen und Tabellenkalkulationsprogrammen eine frühe unterrichtliche Behandlung von Wachstumsprozessen ohne die Mittel der Differential- und Integralrechnung möglich ist. Anderseits benötigt man aber zur Absicherung der diskreten Verfahren stetige Analysemethoden und außerdem werden Standardmodelle, wie etwa $N(t) = N_0 \, e^{-\lambda t}$ in der

Physik in geschlossener Form benützt. Einen - wie ich meine - praktikablen Ausweg aus dieser Gegensätzlichkeit sieht Manfred Klika in einer wechselseitigen Verwendung von diskreten Modellen zur experimentellen Analyse und numerischen Bestimmung von Lösungen und stetige Modelle zur theoretischen Analyse, wobei nicht der Prozess der Lösungsfindung sondern die qualitative Analyse im Vordergund stehen sollte [TIETZE, KLIKA, WOLPERS 1997].

Eine weitere innermathematische Akzentverschiebung, die ebenfalls durch den Einsatz neuer Technologien wesentlich initiiert wurde, besteht in der immer stärkeren Behandlung stochastischer Themen im Mathematikunterricht. So liefern Algebrasysteme und Tabellenkalkulationsprogramme leistungsstarke Funktionen als Arbeitsmittel für die Verarbeitung und Bearbeitung von Daten [BOROVCNIK und OSSIMITZ 1987].

Eine Realisierung der besprochenen spezifischen Lernziele stellt eine Reihe von Forderungen an einen Mathematikunterricht mit Algebrasystemen.

1.2 Forderungen an einen Mathematikunterricht mit Algebrasystemen

Die „Third International Mathematics and Science Study", kurz: TIMSS, hat 1997 für große Aufregung unter Lehrern, Mathematikdidaktikern und Erziehungswissenschaftern gesorgt, weist sie doch darauf hin, dass das Vermitteln von Fertigkeiten, die gegebenenfalls automatisiert werden können, nicht mehr ausreicht, um in einem internationalen Vergleich vorderste Plätze zu belegen.

Um auch bei Problemlöseaufgaben gut abzuschneiden, wird es notwendig sein, die Begeisterung für die Entwicklung von leistungsfähigen Verfahren und die Fähigkeit zur Begriffsbildung beim Schüler zu wecken [DMV 1997]. Im Rahmen der TIMSS-Studie spielt zwar der Einsatz neuer Technologien keine Rolle, doch weist bereits Hans-Georg Weigand auf die guten Chancen zur Erreichung der angesprochenen Fähigkeiten durch den Einsatz neuer Technologien im Mathematikunterricht hin. „... Ein computerunterstützter Unterricht eröffnet nicht nur, sondern erzeugt sogar Unterrichtsmethoden wie verstärktes individuelles Lernen, Partner- und Projektarbeit. Darüber hinaus sollte die Möglichkeit genutzt werden, mit Hilfe neuer Technologien neue Zugänge und neue Verständnismöglichkeiten zu klassischen Inhalten zu erreichen..." [WEIGAND 1997b]

Mathematikunterricht als Prozess

Durch den Einsatz von Algebrasystemen gewinnen entdeckende und handlungsorientierte Unterrichtsformen wieder stärker an Bedeutung für den Mathematikunterricht. Oberstes Prinzip wird dabei ein nach der *genetischen Methode* geführter Unterricht sein, der mathematische Vorerfahrungen und Vorkenntnisse des Schülers aufgreift und sie anschließend unter einer angemessenen Berücksichtigung der kognitiven Struktur des Lernenden behutsam exaktifiziert. Das Unterrichtsgeschehen wird dabei sehr oft einer historischen Entwicklung mathematischer Begriffe und Methoden folgen [vgl. WITTMANN 1981, S. 144].

In einem „mehrperspektivischen" Unterricht [ZDM 1997/4], in dem durch den Einsatz von Algebrasystemen numerische, graphische und symbolische Darstellungen parallel betrachtet werden können, sind auch entsprechende Standpunktsverlagerungen in der Argumentationsweise leicht möglich, wodurch das Bild des Schülers von mathematischen Begriffen und Methoden kontinuierlich erweitert wird. Die Eigentätigkeit des Schülers spielt dabei eine große Rolle.

Das Vorgehen einer Behandlung wichtiger Ideen und Begriffe der Mathematik auf verschiedenen Exaktheitsniveaus folgt damit dem sogenannten *Spiralprinzip des Lernens* von Mathematik.

Eine besondere Form des Lernens von Mathematik nach dem *Spiralprinzip* stellt die sogenannte Buchbergersche Kreativitätsspirale, benannt nach dem österreichischen Mathematiker Bruno Buchberger, dar, wie sie Helmut Heugl, Walter Klinger und Josef Lechner auf ihrem Weg in die Mathematik mit Computeralgebrasystemen beschreiben [HEUGL, KLINGER, LECHNER 1996].

Ausgangspunkt eines Spiraldurchlaufs sind einführende Aufgaben und Datenmaterialien, an denen erste Erfahrungen und Beobachtungen angestellt werden sollen. In dieser heuristischen Phase, in der experimentiert wird, werden durch Herausarbeiten der speziellen Eigenschaften einerseits und gemeinsamen Eigenschaften andererseits Vermutungen und erste intuitive Begriffsvorstellungen entwickelt.

Im weiteren Lernprozess werden diese Vermutungen und intuitiven Vorstellungen theoretisch verdichtet. Endpunkt der Problemlösung kann, je nach angestrebtem Grad der Allgemeinheit, ein „quasialgorithmischer" Beweis in Form eines lauffähigen Programmes (z. B. ein funktionierender Bisektionsalgorithmus als „quasialgorithmischer" Beweis für den Zwischenwertsatz) oder ein allgemeiner mathematischer Satz (z. B. Satz über die Differenzierbarkeit reeller Funktionen) sein. Durch das Auftreten neuer Probleme im Mathematikunterricht wird es notwendig sein, auf vorhandenes Wissen aufzubauen, also etwa Strategien (wie die Idee der Linearisierung) aus früheren Spiraldurchläufen nutzbringend wiederzuverwenden, um so durch weitere Spiraldurchläufe tiefer in die Mathematik einzudringen. Wie bereits zuvor erwähnt, wird es in der Unterrichtsrealität nicht immer möglich und nötig sein - man denke an den Grad der Allgemeinheit, den man im Unterricht anstrebt-, sämtliche Stationen der Kreativitätsspirale immer wieder vollständig zu durchlaufen.

Mathematikunterricht durchsichtiger machen

Bevor man über den sinnvollen Einsatz des neuen Werkzeuges Algebrasystem nachzudenken beginnt, wird es unerlässlich sein, die Stofffülle im Oberstufenlehrplan für Mathematik nach zentralen Ideen zu ordnen und zu strukturieren. Auch Gerhard Becker ruft in seinen Vorstellungen über einen zeitgemäßen Mathematikunterricht zur Vermeidung von „singulären" Problemen, also Problemen zu deren Lösung „Tricks und Techniken" zur Anwendung kommen, die kaum mehr irgendwo von Bedeutung sind, auf [BECKER 1995, S. 15].

Ein Vorschlag, einzelne Stoffe des Mathematikunterrichts an ordnenden Prinzipien zu orientieren, geht auf Jerome Bruner [BRUNER 1976] zurück. So beschreibt Werner Loch im Vorwort zur deutschen Übersetzung von Bruners Buch 'Der Prozeß der Erziehung' die Vermittlung der Struktur, der 'fundamental ideas', der jeweils zugrundliegenden Wissenschaften als entscheidendes Unterrichtsprinzip für jedes Fach oder jede Fachgruppe. Bei Bruner selbst finden wir jedoch keinen Definitionsversuch und keinen Katalog fundamentaler Ideen der Mathematik.

Erich Wittmann schlägt in seinem Buch 'Grundfragen des Mathematikunterrichts' [WITTMANN 1981] vor, die „ ... *Erklärungskraft der fundamentalen Begriffe und Ideen* ... " von Anfang an für den Mathematikunterricht zu nutzen.

„... Der Weg ist dazu frei, da die Mathematik nicht an ein absolutes Niveau der Strenge und nicht an die symbolische Darstellungsform gebunden ist, sondern sich auf vielfache Weise konkretisieren, elementarisieren und vereinfachen läßt..." [WITTMANN 1981, S. 28].

Verschiedene Kataloge fundamentaler Ideen wurden im Anschluss veröffentlicht [HALMOS 1981, TIETZE, KLIKA, WOLPERS 1982, SCHWEIGER 1982, BENDER und SCHREIBER 1985].

Neben dem Vorschlag, den Mathematikunterricht an fundamentalen Ideen zu orientieren, finden wir jedoch bei Erich Wittmann auch den Hinweis, dass „... im modernen Unterricht der reine und der angewandte Aspekt der Mathematik *ausgewogen aufeinander bezogen werden* sollen..." [WITTMANN 1981]

Diese Forderung nach einem Anwendungs- und Realitätsbezug neben der reinen Mathematik gewann erst in jüngster Zeit an Einfluss auf den Mathematikunterricht und hat die Diskussion über fundamentale Ideen zusätzlich bereichert. Hans-Christian Reichel hat 1995 mit einem Katalog fundamentaler Ideen der Angewandten Mathematik auf diese Entwicklung reagiert. Wie nicht anders zu erwarten, trägt diese Liste der aufgeführten Ideen der immer stärker werdenden Integration des Computers in den Mathematikunterricht besonders Rechnung. Weiters wird der Leser einzelne Kriterien der Begriffsdefinition fundamentaler Ideen von Fritz Schweiger im Artikel von Hans-Christian Reichel wiederfinden [REICHEL 1995].

Denn will man laut Hans-Christian Reichel eine veränderte Haltung oder Einstellung gegenüber dem Mathematikunterricht erreichen, so „... bedarf es Fundamentaler Ideen, gewisser Schemata, Techniken, Strategien, Prinzipien und Denkweisen ...". Weiters meint Reichel „..., daß sie - gemeint sind die fundamentalen Ideen - geeignet sind, die Lehrpläne vertikal zu strukturieren und - so gesehen - ein Fundament sowohl des Unterrichts als auch des Faches selbst bilden können..." [vgl. SCHWEIGER 1982].

Im Katalog von Hans-Christian Reichel finden sich
- einerseits Ideen, die sich bereits in früheren Vorschlägen auffinden lassen, wie
  - die Betonung von Algorithmen [TIETZE, KLIKA, WOLPERS 1997, BENDER und SCHREIBER 1985 - Idee des *Algorithmus*]
  - das Arbeiten mit mathematischen Modellen [TIETZE, KLIKA, WOLPERS 1997 - Idee der Modellbildung]
- andererseits Ideen, die neuartige Ansätze darstellen, wie
  - das Problemlösen durch Standpunktwechsel. Gemeint ist damit insbesondere ein betonter Wechsel zwischen verschiedenen Beschreibungsformen gleichartiger Situationen (z. B. diskret - kontinuierlich).
  - Algebraische versus Numerische Äquivalenz. Dieser Punkt berührt den (numerisch) bewussten Umgang mit Näherungswerten beim Arbeiten mit Werkzeugen wie Taschenrechnern und Computern.
  - das Beschreiben des Arbeitsablaufs bei der Lösung eines Problems. Gemeint ist mit dieser Idee das Bewusstmachen von Lösungsstrategien und Methoden. Dieses Bewusstmachen soll nach Reichel die Fähigkeit zum Transfer, also die Fähigkeit zum

Übertragen von Strategien und Methoden auf neue Problemlösungen stärken. Auch das Arbeiten in Moduln, das heißt das Auflösen eines komplexen Problems in kleinere Bausteine, eben Module, wird von Reichel besonders gefordert.

Die zentrale Idee der *Modellbildung* und jene des *Beschreibens von Arbeitsabläufen* habe ich selbst 1994 in einen Kanon fundamentaler Ideen der Informatik aufgenommen [FUCHS 1994a].

Die Idee des *Beschreibens von Arbeitsabläufen* habe ich jedoch der umfassenderen Idee der *Strukturen* untergeordnet, die sich eben in *Daten- und Beziehungsstrukturen (= Ablaufsstrukturen)* gliedern. Diese Frage der Unterordnung spiegelt nicht zuletzt das Problem der Konkretisierung fundamentaler Ideen wieder. So betonen einzelne Autoren, dass die Zahl der Ideen klein bleiben soll, während wiederum andere Autoren umfassende Kataloge fundamentaler Ideen angeben. Nicht zuletzt bleibt jedoch die Forderung, „... man muß geduldiger als bisher, nicht nur für die Schüler, sondern auch für den Lehrer, die zugrundeliegenden Ideen faßbar machen und auf diese konzentriert hinarbeiten...." [JUNG 1978].

Für eine Tagung über Didaktik der Computeralgebra in Hawaii 1995 haben Klaus Aspetsberger, Fritz Schweiger und ich einen Aufsatz zum Thema 'Fundamentale Ideen und Symbolic Computation' verfasst [ASPETSBERGER, FUCHS, SCHWEIGER 1996], in dem wir bildlich gesprochen in der Mathematik ein Netz mit zahlreichen Knoten betrachten, an denen sich die 'Fundamentalen Ideen' und die verschiedenen Teilgebiete der Mathematik treffen. Diese Knoten stellen verschieden große Inseln dar, die mit verschiedenen Niveaus der Strenge (gemäß Wittmann) und verschiedenen Repräsentationsmodi (enaktiv, ikonisch, symbolisch) korrespondieren.

So besitzt etwa die Idee der *EDV-Nutzung* zahlreiche Schnittpunkte mit mathematischen Teilgebieten und ist in besonderer Weise geeignet, mathematische Methoden und Begriffe durchsichtiger erscheinen zu lassen [vgl. FUCHS 1988a].

Affektive Komponenten im Mathematikunterricht berücksichtigen

Neben der Forderung nach Berücksichtigung der angesprochenen kognitiven Aspekte eines Mathematikunterrichts mit Algebrasystemen gilt es aber affektive Komponenten zu berücksichtigen.

Nach Ansicht von Lehrerkollegen sind die schriftlichen Schularbeiten die einzigen über Wohl und Wehe des Schülers entscheidenden Prüfungssituationen. Dieser Umstand erzeugt in besonderem Ausmaß stress- und angstbeladene Unterrichtssituationen, vor allem dann, wenn durch die Wahl der Aufgaben zu große Anforderungen an den Schüler gestellt werden.

Unlust und Desinteresse sich mit Mathematik zu beschäftigen und Passivität des Schülers im Mathematikunterricht sind die unvermeidbaren Folgen [HERBER 1979, S. 31ff]. Nun haben aber in Österreich die Schulbehörden bereits seit einigen Jahren wiederholt darauf hingewiesen, dass bei der Beurteilung des Schülers das gesamte Leistungsbild Beachtung zu finden hat [GRÄUPL 1990; SchUG §18: Leistungsbeurteilung bearb. MÜNSTER, 1997].

Das Lehrer - Schülergespräch, bei dem der Lehrer nach *sokratischer Methode* versucht, mit dem Schüler zu einem Gespräch über Mathematik zu gelangen, das Schülerreferat und die Partner- und Gruppenarbeit, Unterrichtsformen bei denen der Schüler die Chance erhält selbsttätig Mathematik zu entdecken, finden leider im heutigen Mathematikunterricht noch nicht jene Beachtung bei der Gesamtbeurteilung von Schülerleistungen, wie das wünschenswert wäre. Ich bin aber überzeugt, dass der Einsatz von Algebrasystemen im Mathematikunterricht die angesprochenen Unterrichtsformen fordern und fördern wird.

1.3 Die neue Herausforderung: Symbolisches Rechnen mit dem Computer

Die Frage nach den charakteristischen symbolischen Fähigkeiten

Seit die Bekanntheit von Algebrasystemen als Werkzeuge für den Mathematikunterricht in den letzten Jahren rasch zugenommen hat, wird man immer öfter von Schülern aber auch Lehrerkollegen gefragt, welche symbolischen Fähigkeiten denn nun diese neue Software charakterisieren. Ein Blick in die Fachliteratur hilft uns bei der Argumentation.

So nennt J. H. Davenport in seiner Geschichte der Computeralgebra etwa symbolisches Differenzieren, das Integrieren rationaler Funktionen und das Lösen von Gleichungssystemen - auch solcher mit Formvariablen als Koeffizienten - als charakteristische Funktionen eines Algebrasystems [DAVENPORT 1994].

Bernhard Kutzler, Franz Lichtenberger und Franz Winkler sehen neben der bereits erwähnten Integration rationaler Funktionen, das Auffinden geschlossener Formeln bei Summen und das Lösen von Differentialgleichungen als wesentliche Problemkreise bei Softwaresystemen zur Formelmanipulation an [KUTZLER, LICHTENBERGER, WINKLER 1990, S. 6ff].

Auch Helmut Heugl, Walter Klinger und Josef Lechner nennen die zuvor erwähnten symbolischen Funktionen wie das Lösen von Gleichungssystemen, das Differenzieren und Integrieren, das Lösen von Differentialgleichungen, sowie das Auffinden geschlossener Formeln für Summen und Produkte die wesentlichen Charakteristika eines Algebrasystems.

Da im Mittelpunkt des Interesses dieser Autoren jedoch die Schule steht, betonen sie überdies die Wichtigkeit der einfachen symbolischen Funktionen zur Termmanipulation, wie etwa *Factor, Expand, Simplify, Substitute*, für den Unterricht in elementarer Algebra [HEUGL, KLINGER, LECHNER 1996, S. 165ff].

Entscheidbarkeitsfragen

Durchrechnen per Hand führte bisher beim Schüler zu einer gewissen, wenn auch manchmal fehlerhaften, Sicherheit. Algebrasysteme überspielen nun zumeist die Schwierigkeiten, die bei algebraischen Umformungen auftreten können. Strategien zur Anerkennung von Ergebnissen durch den Schüler gewinnen daher an Bedeutung für den Mathematikunterricht.

So treten etwa bereits beim Anwenden einfacher Symbolfunktionen, wie der zuvor genannten *Expand* - Funktion, welche in allen Algebrasystemen verfügbar ist, bei der DERIVE-Lösung für den Schüler Überraschungen auf. Führen wir die an sich einfache Termumformung

$$Expand[(2*x+3)/(x-2), x]$$

mit MATHEMATICA, dann mit dem Algebrasystem MAPLE,

$$expand((2*x+3)/(x-2),x),$$

und schließlich mit DERIVE,

$$EXPAND((2 \cdot x + 3)/(x - 2), x)),$$

durch. Wir sehen, dass die Kodierungen in den einzelnen Systemen sehr ähnlich sind. Während die Ergebnisse, die MATHEMATICA, nämlich $\frac{3}{-2+x} + \frac{2x}{-2+x}$, und MAPLE, nämlich $2\frac{x}{x-2} + 3\frac{1}{x-2}$, liefern, vom Schüler erwartet werden können, wird er mit großer Sicherheit vom Ergebnis von DERIVE, das $\frac{7}{x-2} + 2$ lautet, zunächst doch überrascht sein. Sicher kann man nun darauf antworten, dass der Schüler einerseits durch elementare Umformung, indem er die beiden Teilausdrücke wieder auf einen gemeinsamen Bruchstrich setzt, rasch die Äquivalenz der DERIVE - Lösung zu seiner erwarteten Lösung zeigen kann. Andererseits aber könnte der Schüler auch die ihm von Umformungsaufgaben in der elementaren Algebra her bekannte Methode des Einsetzens von Werten für x in den DERIVE - Ausdruck und in den erwarteten Ausdruck und anschließendem Vergleich der Ergebnisse zur Äquivalenzprüfung heranziehen. Da das Algebrasystem exakt rechnet, sind bei dieser Einsetzmethode auch keine numerischen Probleme wie Rundungsfehler, die etwa bei Taschenrechnern auftraten, zu erwarten [vgl. PARISOT 1983, S. E31].

Während aber solche Probeverfahren im traditionellen Mathematikunterricht gewissermaßen als Zusatzaufgabe oder Fleißaufgabe dem Lehrer zu Liebe ausgeführt werden, erzwingen Algebrasysteme geradezu die Thematisierung von Strategien für die *Äquivalenzprüfung von Termen*, da durch den Einsatz von Algebrasystemen bei elementaren Umformungen, beim Lösen von Gleichungen, beim Differenzieren und Integrieren immer wieder Entscheidungen über die Äquivalenz von Ergebnissen beim Schüler anstehen.

Auch die *Umkehrung* von Operationen bietet sich als Entscheidungshilfe beim Arbeiten mit Algebrasystemen an. Differenzieren und Integrieren haben wir bereits als charakteristische Symbolfunktionen eines Algebrasystems genannt. Der Schüler verwendet etwa DERIVE zur Lösung eines Zwischenschrittes in seiner Aufgabe, nämlich der Integration der rationalen Funktion $\frac{2 \cdot x - 3}{5 \cdot x - 2}$. Bei der Eingabe des Funktionsterms gibt er versehentlich 2 statt 3 als Subtrahend im Zähler an. Evaluiert er nun den Ausdruck, so erhält er den sehr komplexen Term $\frac{2 \cdot x}{5} - \frac{6 \cdot LN(5 \cdot x - 2)}{25}$. Bevor der Schüler mit dem Ergebnis weiterrechnet, soll er es auf seine Brauchbarkeit überprüfen. Die Anwendung der *Umkehrung* liegt nahe, also differenzieren. Das Ergebnis $\frac{2 \cdot (x - 1)}{5 \cdot x - 2}$ deckt den Eingabefehler auf.

In Kapitel 2.3 werden zusätzlich zu den beschriebenen Methoden noch weitere Strategien zur Anerkennung von Ergebnissen beim Arbeiten mit Algebrasystemen angesprochen.

Ein-/Ausgabe - Problematik

Es existieren zwar bereits leistungsfähige integrierte Text-Algebrasysteme, wie etwa das Programm SCIENTIFIC WORKPLACE, das eine Vereinigung eines Textverarbeitungsprogramms und des Algebrasystems MAPLE darstellt und das eine zweidimensionale Eingabe von evaluierbaren Algebraausdrücken mit einem komfortablen Formel-Editor erlaubt, doch spielen diese Systeme in der Schule noch keine Rolle. Die Eingabe der Algebraausdrücke bei den im Unterricht an Gymnasien verwendeten Algebrasystemen erfolgt weitestgehend eindimensional. Bekannte Schülerprobleme bei einer einzeiligen Eingabe, wie etwa Schwierigkeiten bei der Übersetzung eines komplexen Bruchterms in eine eindimensionale Darstellung, sind daher nach wie vor aktuell. Übersetzungsübungen für mathematische Terme von zwei- in eindimensionale Darstellungen müssen daher nach wie vor auch Bestandteil eines Unterrichts mit Algebrasystemen sein.

Eine Entwicklung in Richtung einer komfortableren Eingabe stellt etwa die jüngste Version von DERIVE dar. Benützt der Schüler nämlich die menügeführte Eingabe von DERIVE zum Lösen eines linearen Gleichungssystems, so erhält er den folgenden Eingabeschirm

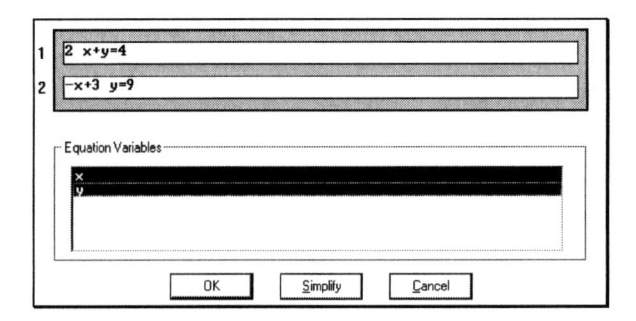

Der Schüler kann also die beiden Gleichungen einzeln eingeben und anschließend die Lösungsvariablen x und y festlegen. Will er die Übersetzung von DERIVE in den einzeiligen Code

$$SOLVE([2x + y = 4, -x + 3y = 9], [x, y])$$

sehen, so bestätigt er die Eingabe mit *OK*. Will er, dass das Gleichungssystem sofort gelöst wird

$$[x = \frac{3}{7}, y = \frac{22}{7}],$$

so drückt er mit der Maus den *Simplify* - Knopf.

Schwierigkeiten, die etwa bei der Eingabe von Funktionen auftreten, werden in Kapitel 3.1: Die Funktion als Baustein behandelt.

Probleme entstehen aber auch bei der Ausgabe von Algebrasystemen auf. Neben den bereits ausführlich besprochenen *Äquivalenzproblemen* bei evaluierten Ausdrücken treten für den Schüler auch Interpretationsprobleme bei der Ausgabe auf, die durch den Modus mit dem das System gerade arbeitet, hervorgerufen werden. So wird etwa der Lehrer den Schülern bei der Behandlung von Grenzprozessen mitteilen, dass die iterative Folge

$x_{n+1} = \frac{1}{2}\left(x_n + \frac{A}{x_n}\right)$ mit $A \in \mathbb{Q}^+$ und Startwerten $x_0 \in \mathbb{Q}^+$

rasch Werte erzeugt, die gegen $\sqrt{A}$ konvergieren. Da Algebrasysteme grundsätzlich exakt rechnen, wird bei einer „lächerlichen" Anzahl von *15* Iterationsschritten und einem Startwert von *4* der Wert für eine Näherung von $\sqrt{3}$
erstens nicht rasch erzeugt,

$$\text{\#1:} \quad \text{ITERATE}\left(\frac{1}{2} \cdot \left(x + \frac{3}{x}\right), x, 4, 15\right) \quad \text{8.7s}$$

zweitens wird kein Schüler in diesem Wert eine Näherung für $\sqrt{3}$ erkennen können.

$$\text{\#2:} \quad \frac{1004785319172004461437130151495062242948545014321120 20}{5801130745017408173954876328878054450616873996164361 5} \; // $$
$$// \; \frac{7280273961303450294346728322021759987122610101749489 7791644}{4196961754850044514840720267482723271179985177519014547098}$$

In einem modernen Unterricht mit Algebrasystemen ist es daher notwendig, den Schüler darauf aufmerksam zu machen, dass es bei manchen Problemstellungen auch sinnvoll und nutzbringend sein kann, nicht „exakt" zu rechnen.

Die bisher publizierten Unterrichtsbeispiele zum Einsatz von Algebrasystemen im Mathematikunterricht verwenden überwiegend das System DERIVE, in jüngster Zeit findet vor allem der Symbolrechner TI-92 besondere Berücksichtigung. Unterrichtsmodelle wurden aber auch für Systeme wie MATHEMATICA [KOEPF 1993b], MAPLE [FUCHS 1995c], MATHPLUS [WEIGAND und WELLER 1996] und THEORIST [SCHNEIDER 1991, WARMUTH 1995] vorgestellt.

2 EINE MOTIVIERENDE BEHANDLUNG QUADRATISCHER FUNKTIONEN

2.1 Modellbilden, Fächerübergreifende Aspekte

Den nachfolgenden motivierenden Einstieg in die Behandlung quadratischer Funktionen habe ich 1995 in mathe-journal 2/95 zur Diskussion gestellt [FUCHS 1995b]. So berichtet Christiane Weber [mj 2/95] „... Funktionale Abhängigkeit, Modellbildung und Fächerübergreifende Aspekte, das sind Stichworte, die mich reizten, das von Herrn Fuchs vorgeschlagene Thema im Unterricht zu bearbeiten ..."

Wenden wir uns nun folgender Aufgabe zu:

Eine Population erhält jährlich einen Populationszuwachs, der von der Größe der Population, von einer konstanten Zuwachsrate und vom sogenannten Freiraum abhängt. Der Freiraum ist ein Faktor, der sich aus der konstanten Kapazität des Biotops und der vorhandenen Population errechnet. Finde eine Mathematisierung für das beschriebene Modell für ein begrenztes Populationswachstum [SZIRUCSEK et al 1991].

Die Aufgabe ist zwar einem Lehrbuch für die 11. Schulstufe entnommen, doch die Behandlung des Themas Visualisierung funktionaler Abhängigkeiten am Beispiel quadratischer Funktionen wird sowohl in Österreich als auch in Deutschland in der 9. Schulstufe erfolgen.

Da in den meisten Mathematiklehrbüchern für die 9. Schulstufe die Motivation zur Behandlung quadratischer Funktionen stiefmütterlich behandelt wird, möchte ich durch dieses Beispiel auf die Möglichkeit des Zuganges zu quadratischen Funktionen über *Modellbildung* besonders hinweisen. Einerseits, weil ich überzeugt bin, dass *Modellbildungen* dieser Komplexität unter der behutsamen Anleitung des Lehrers in der 9. Schulstufe vom Schüler geleistet werden, andererseits, weil Verankerungen mathematischer Themen im Erfahrungsbereich des Schülers die Bereitschaft zur genauen Untersuchung dieser Themen beim Schüler erfahrungsgemäß steigern.

Wollen wir uns nun der Problemlösung zuwenden.

Bezeichnen wir die Population zum Zeitpunkt t_n mit $p(t_n)$. Die Population nach einem Jahr (Zeitpunkt t_{n+1}) ergibt sich somit als

(1) $$p(t_{n+1}) = p(t_n) + z(t_{n+1})$$

wobei $z(t_{n+1})$ den Populationszuwachs in einem Jahr $(t_{n+1} - t_n)$ bezeichnen soll.

Laut Aufgabenstellung ist der Populationszuwachs von der Größe der Population zum Ausgangszeitpunkt $p(t_n)$, von einer konstanten Zuwachsrate, wir wollen sie r nennen, und dem Freiraum zum Zeitpunkt t_n, wir bezeichnen ihn mit $f(t_n)$, abhängig.

Der Freiraum $f(t_n)$ ist wiederum von einer konstanten Kapazität, wir nennen sie k, und der zum Zeitpunkt t_n vorhandenen Population $p(t_n)$ abhängig. Wir werden den Freiraum $f(t_n)$ durch die Gleichung

(2) $$f(t_n) = \frac{k - p(t_n)}{k}$$

beschreiben.

Diskutieren wir die Mathematisierung (Gleichung) für $f(t_n)$.
Ist das Biotop entvölkert, d. h. $p(t_n) = 0$, so ist der Freiraum
$$f(t_n) = \frac{k - 0}{k} = 1.$$
Ist die Grenze des Wachstums im Biotop erreicht, d. h. $p(t_n) = k$, so ist der Freiraum
$$f(t_n) = \frac{k - k}{k} = 0.$$
Für Populationswerte $0 \leq p(t_n) \leq k$ ergibt sich für den Freiraum $0 \leq f(t_n) \leq 1$. Die Beschreibung für den Freiraum $f(t_n)$ durch (2) können wir akzeptieren.

Rufen wir uns in Erinnerung, dass der Populationszuwachs $z(t_{n+1})$ von $p(t_n)$, r und $f(t_n)$ abhängt. Mathematisieren wir auch diesen Sachverhalt, so erhalten wir als einfachstes Modell

(3) $$z(t_{n+1}) = p(t_n) \cdot r \cdot f(t_n)$$

Setzen wir (2) in (3) ein, so erhalten wir

(2') $$z(t_{n+1}) = p(t_n) \cdot r \cdot \frac{k - p(t_n)}{k}$$

und mit (2') in (1) erhalten wir

(1') $$p(t_{n+1}) = p(t_n) + p(t_n) \cdot r \cdot \frac{k - p(t_n)}{k}$$

Ersetzen wir $p(t_{n+1})$ durch y und $p(t_n)$ durch x, so erhalten wir die Funktionsgleichung

(1') $$y = x + x \cdot r \cdot \frac{k-x}{k}$$

in einer Darstellung, die den Schülern vertraut ist.

Vereinfachen wir (1') durch Ausmultiplizieren

(1') $$y = x + x \cdot r - \frac{r}{k} \cdot x^2$$

und durch Umordnen

(1') $$y = -\frac{r}{k} \cdot x^2 + (1+r) \cdot x$$

Unser einfaches Modell für das *schrittweise* Wachstum wird durch die *quadratische Funktion* $f(x) := -\frac{r}{k} \cdot x^2 + (1+r) \cdot x$ beschrieben.

Keine Beachtung haben wir in unserer Modellbildung bisher den beiden Variablen r und k geschenkt. Wollen wir jedoch den Graphen unserer quadratischen Funktion $f(x)$ mit dem Algebrasystem zeichnen, so müssen wir uns Gedanken über die numerische Belegung von r und k machen (vgl. dazu Abschnitt: Anerkennung durch Visualisierung).

2.2 Auf dem Weg zu Verallgemeinerungen - Die Visualisierung funktionaler Abhängigkeiten

Bei genauer Betrachtung der Kataloge *fundamentaler Ideen* wird der Begriff der *Funktionalen Abhängigkeit* (Funktion, funktionale Abhängigkeit [SCHREIBER 1979]; Funktion, [TIETZE, KLIKA, WOLPERS 1997]; Funktionen als mathematische Objekte sind „... Grundausrüstung für jeden Anwender." [SCHWEIGER 1982]) mehrfach genannt. *Funktionale Abhängigkeit* gehört somit wohl zu jenen Begriffen der Mathematik, welche eine „... Beschreibung und Erklärung von Sachverhalten und Zusammenhängen in der Wirklichkeit und auch innerhalb der Mathematik erlauben." [WITTMANN 1981]

In Kapitel 1 habe ich darauf hingewiesen, dass sich die Graphikfähigkeit von Algebrasystemen besonders zur Behandlung von Allgemeinbegriffen (*Prototypen*) eignet. Um Verallgemeinerungen zu gewinnen, werden wir die Graphen der quadratischen Funktionen

(‚a') $y = a \cdot x^2$

(‚b') $y = x^2 + b$

(‚c') $y = (x + c)^2$

für verschiedene Werte von *a*, *b* und *c* zeichnen und die Auswirkungen der Veränderungen der Parameter *a*, *b* und *c* auf die Funktionsgraphen studieren.

Eine ähnliche Darstellung für die Untersuchung quadratischer Funktionen mit dem Algebrasystem DERIVE findet sich in „Computeralgebrasysteme für den Mathematikunterricht" [ASPETSBERGER und FUCHS 1996b, Kap. 2.1 Experimentieren].

Didaktische Vorschläge zur Visualisierung funktionaler Abhängigkeiten bei quadratischen Funktionen unter Verwendung von DERIVE finden sich weiters in [BERRY et al 1993, Quadratics, S. 21ff; KOEPF et al 1993a, Kap.: Funktionen und ihre Graphen, S. 46] bzw. in [FUCHS 1994b].

Die Darstellung der dynamischen Veränderung der Funktionsgraphen bei Variation der Parameter *a*, *b*, *c* führe ich als Film auf dem

Computerbildschirm mit dem äußerst leistungsfähigen Computeralgebrasystem MAPLE durch. Da dieses Programm aber auch als preisgünstige Studentenversion erhältlich ist, steht einer Umsetzung der nachfolgenden Unterrichtssequenz in der Schule nichts mehr entgegen.

Dem Schüler ist bereits bekannt, dass man den Graphen der Funktion $f(x) = x^2$ als Parabel bezeichnet.

Kommentiertes Computeralgebra-Arbeitsblatt (MAPLE):

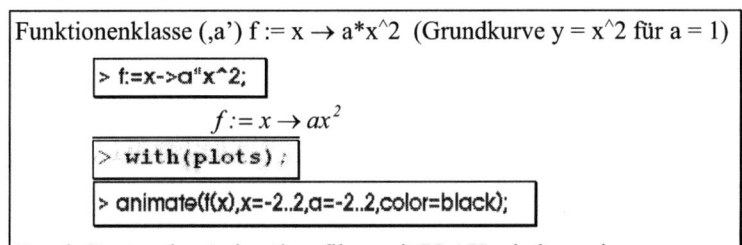

Funktionenklasse („a') $f := x \rightarrow a*x^2$ (Grundkurve $y = x^2$ für $a = 1$)

> f:=x->a*x^2;

$$f := x \rightarrow ax^2$$

> with(plots);

> animate(f(x),x=-2..2,a=-2..2,color=black);

Durch Starten des Animationsfilms mit PLAY erhalten wir:

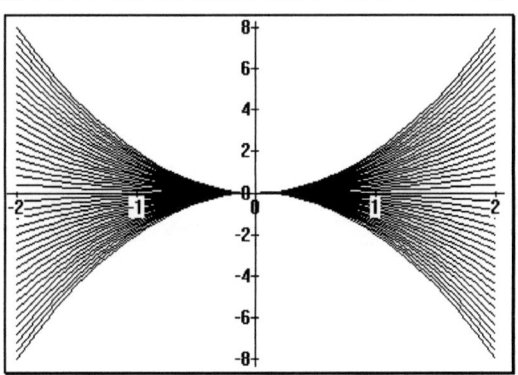

Wir fassen zusammen:
Für $-2 <= a < 0$ erhalten wir eine nach unten offene Parabel in Hauptlage.
VERALLGEMEINERUNG: Für $a < 0$ erhalten wir eine nach unten
                   offene Parabel in Hauptlage.
Für $a = 0$ x-Achse
Für $0 < a <= 2$ erhalten wir eine nach oben offene Parabel in Hauptlage.
VERALLGEMEINERUNG: Für $a > 0$ erhalten wir eine nach oben
                   offene Parabel in Hauptlage.

Funktionenklasse (‚b') f := x → x^2 + b (Grundkurve y = x^2 für b = 0)

```
> f:=x->x^2+b;
```

$$f := x \to x^2 + b$$

```
> animate(f(x),x=-2..2,b=-2..2,color=black);
```

Durch Starten des Animationsfilms mit PLAY erhalten wir:

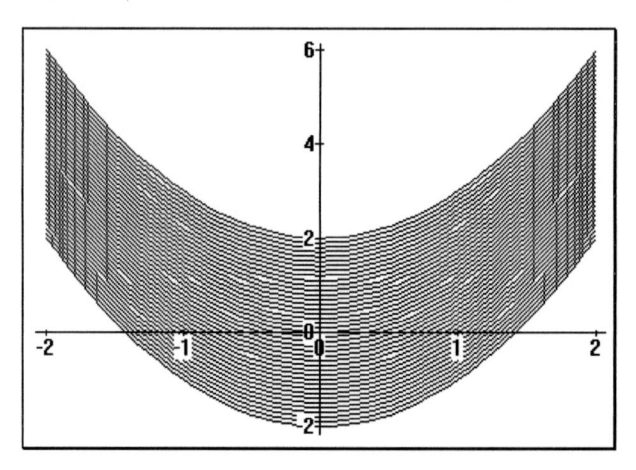

Wir fassen zusammen:

Für $-2 <= b < 0$ erhalten wir eine Verschiebung der Grundkurve
y = x^2 in Richtung der 2. Achse nach unten.

VERALLGEMEINERUNG: b < 0 bewirkt eine Verschiebung der
Grundkurve y = x^2 in Richtung der
2. Achse nach unten.

Für $0 < b <= 2$ erhalten wir eine Verschiebung der Grundkurve
y = x^2 in Richtung der 2. Achse nach oben.

VERALLGEMEINERUNG: b > 0 bewirkt eine Verschiebung der
Grundkurve y = x^2 in Richtung der
2. Achse nach oben.

Funktionenklasse („c') $f := x \to (x+c)^2$ (Grundkurve $y = x^2$ für $a = 0$)

```
> f:=x->(x+c)^2;
```
$$f := x \to (x+c)^2$$

```
> animate(f(x),x=-2..2,c=-2..2,color=black);
```

Durch Starten des Animationsfilms mit PLAY erhalten wir:

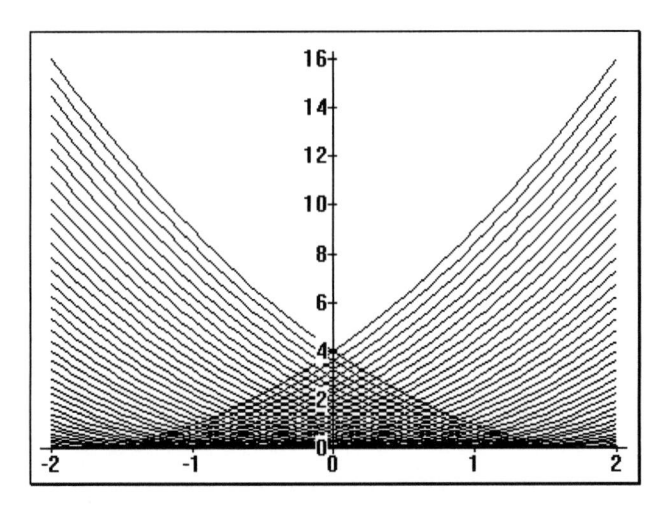

Wir fassen zusammen:

Für $-2 <= c < 0$ erhalten wir eine Verschiebung der Grundkurve $y = x^2$ in Richtung der 1. Achse nach rechts.

VERALLGEMEINERUNG: $c < 0$ bewirkt eine Verschiebung der Grundkurve $y = x^2$ in Richtung der 1. Achse nach rechts.

Für $0 < c <= 2$ erhalten wir eine Verschiebung der Grundkurve $y = x^2$ in Richtung der 1. Achse nach links.

VERALLGEMEINERUNG: $c > 0$ bewirkt eine Verschiebung der Grundkurve $y = x^2$ in Richtung der 1. Achse nach links.

2.3 Strategien zur Anerkennung von Ergebnissen beim Einsatz von Algebrasystemen

Um mit Schülern Strategien zur Anerkennung von Ergebnissen auch bei Einsatz von Algebrasystemen erarbeiten zu können, kehren wir zur Funktion aus unserem Wachstumsbeispiel zurück:

(1') $\qquad y = -\dfrac{r}{k} \cdot x^2 + (1+r) \cdot x$;

(1'') $\qquad y = -\dfrac{r}{k} \cdot \left[x^2 - \dfrac{k \cdot (1+r)}{r} \cdot x \right]$

Wir haben aus der vorangegangenen Unterrichtssequenz Auskunft über die Auswirkung einzelner Parameter auf das Verhalten des Funktionsgraphen quadratischer Funktionen erhalten.

Wollen wir nun dieses Wissen anwenden, um unsere Funktion

$$f(x) := -\dfrac{r}{k} \cdot x^2 + (1+r) \cdot x$$

näher zu charakterisieren.

Dazu ergänzen wir den Funktionsterm zunächst auf das Quadrat eines Binoms $(A+B)^2 = A^2 + 2AB + B^2$ und erhalten

(1'') $\qquad y = -\dfrac{r}{k} \cdot \left[x^2 - \dfrac{k \cdot (1+r)}{r} \cdot x + \dfrac{k^2 \cdot (1+r)^2}{4 \cdot r^2} - \dfrac{k^2 \cdot (1+r)^2}{4 \cdot r^2} \right] =$

$\qquad\qquad = -\dfrac{r}{k} \cdot \left[\left(x - \dfrac{k \cdot (1+r)}{2 \cdot r} \right)^2 - \dfrac{k^2 \cdot (1+r)^2}{4 \cdot r^2} \right]$

(1''') $\qquad y = -\dfrac{r}{k} \cdot \left[x - \dfrac{k \cdot (1+r)}{2 \cdot r} \right]^2 + \dfrac{(1+r)^2 \cdot k}{4 \cdot r}$

Wir lesen ab:

Die gesuchte Kurve hat ihren Scheitel bei

$$\left(\dfrac{k \cdot (1+r)}{2 \cdot r}, \dfrac{(1+r)^2 \cdot k}{4 \cdot r} \right)$$

Das Algebrasystem als Problemlöseautomat

Setzen wir das Algebrasystem als Problemlöseautomat ein. Da MAPLE über keine Funktion ERGAENZE_QUADRATISCH verfügt, muss die gewünschte Funktion zunächst „gebastelt" werden (vgl. dazu Kapitel 3: Automatisieren von Lösungsschritten).

Zwei Vorgangweisen bieten sich dazu an, je nachdem, ob die Programmierung der Automatisierungsfunktion
ERGAENZE_QUADRATISCH
im Mathematikunterricht thematisiert wird oder nicht.

Wird die Programmierung von Automatisierungsfunktionen thematisiert, so muss zunächst ein allgemeiner Lösungsalgorithmus für die quadratische Ergänzung gefunden werden. Anstelle des speziellen Funktionsterms

$$-\frac{r}{k} \cdot x^2 + (1+r) \cdot x$$

setzen wir den Funktionsterm einer allgemeinen quadratischen Funktion $a \cdot x^2 + b \cdot x + c$. Durch quadratische Ergänzung ermitteln wir den zu $a \cdot x^2 + b \cdot x + c$ äquivalenten Term

$$a \cdot \left(x + \frac{b}{2 \cdot a}\right)^2 + \frac{4 \cdot a \cdot c - b^2}{4 \cdot a}.$$

Damit können wir unsere Lösungsfunktion ERGAENZE_QUADRAT in den Parametern a, b und c programmieren.

> ERGAENZE_QUADRAT:=(a,b,c)->[-b/(2"a),(4"a"c-b^2)/(4"a)];

$$ERGAENZE\_QUADRAT := (a,b,c) \rightarrow \left\{-\frac{1}{2}\frac{b}{a}, \frac{1}{4}\frac{4ac-b^2}{a}\right\}$$

Es ist jedoch ebenso denkbar, die Programmierung der Lösungsfunktion ERGAENZE_QUADRATISCH nicht im Mathematikunterricht zu thematisieren. Die Funktion wird vom Lehrer programmiert und steht gleichsam als zusätzliche MAPLE - Funktion den Schülern im Unterricht zur Verfügung.

Zur Überprüfung der Richtigkeit der quadratischen Ergänzung unserer speziellen Funktion

$$f(x) := -\frac{r}{k} \cdot x^2 + (1+r) \cdot x$$

rufen wir unseren Lösungsalgorithmus ERGAENZE_QUADRAT mit den Argumenten $a = -\frac{r}{k}, b = 1+r, c = 0$ auf.

Die Eingabe

> ERGAENZE_QUADRAT(-r/k,1+r,0);

evaluiert MAPLE zu

$$\left\{\frac{1}{2} \frac{(1+r) \cdot k}{r}, \frac{1}{4} \frac{(1+r)^2 k}{r}\right\}.$$

Das Algebrasystem bestätigt die Koordinaten des Scheitels bei

$$\left(\frac{k \cdot (1+r)}{2 \cdot r}, \frac{(1+r)^2 \cdot k}{4 \cdot r}\right).$$

Äquivalenzprüfung mit Hilfe einer vordefinierten Funktion

Die zweite Anerkennungsmethode führen wir ohne Programmierung durch, da nur eine vordefinierte Algebrafunktion von MAPLE verwendet wird. Wir überprüfen nämlich die Richtigkeit der quadratischen Ergänzung unserer speziellen Funktion

$$f(x) := -\frac{r}{k} \cdot x^2 + (1+r) \cdot x$$

durch Untersuchung der Äquivalenz von Ausgangsterm (1") und umgeformtem Term (1''') mit dem Algebrasystem.

Die Eingabe

> expand(-r/k*(x^2-k*(1+r)*x)=expand(-r/k*(x-k*(1+r)/(2*r))^2+(1+r)^2*k/(4*r));

vereinfacht MAPLE zu

$$-\frac{r\,x^2}{k} + x + r\,x = -\frac{r\,x^2}{k} + x + r\,x.$$

Anerkennung durch Visualisierung

Als dritte Methode zeichnen wir den Funktionsgraphen von
$$f(x) := -\frac{r}{k} \cdot x^2 + (1+r) \cdot x$$
gemeinsam mit dem ermittelten Scheitel bei
$$\left(\frac{k \cdot (1+r)}{2 \cdot r}, \frac{(1+r)^2 \cdot k}{4 \cdot r} \right).$$
Exemplarisch belegen wir dazu die Variable r mit 0.03, die Variable k mit 500. Den Graphen zeichnen wir auf $[8000, 9000]$.

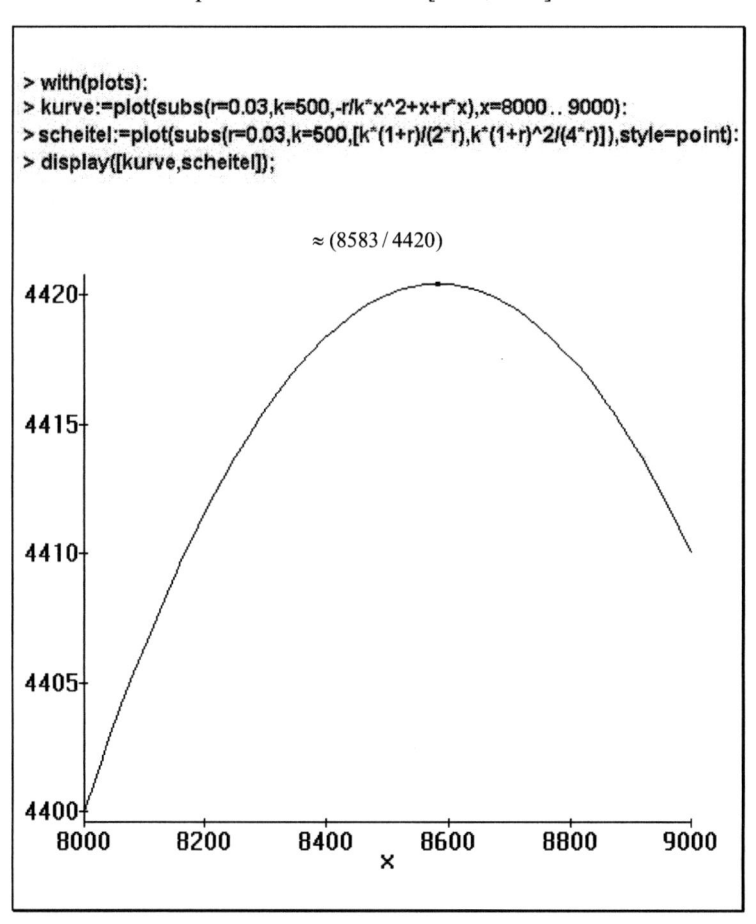

```
> with(plots):
> kurve:=plot(subs(r=0.03,k=500,-r/k*x^2+x+r*x),x=8000..9000):
> scheitel:=plot(subs(r=0.03,k=500,[k*(1+r)/(2*r),k*(1+r)^2/(4*r)]),style=point):
> display([kurve,scheitel]);
```

3 AUTOMATISIEREN VON LÖSUNGSSCHRITTEN

3.1 Die Funktion als Baustein

Der Funktionsbegriff ist ein zentraler Begriff im Oberstufenlehrplan des österreichischen Gymnasiums. Setzen wir DERIVE bereits in der 5. Klasse zur Automatisierung von Problemlöseschritten (= Programmierung) ein, so ermöglichen wir dem Schüler ein umfangreiches Arbeiten mit Funktionen. Sie sind nämlich die exklusiven Bausteine von DERIVE - Programmen [vgl. dazu auch AMALBERTI 1995]. Operieren mit dem Baustein Funktion in DERIVE bedeutet *Definieren einfacher Funktionen* und *Definieren durch Verketten von Funktionen*.

Doch bereits bei der *Definition* von vermeintlich „*einfachen*" *Funktionen* sind Probleme im Umgang mit dem System enthalten.

Ich möchte das am Beispiel der quadratischen Funktion demonstrieren.

Sehr wohl können wir als Mathematiker den Ausdruck

$$f(x) = ax^2 + bx + c$$

als Festlegung lesen, die jedem Argument x_0 den Wert $ax_0^2 + bx_0 + c$ zuordnet. Ein Computeralgebrasystem interpretiert die Eingabe zwar als quadratische Gleichung, die jedoch nicht der gewünschten Festsetzung entspricht.

```
#1:  f·x = a·x² + b·x + c

#2:  SOLVE(f·x = a·x² + b·x + c, x)

#3:  ⎡        √((b - f)² - 4·a·c) + b - f        √((b - f)² - 4·a·c) - b + f ⎤
     ⎢ x = - ─────────────────────────── ,  x = ─────────────────────────── ⎥
     ⎣                 2·a                                    2·a            ⎦
```

Den Ausdrücken entnehmen wir, dass das Zeichen „=" ausschließlich als Relationszeichen, nicht aber als Definitionszeichen akzeptiert wird. Wollen wir also in DERIVE Funktionen definieren, so müssen wir uns mit der Syntax des Algebrasystems abfinden. DERIVE zwingt den Anwender, klar zwischen Relationszeichen „=" und Definitionszeichen „:=" zu unterscheiden.

```
#1:  F(x) := a·x² + b·x + c
#2:  SOLVE(F(x) = 0, x)
#3:  [ x = -(√(b² - 4·a·c) + b)/(2·a) , x = (√(b² - 4·a·c) - b)/(2·a) ]
```

Die aus methodischer Sicht sehr wertvolle klare Unterscheidung zwischen Definitionszeichen (#1: F(x) := a·x² + b·x + c) und Relationszeichen (#2: SOLVE(F(x) = 0, x) bei der Einführung des Funktionsbegriffs fordern auch andere Algebrasysteme, wie MAPLE oder MATHEMATICA.

MAPLE:
```
> f:=x->a*x^2+b*x+c;
```
$$f := x \to ax^2 + bx + c$$

MATHEMATICA:
```
In[1]:=
    f[x_]:=a*x^2+b*x+c
```

In gleicher Weise definieren wir mit den Algebrasystemen Potenzfunktionen, Exponential- und logarithmische Funktionen, Winkelfunktionen und stochastische Funktionen.

Häufige Schülerfehler, die beim Definieren von Funktionen auftreten, sind Syntaxfehler, die auf Schreibweisen des *Definiendums* (= des zu definierenden Ausdrucks) zurückführen, die vom Algebrasystem nicht akzeptiert werden.

Über Beobachtungen solcher Schülerfehler bei der Verwendung von DERIVE im Mathematikunterricht berichten Hans-Georg Weigand und Hubert Weller „...There were many problems in Derive with notations of functions 'f(x) :='. The students used notations like 'f(x)/2 := x^2' or 'f(x)1 :='. ..." [WEIGAND und WELLER 1996].

Eine weitere Unterrichtsbeobachtung möchte ich noch hinzufügen.
Für einen Mathematiker ist es sicher kein Problem, die Funktionalgleichung *f(x·y)=f(x)+f(y)* (etwa *log(x·y)= log(x)+log(y)*) richtig zu interpretieren.

Eine Festsetzung $f(x \cdot y) := f(x) + f(y)$ wird jedoch zur Überraschung der meisten Schüler von DERIVE mit der Meldung [⚠ Syntax Error] beantwortet, obwohl andererseits vom Algebrasystem (- nach Durchführung erforderlicher Definitionen)

```
#1:  Logarithm := Expand
#2:  x :∈ Real (0, ∞)
#3:  y :∈ Real (0, ∞)
```

der Ausdruck

```
#4:  LN(x·y)
```

zu

```
#5:  LN(x) + LN(y)
```

vereinfacht wird.

Werden mehrere Problemlöseschritte zu einem sogenannten Funktionsmodul zusammengefasst, so wird dieser durch eine *Verkettung von Funktionen* (= funktionaler Programmierstil) zu definieren sein.

Halten wir uns zunächst vor Augen, dass Funktionsbausteine in DERIVE-Programmen aus den folgenden drei Bestimmungsstücken bestehen:

(1)   dem *Definiendum* (dem zu definierenden Ausdruck),
(2)   dem *Definitionszeichen* (:=),
(3)   dem *Definiens* (dem definierenden Ausdruck)

Unter einer *linearen funktionalen Programmierung* verstehen wir jene Kodierung, die im *Definiens* nur zuvor bereits definierte Bausteine enthält.

Diese Bausteine können einerseits vordefinierte Systemfunktionen (in DERIVE etwa IF, VECTOR, ITERATE(S) [vgl. AMALBERTI 1995] oder andererseits vom Benutzer für die Problemlösung definierte Funktionen sein. Etwa erlaubt eine von mir definierte Funktion SPINNE das Zeichnen eines Spinnwebdiagramms, das ist ein Streckenzug, der eine gute Vorstellung darüber gibt, was bei einer Iteration passiert [SCHWEIGER 1993].

```
#1: F(x) := - 0.6·x + 2
#2: A(x0, n) := ITERATE(F(x), x, x0, n)
#3: AUFTAKT(x0) := ⎡ x0      0     ⎤
                   ⎣ x0   A(x0, 1) ⎦
#4: ECKE(x0, n) := VECTOR(⎡⎡ A(x0, k)      A(x0, k + 1) ⎤⎤
                          ⎢⎢ A(x0, k + 1)  A(x0, k + 1) ⎥⎥, k, 0, n - 1)
                          ⎣⎣ A(x0, k + 1)  A(x0, k + 2) ⎦⎦
#5: SPINNE(x0, n) := IF(n = 0, [x0, 0], [AUFTAKT(x0), ECKE(x0, n)])
```

Rufen wir die Funktion APPROX(SPINNE(2.5, 5)) auf, so liefert DERIVE die folgende Liste von Wertepaaren.

```
#6: [[2.5   0  ],[[2.5 0.5],[0.5 1.7],[1.7 0.98 ],[0.98  1.412],[1.412 1.1528  ]]]
    [ 2.5  0.5] [0.5 0.5] [1.7 1.7] [0.98 0.98] [1.412 1.412] [1.1528 1.1528  ]
                [0.5 1.7] [1.7 0.98][0.98 1.412][1.412 1.1528][1.1528 1.30832]
```

Plotten wir das Spinnwebdiagramm, so erhalten wir schließlich:

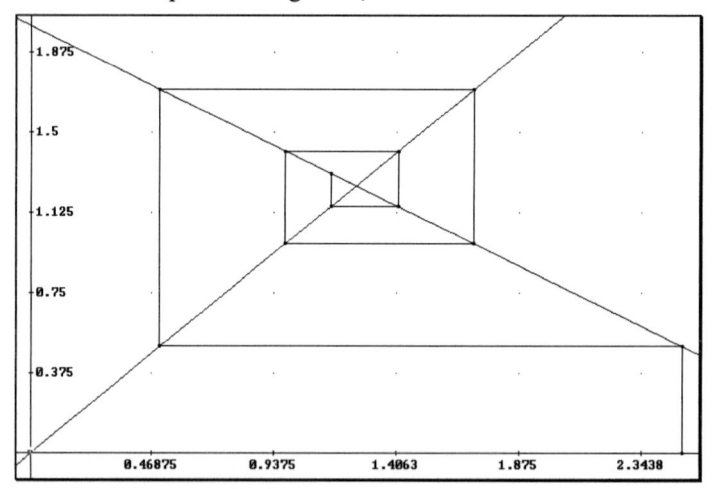

Betrachten wir aber auch folgende Problemstellung aus [ASPETSBERGER, FUCHS, KLINGER 1994], zu deren Lösung wir nur vordefinierte Systemfunktionen verwenden.

Aufgabenstellung zum Thema Datenstrukturen LISTE und ATOM: Wir wollen eine Funktion VLA (=Verbinde Liste Atom) in linearer Programmierung kodieren, die ein einzelnes Element (= Atom) zu einer vorgegebenen Liste hinzufügt.

Zunächst formulieren wir die Problemlösung in einem Pseudocode:
Bilde eine neue Liste *w* aus einer vorgegebenen Liste *v* und einem Element *e*:
Für einen Zähler *k* von *1* bis zu *DIMENSION(v)+1* gilt:
Ist *k* gleich der *DIMENSION(v)+1*,
dann
       ist *e* das Element der neuen Liste *w*,
sonst
       ist das *k*-te Element der vorgegebenen Liste *v* Element der neuen Liste *w*.

Kodieren wir unseren Baustein.

```
#1:  ULA(v,a):=VECTOR(IF(k=DIMENSION(v)+1,a,v_k),k,1,DIMENSION(v)+1)
#2:  w := ULA([3, 4], 5)
#3:  [3, 4, 5]
```

Unter einer *rekursiven funktionalen Programmierung* schließlich verstehen wir jene Kodierung, bei der das *Definiendum* Teil des *Definiens* ist.

In einem Lehrbuch für die 5. Klasse [SZIRUCSEK et al 1989] finden wir die folgende Aufgabe:

Aufgabenstellung: Wir wollen ein Computerprogramm erstellen, das den größten gemeinsamen Teiler zweier natürlicher Zahlen X und Y berechnet.

Dazu wollen wir den folgenden Algorithmus verwenden: Solange X und Y verschieden sind, soll jeweils die größere der beiden Zahlen durch den Absolutbetrag der Differenz von X und Y ersetzt werden. Der größte gemeinsame Teiler T ist dann gefunden, wenn X und Y gleich geworden sind. Es gilt dann: T=X=Y.

Für den dargestellten Algorithmus bietet sich eine rekursive Implemetierung an.

```
#1:  T(x, y) := IF(x = y, x, IF(x > y, T(x - y, y), T(x, y - x)))
#2:  T(5544, 3388)
#3:  308
```

Testen wir die Funktion *T*, so erhalten wir als korrektes Ergebnis für *T(5544,3388)* den Wert *308*.

3.2 Problemlösen durch Definieren und Verketten von Funktionen

3.2.1 Logische Funktionen

Bereits während meines Lehramtsstudiums faszinierte mich das Studium der formalen Logik (Aussagenlogik, Prädikatenlogik, Modallogik) und Wissenschaftstheorie als Grundlagen- und Metawissenschaften der einzelnen wissenschaftlichen Disziplinen. Umso mehr war ich über die Aufnahme formallogischer Inhalte in die Lehrpläne für Mathematik an Gymnasien begeistert. Wie bereits zuvor erwähnt, bin ich überzeugt, dass das Definieren logischer Funktionen und das Untersuchen der Verkettungen dieser Funktionen geeignete Unterrichtsthemen sind, um funktionale Zusammenhänge bereits früh zu diskutieren [FUCHS 1992].

Zur Kodierung logischer Funktionen boten sich in der Schule zunächst die funktionalen Programmiersprachen LISP bzw. LOGO an (vgl. Anhang I: Vom Programmierwerkzeug zum Symbolischen Rechner). Mit geringem Aufwand ließen sich die logischen Funktionen für ein Minimalsystem wie folgt in LISP definieren:[1]

Konjunktion: (defun konj(a b) (((and (= a 1) (= b 1)) 1) 0))
Disjunktion: (defun disj(a b) (((and (= a 0) (= b 0)) 0) 1))
Negation: (defun neg(a) (((= a 1) 0) 1)

Mit DERIVE bietet sich nun ein Softwarewerkzeug an, mit dem sich die Definitionen der logischen Funktionen, aber besonders das Studium der Verkettungen dieser Funktionen mit Hilfe von Wahrheitstabellen, ebenso einfach realisieren lassen [FUCHS 1992].

Beschreibung des Lehrganges

Zunächst habe ich den Lehrgang in 3 Unterrichtssequenzen gegliedert.

---

[1] Hinweis: Man beachte, dass der Schüler bei der Eingabe der Werte für a bzw. b auf den Definitionsbereich {0,1} achten musste. Eine Überprüfung der Eingabewerte auf Zulässigkeit war in den Funktionsmoduln nicht vorgesehen. Die zusätzliche Aufnahme von Plausibilitätsabfragen in die Kodierung der Funktionsmodule hätte wohl auch die Kernstruktur der logischen Funktionen gestört.

Sequenz 1:

Definition der logischen Verknüpfungen KONJUNKTION, DISJUNKTION und NEGATION

Für die Kodierung der logischen Funktionen KONJUNKTION, DISJUNKTION und NEGATION betrachten wir zunächst die Wahrheitstabellen dieser Funktionen:

a	b	konj(a,b)
0	0	0
0	1	0
1	0	0
1	1	1

Betrachten wir die Wahrheitstabelle der KONJUNKTION, so sehen wir, dass die Funktion nur für die Belegung von *a* und *b* mit *1* den Funktionswert *1* liefert, sonst aber den Funktionswert *0*.

a	b	disj(a,b)
0	0	0
0	1	1
1	0	1
1	1	1

Betrachten wir die *Wahrheitstabelle* der DISJUNKTION, so sehen wir, dass die Funktion nur für die Belegung von *a* und *b* mit *0* den Funktionswert *0* liefert, sonst aber den Funktionswert *1*.

a	neg(a)
0	1
1	0

Die NEGATION ist eine *Funktion* mit nur einem Argument, die für $a = 0$ den Funktionswert *1* und für $a = 1$ den Funktionswert *0* liefert.

Aus obiger Darstellung ergeben sich die folgenden Kodierungen:

Konjunktion: $\quad KONJ(a,b):=IF(a = 1 \text{ and } b = 1,1,0)$

Disjunktion: $\quad DISJ(a,b):=IF(a = 0 \text{ and } b = 0,0,1)$

Negation: $\quad NEG(a)\quad:=IF(a = 0,1,0)$

Sequenz 2:
Überprüfen der Belegungen mittels Wahrheitstabellen

Zunächst kodieren wir die Matrix aus den Spalten *a* und *b*.

$$m:=[[0,0],[0,1],[1,0],[1,1]]$$

Nun stellt sich die Frage, wie wir die einzelnen Elemente der Matrix ansprechen. Eine geeignete Kodierung für ein Element in der *i*-ten Zeile und *j*-ten Spalte der Matrix lautet $\alpha(i,j) := m_{i,j}$

Mit Hilfe der *VECTOR*-Funktion können wir nun die Wahrheitstabellen unserer logischen Funktionen herstellen.

Konjunktion: *VECTOR([α(i,1),α(i,2),KONJ(α(i,1),α(i,2))],i,4]*
Disjunktion: *VECTOR([α(i,1),α(i,2),DISJ(α(i,1),α(i,2))],i,4]*
Negation: *VECTOR([α(i,2),NEG(α(i,2))],i,2]*

Unser DERIVE Arbeitsblatt hat somit nach den ersten beiden Abschnitten des Unterrichtsmodells die folgende Gestalt:

```
DERIVE for Windows - [Algebra LOGIC.MTH]
 File  Edit  Author  Simplify  Solve  Calculus  Declare  Options  Window  Help

#1:  KONJ(a, b) := IF(a = 1 ∧ b = 1, 1, 0)
#2:  DISJ(a, b) := IF(a = 0 ∧ b = 0, 0, 1)
#3:  NEG(a)    := IF(a = 0, 1, 0)

           ⎡ 0  0 ⎤
           ⎢ 0  1 ⎥
#4:  m :=  ⎢ 1  0 ⎥
           ⎣ 1  1 ⎦

#5:  α(i, j) := m_{i,j}

#6:  VECTOR([α(i, 1), α(i, 2), KONJ(α(i, 1), α(i, 2))], i, 4)

           ⎡ 0  0  0 ⎤
           ⎢ 0  1  0 ⎥
#7:        ⎢ 1  0  0 ⎥
           ⎣ 1  1  1 ⎦

#8:  VECTOR([α(i, 1), α(i, 2), DISJ(α(i, 1), α(i, 2))], i, 4)

           ⎡ 0  0  0 ⎤
           ⎢ 0  1  1 ⎥
#9:        ⎢ 1  0  1 ⎥
           ⎣ 1  1  1 ⎦

#10: VECTOR([α(i, 2), NEG(α(i, 2))], i, 2)

           ⎡ 0  1 ⎤
#11:       ⎣ 1  0 ⎦
```

Sequenz 3:

Experimentieren mit logischen Funktionen

Im dritten Abschnitt unseres Unterrichtsmodells wird dem Schüler Gelegenheit zum Experimentieren mit den definierten logischen Funktionen gegeben. Weitere logische Funktionen werden definiert, Äquivalenzsätze und einfache logische Schlussweisen werden mit Hilfe von Wahrheitstafeln überprüft.

Definition der Funktionen IMPLIKATION und ÄQUIVALENZ [2] durch Verketten der Grundfunktionen

Zur Definition der beiden neuen Funktionen verwenden wir die beiden Äquivalenzsätze:

Implikation: $a \supset b \equiv \neg a \vee b$

Äquivalenz: $a \equiv b \equiv (a \supset b) \wedge (b \supset a)$

Die entsprechenden DERIVE-Kodierungen lauten:

Implikation: *IMPL(a,b):=DISJ(NEG(a),b)*

Äquivalenz: *AEQU(a,b):=KONJ(IMPL(a,b),IMPL(b,a))*

Die Wertetabellen der neu definierten Funktionen erhalten wir sehr rasch, indem wir in Ausdruck #6 oder #8 unseres Algebrablattes die Namen der zweistelligen Funktionen *KONJ* bzw. *DISJ* durch die Namen unserer neudefinierten zweistelligen Funktionen *IMPL* bzw. *AEQU* ersetzen und vom Algebrasystem auswerten lassen.

---

[2] Zu beachten ist, dass hier für die funktionale Kodierung der beiden aussagenlogischen Verknüpfungen **Subjunktion** und **Bijunktion** die Namen **Implikation** und **Äquivalenz** verwendet werden. Die Benennung folgt dabei einer Vorgangsweise, wie sie in sämtlichen österreichischen Schulbüchern üblich ist. Dennoch könnte es für Lehrer und Schüler lohnenswert sein, den Bedeutungsunterschied zwischen **Subjunktion** und **Implikation** bzw. **Bijunktion** und **Äquivalenz** durch folgende Festsetzungen aufzuzeigen:

a **impliziert** *b*, kurz: $a \supset b$, gilt genau dann, wenn die **Subjunktion** $\neg a \vee b$ **wahr** ist

a **äquivalent** *b*, kurz $a \equiv b$, gilt genau dann, wenn die **Bijunktion** $(\neg a \vee b) \wedge (\neg b \vee a)$ **wahr** ist.

```
#12: IMPL(a, b) := DISJ(NEG(a), b)
#13: AEQU(a, b) := KONJ(IMPL(a, b), IMPL(b, a))
#14: VECTOR([α(i, 1), α(i, 2), IMPL(α(i, 1), α(i, 2))], i, 4)

        ⎡ 0  0  1 ⎤
        ⎢ 0  1  1 ⎥
#15:    ⎢ 1  0  0 ⎥
        ⎣ 1  1  1 ⎦

#16: VECTOR([α(i, 1), α(i, 2), AEQU(α(i, 1), α(i, 2))], i, 4)

        ⎡ 0  0  1 ⎤
        ⎢ 0  1  0 ⎥
#17:    ⎢ 1  0  0 ⎥
        ⎣ 1  1  1 ⎦
```

Überprüfen der DE MORGANschen Regeln

$$\neg(a \wedge b) \equiv \neg a \vee \neg b \text{ und } \neg(a \vee b) \equiv \neg a \wedge \neg b$$

Zunächst kodieren wir die linke Seite der Regel von DE MORGAN mit

$$DM11(a,b) := NEG(KONJ(a,b)$$

und anschließend die rechte Seite mit

$$DM12(a,b) := DISJ(NEG(a),NEG(b))$$

Mit Hilfe der Funktion

$$DM(a,b) := AEQU(DM11(a,b),DM12(a,b))$$

prüfen wir schließlich auf Äquivalenz.

```
#18: DM11(a, b) := NEG(KONJ(a, b))
#19: DM12(a, b) := DISJ(NEG(a), NEG(b))
#20: DM(a, b) := AEQU(DM11(a, b), DM12(a, b))
#21: VECTOR([α(i, 1), α(i, 2), DM(α(i, 1), α(i, 2))], i, 4)

        ⎡ 0  0  1 ⎤
        ⎢ 0  1  1 ⎥
#22:    ⎢ 1  0  1 ⎥
        ⎣ 1  1  1 ⎦
```

Die Spalte der Funktionswerte enthält nur Einser. Basierend auf der Evaluation durch DERIVE kann man nun mit den Schülern den Begriff der Tautologie (Eine Aussageform, die für alle Belegungen $\alpha(i,j)$ den Wert *1* ergibt) erarbeiten.

Überprüfen logischer Schlussweisen

Eine „klassische" Regel logischen Schließens ist der Modus Ponens.

Modus Ponens:
    Prämisse 1: $a \supset b$
    Prämisse 2: a
    Konklusion: b

Vor der Kodierung mit DERIVE werden wir obige Schlussweise als „Einzeiler" formulieren:

$$((a \supset b) \wedge a) \supset b$$

Für die Kodierung mit DERIVE müssen wir den „Einzeiler" in eine Verkettung von Funktionen übersetzen. Die zusammengesetzte Funktion nennen wir *MOPO*.

Modus Ponens: *MOPO(a,b) := IMPL(KONJ(IMPL(a,b),a),b)*

Nach der Auswertung der Funktion *MOPO* durch DERIVE müssen wir wieder die Wertetabelle einer Tautologie erhalten.

```
#23: MOPO(a, b) := IMPL(KONJ(IMPL(a, b), a), b)
#24: VECTOR([α(i, 1), α(i, 2), MOPO(α(i, 1), α(i, 2))], i, 4)
          ⎡ 0  0  1 ⎤
          ⎢ 0  1  1 ⎥
#25:      ⎢ 1  0  1 ⎥
          ⎣ 1  1  1 ⎦
```

Das große Engagement meiner Schüler beim Erarbeiten des dargestellten Unterrichtsmodells und dem Experimentieren mit den logischen Funktionen lässt mich überdies vermuten, dass die Schüler durch dieses Modell Einsichten in die *formale Kraft* [SCHWEIGER 1992] mathematisch-logischer Begriffe erleben konnten.

3.2.2 Geradlinig berandete Gebiete

Die Behandlung der verschiedenen Darstellungsformen der Geraden im R^2 ist ein zentrales Thema der ebenen Koordinatengeometrie in der 5. Klasse / 9. Schulstufe.

Zielführend lassen sich die Kenntnisse aus der ebenen Koordinatengeometrie bei der Untersuchung geradlinig berandeter konvexer Gebiete zur Lösung linearer Optimierungsaufgaben einsetzen [ASPETSBERGER und FUCHS 1995].

Betrachten wir die folgende Aufgabe:

Aufgabenstellung: Eine Automobilfabrik erzeugt Personenkraftwagen der Type A und der Type B. Täglich können höchstens 600 Stück der Type A und höchstens 400 Stück der Type B hergestellt werden. Die Reifenfabrik kann täglich höchstens 3500 Reifen liefern (Beachte: Jedes Auto wird mit einem Reserverad ausgeliefert). Bei einem Fahrzeug der Type A werden 2p S, bei einem Fahrzeug der Type B 5p S verdient.

(1) Ermittle graphisch, wie viele Autos der Type A und wie viele Autos der Type B erzeugt werden müssen, wenn der Tagesgewinn möglichst groß sein soll!
(2) Berechne die Höhe des maximalen Tagesgewinns!
[REICHEL et al 1989]

Analysieren wir den Text, so erhalten wir das folgende System von Ungleichungen:

$$x \leq 600$$
$$y \leq 400$$
$$x + y \leq 700$$
$$z(x,y) = 2px + 5py$$

Die Nichtnegativitätsbedingungen ($x \geq 0, y \geq 0$) der Optimierungsaufgabe wollen wir dadurch berücksichtigen, dass wir unsere graphischen Betrachtungen auf den 1. Quadranten beschränken. Zeichnen wir zunächst mit DERIVE die Randgeraden des konvexen Gebiets.

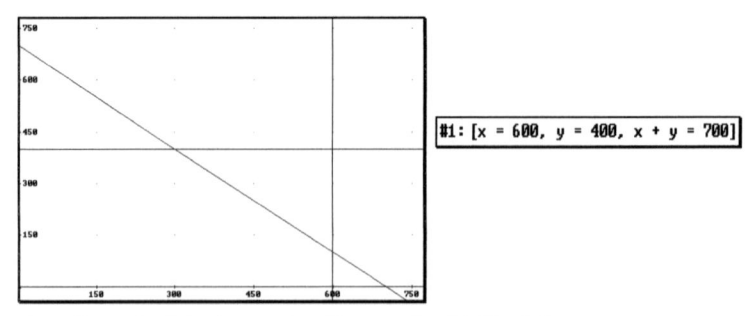

#1: [x = 600, y = 400, x + y = 700]

Nun gilt es das Maximum der Werte c der Zielfunktion

$$z(x,y) = 2p\,x + 5p\,y$$

für beliebige Werte (x_0, y_0) aus dem berandeten konvexen Gebiet zu ermitteln. Ermitteln wir zunächst den Wert c für einen beliebigen Punkt aus dem konvexen Gebiet. Wir wählen $P(200, 200)$. Für P ergibt sich der c-Wert:

```
#1:  Z(x, y) := 2·p·x + 5·p·y
#2:  Z(200, 200)
#3:  1400·p
```

Alle zulässigen Punkte entlang der Geraden g: $2p\,x + 5p\,y = 1400p$ ergeben denselben Gewinn

```
#4:  Z(x, y) = 1400·p
#5:  SOLVE(Z(500, y) = 1400·p, y)
#6:  [y = 80]
```

z. B. etwa $P(500, 80)$

Es liegt daher nahe, das Maximum auf Geraden mit gleicher Steigung, so genannten *Isogeraden*, zu suchen. Die Richtung der Translation der *Isogeraden* g_2: $2p\,x + 5p\,y = c$ ist bestimmt durch den Normalvektor $n := t*[2,5]$, den wir für $t=40$ in unsere Graphik eintragen.

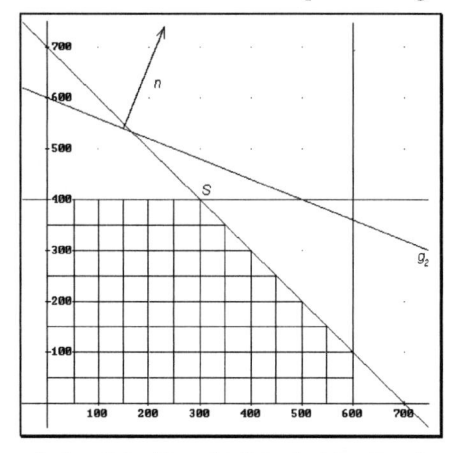

Nun ermitteln wir den Schnittpunkt S der beiden Randgeraden
$$y = 400 \text{ und } x + y = 700.$$
Für x erhalten wir den Wert 300.
Ermitteln wir den maximalen Gewinn, so ermitteln wir $Z(300, 400)$ und erhalten $c_{max} = 2600\,p$.

Auf Seite 221 wird im Lehrbuch [REICHEL et al 1989] darauf hingewiesen, dass es zur Lösung von Optimierungsaufgaben mit dem Computer einen effizienten Durchsuchalgorithmus, das so genannte *Simplexverfahren*, gibt.

Im Sommersemester 1993 habe ich in der Vorlesung „EDV für Lehramtskandidaten" an der Universität Salzburg eine Kodierung des Simplexalgorithmus zur Lösung einer speziellen Maximumaufgabe für das Algebrasystem DERIVE vorgestellt. Der Algorithmus basiert auf einem Gleichungssystem, das durch Einführung von weiteren Variablen, sogenannten *Schlupfvariablen*, aus dem System von Ungleichungen entsteht.

$$\begin{aligned} x \quad\quad\quad + u_1 \quad\quad\quad\quad &= 600 \\ y \quad\quad + u_2 \quad\quad &= 400 \\ x + y \quad\quad\quad\quad + u_3 &= 700 \\ 2px + 5py \quad\quad\quad\quad\quad\quad &= z(x,y) \end{aligned}$$

Wir kodieren den *Simplexalgorithmus*[3] zur Lösung unseres speziellen[4] Maximumproblems in einer *linearen funktionalen Kodierung*. Die Kodierung basiert auf der Operation des sogenannten *Pivotierens*, die von Robert Sedgewick in seinem Lehrbuch Algorithmen [SEDGEWICK 1992, S. 694] wie folgt beschrieben wird:

In der durch die Gleichungen definierte Koeffizientenmatrix a wird zunächst ein Element, das sogenannte *Pivotelement PIVOT(m,n)* ausgewählt. Anschließend wird die Zeile mit Index *ZEILE(m,n)* so mit einer geeigneten Konstanten multipliziert und zu allen anderen Zeilen addiert, dass in der Spalte mit Index *SPALTE(m,n)* überall Nullen erzeugt werden, mit Ausnahme des *Pivotelements*, das den Wert *1* erhält.

Die Funktion LOESE ermittelt aus der vorgegebenen Koeffizientenmatrix a mit m Zeilen und n Spalten
(a) die veränderte Tabelle a, sowie
(b) eine Liste der Basislösungen *BLNEU(m,n)* und den Wert z_{opt} der Zielfunktion.

---

[3] Da für unsere Aufgabe sinnvollerweise $p>0$ (etwa $p=300$ S) gilt, wählen wir *[2,5,0,0,0,0]* anstelle von *[2p,5p,0,0,0,0]* als m-te Zeile der Tabelle a.
[4] Eine allgemeine Darstellung „Lineares Programmieren mit DERIVE" findet sich in [BÖHM 1994].

#1: $a := \begin{bmatrix} 1 & 0 & 1 & 0 & 0 & 600 \\ 0 & 1 & 0 & 1 & 0 & 400 \\ 1 & 1 & 0 & 0 & 1 & 700 \\ 2 & 5 & 0 & 0 & 0 & 0 \end{bmatrix}$, $bl := [0, 0]$

#2: $\text{SPALTE}(m, n) := \text{MAX}(\text{VECTOR}(\text{IF}(a_{m,i} = \text{MAX}(a_m), i, 0), i, 1, n))$

#3: $B(m,n) := \text{VECTOR}\left(\text{IF}\left(a_{i,\text{SPALTE}(m,n)} = 0, \infty, \text{IF}\left(\frac{a_{i,n}}{a_{i,\text{SPALTE}(m,n)}} < 0, \infty, \frac{a_{i,n}}{a_{i,\text{SPALTE}(m,n)}}\right)\right), i, 1, m-1\right)$

#4: $\text{ZEILE}(m, n) := \text{MAX}(\text{VECTOR}(\text{IF}((B(m, n))_j = \text{MIN}(B(m, n)), j, 0), j, 1, m-1))$

#5: $\text{PIVOT}(m, n) := a_{\text{ZEILE}(m, n), \text{SPALTE}(m, n)}$

#6: $\text{PIVOTZEILE}(m, n) := \text{IF}\left(\text{PIVOT}(m, n) = 1, a_{\text{ZEILE}(m, n)}, \text{VECTOR}\left(\frac{a_{\text{ZEILE}(m, n), i}}{\text{PIVOT}(m, n)}, i, 1, n\right)\right)$

#7: $A\_\text{ZEILENELIM}(m,n) := \text{VECTOR}(\text{IF}(k = \text{ZEILE}(m, n), a_k, a_k - a_{k,\text{SPALTE}(m,n)} \cdot \text{PIVOTZEILE}(m,n)), k, 1, m)$

#8: $\text{BLNEU}(m, n) := \text{REPLACE\_ELEMENT}(a_{\text{ZEILE}(m, n), n}, bl, \text{SPALTE}(m, n))$

#9: $\text{LOESE}(m, n) := \left[A\_\text{ZEILENELIM}(m, n), \text{APPEND}(\text{BLNEU}(m, n), [-(A\_\text{ZEILENELIM}(m, n))_{m,n}])\right]$

Nachdem wir nun die Funktion LOESE mit DERIVE kodiert haben, rufen wir sie zur Lösung unseres Problems auf.

#10: LOESE(4, 6)

#11: $\begin{bmatrix} \begin{bmatrix} 1 & 0 & 1 & 0 & 0 & 600 \\ 0 & 1 & 0 & 1 & 0 & 400 \\ 1 & 0 & 0 & -1 & 1 & 300 \\ 2 & 0 & 0 & -5 & 0 & -2000 \end{bmatrix}, [0, 400, 2000] \end{bmatrix}$

Der Simplexalgorithmus schreibt vor, dass das Verfahren des *Pivotierens* der Tabelle *a* wiederholt werden muss solange mindestens ein *a[m,j]* für *j = 1 ... n–1* größer als Null ist. Das Element *a[m,1]* unserer neuen Matrix *a* ist *2* und somit größer als Null. Wir müssen also das Verfahren wiederholen. Da es sich beim Simplexalgorithmus um ein Iterationsverfahren handelt, nehmen wir die Ergebnisse des ersten Aufrufs als Startwerte für den neuerlichen Aufruf.

#12: $a := \begin{bmatrix} 1 & 0 & 1 & 0 & 0 & 600 \\ 0 & 1 & 0 & 1 & 0 & 400 \\ 1 & 0 & 0 & -1 & 1 & 300 \\ 2 & 0 & 0 & -5 & 0 & -2000 \end{bmatrix}$, $bl := [0, 400]$

#13: LOESE(4, 6)

#14: $\begin{bmatrix} \begin{bmatrix} 0 & 0 & 1 & 1 & -1 & 300 \\ 0 & 1 & 0 & 1 & 0 & 400 \\ 1 & 0 & 0 & -1 & 1 & 300 \\ 0 & 0 & 0 & -3 & -2 & -2600 \end{bmatrix}, [300, 400, 2600] \end{bmatrix}$

Sämtliche Werte *a[m,j]* für *j = 1 ... n–1* sind kleiner oder gleich Null. Wir können somit das Endergebnis für unsere Aufgabe ablesen: Der maximale Gewinn z_{opt} beträgt *2600 p* und wird für *x=300* und *y=400* erreicht.

3.3 Module verändern den Mathematikunterricht

Werden Funktionsbausteine im Mathematikunterricht nicht als „Black - Box" verwendet, so wird der Lehrer die zur Problemlösung erforderlichen Funktionen schrittweise im Unterricht mit den Schülern erarbeiten. Gemeinsam wird man die einzelnen Funktionsmodule kodieren und im Unterricht testen.

Buchberger vom Research Institute for Symbolic Computation der Universität Linz beschreibt den Einsatz von Computeralgebrabausteinen im *Mathematikunterricht als* rekursiven *Prozess* aus „White - Box und Black - Box" - Phasen:

„ ... Note that my answer is „recursive" and can govern math education in all levels and areas of mathematics including the elementary first steps in mathematics in high school as well as the most advanced areas in university mathematics that are not yet seriously attacked in an algorithmic spirit.

Roughly, the recursion runs as follows:
trivialize area (X):
    if area X is not roughly thoroughly understood
        then study area X;
        apply algorithms from area X as black boxes.
study area (X):
    clarify (define) concepts from area X;
    study (prove) theorems (techniques) from area X
        that reduce problems from area X
        to problems from areas X', ...;
    cast the reduction techniques in algorithms
        (or, at least, heuristics);
    train the algorithms as white boxes
        by doing sufficiently many hand calculations
            using algorithms from area X', ... as black boxes
        until the algorithms become routine;
trivialize areas (X', ...)." [BUCHBERGER 1989] [5]

---

[5] Was auffällt, ist die strukturierte Darstellung der Vorgangsweise, die sehr stark an den Stil der Top-down - strukturierten Programmierung bei der Verwendung höherer Programmiersprachen erinnert [NASSI, SHNEIDERMAN 1973]: „ ... Top - down programming ... or top - down - modularization ... is the technique of analyzing an idea to form simpler ideas, and recursively applying the technique ... ".

In einem weiteren Aufsatz aus dem Jahr 1992 präzisiert Buchberger die Abfolge der „White-Box" und „Black-Box"-Phasen im „White-Box und Black-Box"-Prinzip:

„ ... Teaching of an area of mathematics proceeds, roughly, in two phases:

The White Box phase: This is the phase in which the area is new to the student. In this phase the use of math software systems for solving the problems of the area under study is (most times) inappropriate. Students should study the area thoroughly, i. e. they should study problems, concepts, theorems, proofs, algorithms, examples and hand calculations.

The Black Box phase: After the area has been thoroughly studied, algorithms developed in this study can be called as black boxes in the later study of hierarchically higher areas.

Note that the principle is recursive: During the white box phase of studying some area of mathematics, the algorithms of hierarchically lower areas of mathematics can and should be in the black box manner." [BUCHBERGER 1992]

Klaus Aspetsberger hat sich in seinem Vortrag „Modultechnik im Mathematikunterricht mit Computeralgebra" auf der 29. Bundestagung für Didaktik der Mathematik in Kassel 1995 auch mit der Frage der Verwendung von Funktionsbausteinen im Mathematikunterricht auseinandergesetzt. Er sieht dabei folgende Vorteile und Gefahren beim Einsatz von Funktionsmoduln:

„ ... Vorteile des Modulkonzepts:

* Gute Schüler sind motiviert, sich durch das Definieren von Funktionen ein eigenes System zu schaffen. Dies ist umso mehr der Fall, als auch der Nutzen von Funktionen für Schüler leicht einsehbar ist.
* Das Schreiben von Funktionen ist eine Art des konstruktiven Exaktifizierens und bildet den Abschluss einer intensiven Erarbeitungsphase.

Gefahren des Modulkonzepts:

* Leistungsschwache Schüler verwenden Module „blind". Sie verwenden Funktionen, ohne ihre Wirkungsweisen zu verstehen und zu hinterfragen. Unverstandenes kann somit durch die Verwendung noch mehr verschleiert werden.

* Die Fehlersuche bei unerwünschten Ergebnissen wird für den Schüler noch schwerer, falls die Funktionsweise der verwendeten Module vom Schüler nicht wirklich nachvollzogen werden kann..."
[ASPETSBERGER und FUCHS 1995]

Auch Willibald Dörfler fordert für die Schulmathematik, dass man die softwaremäßige Implementierung verschiedenster Module, wie z. B. Gleichungslösen, Bestimmen von Ableitungen und Stammfunktionen, anstreben soll.

Kehren wir zur Kodierung unseres Simplexalgorithmus zurück. Verwenden die Schüler die vom Lehrer verfügbar gemachten Module, die letztendlich im einzelnen Funktionsaufruf LOESE zusammenlaufen, zur Problemlösung, so schließt dies natürlich nicht die Kenntnis der Arbeitsweise aller verwendeten Funktionen und deren Verknüpfungen bei jedem Schüler mit ein. Zwar bin ich mir durchaus der Gefahr bewusst, dass durch das Verwenden von Modulen sehr oft Unverstandenes noch mehr verschleiert wird, doch teile ich auch hier die Ansicht Willibald Dörflers, dass ein intensiver Gebrauch von Modulen - auch als Black - Boxes - bei den Schülern zu einer größeren Vertrautheit hinsichtlich der Funktionalität der einzelnen Modulen führen kann [DÖRFLER 1991, S. 73].

4 ZWEI BEISPIELE AKTIVIERENDEN MATHEMATIKUNTERRICHTS

4.1 Formeln als Funktionen

Am Didaktiktag der ÖMG 1995 in Leoben hat Fritz Schweiger in seinem Hauptvortrag „Funktionen in mehreren Variablen - Aschenputtel der Schulmathematik" [SCHWEIGER 1995] auf die stiefmütterliche Behandlung von Funktionen in mehreren Variablen im Mathematikunterricht der Oberstufe hingewiesen.

Computeralgebrasysteme eröffnen hier nun neue Möglichkeiten. Sehr effizient können diese neuen Werkzeuge dazu eingesetzt werden, Schülern die Veränderung von Funktionswerten bei Variation einzelner Argumente erleben zu lassen. Ich hatte in diesen Unterrichtsstunden stets den Eindruck, dass die Behandlung dieses Themas für die Schüler der 9. Schulstufe gleichermaßen amüsant und spannend war.[6]

Experimentieren, Argumentieren und Visualisieren

Betrachten wir die Flächeninhaltsfunktion $a(x,y) = x \cdot y$ eines Rechtecks von x Einheiten Länge und y Einheiten Breite.

Die Schüler sollten zunächst Vermutungen über die Veränderung der Funktionswerte bei

(a): $x \to 2 \cdot x$ **und** $y \to y$

(b): $x \to x$ **und** $y \to 2 \cdot y$

anstellen.

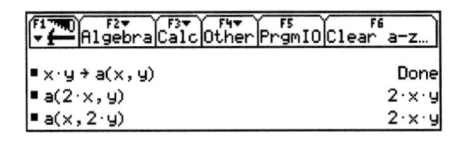

```
┌─────┬───────┬────┬─────┬──────┬─────┬─────┐
│ F1  │  F2   │ F3 │ F4  │  F5  │ F6  │     │
│     │Algebra│Calc│Other│PrgmIO│Clear│ a-z.│
└─────┴───────┴────┴─────┴──────┴─────┴─────┘
■ x·y → a(x,y)                          Done
■ a(2·x,y)                              2·x·y
■ a(x,2·y)                              2·x·y
```

---

[6] Eigentlich wurde in der dargestellten Unterrichtssequenz das Algebrasystem DERIVE für den PC verwendet. Um jedoch jüngsten Entwicklungen Rechnung zu tragen, habe ich die Sequenz an die Verwendung des TI-92, eines Taschenrechners mit symbolischen, numerischen und graphischen Fähigkeiten adaptiert. Als Lehrbuch habe ich SZIRUCSEK et al. 1989, Band 5, Kapitel: Formeln als Funktionen, S. 76ff (Formeln mit mehreren veränderlichen Größen) eingesetzt.

Die Schüler erkannten sehr bald, dass a(2·x, y) ebenso wie a(x, 2·y) vom Rechner zu 2·x·y vereinfacht wurde.

Sofort wurde eine *Verallgemeinerung* von den Schülern als

$$a(c·x,y) = c·x·y \quad \text{und} \quad a(x, c·y) = c·x·y$$

formuliert und mit dem Algebrasystem auf seine Richtigkeit überprüft.

```
■ a(c·x,y)                    c·x·y
■ a(x,c·y)                    c·x·y
```

Obwohl im verwendeten Lehrbuch die Frage nach der graphischen Darstellung von Funktionen in zwei Variablen nicht angesprochen wurde, tauchte von interessierten Schülern bald die Frage nach der Darstellung eines Graphen einer Funktion in zwei Variablen auf. Die graphischen Darstellungsmöglichkeiten des Rechners wurden also zu Rate gezogen, die Funktion wurde geplottet.

```
F1    F2   F3   F4   F5
 f   Zoom Edit  ✓   All
▲PLOTS
✓z1=a(x,y)
 z2=■
```

Der Bildschirm zeigte eine Fläche im R^3. Erst mehrmaliges Verändern des Standpunktes in der 3D-Darstellung erlaubte Aufschluss über die Gestalt der Fläche, die anschließend von den Schülern selbsttätig mit Namen wie „Sattelfläche" benannt wurde.

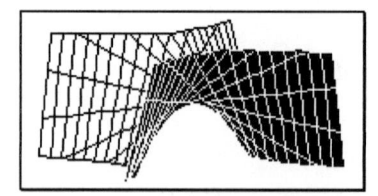

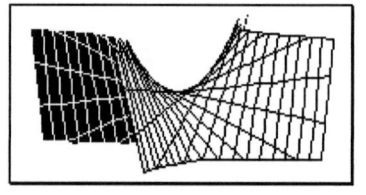

Schüler, die über ein hohes Maß an Raumvorstellung verfügen, neigen sehr gerne dazu, 3D-Objekte von verschiedenen Seiten zu betrachten, um mehr Information über die Gestalt des Objektes zu erhalten (siehe Farbteil).

Durch Änderung der Koordinaten des „Augpunktes" (*eyeθ*, *eyeφ*) kann auch in der 3D-Graphik des TI-92 ein Objekt von verschiedenen Seiten betrachtet werden.

θ bedeutet dabei eine Drehung entgegen dem Uhrzeiger von der positiven x-Achse in Richtung der positiven y-Achse (= *Rotationsgröße*) und ϕ eine Drehung im Uhrzeigersinn von der positiven z-Achse (= *Höhe*).

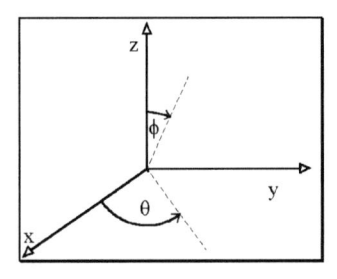

Experimente wurden schließlich noch an Aufgaben, wie

       (c): $x \to a \cdot x$ **und** $y \to a \cdot y$,

       (d): $x \to a \cdot x$ **und** $y \to \frac{a}{2} \cdot y$,   sowie

       (e): $x \to x + c$ **und** $y \to y + d$

durchgeführt, *Verallgemeinerungen* wurden formuliert und mit dem Algebrasystem überprüft.

Als noch wesentlich interessanter erwies sich die folgende Aufgabe aus dem Lehrbuch.

Aufgabenstellung: Bei der gleichmäßig beschleunigten Bewegung gilt für den zurückgelegten Weg s, die verflossene Zeit t und die Beschleunigung a die Formel $s(a,t) = \frac{a}{2} \cdot t^2$. Berechne s(2·a, t), s(a, 2·t), s(a, 3·t) und formuliere das Ergebnis in Worten [SZIRUCSEK et al 1989].

Entscheidend war bei dieser Aufgabe die Erkenntnis der linearen Abhängigkeit des Weges von der Beschleunigung, d. h. Verdopplung der Beschleunigung bedeutet Verdopplung des zurückgelegten Weges, aber der quadratischen Abhängigkeit des zurückgelegten Weges von der verflossenen Zeit, d. h. doppelte Zeit (dreifache Zeit) ergibt vierfachen (neunfachen) Weg.

Obwohl nicht gefordert, ließen es sich auch diesmal manche Schüler nicht nehmen, den Graphen der Funktion s zu plotten.

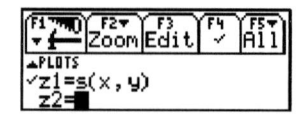

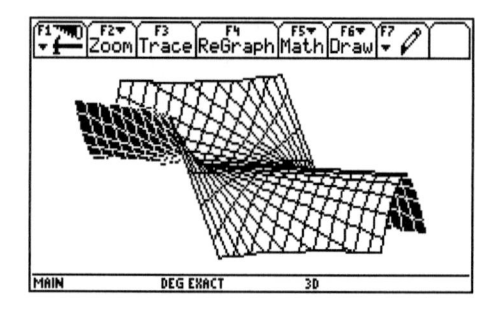

4.2 Gleichungslösen und Prototypen

Mehrfach habe ich bereits darauf hingewiesen, dass Computeralgebrasysteme eine große Hilfe beim Herausarbeiten von *Prototypen* reeller Funktionen sind.

Nach dem Herausarbeiten der *Prototypen* quadratischer Funktionen in der 5. Klasse / 9. Schulstufe, werden in der 6. Klasse / 10. Schulstufe die Potenzfunktionen mit Exponenten aus $\mathbb{N}$, $\mathbb{Z}$ und $\mathbb{Q}$ (Wurzelfunktionen), die Exponential- und Logarithmusfunktion sowie die Winkelfunktionen *sin(x)*, *cos(x)* und *tan(x)* besprochen. Die Schüler zeichnen die Funktionsgraphen von *sin(x)+ a*, *sin(a· x)*, *a·sin(x)* und *sin(x + a)* für verschiedene Werte von *a* und vergleichen sie mit dem Graphen von *sin(x)*.

Eine ausführliche Darstellung einer Unterrichtseinheit findet sich in [ASPETSBERGER, FUCHS, KLINGER 1994, S. 117-122].

Wie wirkungsvoll man die Kenntnisse über *Prototypen* reeller Funktionen beim Lösen von trigonometrischen Gleichungen und Wurzelgleichungen in der 6. Klasse einsetzen kann, möchte ich im folgenden demonstrieren.

Problemlösen auf symbolischer, numerischer und graphischer Ebene

Betrachten wir die folgende Aufgabenstellung:

Löse die folgende goniometrische Gleichung auf [0, 2π [:
sin x = – sin 2x
[REICHEL et al 1992]

Lösen wir die Gleichung mit DERIVE im EXACT-Modus, so erhalten wir die Lösungen

```
#1: SOLVE(SIN(x) = - SIN(2·x), x)

#2: [x = 0, x = π, x = -π, x = 3·π, x = 2·π/3, x = - 2·π/3]
```

Für unser vorgegebenes Intervall *[0, 2π[* verbleiben somit die drei Lösungen: $x_1 = 0$, $x_2 = \dfrac{2\pi}{3}$, $x_3 = \pi$.

Lösen wir unsere Gleichung mit MAPLE im EXACT - Modus, so erhalten wir:

> solve(sin(x)=-sin(2*x),x);
$$0, \frac{2}{3}\pi$$

Das sind nur zwei Lösungen.

Zeichnen wir die Graphen der beiden Funktionen $f_1(x) = sin(x)$ und $f_2(x) = -sin(2x)$ auf dem Intervall $[0, 2\pi[$, so entnehmen wir schließlich vier verschiedene Lösungen auf $[0, 2\pi[$.

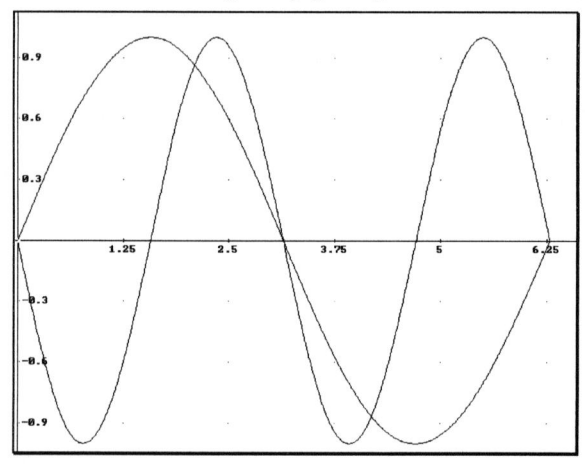

Dazu fahren wir mit dem DERIVE - Graphikzeiger im Spurmodus die Funktionsgraphen entlang. Die vier Lösungen liegen ungefähr bei $x = 0, 2.1, 3.1$ und 4.2.

Die beiden Schnittpunkte $(0,0)$ und $(\pi,0)$ sind uns als Nullstellen der Sinusfunktion $f_1(x) = sin(x)$ bekannt. Sowohl DERIVE als auch MAPLE haben uns bei der Lösung im EXACT-Modus mit $x = \frac{2\pi}{3}$ eine Lösung zwischen $x = 0$ und $x = \pi$ ausgegeben. Ermitteln wir den numerischen Näherungswert für $x = \frac{2\pi}{3}$, so erhalten wir $x = 2.09439$. Vergleichen wir diesen Wert mit der Lösung $x = 2.1$, die wir aus der Graphik entnommen haben, so werden wir $x = \frac{2\pi}{3}$ als weitere Lösung akzeptieren.

Was ist aber nun mit der vierten Lösung $x = 4.2$, die weder DERIVE, noch MAPLE ausgegeben haben?

Haben wir bereits in früheren Unterrichtseinheiten das Algebrasystem dazu eingesetzt, um Eigenschaften zu gewinnen, die auch bei Variation einzelner Parameter unverändert bleiben, so können wir an dieser Stelle auf den Sachverhalt, dass 2π die primitive Periode für die Funktion $f(x) = sin(x)$ ist, bei der Suche nach der vierten Lösung zurückgreifen.

Addieren wir nämlich die primitive Periode 2π zur DERIVE-Lösung $x = -\dfrac{2\pi}{3}$

$$\#1: \quad -\dfrac{2\cdot\pi}{3} + 2\cdot\pi$$

und vereinfachen wir Ausdruck #1 mit *approX*, so erhalten wir tatsächlich die fehlende vierte Lösung:

$$\#2: \quad 4.18879$$

Eine weitere Aufgabe, bei der die Schüler zunächst von den Erkenntnissen aus der *Prototypen*diskussion ausgehen und schließlich durch den Wechsel zwischen graphischer, numerischer und symbolischer Darstellungform die Lösungen einer Wurzelgleichung ermitteln, habe ich 1996 bei der 2nd International Derive Conference auf Schloß Birlinghoven, Bonn, präsentiert [ASPETSBERGER und FUCHS 1996]. Als Werkzeug wurde der Symbolrechner TI - 92 benützt.

Aufgabenstellung: Ermittle die Lösungen der Wurzelgleichung $\sqrt{2x+5} - \sqrt{x-6} = 3$ auf $[6, \infty[$.

Für die graphische Lösung formen wir zunächst unsere Wurzelgleichung in folgender Weise um:

$$\blacksquare \sqrt{2\cdot x + 5} - \sqrt{x-6} = 3 \qquad \sqrt{2\cdot x + 5} - \sqrt{x-6} = 3$$
$$\blacksquare (\sqrt{2\cdot x + 5} - \sqrt{x-6} = 3) + \sqrt{x-6}$$
$$\sqrt{2\cdot x + 5} = \sqrt{x-6} + 3$$

Die linke Seite der Gleichung setzen wir anschließend als $y_1(x)$, die rechte Seite als $y_2(x)$ fest. Anschließend zeichnen wir die Graphen der beiden Wurzelfunktionen $y_1(x)$ und $y_2(x)$.

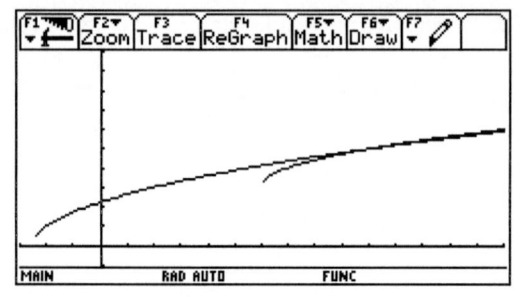

Da wir bei etwa *x=10* einen Schnittpunkt vermuten, betrachten wir einen Ausschnitt der Graphik.

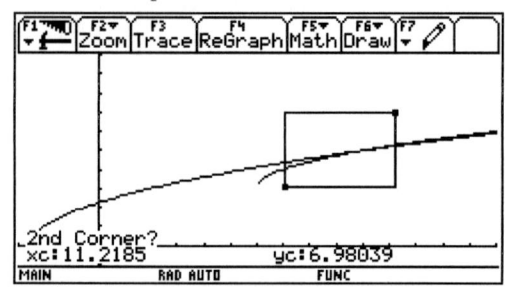

Mit Hilfe des Mathematikmoduls im Graphikfenster des TI - 92 können wir automatisch (vgl. dazu Kapitel 3.3: Module verändern den Mathematikunterricht) den Schnittpunkt der beiden Kurven ermitteln.

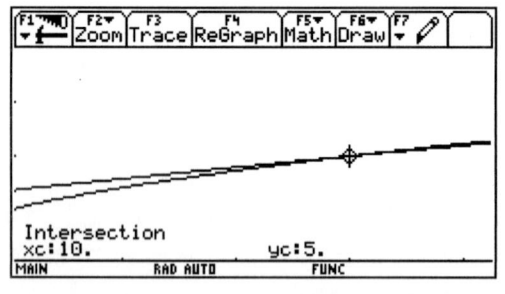

Nach Eingabe eines Bereiches auf dem wir unseren Schnittpunkt vermuten, ermittelt der Rechner die exakten Koordinaten bei *P(10,5)*.

Nun kehren wir ins Algebrafenster, beim TI - 92 HOME - Fenster genannt, zurück, um die Wurzelgleichung auf algebraischem Weg zu lösen. Beim schrittweisen Lösen mit dem Algebrasystem folgen wir den Umformungsschritten, die wir beim traditionellen händischen

Lösen der Gleichung beschritten hätten. Das Algebrasystem wird ausschließlich als symbolischer „Rechenknecht" verwendet.

```
■(√(2·x+5) - √(x-6) = 3)²
                              (√(2·x+5) - √(x-6))² = 9
■ expand((√(2·x+5) - √(x-6))² = 9)
                              -2·√(x-6)·√(2·x+5) + 3·x - 1 = 9
■ ((-2·√(x-6)·√(2·x+5) + 3·x - 1 = 9) - 3·x + 1) / -2
                              √(x-6)·√(2·x+5) = (3·x - 10)/2
■ (√(x-6)·√(2·x+5) = (3·x - 10)/2)²
                              (x - 6)·(2·x + 5) = (3·x - 10)²/4
■ solve((x - 6)·(2·x + 5) = (3·x - 10)²/4, x)
                              x = 22 or x = 10
```

Überraschenderweise erhalten wir neben der bereits bekannten Lösung $x = 10$ als zweite Lösung $x = 22$. Werfen wir also einen Blick auf die Wertetabelle unserer Wurzelfunktionen $y_1(x)$ und $y_2(x)$, die der TI - 92 auf Knopfdruck zur Verfügung stellt.

```
F1  F2  ...
    Setup ...
x     y1      y2
10.   5.      5.
12.   5.3852  5.4495
14.   5.7446  5.8284
16.   6.0828  6.1623
18.   6.4031  6.4641
20.   6.7082  6.7417
22.   7.      7.
24.   7.2801  7.2426
x=10.
MAIN        RAD AUTO        FUNC
```

Wir sehen, dass ein weiterer Schnittpunkt der beiden Funktionen $y_1(x)$ und $y_2(x)$ bei $Q(22,7)$ existiert. Unsere Wurzelgleichung hat also tatsächlich eine weitere Lösung bei $x = 22$.

Eine Einsetzprobe überzeugt uns zusätzlich von der Richtigkeit der gefundenen Lösungen.

■ $\sqrt{2 \cdot x + 5} - \sqrt{x - 6} = 3 \mid x = 22$	true
■ $\sqrt{2 \cdot x + 5} - \sqrt{x - 6} = 3 \mid x = 10$	true

Durch die Möglichkeit des raschen und komfortablen Umschaltens zwischen graphischer, symbolischer und numerischer Darstellungsweise müssen durch den Einsatz von Algebrasystemen somit „eintönige" Routineaufgaben, wie das Lösen trigonometrischer Gleichungen oder Wurzelgleichungen, in einem anderen Licht gesehen werden.

Gegenüber dem traditionellen Lösungsweg mit vielen Einzelschritten und Zusatztricks übernimmt diese Rechenschritte der „Rechenknecht" Algebrasystem. An die Stelle der fehleranfälligen Rechenarbeit tritt aber ein Bündel von numerischen, graphischen und symbolischen Kontrollmethoden.

5 BEOBACHTUNGSFENSTER: UNTERRICHT MIT COMPUTERALGEBRA UNTER DER LUPE

Im Schuljahr 1993/94 wurde ein Forschungsprojekt des Bundesministeriums für Unterricht und kulturelle Angelegenheiten mit dem Arbeitstitel „Computeralgebra im Mathematikunterricht" eingerichtet [ASPETSBERGER, FUCHS, HEUGL, KLINGER 1994]. Das Ziel dieses Projektes war die Entwicklung, Erprobung und vor allem die Evaluation von Unterrichtsmodellen. Als Projektlehrer hatte ich die 6. Klasse / 10. Schulstufe zu betreuen. Ich erkannte sehr bald die schwierige Aufgabe, ein geeignetes Instrument für eine anschließende Evaluation der Unterrichtseinheiten zu finden. Da eine Evaluation eines gesamten Unterrichtsjahres aufgrund der Fülle des Materials unmöglich sein würde, entschloss ich mich zur Bildung eng umschriebener Unterrichtssequenzen, so genannter *Beobachtungsfenster*, mit einem zeitlichen Rahmen von etwa fünf Unterrichtsstunden [FUCHS 1995; ASPETSBERGER und FUCHS 1996]. Über die Probleme bei der Planung von Beobachtungsfenstern habe ich 1998 auf einem Mathematik-Symposium in Linz berichtet und eine erste Charakterisierung des Instruments Beobachtungsfenster unter Anbindung an bestehende pädagogische Modelle vorgestellt [FUCHS 1998].

Ausgangspunkt für die Planung dieser Beobachtungsfenster war der Lehrplan für die 6.Klasse. Zunächst ordneten wir[7] die einzelnen Themenschwerpunkte des Lehrstoffs einer Zeitleiste zu.

Sep	Okt	Nov	Dez	Jan	Feb	Mär	Apr	Mai	Jun
Trigonometrie		***Grenzprozesse***	*Rechnen mit Potenzen* **Untersuchungen an Funktionsgraphen: Potenz-/Exp.-Funktionen**		*Analytische Geometrie*		*Wiederholung: Potenz-/Exp. Fkt Logarithmusfkt.* **Modellbildung**		*Wirtschaftsmathematik*

Für das gesamte Unterrichtsjahr wurden schließlich drei Beobachtungsfenster festgelegt. Als wesentliche Orientierungshilfe bei der

---
[7] gemeinsam mit Salzburger Kollegen Robert NOCKER und Friederike HURCH

Auswahl der Themenblöcke diente das didaktische Konzept der fundamentalen Ideen.

Ausgewählt wurden die Themen:
- Studieren von Grenzprozessen: Iterieren, Zählen, Visualisieren,
- Entdecken von Eigenschaften reeller Funktionen: Potenz- und Exponentialfunktion,
- Entwickeln, Beschreiben und Bewerten von Modellen.

5.1 Studieren von Grenzprozessen: Iterieren, Zählen, Visualisieren

Zweifelsohne sind Folgen und Grenzprozesse zentrale Themen in einem heuristisch orientierten Mathematikunterricht, wozu der Einsatz von Computeralgebrasystemen neue Möglichkeiten eröffnet [vgl. WEIGAND 1994].

Für die Organisation unseres Beobachtungsfensters sollte sich aber vor allem die Auswahl der Themen, die wir in einem eng umgrenzten Beobachtungsfenster besprechen wollten, schwierig gestalten. Die Schwierigkeit bestand vor allem darin, dass wir einerseits mit den ausgewählten Themen die Vorzüge des neuen Werkzeuges Computeralgebra für die Schüler erfahrbar machen wollten, andererseits aber unsere „Kunden" nicht durch eine zu rasche Darbietung einer zu großen Zahl von Einsatzmöglichkeiten überfordern wollten. Bereits Hans-Georg Weigand weist auf die Problematik hin, dass durch die einfache Bedienung interaktiver Computerprogramme sehr oft zu viele verschiedene Darstellungsformen in zu kurzer Zeitspanne dem Schüler im Unterricht dargeboten werden [WEIGAND 1990].

Wir entschlossen uns für die Planung von drei Unterrichtssequenzen.

In der ersten Sequenz sollte der *Iterationsaspekt* durch das Herausstellen der Beziehungen zwischen aufeinanderfolgenden Gliedern betont werden, wobei weiters die *Iteration* als adäquate Methode zur Lösung eines Problems vom Schüler gesehen werden sollte.

In der zweiten Sequenz wurde der *Aufzählungsaspekt* von Folgen und das Auffinden einfacher Bildungsregeln für das *Weiterzählen* von Folgen in den Mittelpunkt gestellt.

Die dritte Sequenz schließlich sollte einer heuristischen Einführung in den Grenzwertbegriff dienen, wobei vor allem durch die Visualisierung des Verlaufs der Folgenwerte mit dem Computeralgebrasystem beim Schüler *dynamische Vorstellungen* im Zusammenhang mit Grenzprozessen geweckt werden sollten.

Intervallhalbierung als Strategie zur Problemlösung

In der ersten Unterrichtssequenz stellten wir die Schüler vor die Aufgabe, die Nullstellen einer Polynomfunktion aufzufinden. Wir orientierten uns dabei an Aufgaben aus österreichischen Schulbüchern. Die Schüler mussten zunächst die quadratische Funktion

$$f(x) = x^2 - 0.8$$

mit DERIVE zeichnen und die Nullstellen der Funktion durch Zoomen bestimmen und die Werte mit Hilfe des Graphikcursors ablesen.

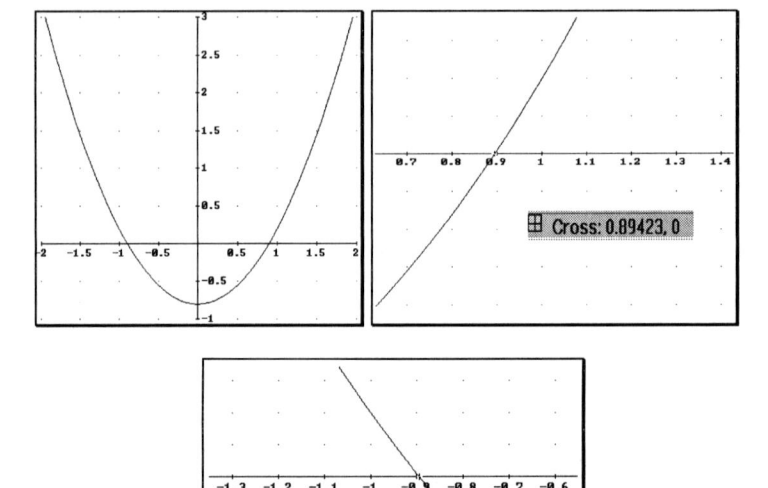

Da die Eigenschaften der quadratischen Funktion aus der 5. Klasse / 9. Schulstufe ausreichend bekannt waren (vgl. dazu Kapitel 2), war auch die Überprüfung der numerischen Werte für die Schüler keine besondere Hexerei. Sie erkannten sehr bald, dass die beiden Nullstellen sich als Lösungen der einfachen quadratischen Gleichung $x^2 = 0.8$ ergeben müssen. Vereinfachen wir nämlich den Ausdruck

$$APPROX([\sqrt{0.8}, -\sqrt{0.8}], 6]$$

mit DERIVE, so erhalten wir die numerischen Lösungen

[0.894427, – 0.894427].

Als wesentlich schwieriger sollte sich die folgende Aufgabe erweisen. Die Aufgabenstellung bestand darin, eine Lösung für die Gleichung $x^4 - 4x - 7 = 0$ zu suchen.

Wie zuvor wurde zunächst wieder der Funktionsgraph von $f(x) = x^4 - 4x - 7$ mit DERIVE gezeichnet.

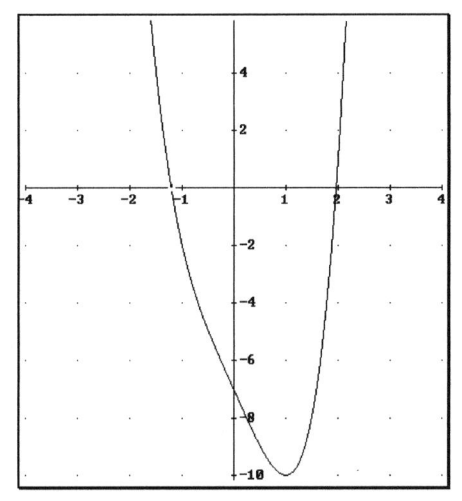

Basierend auf der graphischen Darstellung galt es nun eine geeignete Strategie zur Berechnung der Nullstellen herauszufinden. Der Graphik entnehmen wir, dass die Funktion zwei Nullstellen besitzt. Betrachten wir jene Nullstelle, die zwischen den ganzzahligen Stellen $a = -2$ und $b = -1$ liegt.

Wir stellen fest, dass der Graph der Funktion f auf dem Intervall $[a,b]$ „durchzeichenbar" und streng monoton fallend ist. Für die nächste Näherung halbieren wir das Intervall $[a,b]$. Ist der Funktionswert $f\left(\frac{a+b}{2}\right)$ größer als Null, so muss der gesuchte x-Wert im Intervall $\left[\frac{a+b}{2}, b\right]$ liegen, ist der Funktionswert $f\left(\frac{a+b}{2}\right)$ kleiner als Null, so muss der x-Wert im Intervall $\left[a, \frac{a+b}{2}\right]$ liegen.

Unser Verfahren benötigt nun noch eine *Abbruchbedingung*, damit es in einer endlichen Zeit vom Computer ausgeführt werden kann: Wir vereinbaren, dass der Prozess solange wiederholt werden muss, bis der Wert für $\left|f\left(\frac{a+b}{2}\right)\right|$ kleiner als eine vorgegebene Schranke $s > 0$ ist.

Obwohl die Strategie zur Lösung unserer Aufgabe als „Bisektionsalgorithmus" gewissermaßen „programmierfähig" ausformuliert vorlag, hatten die Schüler die nachfolgenden Aufgaben ohne Anwendung einer Automatisierungsfunktion, wie hier etwa

$$SUCH(a,b,s) := \\ = IF\left[\left|f\left(\frac{a+b}{2}\right)\right| < s, \frac{a+b}{2}, IF\left[f\left(\frac{a+b}{2}\right) > 0, SUCH\left[\frac{a+b}{2}, b, s\right], SUCH\left[a, \frac{a+b}{2}, s\right]\right]\right]$$

zu lösen.

Den Entschluss, das Algebrasystem ausschließlich als Plotter und als numerischen Rechner einzusetzen, hatten wir gefasst, da die meisten Kollegen, die mit der Erprobung der Unterrichtssequenz betraut wurden, in der 6. Klasse erstmalig das Algebrasystem DERIVE einsetzten. Es konnte daher nicht sichergestellt werden, dass Lehrer und Schüler mit der Technik des „funktionalen Programmierens" bereits vertraut waren.

Zusätzlich wollten wir, um eine Überforderung der Schüler beim Einstieg in DERIVE möglichst auszuschließen, nicht zu viele Anwendungsmöglichkeiten (Visualisierungsinstrument, numerischer Rechner und Automatisierungsinstrument) des neuen Werkzeugs so kurz hintereinander ansprechen.

Das nachfolgende Algebrablatt zeigt nun die schrittweise Problemlösung für unsere Nullstelle mit negativem Abszissenwert.

```
#1:  F(x) := x^4 - 4·x - 7
#2:  [F(-2), F(-1)]
#3:  [17, -2]
#4:  F(-1.5)
#5:  4.0625
#6:  F(-1.25)
#7:  0.441406
#8:  F(-1.125)
#9:  -0.898193
#10:  -1.25 + -1.125
      ───────────────
             2
#11: -1.1875
#12: F(-1.1875)
#13: -0.261459
#14:  -1.25 + -1.1875
      ────────────────
             2
#15: -1.21875
#16: F(-1.21875)
#17: 0.0812693
```

Es ergibt sich folgende Liste von Werten

$<-1.5, -1.25, -1.125, -1.1875, -1.21875>$

für eine Fehlerschranke

$s = 0.1$.

Als Näherungswert für unsere Nullstelle mit negativem Abszissenwert erhalten wir

$x \approx -1.2$.

Für diese Aufgabe hat sich die „Intervallhalbierungsmethode" als adäquate Strategie zur Berechnung der Nullstelle erwiesen.

Zum Abschluss der gemeinsamen Erarbeitungsphase mussten die Schüler folgende Frage beantworten:

Die Lösung -1.25 nach der Halbierung $\frac{-1.5 + (-1)}{2}$, die 0.441406 als Wert für $f(-1.25)$ hat, ist besser als die folgende Lösung -1.125, die 0.898193 als Wert für $|f(-1.125)|$ hat. Die weitere Halbierung $\frac{-1.25 - 1.125}{2}$ liefert -1.1875 als Lösung, deren Wert $|f(-1.1875)|$ aber wieder besser als alle vorangegangenen Werte ist. Erkläre das beschriebene Phänomen und ziehe die graphische Darstellung zu Hilfe!

Aus der Evaluation der Unterrichtssequenz wissen wir, dass die Bewertung des *Bisektionsalgorithmus*, wie sie hier gefordert wurde, zu schwer für den Durchschnittsschüler ist, während die selbstständige schrittweise Ausführung des Algorithmus für keinen Schüler wirklich ein Problem darstellte.

Zusätzlich stellten wir fest, dass es manchen Schülern schwer fiel, die einzelnen Werte zu einer Liste zusammenzufügen, wenn eine große Zahl von Einzelschritten bis zum Abbruch des Verfahrens erforderlich war. Die zahlreich eingefügten „Nebenrechnungen" erschwerten offenbar das Ablesen der Werte vom Algebrablatt.

In der anschließenden Übungsphase hatten die Schüler ähnliche Aufgaben nach dem Intervallhalbierungsverfahren zu lösen:

Aufgabenstellung: Ermittle die Nullstellen der nachfolgenden Funktionen

$f(x) = x^3 - 9x^2 - 21x + 5$
$f(x) = -2x^3 + 3x^2 + 3x + 1$ [BÜRGER et al 1990, S. 93]
$f(x) = x^3 + x^2 - 4x - 3$ [SZIRUCSEK et al 1994, S. 50]
$f(x) = x^3 - 3x^2 - 1$ [REICHEL et al 1992, S. 240]

Als Abbruchbedingung für alle Aufgaben wurde eine Fehlerschranke *s* von *0.01* festgelegt.

Nach dem Abschluss der Übungsphase, in der die Schüler selbstständig mit DERIVE arbeiten konnten, wollten wir überdies eine Bewertung des neuen Werkzeugs durch die Schüler. Folgende Frage wurde nach Abschluss der Übungsphase gestellt:

Welcher Art war die Unterstützung, die dir DERIVE bei der Lösung der Aufgaben gegeben hat?

DERIVE wurde dabei von nahezu allen Schülern als ein Werkzeug gesehen, das eine Reihe von lästigen Routinetätigkeiten, wie Zeichnen von Funktionsgraphen, fehleranfällige Divisionen rationaler Zahlen mit vielen Nachkommastellen, übernimmt.

Vermutungen über einfache Bildungsregeln anstellen

Wie bereits in der Einleitung zu Kapitel 5.1 erwähnt, zielte die zweite Unterrichtssequenz vor allem ausgehend vom *Aufzählaspekt* von Folgen auf das Auffinden einfacher Bildungsregeln für das *Weiterzählen* von Folgen ab. Die Schüler sollten aus der Kenntnis von Anfangswerten von Folgen auf einfache Bildungsregeln schließen.

Die Schüler sollten dabei zur Erkenntnis gelangen,
- dass in manchen Fällen Bildungsgesetze für Folgen aus der Kenntnis einiger Anfangsglieder vermutet werden können,
- dass diese Bildungsgesetze manchmal iterativ, manchmal in Form geschlossener Formeln, aber manchmal auch auf beide Arten formuliert werden können.

Aufgabenstellungen, die Vermutungen über eine einfache Bildungsregel vom Schüler einfordern, finden sich in sämtlichen österreichischen Schulbüchern.

Das Algebrasystem DERIVE wurde eingesetzt, um die vermutete Bildungsregel zu testen, indem die ersten acht Elemente für jede Folge berechnet werden mussten.

Betrachten wir die folgende Aufgabe:

Aufgabenstellung: Gegeben sind die Anfangsstücke von Zahlenfolgen.
(1)   Nach welchem Prinzip können sie gebildet worden sein?
(2)   Setze dementsprechend die Folge um jeweils vier Glieder fort!
...
$\langle \sqrt{2}, 2, 2\sqrt{2}, 4, ... \rangle$ [REICHEL et al 1992, S. 163]

Die Schüler könnten nun vermuten, dass die Iterationsgleichung $x_{n+1} = \sqrt{2} \cdot x_n$ mit dem Startwert $x_0 = \sqrt{2}$ eine einfache Bildungsregel für das obige Anfangsstück einer Folge darstellt. Ebenso könnte eine geschlossene Formel als einfaches Bildungsgesetz für das obige Anfangsstück vermutet werden, nämlich $a_n = (\sqrt{2})^n$ mit $n \in \mathbb{N}^*$ [8].

Will der Schüler nun die ersten acht Elemente der Folge nach dem vermuteten Bildungsgesetz berechnen, so bieten sich verschiedene Kodierungsmöglichkeiten mit DERIVE an.

Für den ersten Lösungsvorschlag benützen wir die vermutete Bildungsregel als Iterationsgleichung und die in DERIVE vordefinierte ITERATES-Funktion. Die Funktion ITERATES(F(x), x, x$_0$, s) generiert eine Liste von Werten, wobei F(x) die Bildungsregel, x$_0$ der Startwert für x und s die Anzahl der Iterationsschritte ist. Die Liste enthält daher auch s+1 Elemente.

Den Ausdruck

```
#1:   ITERATES(√2·x, x, √2, 7)
```

vereinfacht das Algebrasystem zu

```
#2:   [√2, 2, 2·√2, 4, 4·√2, 8, 8·√2, 16]
```

---

[8] In der ÖNORM gehört Null zu den natürlichen Zahlen. $\mathbb{N}^*$ steht für $\mathbb{N}\setminus\{0\}$.

Für den zweiten Lösungsvorschlag verwenden wir die vermutete Bildungsregel in geschlossener Darstellung und die in DERIVE vordefinierte VECTOR-Funktion.

Die Funktion VECTOR(F(n),n,a) generiert eine Liste von Werten, wobei F(n) die geschlossene Formel ist und n die Werte von 1 bis a mit einer Schrittweite von 1 durchläuft.

Den Ausdruck

$$\#1: \quad \text{VECTOR}(\sqrt{2}^{\,n}, n, 8)$$

vereinfacht DERIVE wieder zu

$$\#2: \quad [\sqrt{2},\ 2,\ 2\cdot\sqrt{2},\ 4,\ 4\cdot\sqrt{2},\ 8,\ 8\cdot\sqrt{2},\ 16]$$

Anhand weiterer Anfangsstücke von Folgen sollten die Schüler in einer anschließenden Übungsphase einfache Bildungsgesetze für das *Weiterzählen* vermuten und mit DERIVE überprüfen.

Dynamische Vorstellungen zu Grenzprozessen entwickeln

Für die dritte Unterrichtssequenz planten wir eine heuristische Einführung in den Grenzwertbegriff. Das Computeralgebrasystem wurde als Visualisierungsinstrument zur Darstellung des Verlaufs der Folgenwerte verwendet. Aus den Graphen verschiedener *konvergenter* Folgen sollten die Schüler schließlich Vermutungen über den Verlauf der Folgenwerte anstellen. Aus der Darstellung der „schrittweisen Annäherung" sollte sich damit beim Schüler eine *dynamische* oder *kinematische* Vorstellung über den Grenzwertbegriff vor der Präzisierung durch eine formale „Epsilon - Delta - Definition" entwickeln. Hans - Georg Weigand weist auf die Bedeutung eines Zugangs zum Grenzwertbegriff über *dynamische* oder *kinematische* Vorstellungen aus historischer Sicht hin:

„...Auch CAUCHY verbindet mit dem Grenzwertbegriff noch dynamische oder kinematische Vorstellungen. Erst mit WEIERSTRASS wird durch den Übergang von einer dynamischen zu einer statischen Sichtweise die heute übliche formale „Epsilon - Delta-Definition" ermöglicht ..."
[vgl. WEIGAND 1992, S. 500].

Für die Unterrichtssequenz beschränkten wir uns ausschließlich auf Folgen, die in der geschlossenen Form

$$\omega_1(n) := \frac{P_{k_1}(n)}{Q_{k_2}(n)} \quad \text{und} \quad \omega_2(n) := (-1)^n \frac{P_{k_1}(n)}{Q_{k_2}(n)}$$

mit

$$P_{k_1}(n) = \sum_{i=0}^{k_1} a_i \cdot n^i, \quad Q_{k_2}(n) = \sum_{i=0}^{k_2} b_i \cdot n^i; \quad a_i(a_{k_1} \neq 0), \; b_i(b_{k_2} \neq 0) \in \mathbb{R}, \; n \in \mathbb{N}^*$$

gegeben sind, $\omega_1(n)$ für $k_2 \geq k_1$, $\omega_2(n)$ für $k_2 > k_1$.

Zunächst wurde mit Folgen des Typs $\omega_1(n)$ (ausschließlich $k_2 > k_1$) und $\omega_2(n)$ experimentiert.

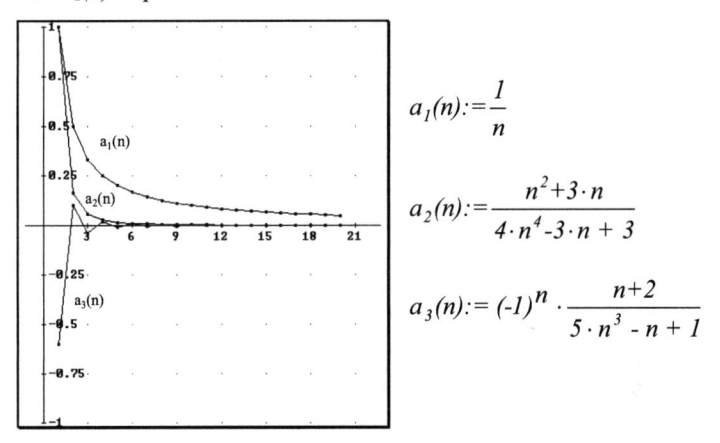

$$a_1(n) := \frac{1}{n}$$

$$a_2(n) := \frac{n^2 + 3 \cdot n}{4 \cdot n^4 - 3 \cdot n + 3}$$

$$a_3(n) := (-1)^n \cdot \frac{n+2}{5 \cdot n^3 - n + 1}$$

Zum Ermitteln der Liste von Wertepaaren mit DERIVE wurde die in der zweiten Unterrichtseinheit erlernte Generierungsfunktion VECTOR verwendet. Zur Verdeutlichung des Verlaufs der Folgenelemente in der Visualisierung wurden aufeinanderfolgende Werte durch Strecken verbunden. Die Schüler sollten erkennen, dass sich die Werte sämtlicher Folgen mit $k_2 > k_1$ schrittweise der x - Achse näherten. Solche Folgen wurden *Nullfolgen* genannt.

Zusätzlich wurden für die einzelnen *Nullfolgen* unterschiedliche „Näherungsgeschwindigkeiten gegen Null" festgestellt.

Sämtliche Werte der Folgen a_1 und a_2 waren positiv. Die Werte von a_3 waren abwechselnd positiv und negativ, wofür die Schüler umgehend den Faktor $(-1)^n$ verantwortlich machten.

Anschließend sollten die Schüler Folgen des Typs $\omega_1(n)$ mit $k_1 = k_2$ untersuchen, wobei erste Vermutungen wieder aus der Graphik gezogen werden sollten.

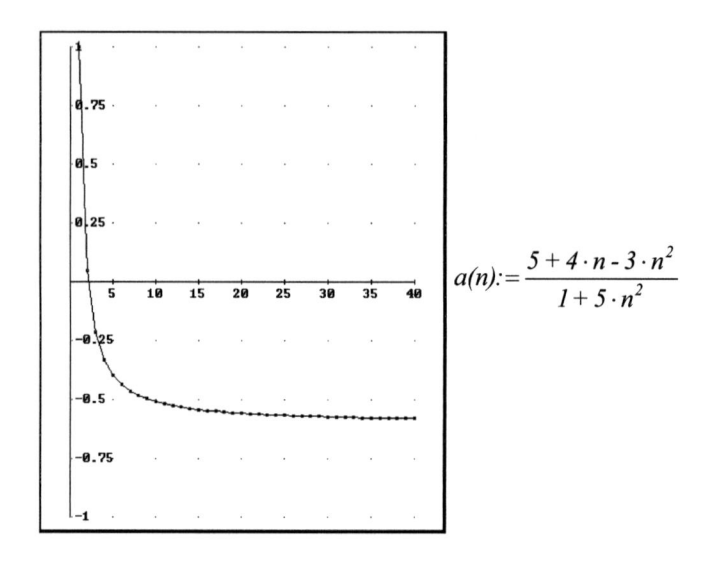

$$a(n) := \frac{5 + 4 \cdot n - 3 \cdot n^2}{1 + 5 \cdot n^2}$$

Aufgrund des Graphen der Folge vermuten wir, dass sich die Folgenwerte schrittweise dem Wert -0.6 nähern.

Durch Division wollen wir nun unseren Funktionsterm

$$\frac{5 + 4 \cdot n - 3 \cdot n^2}{1 + 5 \cdot n^2}$$

in den äquivalenten Term

$$-\frac{3}{5} + \frac{4 \cdot n}{(1 + 5 \cdot n^2)} + \frac{28}{5 \cdot (1 + 5 \cdot n^2)}$$

umformen. Ist der Divisionsalgorithmus dem Schüler an dieser Stelle nicht bekannt, so kann auch das Algebrasystem für die Umformung herangezogen werden. Durch Einsetzen einiger Werte für n kann sich der Schüler von der Richtigkeit der Umformung überzeugen (vgl. dazu Kapitel 1.3).

```
#1:   EXPAND ( (5 + 4·n - 3·n²) / (1 + 5·n²) )

#2:   4·n/(5·n² + 1)  +  28/(5·(5·n² + 1))  -  3/5
```

Der äquivalente Funktionsterm

$$-\frac{3}{5} + \frac{4 \cdot n}{(1 + 5 \cdot n^2)} + \frac{28}{5 \cdot (1 + 5 \cdot n^2)}$$

besteht aus einer Konstanten $c = -\frac{3}{5}$ und der Summe zweier Nullfolgen

$$a_1(n) = \frac{4 \cdot n}{(1 + 5 \cdot n^2)} \quad \text{und} \quad a_2(n) = \frac{28}{5 \cdot (1 + 5 \cdot n^2)},$$

deren Funktionswerte sich für wachsendes n schrittweise Null nähern. Somit bleibt in unserem expandierten Funktionsterm für wachsendes n die Konstante $c = -\frac{3}{5} = -0.6$ übrig. Dies deckt sich mit unserer Vermutung, dass sich die Werte der Folge schrittweise dem Wert -0.6 nähern.

Sicherlich muss an dieser Stelle angemerkt werden, dass die Gültigkeit des Grenzwertsatzes

$$\lim_{n \to \infty}(a_1(n) + a_2(n)) = \lim_{n \to \infty} a_1(n) + \lim_{n \to \infty} a_2(n)$$

zur Ermittlung des Grenzwertes $c = -\frac{3}{5} = -0.6$ hier ohne Beweis vorausgesetzt wurde. Tatsächlich hatten aber die Schüler mit der stillschweigenden Annahme der Gültigkeit des Grenzwertsatzes bei der Ermittlung der Grenzwerte dieser speziellen Folgen keine Probleme. Vielmehr scheint es so zu sein, dass in der Phase anschließender *Exaktifizierung* formale Begründungen den Schülern leichter fallen, wenn zuvor Experimente mit Computeralgebrasystemen durchgeführt werden. Über ähnliche Beobachtungen berichtet auch Anthony John Parker Watkins von der University of Plymouth in einer empirischen Untersuchung über den Einsatz von DERIVE im Mathematikunterricht [WATKINS 1994].

- Zur Festigung *dynamischer* Vorstellungen zum Grenzwertbegriff durch die Visualierung des Verlaufs von Folgenwerten hatten die Schüler in einer anschließenden Übungsphase weitere ähnliche Aufgaben aus Schulbüchern [BÜRGER et al 1990, S. 149ff; REICHEL et al 1992, S.189ff; SZIRUCSEK et al 1994, S. 59ff] zu lösen.

5.2 Entdecken von Eigenschaften reeller Funktionen

Zur Verbesserung der Evaluation teilten wir das zweite Beobachtungsfenster in fünf Unterrichtseinheiten mit einem streng vorgegebenen Zeitrahmen ein. Eine Unterrichtseinheit sollte dabei einer Unterrichtsstunde entsprechen. Am Ende von Unterrichtseinheit 1, 2, 4 und 5 mussten die Schüler Prüfungsblätter zur Evaluation des Lernfortschritts ausfüllen. Items aus diesen Prüfungsblättern finden Erwähnung in einer Studie von Paul Drijvers vom Freudenthal instituut in Utrecht über den Gebrauch von graphischen Rechnern und Computeralgebra: „... In Hallein kregen de leerlingen (leeftijd 16 jaar) dit voorjaar een lessenserie rond grafieken waarbij Derive gebruikt werd. Tussentijds werden korte overhoringen afgenomen, die 'klassiek' met pen en papier beantwoord moesten worden. Het volgende item maakte deel uit van zo'n overhoring ... (Es folgt die Darstellung der Prüfungsitems aus dem Prüfungsblatt zu Ende der Unterrichtseinheit 4)" [DRIJVERS 1994].

Unterrichtseinheit 1:
Die Potenzfunktionen $y = c \cdot x^n$, $n \in \mathbb{N}$, $x, c \in \mathbb{R}$

Zunächst sollen die Schüler mit DERIVE einzelne Funktionsgraphen aus der Familie der Potenzfunktionen $y = c \cdot x^n$, $n \in \mathbb{N}$, $x, c \in \mathbb{R}$ studieren, Symmetrieüberlegungen spielen dabei eine zentrale Rolle.

In sämtlichen österreichischen Schulbüchern der 10. Schulstufe [REICHEL et al 1994, S. 44; BÜRGER et al 1990, S. 83; SZIRUCSEK et al 1994, S. 116] finden wir aus den graphischen Darstellungen

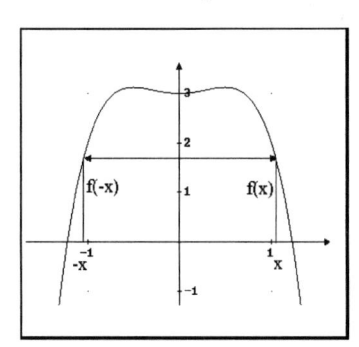

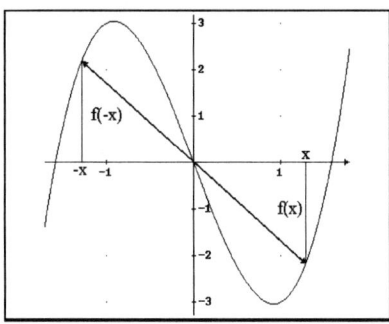

abgeleitete Symmetriedefinitionen $f(x) = f(-x)$ und $f(-x) = -f(x)$.

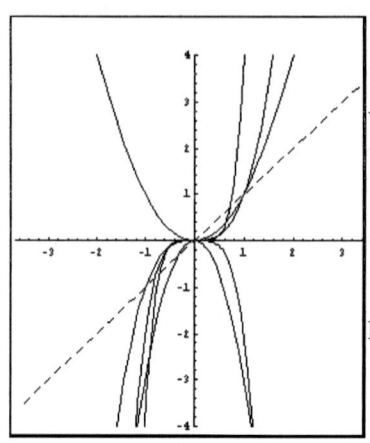

Folgende Funktionsuntersuchungen sollten angestellt werden:

A: Symmetrieuntersuchungen
$f(-x) = -f(x) \Rightarrow$ Die Funktion ist zentrisch symmetrisch bezüglich des Koordinatenursprungs.
$f(x) = f(-x) \Rightarrow$ Die Funktion ist axialsymmetrisch bezüglich der y - Achse.

B: Beachte die Fixpunkte der Funktionen als Schnittpunkte des Funktionsgraphen mit der 1. Mediane $y = x$.

Ein Beispiel aus dem Prüfungsblatt zur ersten Unterrichtseinheit:

Skizziere die Graphen der nachfolgenden Funktionen im vorgegebenen Raster!
Achte bei der Zeichnung auf Fixpunkte. Streiche die falschen Behauptungen:

$f(x) = -x^2$ $g(x) = -x^3$

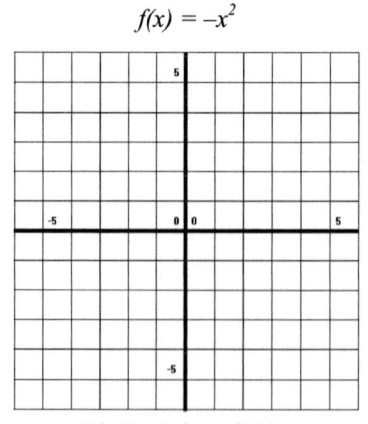

Die Funktion $f(x)$ ist   Die Funktion $g(x)$ ist
zentrisch-/ axialsymmetrisch   zentrisch-/ axialsymmetrisch

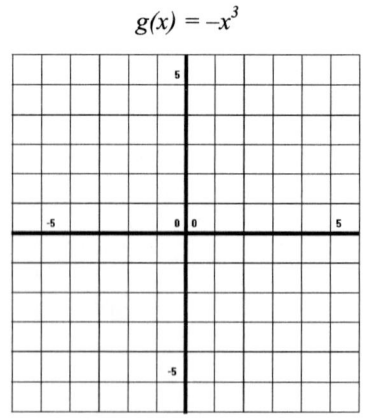

Unterrichtseinheit 2:

Die Potenzfunktionen $y = c \cdot x^z, z \in \mathbb{Z}, x \in \mathbb{R} \setminus \{0\}, c \in \mathbb{R}$

Die Schüler sollten zunächst wiederum mit DERIVE einzelne Funktionsgraphen aus der Familie der Potenzfunktionen
$$y = c \cdot x^z, z \in \mathbb{Z}, x \in \mathbb{R} \setminus \{0\}, c \in \mathbb{R}$$
zeichnen.

Folgende Funktionsuntersuchungen sollten angestellt werden:

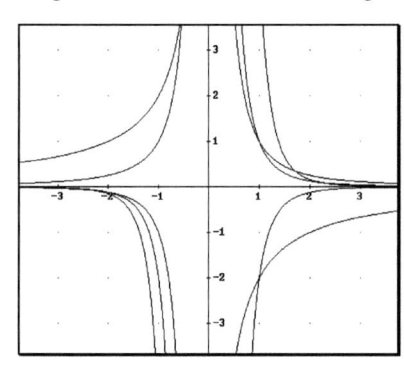

A: Symmetrieuntersuchungen
$f(-x) = -f(x) \Rightarrow$ Die Funktion ist zentrisch symmetrisch bezüglich des Koordinatenursprungs.
$f(x) = f(-x) \Rightarrow$ Die Funktion ist axialsymmetrisch bezüglich der y - Achse.

B: Monotoniebehauptungen auf der graphischen Darstellung basierend formulieren.

Ein Beispiel aus dem Prüfungsblatt zur zweiten Unterrichtseinheit:

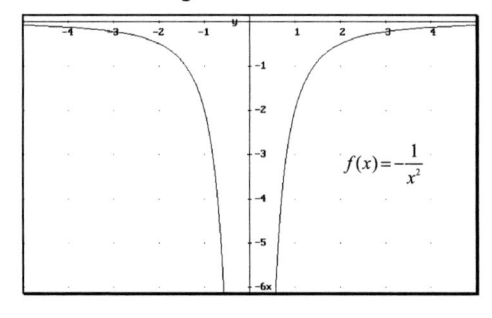

$$f(x) = -\frac{1}{x^2}$$

Betrachte den Funktionsgraphen und setze die Relationszeichen ein!

$\forall x_i$ mit $x_i \in [-2,-1]$: $x_i < x_j$ $(i \neq j) \Rightarrow f(x_i) \underset{?}{\quad\quad} f(x_j)$

$\forall x_i$ mit $x_i \in [1,1.5]$: $x_i < x_j$ $(i \neq j) \Rightarrow f(x_i) \underset{?}{\quad\quad} f(x_j)$

Unterrichtseinheit 3:

Das asymptotische Verhalten von Funktionen

Die Untersuchungen an Reziprokfunktionen $\frac{c}{x}, \frac{c}{x^2}, \frac{c}{x^3}, \ldots$ sollten die Schüler in der dritten Unterrichtseinheit zur Vermutung führen, dass die x - Achse Asymptote der betrachteten Funktionenklasse ist.

Diese Behauptung wollen wir nun mit DERIVE überprüfen.

Für unser Beispiel wählen wir

$$\#1: \quad F(x) := \frac{1}{x^3}$$

als Reziprokfunktion.

Wir vermuten, dass die Funktionswerte für $x \to \pm\infty$ immer kleiner werden, d. h. dass sich der Funktionsgraph immer mehr der x - Achse annähert. Veranlassen wir nun DERIVE den Grenzwert von $f(x)$ mit $x \to \infty$ zu berechnen.

$$\#2: \quad \lim_{x \to \infty} \left(F(x) := \frac{1}{x^3} \right)$$

$$\#3: \quad 0$$

DERIVE ermittelt, wie erwartet, Null als Grenzwert. Führen wir die Berechnung ebenso für $x \to -\infty$ mit DERIVE durch.

$$\#4: \quad \lim_{x \to -\infty} \left(F(x) := \frac{1}{x^3} \right)$$

$$\#5: \quad 0$$

Auch hier erhalten wir Null als Grenzwert. Wie zuvor vermutet, ist also die x - Achse Asymptote der Funktion

$$\#1: \quad F(x) := \frac{1}{x^3}$$

Unterrichtseinheit 4:

Die Potenzfunktionen $y = c \cdot x^q$, $q \in \mathbb{Q}$, $x \in \mathbb{R}^+$, $c \in \mathbb{R}$

Analog zu den Einheiten 1 und 2 sollten die Schüler auch hier zunächst verschiedene Graphen aus der Klasse der Funktionen $y = c \cdot x^q$, $q \in \mathbb{Q}$, $x \in \mathbb{R}^+$, $c \in \mathbb{R}$ zeichnen und anschließend auf der graphischen Darstellung basierende Monotoniebehauptungen aufstellen.

Ein Beispiel aus dem Prüfungsblatt zur vierten Einheit:

Ordne drei der nachfolgenden Graphen den Funktionen mit den Termen $f(x) = \sqrt{x}$; $g(x) = \sqrt[3]{x}$; $h(x) = 4\sqrt[3]{x}$ zu! Für den verbleibenden vierten Graphen ist eine Termdarstellung zu finden und einzutragen.

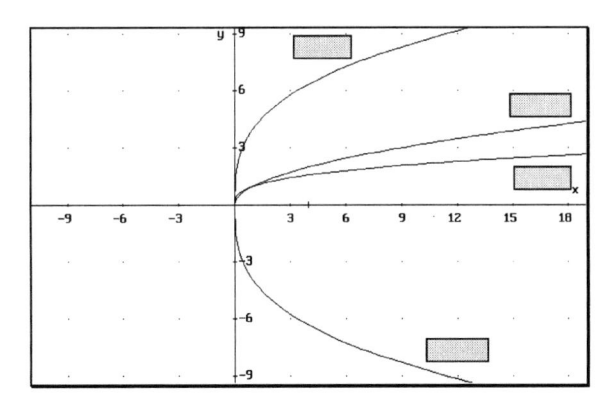

Unterrichtseinheit 5:

Eine kurze Einführung in die Exponentialfunktionen

$y = c \cdot p^x$, $p \in \mathbb{R}^+$, $c, x \in \mathbb{R}$

Zunächst sollten die Schüler verschiedene Graphen der Funktionenklasse $y = c \cdot p^x$, $p \in \mathbb{R}^+$, $c, x \in \mathbb{R}$ mit DERIVE plotten. Aus den Graphen der einzelnen Funktionen sollten schließlich grundlegende Eigenschaften über den Verlauf der Graphen für $0 < p < 1$ bzw. $p > 1$ herausgefunden werden.

Auch hier ein Beispiel aus dem Übungsblatt zur fünften Einheit:

Vervollständige die nachfolgende Behauptung: Jeder Graph einer Potenzfunktion $y = c \cdot x^p$ enthält den Punkt $P(1,c)$ und jeder Graph einer Exponentialfunktion $y = c \cdot p^x$ enthält den Punkt $Q(\underset{?}{\_\_},\underset{?}{\_\_})$.

Füge an den vorgesehenen Stellen die passende Formulierung „streng monoton wachsend" oder „streng monoton fallend" ein:

Eine Exponentialfunktion $y = c \cdot p^x$ ist

für $0 < p < 1$ mit $x \in \mathbb{R}$, $c \in \mathbb{R}^+$ $\underset{?}{_____}$

aber $\underset{?}{_____}$ für $p > 1$ mit $x \in \mathbb{R}$, $c \in \mathbb{R}^+$

Zusammenfassend konnten folgende Erfahrungen zum zweiten Beobachtungsfenster festgehalten werden.

- Am Ende des zweiten Beobachtungsfensters wurde bei sämtlichen Schülern eine deutliche Verbesserung der Fähigkeiten bei Graph - Termzuordnungsaufgaben festgestellt. Weiters war das Computeralgebrasystem ein willkommenes Werkzeug zum Experimentieren im Mathematikunterricht. So begannen die Schüler nach „Grenzkurven" zu suchen, wie

$$f_1(x) := x^{100}$$

$$f_2(x) := \frac{1}{x^{100}} - 20$$

- DERIVE wurde von sämtlichen Schülern als komfortables Instrument zur Untersuchung von Funktionsgraphen (Symmetrieeigenschaften, Monotoniebehauptungen, asymptotisches Verhalten) bezeichnet.

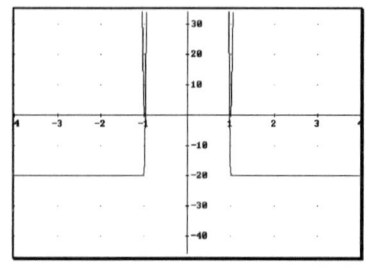

5.3 Entwickeln, Beschreiben und Bewerten von Modellen

Folgende Unterrichtsziele sollten mit der nachfolgenden Unterrichtseinheit verfolgt werden: Einerseits sollte DERIVE als Instrument zur Ermittlung einzupassender reeller Funktionen verwendet werden, andererseits sollte der Schüler befähigt werden, die Brauchbarkeit der eingepassten Funktionen zu interpretieren.

Aufgabenstellung: Mit immer höherem technischen Aufwand bemüht sich die Automobilindustrie, das Auto sicherer und vor allem umweltschonender zu machen. So hat man festgestellt, dass der Kraftstoffverbrauch aller PKWs annähernd parabelförmig mit der Geschwindigkeit abnimmt.

Aus einem Testbericht wurde die folgende Tabelle für fünf verschiedene PKWs entnommen:

Fahrzeugtype		Verbrauch (in l) bei Geschwindigkeit (in km/h)				
Hubraum	Leistung	50 km/h	70 km/h	90 km/h	120 km/h	140 km/h
1,1 l	40 kW	4,6 l	5,4 l	6,1 l	8,0 l	12,0 l
1,1 l	43 kW	4,7 l	5,3 l	6,4 l	8,1 l	10,3 l
1,3 l	51 kW	4,8 l	5,5 l	6,0 l	7,7 l	10,3 l
1,6 l	58 kW	4,9 l	5,3 l	6,4 l	8,2 l	9,7 l
1,6 l	71 kW	5,3 l	6,0 l	6,9 l	8,9 l	11,2 l

[SCHMIDT 1988, S. 158]

Ein neueres Modell eines bekannten Automobilherstellers hat die in der Tabelle unterlegten Verbrauchswerte. Um zu überprüfen, ob der Verbrauch tatsächlich parabelförmig von der Geschwindigkeit abhängt, werden wir die Einpassungsfunktion allgemein mit $F(x):=a \cdot x^2 + b \cdot x + c$ ansetzen und die Einpassung von DERIVE durchführen lassen.

Aus der Tabelle übernehmen wir zunächst unsere Messwerte für die Geschwindigkeit und den Verbrauch und übertragen sie auf unser Algebrablatt.

$$\#1: \text{liste} := \begin{bmatrix} 50 & 4.8 \\ 70 & 5.5 \\ 90 & 6 \\ 120 & 7.7 \\ 140 & 10.3 \end{bmatrix}$$

Anschließend definieren wir unsere quadratische Einpassungsfunktion.

$$\#2:\ F(x) := a \cdot x^2 + b \cdot x + c$$

Zur Einpassung verwenden wir die FIT - Funktion von DERIVE als „Black - Box". Dabei wird dem Schüler eine vordefinierte Algebrafunktion als „Programmierumgebung" [vgl. KUTZLER 1994] zur Verfügung gestellt. In unserem Beispiel soll der Schüler mit der FIT - Funktion Experimente zum Einpassen von Polynomfunktionen durchführen. Das Verständnis für die Arbeitsweise der FIT - Funktion ist für das Erreichen des Lehrziels jedoch nicht erforderlich. Allenfalls könnte man interessierte Schüler darauf hinweisen, dass DERIVE dabei stets jene Funktion ermittelt, für die die Summe der Quadrate der Abweichungen der Ordinatenwerte von den Ordinatenwerten der vorgegebenen Punkte minimal ist. (vgl. dazu Kapitel 8)

Aus

$$\#3:\ \text{FIT}([x,\ F(x)],\ \text{liste})$$

erhalten wir mit *approX* den Term der quadratischen Funktion

$$\#4:\ 0.000649597 \cdot x^2 - 0.0663893 \cdot x + 6.66958$$

Zeichnen wir nun die Wertepaare aus unserer Liste und den Graphen der Einpassungsfunktion mit DERIVE.

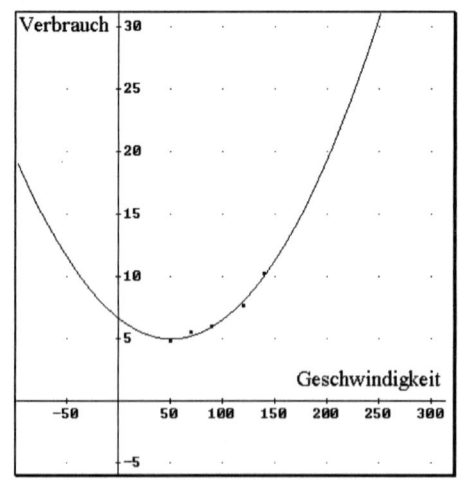

Wir sehen: Die Funktion F passt bereits gut, die Abweichungen der einzelnen Messwerte vom Funktionsgraphen sind gering, was uns auch DERIVE nach Aufruf von

```
#5: GOODNESS_OF_FIT(0.000649597·x² - 0.0663893·x + 6.66958, x, liste)
#6: 0.238208
```

bestätigt. Die GOODNESS_OF_FIT - Funktion (sie ist Teil der MISC.MTH) würde nämlich einen Wert von Null für eine optimale Einpassung liefern.

Wollen wir jenen Funktionsgraphen zeichnen, der alle Datenpunkte unserer Liste enthält, so müssen wir die Einpassungsfunktion als ganzrationale Funktion 4. Grades ansetzen.

```
#7: G(x) := a·x⁴ + b·x³ + c·x² + d·x + e
```

Die Funktion 4. Grades ermitteln wir aber nicht über die „Black - Box" der FIT - Funktion von DERIVE. Da nämlich bei der optimalen Einpassung alle fünf Datenpunkte auf dem Graphen liegen müssen, lösen wir einfach das lineare Gleichungssystem

```
#8: SOLVE([G(50)=4.8, G(70)=5.5, G(90)=6, G(120)=7.7, G(140)=10.3], [a,b,c,d,e])
```

mit DERIVE und erhalten als Lösungen

$$\#9:\ \left[a = -\frac{1}{126000000},\ b = \frac{1}{65625},\ c = -\frac{4049}{1260000},\ d = \frac{1831}{7000},\ e = -\frac{21}{10}\right]$$

Der Funktionsterm unserer Einpassungsfunktion 4. Grades lautet somit

$$\#10:\ -\frac{1}{126000000}x^4 + \frac{1}{65625}x^3 + -\frac{4049}{1260000}x^2 + \frac{1831}{7000}x + -\frac{21}{10}$$

Überprüfen wir mit GOODNESS_OF_FIT wieder die Qualität unserer Einpassung, so liefert DERIVE, wie erwartet, nach Aufruf von

$$\#11:\ \text{GOODNESS\_OF\_FIT}\left(-\frac{1}{126000000}x^4 + \frac{1}{65625}x^3 + -\frac{4049}{1260000}x^2 + \frac{1831}{7000}x + -\frac{21}{10},\ x, \text{liste}\right)$$

den Wert #12: 0 .

Plotten wir auch noch den Graphen unserer Funktion, so sehen wir, dass er, wie erwartet, durch alle fünf Datenpunkte verläuft.

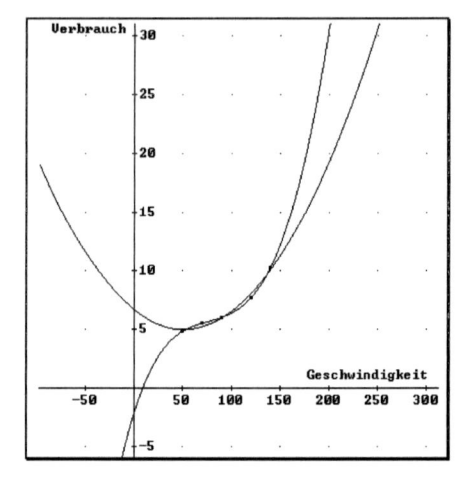

Ein wesentlicher Teil jeder Modellbildung liegt jedoch in der Bewertung der Modelle an den Realsituationen.

Bewerten wir zunächst die Eingangsbehauptung, dass der Verbrauch einzelner PKWs parabelförmig von der Geschwindigkeit abhängt. Betrachten wir den Graphen unserer quadratischen Einpassungsfunktion, so sehen wir, dass unser Motor wohl im Leerlauf zuviel braucht. Noch schlechter aber trifft unser Modell die Realsituation bei der Einpassung der ganzrationalen Funktion 4. Grades. Zwar liegen sämtliche Datenpunkte auf dem Graphen, jedoch würde der Motor im Leerlauf sogar „Treibstoff erzeugen" (negative Verbrauchswerte). Auf diese Problematik bei der Einpassung von Polynomfunktionen in Datenpunkte weist bereits Eduard Stiefel in seiner Einführung in die numerische Mathematik hin: „... Das Stützpolynom ist also nur in den mittleren Regionen des Stützintervalls sicher bestimmt; gegen die Enden hin wird sein Verlauf unsicher. Diese Situation verschlimmert sich rasch mit wachsender Stützstellenzahl..." [STIEFEL 1961]. Dieses Problem bei der Modellbildung durch Polynomfunktionen zeigen auch Hans-Georg Weigand und Hubert Weller in ihren Untersuchungen über funktionales Denken beim Einsatz von Computeralgebrasystemen im Mathematikunterricht auf. Sie fordern in einer Prüfungsaufgabe, die darin besteht, das Profil einer Sprungschanze zu beschreiben, die Schüler auf, das Profil aus zwei Parabelbögen zusammenzusetzen [WEIGAND und WELLER 1996].

Auch wir wollen ein Modell für den Zusammenhang zwischen Kraftstoffverbrauch und Geschwindigkeit finden, das einer Bewertung durch die Realsituation besser standhält und entscheiden uns für eine Beschreibung durch zwei Parabelbögen.

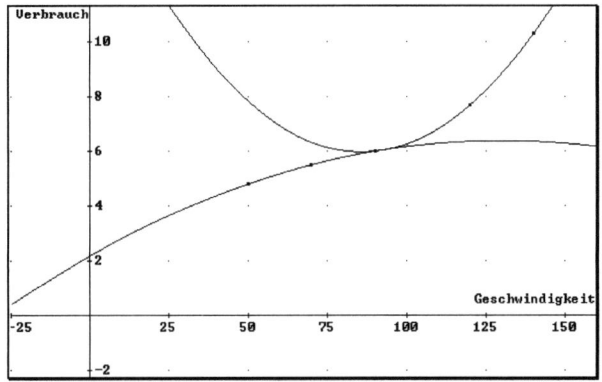

Zunächst passen wir eine Parabel für die Datenpunkte *liste(i)* für $i = 1, 2, 3$ ein.

#1: $\text{liste} := \begin{bmatrix} 50 & 4.8 \\ 70 & 5.5 \\ 90 & 6 \\ 120 & 7.7 \\ 140 & 10.3 \end{bmatrix}$

#2: $\text{FIT}\left(\left[x, a \cdot x^2 + b \cdot x + c\right], \text{VECTOR}(\text{liste}_i, i, 1, 3)\right)$

#3: $-\dfrac{x^2}{4000} + \dfrac{13 \cdot x}{200} + \dfrac{87}{40}$

Durch die Datenpunkte *liste(i)* mit $i = 3,4,5$ legen wir unsere zweite Parabel.

#4: $\text{FIT}\left(\left[x, a \cdot x^2 + b \cdot x + c\right], \text{VECTOR}(\text{liste}_i, i, 3, 5)\right)$

#5: $\dfrac{11 \cdot x^2}{7500} - \dfrac{377 \cdot x}{1500} + \dfrac{837}{50}$

Wir erhalten einen gemächlich ansteigenden Kraftstoffverbrauch bis hin zu einer Geschwindigkeit von zirka 100 km/h, von dort weg einen mit zunehmender Geschwindigkeit stark ansteigenden Kraftstoffverbrauch.

In der Übungsphase sollten die Schüler zu den übrigen Zeilen der Wertetabelle Beschreibungsmodelle durch Einpassen finden.

Die Experimentierfreudigkeit der Schüler zeigte sich besonders bei diesem Beobachtungsfenster. Probleme traten aber bei einzelnen Schülern im Zusammenhang mit der geeigneten Wahl der Koordinateneinheiten auf. So geschah es immer wieder, dass Schüler aufgrund schlecht eingestellter Skalierungen auf dem Bildschirm nichts zu sehen bekamen, obwohl sie den *Plot*-Befehl richtig verwendet hatten. In solchen Situationen folgte bei manchen Schülern ein großes Gefühl der Unsicherheit, das sich negativ auf die Experimentierfreudigkeit mit dem Computer auswirkte.

Allgemeine Beobachtungen während der drei Beobachtungsfenster

- Das *Problem der Selbstbeurteilung* der Schüler im Umgang mit Computeralgebrasystemen: So äußerten etwa sehr viele Schüler bei Befragungen geringe oder keine Probleme im Umgang mit Computeralgebra, obwohl sie bei Aufgaben in Übungs- und Wiederholungsphasen öfters mit den Änderungen elementarer Systemeinstellungen, wie Skalierung der Achsen in der Graphik, APPROX- (=Näherungs-) gegenüber EXACT-Modus, große Probleme hatten.

- Schulveranstaltungen, wie Exkursionen, Vorträge, etc., wirkten sich sehr störend auf Beobachtungsfenster aus. Solche Unterbrechungen waren hauptverantwortlich für zahlreiche, zunächst nicht eingeplante Wiederholungen. Dadurch fühlten sich sowohl die Betreuungslehrer als auch die Schüler unter zeitlichem Druck, sollten doch die Beobachtungsfenster in einem vorgeschriebenen zeitlichen Rahmen erfolgen.

- Bemerkenswerte *Veränderungen im Sozialverhalten* der Schüler: Der Einsatz von Schülern als Tutoren für ihre Mitschüler erwies sich als sehr vorteilhaft. Zahlreiche Betreuungslehrer berichteten, dass in Computerstunden die Zusammenarbeit in der Klasse besser als jemals zuvor war.

- Grundsätzlich wurde das Computeralgebrasystem als mächtiges Werkzeug beurteilt, das eine Menge von aufwendigen Routinetätigkeiten, wie im dritten Beobachtungsfenster das Lösen von umfangreichen Gleichungssystemen, abnimmt.

6 ZWEI GLEICHWERTIGE PARTNER: GEOMETRISCHE UND ALGEBRAISCHE REPRÄSENTATION

Modellbilden durch funktionale Beschreibung

Algebrasysteme erleichtern das Manipulieren von algebraischen Ausdrücken, sie unterstützen aber auch den Geometrieunterricht durch die graphische Darstellung der Objekte, als Funktionen in 1, 2 oder mehreren Variablen. Mit geringem Aufwand gelangen die Schüler von der analytischen Darstellung zur erforderlichen funktionalen Beschreibung. Die Systeme motivieren damit die parallele Behandlung von Algebra und Geometrie und machen für die Schüler den Weg durchlässig zwischen symbolischer und graphischer Repräsentation. Sie erlauben somit den Transfer vom Experimentieren mit den geometrischen Bildern zur analytischen Darstellungsform und umgekehrt. Die Wirkung der Veränderung einzelner Parameter in der funktionalen Beschreibung der geometrischen Objekte können die Schüler auf dem Bildschirm unmittelbar beobachten und Einsichten gewinnen. [vgl. dazu auch VÁSÁRHELYI, FUCHS 1998]. Über die innermathematische Bedeutung hinaus kommt dem Modellbilden aber auch eine fächerübergreifende Bedeutung zu anderen Bereichen wie Robotik, Kinematik, Simulation dynamischer Systeme zu.

Die grundlegende Philosophie der Beschreibung geometrischer Objekte mit Algebrasystemen ist streng funktional.[9]

Für Unterrichtseinheiten, in denen Computeralgebrasysteme als Rechenhilfe für algebraische Umformungen und als Visualisierungsinstrument für die graphische Darstellung eingesetzt werden, halte ich daher die „funktionale Implementierung" der geometrischen Objekte von Beginn der Einheiten an für empfehlenswert, fördert doch das Arbeiten mit den Objekten in funktionaler Beschreibung auch das Denken in geometrischen Zusammenhängen. So kann das Lösen der Gleichung $f(x,y) = g(x,y)$ nicht nur als algorithmisches Verfahren, sondern auch als Gleichsetzung der Höhen $f(x,y) = g(x,y)$ verstanden werden [vgl. dazu M. KLIKA 1986, S. 62]:

---

[9] MAPLE erlaubt auch die Darstellung von Objekten durch implizite Gleichungen nach Zuladen spezieller Zeichenprogramme [MAPLE V - RELEASE 2 - Notes 1992, S. 31].

„... Neu ist jetzt, daß der Parameter z als Höhe interpretiert wird, und wir in der Form

$$z = -0.1 \cdot x - 0.2 \cdot y + 100$$

(Ebenengleichung) die Funktionsgleichung einer Funktion in zwei (unabhängigen) Variablen x, y vorliegen haben: allgemein

$$z = f(x,y) = a \cdot x + b \cdot y + c \ ...\text{``}.$$

Der Zusammenhang Algebra und Graphik wird wohl auch vom Schüler als enger empfunden, wenn die geometrischen Objekte ohne Neudefinition für die graphische Darstellung übernommen werden können. Bei allen Möglichkeiten, die eine funktionale Beschreibung von Objekten in der Geometrie eröffnet, darf nicht vergessen werden, dass diese Form der Beschreibung auch Gefahren, wie etwa zu starke Generalisierung, und Probleme, wie die Wahl geeigneter Parameter, in sich birgt. Die Geometrie kann aber gerade durch die Verlagerung vom rechnerischen Aspekt (Berechnung von Flächen- und Rauminhalten) zum darstellenden Aspekt für den einzelnen Schüler entscheidend an Bedeutung gewinnen, geht doch von der Beschreibung idealisierter Objekte des Alltags (Rolle-Zylinder, Schlauch-Torus) eine besondere Faszination aus. Nicht zuletzt sind das auch die Objekte, die ihnen in computeranimierten Filmszenen und Computerspielen begegnen. Jedoch ist es wichtig, dass der Lehrer ständig darauf hinweist, dass die mathematische Modellbildung im Kopf jedes einzelnen Schülers geleistet werden muss. Das Algebrasystem übernimmt nur aufwendige Rechenarbeiten und führt jene Transformationen durch, die für die Abbildung von Punkten des $\mathbb{R}^3$ auf den Computerbildschirm nötig sind. Auf dem Weg zur „funktionalen Implementierung" sehe ich auch eine Überwindung einseitiger Funktionsbetrachtung im Mathematikunterricht (wie z.B. aus einer vorgegebenen Funktionsgleichung $y = f(x)$ sollen für einzelne Argumente x die Werte y bestimmt werden). [vgl. dazu WEIGAND 1988 und WAGENKNECHT 1992].

Beispiele aus dem Kernstoff

Die Parameterdarstellung einer Geraden im Raum

In der 5. Klasse charakterisiert man die Gerade in der analytischen Raumgeometrie durch einen Stützpunkt $P(x_0, y_0, z_0)$ und durch einen Richtungsvektor $a(a_x, a_y, a_z) \in \mathbb{R}^3 \setminus (0,0,0)$.

Ein Punkt der Geraden ist durch den Vektor

$$\left[x_0 + t \cdot a_x, y_0 + t \cdot a_y, z_0 + t \cdot a_z\right]$$

identifizierbar, also können wir die Gerade g als Funktion in einer Variablen t beschreiben:

$$g := t \to \left[x_0 + t \cdot a_x, y_0 + t \cdot a_y, z_0 + t \cdot a_z\right].$$

Diese symbolische Darstellung lässt sich unmittelbar für die Kodierung mit dem Algebrasystem verwenden:

$$g := t \to \left[x_0 + t*a_x, y_0 + t*a_y, z_0 + t*a_z\right]$$

Die Eingabe bei MAPLE :

g:=t -> [0, - 3*t, 2 + 4*t];

Je nach Wahl des Parameters t erhalten wir verschiedene Teile von g.

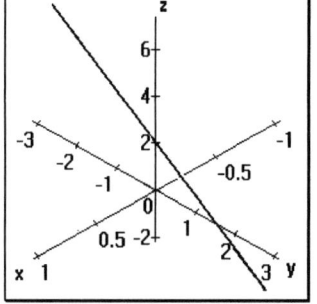

Setzen wir für t einen beliebigen Wert aus $\mathbb{R}$ ein, so erhalten wir einen Punkt auf der Geraden, $t = 0$ liefert etwa den Stützpunkt. Durchläuft t ein Intervall $[a,b] \subset \mathbb{R}$, so erhalten wir eine Strecke, wie in unserer Abbildung.

Verschiedene analytische Darstellungsformen der Ebene

Die Untersuchungen der Lagebeziehungen von *Ebenen* sind Kernstoff in der 6. Klasse / 10. Schulstufe. Erfahrungsgemäß gibt es nun bei vielen Schülern ein sehr großes Bedürfnis, geometrische Objekte und deren Beziehungen nicht nur algebraisch mit Mitteln der Analytischen Geometrie zu bearbeiten, sondern auch graphisch darzustellen. Mit den Algebrasystemen haben wir ein Werkzeug, um Algebra und Graphik auf einfache Weise sinnvoll zu verbinden. Während wir für die algebraische Behandlung nicht notwendig auf die „funktionale Implementierung" der geometrischen Objekte zurückgreifen müssen, ist dies für die graphische Darstellung der Objekte, bei streng funktionaler Arbeitsweise, notwendig.

Das Objekt *Ebene* wird als Funktion in zwei Variablen modelliert, wobei wir den Funktionsterm von

$$e := (x,y) \to a'*x + b'*y + c' \quad \text{mit} \quad a' = -\frac{a}{c},\ b' = -\frac{b}{c},\ c' = \frac{d}{c};\ c \neq 0$$

aus der Gleichung

$$a*x + b*y + c*z = d$$

durch Anwendung des Befehls

```
> solve(a*x+b*y+c*z=d,z);
              a x + b y - d
            - ─────────────
                   c
```

erhalten.

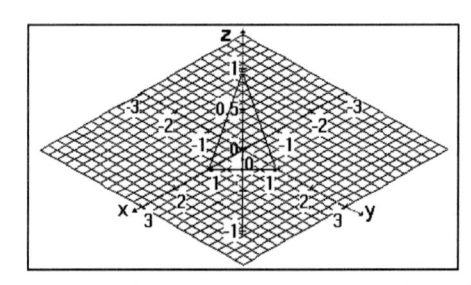

Bei MAPLE wird die Ebene $e: x + y + z = 1$ als Tripel
$$[x,\ y,\ e(x,y)]$$
mit
```
> e:=(x,y)->-x-y+1;
```
geplottet. Für x und y wird ein passender Bereich (hier $x = -3..3$ und $y = -3..3$) gewählt.

Die Beschriftung der x-, y- und z-Achse, ebenso das Spurendreieck, wurden zur Bildklärung nachträglich mit einem Zeichenprogramm eingefügt.

Sonderlage

In unserem Beispiel betrachten wir eine erstprojizierende Ebene, die anderen speziellen Fälle gehen analog.

Liegt die Ebene parallel zur z-Achse, wie etwa $x + y = 1$, so lösen wir die Gleichung nach x oder y und definieren die Ebene

$$e := (y,z) \to -y + 1$$

oder

$$e\_ := (x,z) \to -x + 1$$

Überprüfen wir die Lage dieser Ebene, die wir als Tripel *[e(y,z), y, z]* oder *[x, e_(x,z), z]* mit MAPLE plotten.

```
> plot3d([e(y,z),y,z],y=0..1,z=0..1,axes=normal);
> plot3d([x,e_(x,z),z],x=0..1,z=0..1,axes=normal);
```

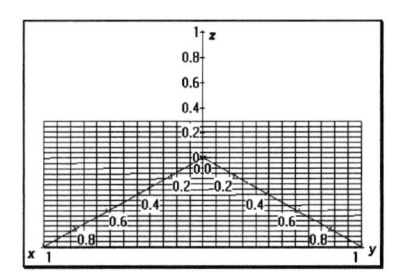

Zeichnen wir zur Ergänzung auch die *xz-* und *yz*-Ebene ein. Das Programm ermöglicht eine plastische Darstellung durch Schattierung. Will man aber die Struktur der Ebene hervorheben, so zeichnet man ein Gittermodell.

Um die geometrischen Objekte vernünftig kodieren zu können, führen wir neue Parameter *u* und *v* ein:

```
> xz_Ebene:=(u,v)->[u,0,v];
```
$$xz\_Ebene = (u,v) \to [u,0,v]$$
```
> yz_Ebene:=(u,v)->[0,u,v];
```
$$yz\_Ebene = (u,v) \to [0,u,v]$$
```
> plot3d({[e(u,v),u,v],xz_Ebene(u,v),yz_Ebene(u,v)},u=-2..3,v=-2..2,axes=normal);
```

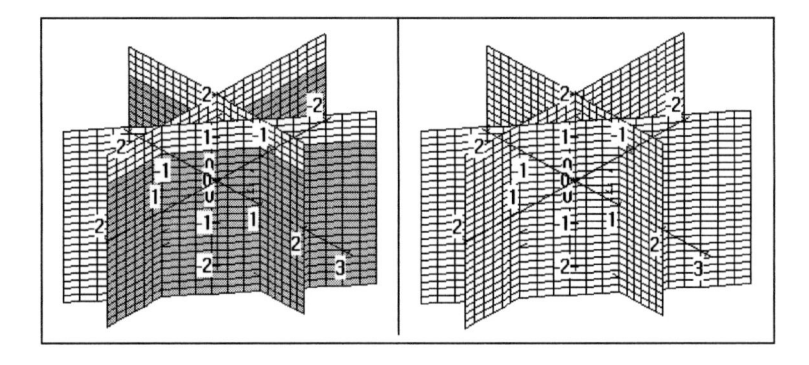

6.1 Aufgaben zur Raumvorstellung
Die Lagebeziehungen dreier Ebenen

In Kapitel 1.3 habe ich darauf hingewiesen, dass das Lösen von Gleichungssystemen zu den charakteristischen Fähigkeiten eines Algebrasystems zählt. Gerade dadurch, dass nun die Algebrasysteme die teilweise aufwendige Rechenarbeit übernehmen, kann im Mathematikunterricht mit Algebrasystemen ein stärkeres Gewicht auf die geometrische Interpretation eines Gleichungssystems mit drei linearen Gleichungen aus drei Variablen gelegt werden. Dass die geometrische Interpretation dreier linearer Gleichungen in drei Variablen gerade wegen seiner Vielfalt von Lösungsfällen (*leer, einelementig, ein-, zweiparametrig*) für Schüler eine besondere Herausforderung darstellt, habe ich 1993 in einem Beitrag für Computer und Unterricht [FUCHS 1993a] dargestellt. Der Beitrag beschreibt einen Baustein namens VERR3, der von einem Schüler zur Lösung dreier linearer Gleichungen in drei Variablen in der Programmiersprache APL im Informatikunterricht geschrieben wurde. Das Programm stellt die beiden Module SCHNITT ZWEIER EBENEN und SCHNITT GERADE-EBENE zur Verfügung, mit deren Hilfe die Lösung des Gleichungssystems schrittweise ermittelt wird.

Übungen zur Raumvorstellung

Koordinatenweg zum Schnittpunkt:
Die drei Ebenen

$$e_1 := x + y - z = 2,$$
$$e_2 := x - y + z = 4$$
$$e_3 := -x + y + z = 6$$

und

haben genau einen Punkt gemeinsam. Nach dem bekannten Befehl

```
>solve({x+y-z=2,x-y+z=4,-x+y+z=6},{x,y,z});
```

liefert MAPLE die Koordinaten des Schnittpunkts
$\{x = 3, y = 4, z = 5\}$
der Ebenen.

Leider war es bisher im Unterricht nahezu unmöglich - es sei denn man hatte spezielle Visualisierungsprogramme zur Verfügung - auf raschem Weg eine geometrische Darstellung des beschriebenen Sachverhaltes anzufertigen. Leistungsstarke Algebrasysteme, wie das System MAPLE, erlauben aber auf einfache Weise eine geometrische

Darstellung der drei Ebenen. Dazu ermitteln wir zunächst die „funktionale Implementierung" der geometrischen Objekte

```
>e1:=(x,y)->solve(x+y-z=2,z);
>e2:=(x,y)->solve(x-y+z=4,z);
>e3:=(x,y)->solve(-x+y+z=6,z);
```

und plotten anschließend die drei Ebenen
[x,y,e1(x,y)], [x,y,e2(x,y)] und *[x,y,e3(x,y)]*.

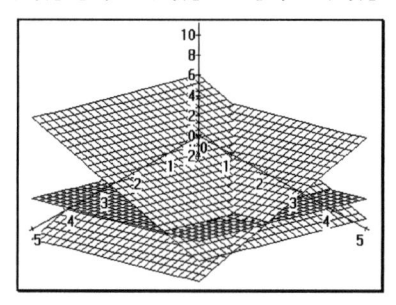

(Unterschiedliche Darstellungen siehe im Farbteil.)
Die *Raumvorstellungsübung* des Schülers besteht nun darin, den Koordinatenweg zum Schnittpunkt *[3,4,5]* einzuzeichnen.

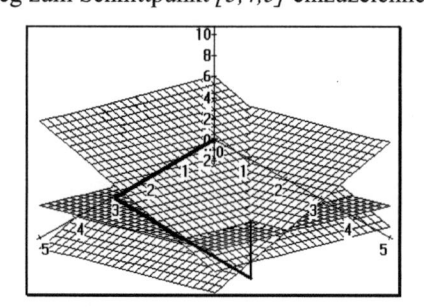

Kann die Lösung richtig sein? Sind die Ebenen wirklich identisch?
Wenn die drei Ebenen e_1, e_2 und e_3 identisch sind,

```
>solve({2*x+4*y-z=8,6*x+12*y-3*z=24,-2*x-4*y+z=-8},{x,y,z});
```

dann liefert das System eine *zweiparametrige Lösung*
$\{x = x, \; y = y, \; z = 2x + 4y - 8\}$,
was zu interpretieren ist.
Auch hinter der leeren Menge verbergen sich Lösungen -
ein Algebra-Geometrie-Wechselspiel

Interessant für die geometrische Darstellung werden aber vor allem all jene Lösungsfälle, die als Lösungsmenge die *leere* Menge haben.
Lösen wir das lineare Gleichungssystem

{x+2*y+z=2, 2*x+4*y+2*z=4, -2*x-4*y-2*z=0}

mit MAPLE, so erhalten wir keinen „Output". Das System hat keine Lösung gefunden.
Bevor die graphische Darstellung hergestellt wird, sollen die Schüler Vermutungen über den geometrischen Hintergrund anstellen.

algebraische Überlegung	geometrische Situation
Die Gleichung der Ebene e_2 **2*x+4*y+2*z=4** ist aus der Gleichung der Ebene e_1 **x+2*y+z=2** durch Multiplikation mit *2* entstanden.	
	Die beiden Ebenen e_1 und e_2 sind identisch.
Der Normalvektor der Ebene e_3 ist kollinear zum Normalvektor der Ebene e_1 bzw. e_2.	
	Die Ebene e_3 enthält den Punkt *(0,0,0)*.
daher gilt algebraisch $$\begin{pmatrix}-2\\-4\\-2\end{pmatrix} \cdot \begin{pmatrix}0\\0\\0\end{pmatrix} = 0$$	
	(0,0,0) ist kein Element von e_1 bzw. e_2. Die Ebene e_3 ist offenbar parallel zu e_1 bzw. e_2.
Bilden wir die „funktionalen Implementierungen" der Ebenen e_1, e_2 und e_3 und zeichnen wir deren Graphen mit MAPLE, so bestätigt sich das Ergebnis des Algebra-Geometrie-Wechselspiels.	

In einem ähnlichen Wechselspiel lässt sich der Fall für drei parallele Ebenen e_1, e_2 und e_3 vor der graphischen Darstellung begründen.
Für den Fall der *leeren* Lösungsmenge fehlen uns jedoch noch zwei Varianten.

Variante 1:

Zueinander parallele Ebenen, die von der dritten Ebene in zwei parallelen Geraden
g_1 und g_2
geschnitten werden:

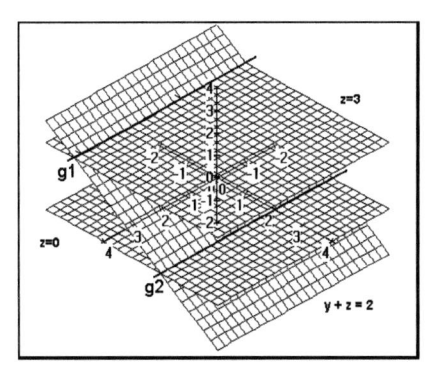

Variante 2:

Drei Ebenen, die einander paarweise in drei zueinander parallelen Geraden
g_1, g_2 und g_3
schneiden:

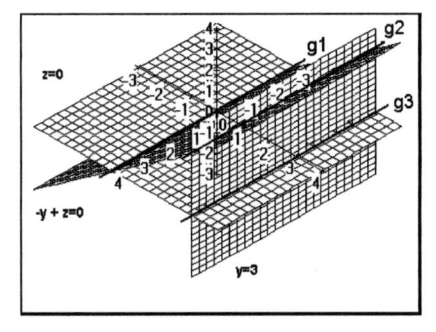

Für beide beschriebenen Lösungsfälle ist es für die Schüler interessant, überdies die Gleichungen der Schnittgeraden mit dem Algebrasystem zu ermitteln und zur Probe in die graphische Darstellung einzutragen.

Das Umwandeln der Normalform einer Ebene in die Parameterdarstellung, eine Übungsaufgabe, die im traditionellen Mathematikunterricht vom Schüler zumeist nur als lästige Zusatzaufgabe empfunden wird, erhält hier durch die Notwendigkeit der Beschreibung der Ebene als Tripel für die graphische Darstellung durch das Algebrasystem eine besondere Motivation.

Die Ebene $z = 0$ wird als Tripel *[x, y, 0]* beschrieben, die Ebene $y = 3$ als Tripel *[x, 3, z]*, die Ebene $-y + z = 0$ als Tripel *[x, y, y]*.
Alle drei Ebenen müssen gleichzeitig geplottet werden. Dazu führen wir wieder neue Parameter *u* und *v* ein:

```
>plot3d({[u,v,0],[u,3,v],[u,v,v]},u=-3..4,v=-3..4,axes=normal);
```

Einparametrig Lösungsfälle:
Alle drei Ebenen schneiden einander in genau einer gemeinsamen Geraden.
Lösen wir das Gleichungssystem

{x+y+z=3,2*x+2*y+2*z=6,y=2}

mit MAPLE, so erhalten wir die *einparametrige Lösung*
$$\{1-z, 2, z\}.$$
Die Gleichungen
$$x+y+z=3 \quad \text{und} \quad 2x+2y+2z=6$$
bestimmen zwei identische Ebenen, sie sind von allgemeiner Lage. Die Ebene mit der Gleichung $y = 2$ ist parallel zur *xz*-Ebene.

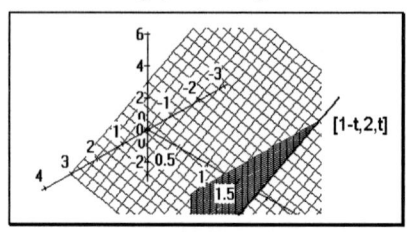

Zum Schluss bleibt uns die Darstellung des „Windrades, Mühlrades" oder „Propellers", wie die Objektkombination treffend von den Schülern genannt wurde, als achter und letzter Lösungsfall.

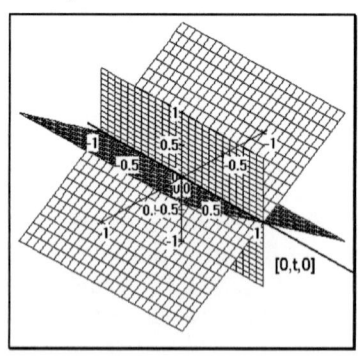

6.2 Ein Ausflug in den Raum - Kegelschnitte funktional generieren

Obwohl die Behandlung der Kegelschnitte in Österreichs Gymnasien mehrfach erfolgt (eine kurze Einführung im Unterstufenunterricht, ergänzt durch eine umfassende konstruktive Behandlung im Geometrisch Zeichenunterricht im Realgymnasium [vgl. FUCHS 1988a] und einer Wiederaufnahme im Rahmen der Analytischen Geometrie der Oberstufe), bleibt die Behandlung der Kegelschnitte im Gymnasialunterricht ohne den verpflichtenden Unterricht in konstruktiver Geometrie (Geometrisches Zeichnen in der Unterstufe, Darstellende Geometrie in der Oberstufe) im wesentlichen im $\mathbb{R}^2$ stehen. Viele unserer Schüler fragen sich daher: Warum heißen die Elemente Ellipse (Kreis), Hyperbel und Parabel eigentlich Kegelschnitte? Der Lehrer kann auf Abbildungen im Lehrbuch verweisen, die die genannten Kurven als Schnittlinien eines Kegels mit einer Ebene zeigen.

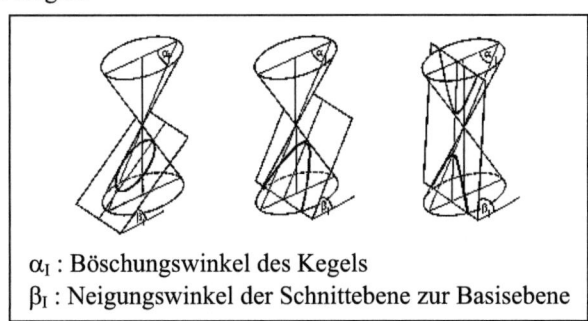

α_I : Böschungswinkel des Kegels
β_I : Neigungswinkel der Schnittebene zur Basisebene

[aus LEWISCH 1991, S. 220]

Doch Sachverhalte, die der Schüler - vor allem der interessierte und motivierte Schüler - nicht selbst nachvollziehen kann, bleiben für ihn zumeist unbefriedigend und entbehrlich.

Anregungen zu einem Ausflug in den Raum finden sich bei [SCHWEIGER 1983; SCHÖNWALD 1991]. Hans Gerhard Schönwald spricht im Zusammenhang mit der Evaluation von Computeralgebrasystemen davon, dass „... die 3D-Graphik in besonderer Weise die Mathematik als *ästhetische Disziplin* fördert. Während das 'elegante Denken' nur den leistungsstärkeren Schülern einen ästhetischen Aspekt der Mathematik zu sehen erlaubt, wird er nun vielen - gemeint ist durch den Einsatz von Algebrasystemen - zugänglich..." (S. 259).

Aber auch Peter Baireuther sieht Fundgruben für viele zentrale Ideen in der Geometrie in der Herstellung ästhetisch ansprechender Figuren und Muster, sowie im Nachbau oder Abzeichnen konkreter Objekte.
„... Daß sich dabei die geläufigen mathematischen Begriffe und Verfahren als Hilfsmittel anbieten, ist mehr als Zufall: sie sind ja auch nicht zufällig und ohne „zentrale Idee" (= Ideen, die der Arbeit der Schüler für sie sinnvoll erscheinende Ziele vorgeben, die gleichzeitig aber auch praktikable Wege zu diesen Zielen und so reizvolle Tätigkeiten anregen, daß es den Schülern lohnend erscheinen kann, sich gemeinsam an die Arbeit zu machen.) entstanden!..."
[BAIREUTHER 1989, S. 74, 77]

Bevor ich mit der Darstellung der Unterrichtssequenz beginne, möchte ich darauf hinweisen, dass dieses Modell vor allem für das Wahlpflichtfach Mathematik oder Plus-Kurse in Mathematik gedacht ist, da die „funktionalen Implementierungen" der einzelnen Objekte vor allem aufgrund der großen Zahl von Parametern gute Kenntnisse in funktionaler Programmierung voraussetzen. Andererseits können aber interessierte Schüler bei der Programmierung der einzelnen Funktionen die Mächtigkeit der trigonometrischen Funktionen bei der Beschreibung und Transformation geometrischer Objekte erfahren. So zeigen etwa auch Heinz Schwartze, Ingo Schütze und Christine Rohde in Kapitel 7.5 ihrer „Konstruktiven Raumgeometrie mit dem Computer" die Bedeutung trigonometrischer Funktionen beim Generieren von Kegelschnitten mit dem Computer auf [SCHWARTZE, SCHÜTZE, ROHDE 1997, S. 212, 213].

Überdies wird bei einem Einsatz von Algebrasystemen zur funktionalen Beschreibung von Kegelschnitten als interessante geometrische Objekte der fächerübergreifende Aspekt zur Darstellenden Geometrie angesprochen.

Nicht zuletzt weist Karl-Heinz Hürten in seinem Beitrag „Schüler basteln für Schüler" auf die Bedeutung von geometrischen Modellen, die interessierte Schüler als anschauliche Hilfe für sich, für Mitschüler und für Schüler tieferer Klassen basteln, hin [HÜRTEN 1989].

Die für die Erzeugung der entsprechenden Kegelschnitte erforderlichen Kenntnisse über die Lage der Schnittebene, wie

$\beta_I = 0$ für den *Kreis*,
$0 < \beta_I < \alpha_I$ für die *Ellipse*,
$\alpha_I = \beta_I$ für die *Parabel* und
$\alpha_I < \beta_I \leq \frac{\pi}{2}$ für die *Hyperbel*äste

und den Sonderfall *Erzeugendenpaar*,

werden beim Schüler in der folgenden Unterrichtseinheit vorausgesetzt. Das hier dargestellte Unterrichtsmodell konzentriert sich ausschließlich auf die funktionale Beschreibung der geometrischen Objekte.

Die allgemeine Kegelfunktion - Implementierung von Kegel- und Kegelstumpf

Die Modellbildung unserer geometrischen Objekte beginnen wir mit einem Kegel mit einer Höhe h_0 und einem Radius r_0 von *6* Einheiten. Denken wir uns den Kegel aus „einzelnen" Schichtkreisen aufgebaut, so können wir dieses Modell für unsere „funktionale Implementierung" verwenden. Eine Freihandskizze, eine Zeichnung mit Zirkel und Lineal oder eine Konstruktion mit einem Zeichenprogramm auf dem Computer ist nun sehr hilfreich.

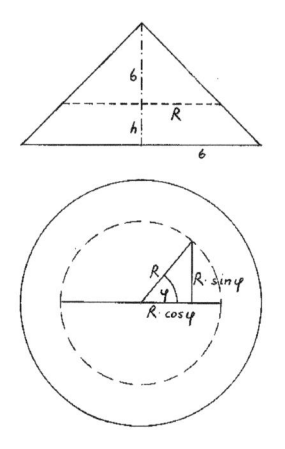

Der Ansicht von vorne entnehmen wir, dass die „einzelnen" Schichtkreise des Kegels einen Radius *R* besitzen. Aus der speziellen Annahme für unseren Kegel sehen wir, dass $R(h) = 6 - h$ gilt. Zusammen mit der Ansicht von oben, erkennen wir, dass wir alle Punkte eines Schichtkreises in einer beliebigen Höhe *h* mit Radius *R* als Tripel

[(6 – h) cos(ϕ), (6 – h) sin(ϕ), h]
mit $0 \leq \phi \leq 2\pi$

beschreiben können.

Die *Kegelfunktion*

```
> f:=(phi,h)->[(6-h)*cos(phi),(6-h)*sin(phi),h];
```

mit $0 \leq \phi \leq 2\pi$ ist somit eine „funktionale Implementierung" eines Schichtkreises in einer beliebigen Höhe h des Kegels. Mit Hilfe der *Kegelfunktion* generieren wir nun unser Objekt mit MAPLE in diskreten Schritten aus einzelnen Schichtkreisen. Der Laufbereich für den Parameter *phi* geht von *0* bis *2* π, für den Parameter *h* von *0* bis *6*.

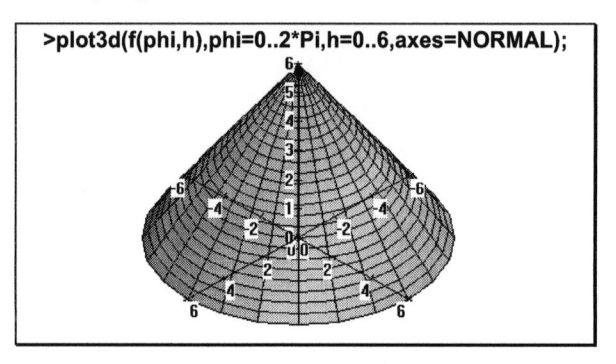

>plot3d(f(phi,h),phi=0..2*Pi,h=0..6,axes=NORMAL);

Einen Kegelstumpf erhalten wir sehr einfach durch eine Veränderung des Parameterbereiches für h in unserer Kegelfunktion f. In unserem Beispiel bildet der Schichtkreis in einer Höhe von *2* den Abschluss des Körpers nach oben.

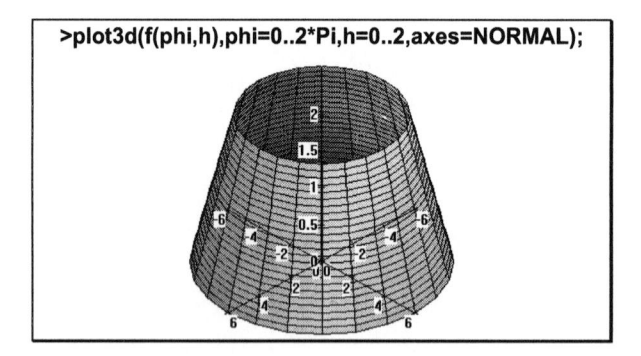

>plot3d(f(phi,h),phi=0..2*Pi,h=0..2,axes=NORMAL);

Durch Modifikationen der Kegelfunktion - im folgenden daher **f_mod**, **f_mod2** und **f_mod3** genannt - werden wir nun herangehen und die weiteren Kegelschnitte „basteln". Die Modellbeschreibungen entnehmen wir wieder zugeordneten Normalrissen.

Der Schnitt nach einer Parabel

Schneiden wir unseren Kegel nach einer Ebene, deren Parallelebene durch die Spitze eine Kegelerzeugende enthält, so entsteht als Schnittkurve eine *Parabel*.

Betrachten wir als Entwurfskizze zwei zugeordnete *Normalrisse* unseres Objektes:

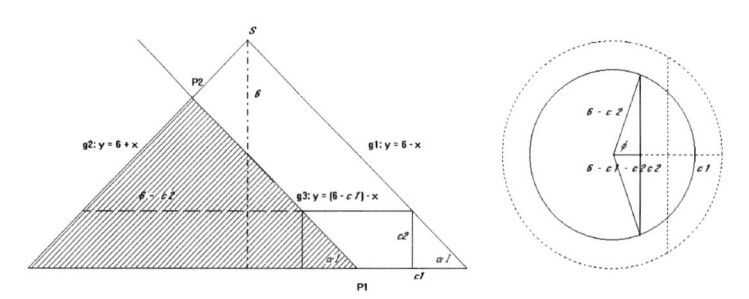

Aus dem *Horizontalriss* (Schichtkreis) entnehmen wir die Beziehung:

$$cos(\phi) = \frac{6-c_1-c_2}{6-c_2}; \quad \phi = arccos\left(\frac{6-c_1-c_2}{6-c_2}\right)$$

Wir müssen unsere *Kegelfunktion f* modifizieren, indem wir den Parameter c_1 in die Funktionsdefinition aufnehmen. Außerdem führen wir zur anschaulicheren Darstellung des Objektes die Transformation durch:

$$\phi \rightarrow \pi + x*(\pi-\phi) \quad \text{mit} \quad x \in [-1,1]$$

Wir erhalten folgende „funktionale Implementierung" in den Parametern x, h, c_1:

```
>f_mod:=(x,h,c1)->[(6-h)*cos(Pi+x*(Pi-arccos(((6-c1)-h)/(6-h)))),
(6-h)*sin(Pi+x*(Pi-arccos(((6-c1)-h)/(6-h)))),h];
```

Zeichnen wir nun unser Objekt in *axonometrischer Darstellung* in MAPLE :

```
>plot3d(f_mod(x,h,3),x=-1..1,h=0..4.5,axes=NORMAL);
```

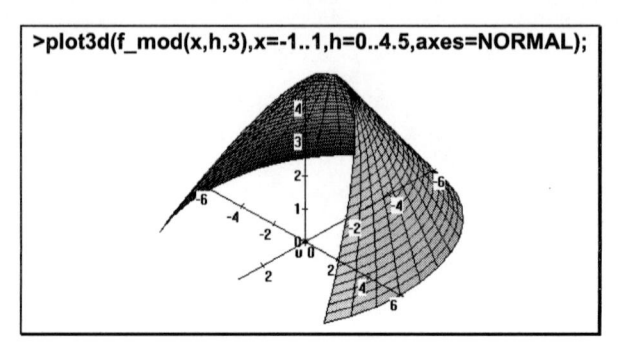

Der Frontalriss in der Skizze zeigt: $g_2 \cap g_3: x = -\frac{c_1}{2},\ y = 6 - \frac{c_1}{2}$

Der Schnitt nach einer Ellipse

Schneiden wir unseren Kegel nach einer Ebene, deren Parallelebene durch die Spitze **keine** Kegelerzeugende enthält, so entsteht als Schnittkurve eine *Ellipse*.

Fertigen wir zunächst wieder die beiden zugeordneten *Normalrisse* unseres Objektes an:

Der Lehrer weist die Schüler zunächst darauf hin, dass zur Vereinfachung der Modellbeschreibung die Schnittebene den Basiskreis im Punkt P_1 berühren soll.

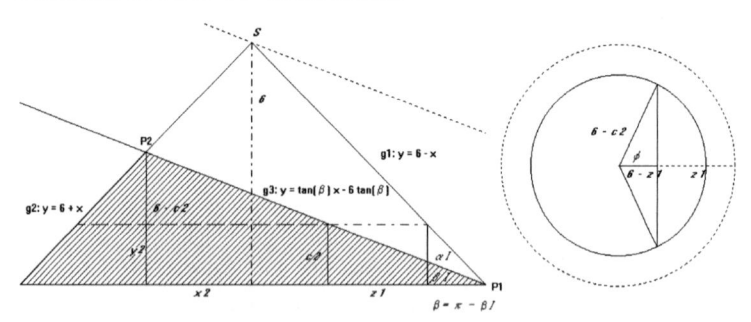

Dem *Frontalriss* entnehmen wir die Ähnlichkeitsbeziehung

$$y_2 : c_2 = (-x_2 + 6) : z_1.$$

x_2 und y_2 ermitteln wir mit MAPLE als Schnitt der beiden Geraden g_2 und g_3.

```
> solve({y=6+x,y=tan(be)*x-6*tan(be)},{x,y});
```
$$\{y = \frac{12\tan(be)}{-1+\tan(be)}, x = \frac{6(\tan(be)+1)}{-1+\tan(be)}\}$$

Setzen wir x_2 und y_2 mit den berechneten Werten fest

```
> x2:=6*(1+tan(be))/(-1+tan(be));y2:=12*tan(be)/(-1+tan(be));
```
$$x2 := 6\,\frac{1+\tan(be)}{-1+\tan(be)}$$
$$y2 := 12\,\frac{\tan(be)}{-1+\tan(be)}$$

und berechnen wir z_1 mit MAPLE, so erhalten wir:

```
> solve(y2/c2=(-x2+6)/z1,z1);
```
$$-\frac{c2}{\tan(be)}$$

Aus dem *Horizontalriss* entnehmen wir die Beziehung:

$$cos(\phi) = \frac{6-z_1}{6-c_2}\ ,\ \phi = arccos\left(\frac{6-z_1}{6-c_2}\right)$$

Setzen wir nun z_1 ein und vereinfachen wir mit MAPLE, so erhalten wir:

$$\phi = \pi - arccos\left(\frac{6\,sin(\beta) + c_2\,cos(\beta)}{sin(\beta)(-6+c_2)}\right)$$

Zur besseren Darstellung des Schnittobjekts führen wir die Transformation

$$\phi \rightarrow \pi + x*(\pi - \phi)\ \text{mit}\ x \in [-1,1]$$

aus und erhalten als „funktionale Implementierung" in den Parametern x, h und be:

```
>f_mod2:=(x,h,be)->[(6-h)*cos(Pi+x*arccos((6*sin(be)+h*cos(be))/
((-6+h)*sin(be)))),(6-h)*sin(Pi+x*arccos((6*sin(be)+h*cos(be))/
((-6+h)*sin(be)))),h];
```

Bevor wir die *axonometrische Darstellung* herstellen, müssen wir noch die Obergrenze für den Parameter h (in Abhängigkeit vom Winkel β) berechnen:

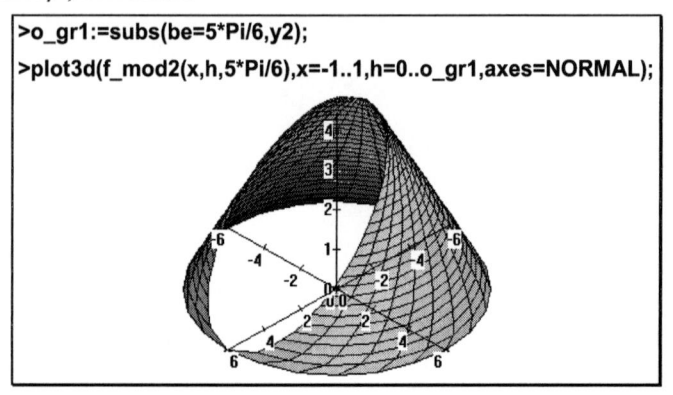

```
>o_gr1:=subs(be=5*Pi/6,y2);
>plot3d(f_mod2(x,h,5*Pi/6),x=-1..1,h=0..o_gr1,axes=NORMAL);
```

Der Schnitt nach einem Hyperbelast

Betrachten wir den Schnitt unseres Kegels nach einer Ebene, deren Parallelebene durch die Spitze zwei Kegelerzeugenden enthält. Als Schnittkurve erhalten wir einen Ast einer *Hyperbel*.

Auch in diesem Fall ist es angebracht, dass der Lehrer die Schüler darauf aufmerksam macht, die Schnittebene so zu legen, dass diese einen Basiskreisdurchmesser enthält, da durch diesen Schritt die anschließende Modellbildung vereinfacht wird.

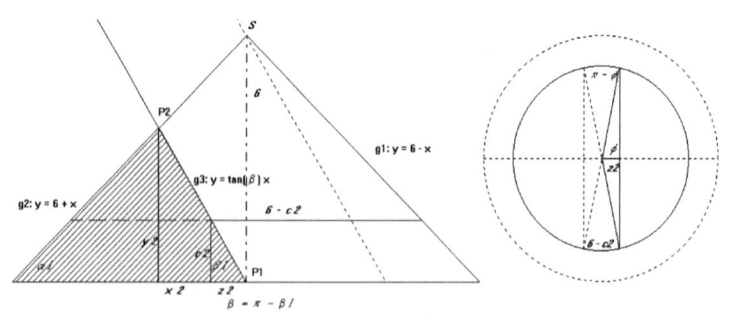

Aus dem *Frontalriss* entnehmen wir die Ähnlichkeitsbeziehung

$$y_2 : c_2 = (-x_2) : z_2.$$

$P_2(x_2, y_2)$ berechnen wir als Schnitt von g_2 mit g_3.

Wir erhalten

$$\left(6 \cdot \frac{1}{tan(\beta)-1}, \; 6 \cdot \frac{tan(\beta)}{tan(\beta)-1}\right)$$

als Koordinaten für $P_2(x_2, y_2)$. Drücken wir z_2 in unserer Ähnlichkeitsbeziehung explizit aus, so ergibt sich

$$z_2 = -\frac{c_2}{tan(\beta)}.$$

Aus dem *Horizontalriss* entnehmen wir die Beziehung:

$$cos(\phi) = \frac{z_2}{6-c_2}; \quad \phi = arccos\left(\frac{z_2}{6-c_2}\right).$$

Substituieren wir für

$$z_2 = -\frac{c_2}{tan(\beta)}$$

und vereinfachen mit MAPLE, so erhalten wir

$$\phi = arccos\left(\frac{c_2 \; cos(\beta)}{sin(\beta)(-6+c_2)}\right)$$

Drehen wir das Objekt abschließend durch die Transformation

$$\phi \to \pi + x*\phi \quad \text{mit} \quad x \in [-1,1],$$

so erhalten wir die „funktionale Implementierung" in den Variablen x, h und *be*:

```
>f_mod3:=(x,h,be)->[(6-h)*cos(Pi+x*arccos((h*cos(be))/
(sin(be)*(-6+h)))),(6-h)*sin(Pi+x*arccos((h*cos(be))/
(sin(be)*(-6+h)))),h];
```

Berechnen wir die Obergrenze für den Parameter h (in Abhängigkeit von β)

```
>o_gr2:=subs(be=2*Pi/3,y2);
```

und ermitteln wir die *axonometrische Darstellung*:

```
>plot3d(f_mod3(x,h,2*Pi/3),x=-1..1,h=0..o_gr2,axes=NORMAL);
```

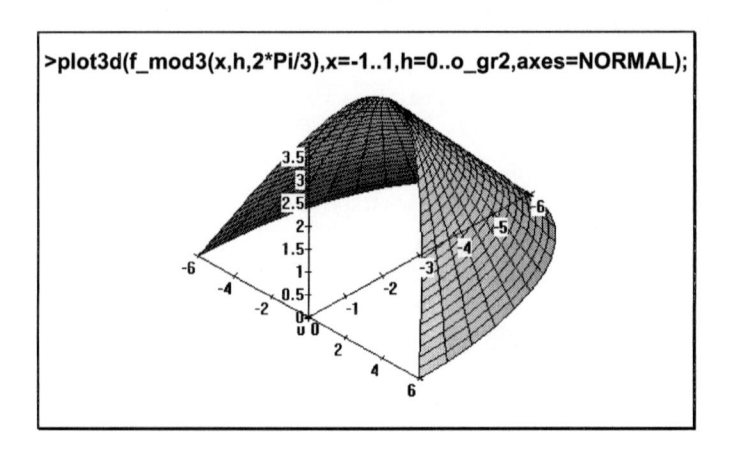

Der Schnitt nach einem Erzeugendenpaar

Betrachten wir noch folgenden Sonderfall: Schneiden wir unseren Kegel nach einer *Normalebene* v zur Basisebene mit $S \in v$, so erhalten wir als Schnittlinien ein *Erzeugendenpaar*.

Für die „funktionale Implementierung" können wir wieder die *allgemeine Kegelfunktion f* verwenden. wobei wir den Parameter phi von $\frac{\pi}{2}$ bis $\frac{3\pi}{2}$ laufen lassen.

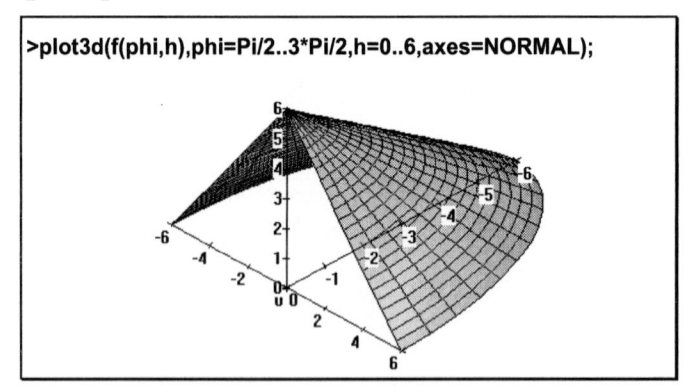

```
>plot3d(f(phi,h),phi=Pi/2..3*Pi/2,h=0..6,axes=NORMAL);
```

7 ALGEBRASYSTEME VERÄNDERN DEN ANALYSISUNTERRICHT

7.1 Analysisunterricht im Computerzeitalter

Die Einführung in die Analysis, ich meine dabei die Einführung in die Differentialrechnung in der 7. Klasse / 11. Schulstufe und die Fortführung durch die Integralrechnung in der 8. Klasse / 12. Schulstufe, ist ein Höhepunkt im Mathematikunterricht der Oberstufe. So ist es nur allzu verständlich, dass Konzeptionen des Analysisunterrichts immer wieder Gegenstand reger methodisch - didaktischer Diskussionen waren.

Bei Hans Wolpers, Uwe-Peter Tietze und Manfed Klika finden wir in ihrer „Didaktik des Mathematikunterrichts in der Sekundarstufe II" bereits in der Ausgabe von 1982 [TIETZE, KLIKA, WOLPERS 1982] eine Fülle von Literaturangaben zum Analysisunterricht.

Die Vielzahl von Publikationen im deutschsprachigen Raum aus den 70er Jahren und anfangs der 80er Jahre veranlasste schließlich auch Norbert Knoche und Heinrich Wippermann, grundlegende Aspekte und Tendenzen dieser methodisch - didaktischen Diskussionen in einem Lehrbuch zusammenzufassen [KNOCHE und WIPPERMANN 1986]. Dieses Buch sollte einerseits den Lehramtsstudenten der Mathematik helfen, fundierte Kenntnisse für ihren späteren Unterricht zu erwerben, es sollte aber auch dem Lehrer zur Weiterbildung dienen und ihm die Möglichkeiten eigener Unterrichtsgestaltung aufzeigen.

In der Diskussion um den Analysisunterricht weist bereits 1982 Bernard Winkelmann auf die Veränderung der Zielsetzungen im Computerzeitalter hin [WINKELMANN 1984] und Werner Blum führt in seinem 1986 erschienenen Aufsatz „Rechner im Analysisunterricht" eine Bestandsaufnahme der Einflüsse der Computerwelle auf den Analysisunterricht durch. Mit Rechner sind Mikrocomputer und Taschenrechner gemeint, das Thema „Software für Symbolisches Rechnen" wird nach Angabe von Blum „... (noch) ausgespart..." [BLUM 1986].

Den Einsatz des Rechners im Analysisunterricht betreffend ortet Blum zwei extreme Positionen.

„... • Einerseits sprechen einige Mathematiker und Fachdidaktiker von der Notwendigkeit einer radikalen Umgestaltung oder gar von der Abschaffung des Analysisunterrichts als Konsequenz aus dem immer weiteren Vordringen von Computern und der wachsenden Bedeutung der diskreten Mathematik.

• Andererseits schotten sich einige Lehrer ganz von der Computerwelle ab und unterrichten Analysis unverändert nach den Konzepten der 60er oder 70er Jahre, sei es aus Angst und Unsicherheit oder aus Geringschätzung von Rechnern als bloßes Spielzeug..." [BLUM 1986, S. 58].

Die Aufgaben des Rechners im Analysisunterricht sieht Blum vor allem
- als Rechen-Hilfsmittel zur Entlastung von aufwendigen Rechenoperationen,
- als Zeichen-Hilfsmittel, das zunächst ebenfalls der Effektivierung des Unterrichts durch das Zeichnen von Funktionsgraphen dient, das aber über diese visuelle Vermittlung von Grundgedanken der Analysis [vgl. BLUM und KIRSCH 1979] auch zu einem
- methodischen Hilfsmittel der Analysis wird.

Curriculare Veränderungen durch den Einsatz von Rechnern sieht Werner Blum vor allem in einer stärkeren Betonung numerischer Aspekte. Spezielle Programmierfähigkeiten des Schülers sollten aber eine untergeordnete Rolle spielen. Wichtig ist „nur", dass Schüler Algorithmen (Beispiel: Numerische Nullstellen- oder Integrationsverfahren) durchschauen und in Form umgangssprachlicher Ablaufdiagramme aufstellen können. In manchen Fällen, insbesondere bei Simulationen und bei Graphik-Programmen, darf und soll eine Black-Box-Verwendung erfolgen. [BLUM 1986, S. 60].

Eigentümlicherweise führte im deutschsprachigen Raum die Einbeziehung der Computerwelle eher zu einer Lähmung der methodisch-didaktischen Diskussion um den Analysisunterricht. Mitverantwortlich dafür waren wohl auch Probleme, die bereits Blum in seiner Bestandsaufnahme vorweggenommen hatte, nämlich

- der Kenntnisstand der Lehrer bezüglich des Gebrauchs von Rechnern,
- das Fehlen guter Software,

- organisatorisch-technische Hindernisse sowohl für Lehrer als auch Schüler (Verfügbarkeit von Rechnern und Zugriffsmöglichkeiten zu Rechnern).

Werner Blum sollte auch recht behalten mit seiner Vermutung, dass „... weitere methodische und curriculare Veränderungen sich aus der Verfügbarkeit von Software für symbolisches Rechnen ergeben werden..." [BLUM 1986, S. 61].

Tatsächlich erfolgte durch das Verfügbarmachen von Computeralgebra - Software an den Schulen, vor allem von DERIVE, eine Neubelebung der methodisch-didaktischen Diskussion zum Analysisunterricht im deutschsprachigen Raum zu Anfang der 90er Jahre. Stellvertretend möchte ich vier Publikationen herausgreifen.

So berichtet Günter Steinberg in einem Hauptvortrag auf der 25. Bundestagung für Didaktik der Mathematik 1991 über neue Bewegung im Analysisunterricht des Gymnasiums durch den Einsatz von Anwenderprogrammen: „... Wenn es möglich ist, langwierige, langweilige, häufig auch schwierige, aufwendige Rechnungen zu vermeiden, wenn überdies am Ende solcher Mühen nur ein „Bildbericht" über einen Funktionsgraphen steht, den das Bildpunktraster eines Taschenrechners längst vorgelegt hat, dann sollte doch dadurch Bewegung in alten Spuren ermöglicht werden, daß viel überflüssige Zeit eingespart wird. Zeit wofür? Meine Antwort lautet: Zeit für Fragen, denn Antworten setzen Fragen voraus. Zeit aber auch für den Gewinn der Erkenntnis, daß sich beim Mathematiklernen im Lernenden ein konstruktiv-schöpferischer Prozeß abspielen muß..." [STEINBERG 1991].

Manfred Kronfellner weist in seinem Aufsatz „Analysisunterricht: Quo vadis?" darauf hin, dass durch die Verlagerung des Computers vom rein numerischen Rechner zum Werkzeug mit graphischen, numerischen und symbolischen Fähigkeiten, die bislang dominante Tätigkeit des Operierens deutlich abnimmt, da sie im Wesentlichen vom Algebrasystem getragen wird. Der zeitliche Freiraum, der dadurch entsteht, soll für Aufgaben zum Darstellen und Interpretieren in der Analysis genützt werden [KRONFELLNER 1995].

1996 hat Andreas Meißner seine Gedanken zum Erwerb grundlegender Begriffe der Analysis unter Verwendung von Computern und graphikfähigen Taschenrechnern dargestellt [MEISSNER 1996]:

„... Durch das Lenken der Aufmerksamkeit der Schüler auf die wesentlichen Punkte entwickelt sich ein (kognitives) Schema der

Handlung. Genau dieses Schema bildet das Grundgerüst für den neuen Begriff. Eine wesentliche Rolle in dem Prozeß des individuellen Begriffserwerbs spielen geistige Vorstellungsbilder, sogenannte „Prototypen"... (so sollen) im Arbeiten mit bildlichen Darstellungen während des Begriffserwerbs die vorhandenen mentalen Bilder der Schüler angesprochen werden und somit soll der Begriffserwerb erleichtert werden ..." (S. 44).

Wie Blum 1986, so gibt auch Meißner eine Übersicht über die verschiedenen Einsatzmöglichkeiten des Computers. Er sieht Computer als

- Werkzeuge zur Veranschaulichung und zur Demonstration von Effekten,
- Werkzeuge zur Bearbeitung von Beispielen, vor allem von rechenaufwendigen oder stark fehleranfälligen Beispielen,
- Demonstrationsinstrument des Lehrers und als
- Werkzeug für selbstständige Handlungen des Schülers im numerischen, graphischen und symbolischen Bereich.

Unterrichtsbeispiele aus dem Analysisunterricht führt Meißner zur Stetigkeit, zum Funktionsgrenzwert und zum Begriff der ersten Ableitung über den Weg der Linearisierung an.

Thorsten Warmuth sieht gerade in der Abnahme von Routinetätigkeiten, wie dem Manipulieren von algebraischen Termen, dem Differenzieren und Integrieren, durch Algebrasysteme eine neue Herausforderung für den schulischen Analysisunterricht, in dem eine starke Betonung des Kalküls nach wie vor charakteristisches Merkmal ist. In einer verstärkten Behandlung realitätsbezogener Aufgaben erwartet Thorsten Warmuth eine Erneuerung in Richtung eines modernen Analysisunterrichts durch Algebrasysteme [WARMUTH 1995].

In den folgenden Unterrichtsmodellen möchte ich vor allem aufzeigen, wie Algebrasysteme auch einen wesentlichen Beitrag bei der Entwicklung von zentralen Ideen und Grundvorstellungen der Analysis leisten können.

7.2 Die optimal approximierende Gerade

Eine Idee, die in der didaktischen Literatur in zahlreichen Katalogen fundamentaler Ideen aufscheint, ist jene der Linearisierung [KRONFELLNER 1977]. Offenbar ist sie ein gutes Mittel „... Neues durch (schon) Bekanntes zu beschreiben bzw. näherungsweise zu erfassen." [SCHWEIGER 1988]

In seinem Beitrag „Reihenentwicklung - Ein Thema für die Schule ?" stellt Fritz Schweiger eine Unterrichtssequenz für die näherungsweise Beschreibung einfacher Funktionen durch lineare Funktionen vor, wobei im dargestellten Modell die Kenntnis des Differenzierbarkeitsbegriffs vorausgesetzt wird [SCHWEIGER 1988].

Der Hinweis von Fritz Schweiger „... Theoretisch ist es denkbar, auf diese Weise (Anmerkung: Gemeint ist eine Linearisierung der Funktion) in den Ableitungsbegriff einzuführen ..." hat mich ermutigt eine Unterrichtssequenz für einen grenzwertfreien Zugang zur Differenzierbarkeit unter Einsatz von Computeralgebrasystemen zu entwerfen.

Unsere Aufgabe besteht also zunächst darin, jene lineare Funktion $f(x) = f(x_0) + m \cdot (x - x_0)$ zu finden, die eine reelle Funktion f in einer Umgebung des Punktes $P(x_0, f(x_0))$ näherungsweise beschreibt. Wir wählen $f(x) = x^2$ als zu beschreibende Funktion. Zunächst ersetzen wir das Argument x im Funktionsterm x^2 durch den äquivalenten Term $x_0 + (x - x_0)$ und quadrieren das Binom.

$$x^2 = \left[(x-x_0) + x_0\right]^2 = (x-x_0)^2 + 2x_0(x-x_0) + x_0^2$$

Aus dem ausquadrierten Ausdruck extrahieren wir den *linearen Anteil*, den wir als Gerade g_1

$$g_1: x \to x_0^2 + 2x_0(x - x_0)$$

definieren.

Mit Computeralgebrasystemen können Funktionsgraphen sehr einfach und rasch dargestellt werden.

MAPLE bietet als besondere „Kostbarkeit" die Möglichkeit an, Veränderungen an Funktionsgraphen durch Variation einzelner Parameter dynamisch als Film auf dem Computerbildschirm ablaufen zu lassen (siehe Kapitel 2).

Aber auch das an den Gymnasien vorhandene System DERIVE ermöglicht es, funktionale Abhängigkeiten mit dem Computer einfach

und rasch darzustellen. Für beide Systeme werde ich Kodierungen anführen.
Verwenden wir also das Algebrasystem, um einzelne Geraden

$$g_2 : x \to x_0^2 + m(x - x_0)$$

mit $2x_0 - \varepsilon \leq m < 2x_0$; $2x_0 < m \leq 2x_0 + \varepsilon$
$(\varepsilon > 0)$

des Geradenbüschels durch den Stützpunkt $P(x_0, f(x_0))$ zu visualisieren. Die Variable ε steht für einen kleinen Wert aus $\mathbb{R}^+$.
Kodieren wir die Funktionen f und g_2 für $x_0 = 1.5$ und $\varepsilon = 0.5$.

Zunächst nehmen wir Grundeinstellungen vor (**>with(plots);** = Laden einer Liste von zusätzlichen Plot - Kommandos) und legen die Funktionen f und g_2 sowie den Wert für x_0 mit *1.5* fest.

```
>f := x -> x^2;  x0:=1.5;  g2:=x -> f(x0) + m*(x - x0);
        f := x -> x²
        x0:=1.5
        g2 := x -> f(x0) + m(x-x0)
```

g_1 wird als Spezialfall von g_2 gezeichnet, wenn m den Bereich von $2x_0 - 0.5$ bis $2x_0 + 0.5$ durchläuft. Mit

```
>animate({f(x),g2(x)},x=0..3,m=2*x0-0.5..2*x0+0.5,color=black);
```

wird schließlich eine Animation in MAPLE erzeugt.
Gestartet wird die Animation mit PLAY.

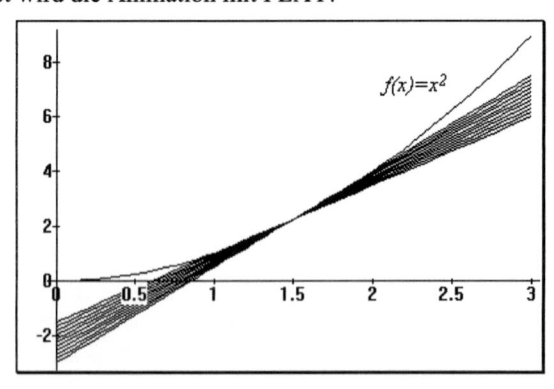

Auch mit DERIVE sind zunächst einige Grundeinstellungen erforderlich. <O>ptions <I>nput <W>ord gestattet die Verwendung

von Zeichenketten als Variablennamen. Anschließend definieren wir die Funktionen f und g_2 und legen den Wert für x_0 mit *1.5* fest.
g_1 wird auch hier als Spezialfall von g_2 gezeichnet.

```
#1: [F(x) := x² , x0 := 1.5, G2(x) := F(x0) + m (x - x0)]
```

Nun erzeugen wir Parameterdarstellungen für

$$f: [t, F(t)] \quad \text{und} \quad g_2: [t, G2(t)]$$

indem wir m den Bereich von $2x_0 - 0.5$ bis $2x_0 + 0.5$ in diskreten Schritten der Größe *0.1* durchlaufen lassen.

```
#2:fliste:=
    =APPEND([[t,F(t)]],VECTOR([t,G2(t)],m,2x0-0.5,2x0+0.5,0.1))
```

Anschießend zeichnen wir die Graphen auf [0,3] und betrachten einen geeigneten Ausschnitt.

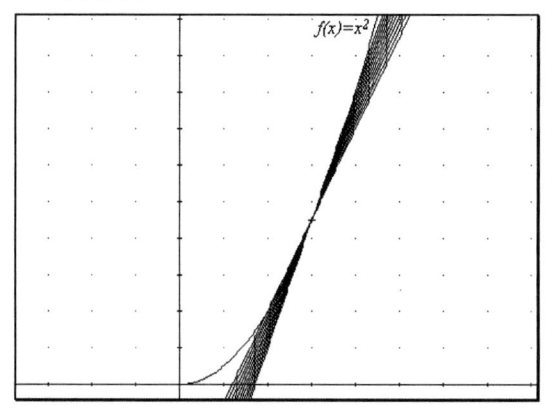

Aus den Visualisierungen mit DERIVE und MAPLE entnehmen wir, dass die beiden Randgeraden

$$g_2 : x \to x_0^2 + m(x - x_0)$$

mit $m = 2x_0 - \varepsilon$ und $m = 2x_0 + \varepsilon$

einen Sektor mit dem Scheitel $(x_0, f(x_0))$ bilden.

Nun könnten wir die Zoomfunktionen des Algebrasystems als Funktionenmikroskop [KIRSCH 1979] einsetzen, um den Verlauf der einzelnen Geraden in der Umgebung von x_0 näher zu betrachten. Wir wollen aber den algebraischen Weg beschreiben und das Algebrasystem dazu verwenden, die Geraden

$$g_1(x) = f(x_0) + 2 x_0 (x - x_0) = 2.25 + 3 (x - 1.5),$$

bzw.
$$g_{2_1}(x) = f(x_0) + (2x_0 - 0.2)(x - x_0) = 2.25 + 2.8(x - 1.5),$$
$$g_{2_2}(x) = f(x_0) + (2x_0 + 0.2)(x - x_0) = 2.25 + 3.2(x - 1.5)$$

mit dem Graphen der Funktion $f(x) = x^2$ schneiden.

```
> solve(x^2=2.25+3"(x-1.5),x);
                                            1.500000000, 1.500000000
> solve(x^2=2.25+2.8"(x-1.5),x);
                                            1.500000000, 1.300000000
> solve(x^2=2.25+3.2"(x-1.5),x);
                                            1.700000000, 1.500000000
```

Während wir für die beiden Geraden g_{2_1} und g_{2_2} zwei Schnittpunkte mit der Kurve, also Sekanten erhalten, hat unsere erste Approximationsgerade g_1 nur einen Punkt mit der Kurve gemeinsam. Bereits seit der Unterstufe, nämlich seit der Behandlung des Kreises, verbindet der Schüler den Begriff der Tangente mit der Vorstellung einer Geraden, die mit einer Kurve nur einen Punkt gemeinsam hat [vgl. dazu auch KNOCHE und WIPPERMANN 1986, S. 179ff]. Unsere Tangente wollen wir unter den lokal approximierenden Geraden dadurch auszeichnen, dass wir sie als die lokal optimal approximierende Gerade definieren. Als Kriterium für die optimal approximierende Gerade setzen wir fest:

$$g_{opt}: x \to x_0^2 + 2x_0(x - x_0)$$

ist optimal approximierende Gerade, wenn für alle Geraden g aus dem Sektor mit dem Scheitel $(x_0, f(x_0))$ und somit für alle ε größer als Null ein $\delta(\varepsilon)$ existiert, sodass

$$|f(x) - g_{opt}(x)| \leq |f(x) - g(x)| \quad \forall\, x \in U_\delta(x_0)$$

gilt. Die Definition folgt dabei der von NORBERT KNOCHE und HEINRICH WIPPERMANN in ihren „Vorlesungen zur Methodik und Didaktik" auf Seite 191 getroffenen Festsetzung.

Wählen wir zunächst $m = 2x_0 - \varepsilon$ als Anstieg für $g(x)$:
$$|x^2 - x_0^2 - 2x_0(x - x_0)| \leq |x^2 - x_0^2 - (2x_0 - \varepsilon)(x - x_0)|$$
formen wir um zu
$$|x - x_0||x + x_0 - 2x_0| \leq |x - x_0||x + x_0 - 2x_0 + \varepsilon|.$$
Division durch $|x - x_0|$ für $x \neq x_0$ ergibt $|x - x_0| \leq |x - (x_0 - \varepsilon)|$.

Betrachten wir

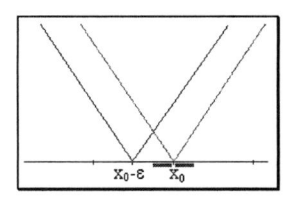

so sehen wir unmittelbar, dass unsere Ungleichung $\forall\, x \in U_\delta(x_0)$ mit $\delta = \frac{\varepsilon}{2}$ richtig ist.

Wählen wir nun $m = 2x_0 + \varepsilon$ als Anstieg für $g(x)$:
Formen wir
$$\left| x^2 - x_0^2 - 2x_0(x-x_0) \right| \leq \left| x^2 - x_0^2 - (2x_0 + \varepsilon)(x-x_0) \right|$$
wie zuvor zu $|x - x_0| \leq |x - (x_0 + \varepsilon)|$ um.

Der graphischen Darstellung entnehmen wir wieder, dass die Ungleichung richtig ist $\forall\, x \in U_\delta(x_0)$ mit $\delta = \frac{\varepsilon}{2}$.

Von der Richtigkeit unserer Ungleichungen
$$\left| x^2 - x_0^2 - 2x_0(x-x_0) \right| \leq \left| x^2 - x_0^2 - (2x_0 - \varepsilon)(x-x_0) \right| \text{ und}$$
$$\left| x^2 - x_0^2 - 2x_0(x-x_0) \right| \leq \left| x^2 - x_0^2 - (2x_0 + \varepsilon)(x-x_0) \right| \quad \forall\, x \in U_\delta(x_0)$$

mit $\delta = \frac{\varepsilon}{2}$ wollen wir uns zusätzlich mit Hilfe der Animationsfunktion von MAPLE überzeugen. Dazu definieren wir die linke Seite der Ungleichung als (left-hand-side) Funktion *lhs1(x)* und die rechte Seite als (right-hand-side) Funktion *rhs1(x)*. Für die Stelle x_0 wählen wir -2, *epsilon* soll für die Visualisierung Werte zwischen 0 und 1 durchlaufen.

$m = 2x_0 - \varepsilon$:

```
> lhs1:=abs(x^2-(-2)^2-2*(-2)*(x+2)); rhs1:=abs(x^2-(-2)^2-(2*(-2)-eps)*(x+2));
```
$$lhs1 := \left| x^2 + 4 + 4x \right|$$
$$rhs1 := \left| x^2 - 4 - (-4 - eps)(x+2) \right|$$

Starten wir die Animation:

```
> animate({lhs1(x),rhs1(x)},x=-3..-1.6,eps=0..1,color=black);
```

Aus dem Film greife ich Bilder für $\varepsilon = 0.2, 0.4, 0.6, 0.8$ und 1 heraus.

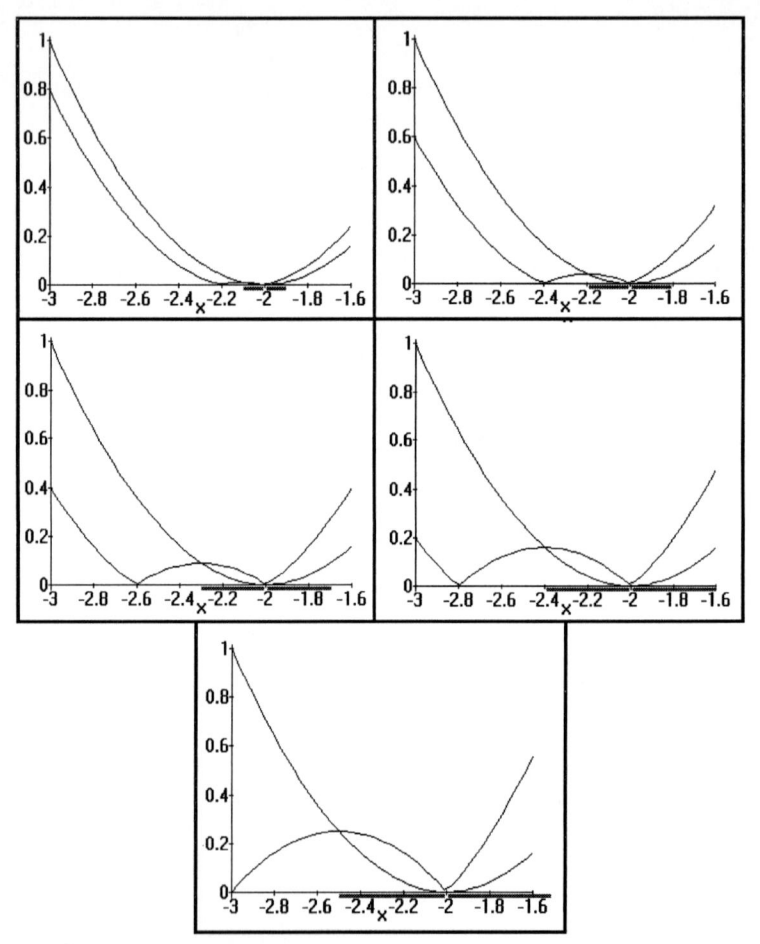

$m = 2x_0 + \varepsilon$:

```
> lhs2:=abs(x^2-(-2)^2-2*(-2)*(x+2)); rhs2:=abs(x^2-(-2)^2-(2*(-2)+eps)*(x+2));
```
$$lhs1 := \left| x^2 + 4 - 4x \right|$$
$$rhs1 := \left| x^2 - 4 - (-4 + eps)(x + 2) \right|$$
```
> animate({lhs2(x),rhs2(x)},x=-2..-1,eps=0..1,color=black);
```

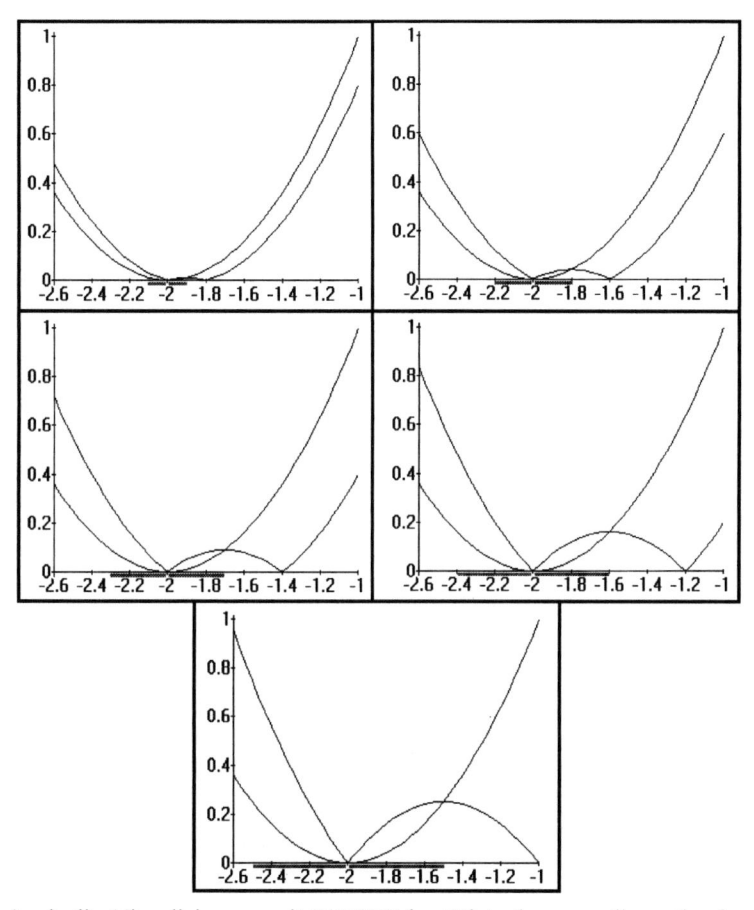

Auch die Visualisierung mit MAPLE bestätigt, dass g_{opt} die optimal approximierende Gerade für f in einer Umgebung von x_0 ist und die Steigung $m = 2x_0$ besitzt.

Die Funktion $f: x \to x^2$ kann in einer Umgebung von x_0 durch eine optimal approximierende Gerade

$$g_{opt}: x \to x_0^2 + m(x - x_0) \text{ mit } m = 2x_0$$

beschrieben werden, und f ist differenzierbar an der Stelle x_0. Den Anstieg $m=2x_0$ von g_{opt} bezeichnen wir als *1. Ableitung* von f an der Stelle x_0, kurz: $f'(x_0)$.

Die optimal approximierende Gerade g_{opt} bezeichnen wir als Tangente an f im Punkt $P(x_0, f(x_0))$.

Ich möchte an dieser Stelle ein Problem ansprechen, das darin begründet ist, dass die Analysis einen Tangentenbegriff verwendet, der sich jenem der Analytischen Geometrie unterordnet. Dazu ein Beispiel: Betrachten wir die Wurzelfunktion $f(x) = \sqrt[3]{x}$, eine reelle Funktion, die zum Kernstoff des Curriculums der 6. Klasse / 10. Schulstufe gehört (vgl. Kapitel 5.2). Plotten wir den Graphen der Funktion mit dem Algebrasystem auf *[–3, 3]*

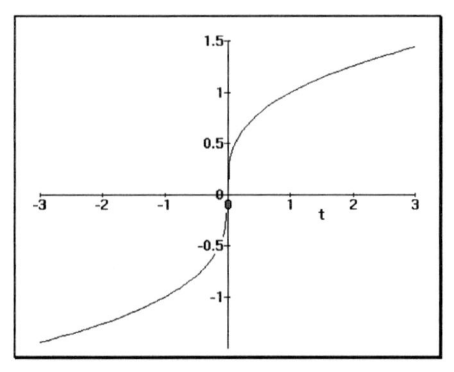

Die Schüler werden keine Probleme haben, die y - Achse mit der Gleichung $x = 0$ als Tangente anzugeben, die den Graphen der Funktion im Punkt *(0, 0)* berührt und in der Umgebung der Stelle $x_0 = 0$ näherungsweise beschreibt.

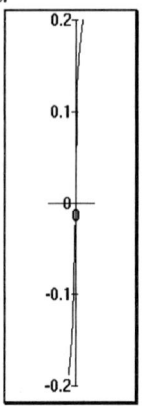

Nun muss der Lehrer aber Farbe bekennen und mitteilen, dass der in der Definition der Differenzierbarkeit an einer Stelle x_0 verwendete Tangentenbegriff die Beschreibung einer Geraden als Funktion in x ist, was auch aus der Schreibweise

$$t(x) = f(x_0) + m\,(x - x_0)$$

hervorgeht. Die Tangente an den Graphen der Funktion

$$f(x) = \sqrt[3]{x}$$

an der Stelle x_0 ist aber nicht als Funktion in x beschreibbar. Die Funktion $f(x)$ ist nicht differenzierbar an der Stelle x_0.

Schließlich können wir eine weitere geometrisch anschauliche Definition der Differenzierbarkeit an einer Stelle aus der graphischen Darstellung des Sektors mit dem Scheitel $(x_0, f(x_0))$ und den beiden Randgeraden

$$g : x \to x_0^2 + m(x - x_0) \quad \text{mit} \quad \begin{array}{l}(1)\ m = 2x_0 + \varepsilon, \\ (2)\ m = 2x_0 - \varepsilon,\end{array}$$

gewinnen:
Die Funktion $f : x \to x^2$ ist differenzierbar an der Stelle x_0, da sich für ein (noch so) beliebig kleines $\varepsilon > 0$ eine Umgebung $U_\delta(x_0)$ finden lässt, sodass sich $\forall\ x \in U_\delta(x_0)$ die Funktion f im Sektor mit den Randgeraden

$$g : x \to x_0^2 + m(x - x_0) \text{ mit } (1)\ m = 2x_0 + \varepsilon,\ (2)\ m = 2x_0 - \varepsilon$$

aufhält:

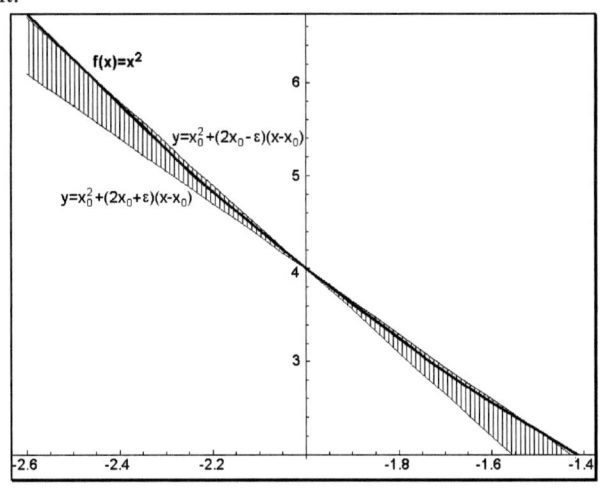

7.3 Der Computer als Funktionenmikroskop

Auf Arnold Kirsch geht die Konzeption zur Vermittlung einer Grundvorstellung des Ableitungsbegriffs unter Verwendung von visuellen Hilfsmitteln zurück. Der wesentliche Gedanke des Funktionenmikroskops in der Analysis besteht darin, dass wir uns den Graphen einer (geeigneten) Funktion f in der Nähe eines festen Punktes P mit dem „Mikroskop" in einer hinreichend starken Vergrößerung ansehen, um festzustellen, dass das beobachtete kleine Graphenstück praktisch geradlinig verläuft [KIRSCH 1979, S. 25ff].

$f : x \rightarrow x^3 + x + 3$ sei die in unserem weiterführenden Beispiel zu betrachtende Funktion.

Führen wir zunächst wieder die Umformung $x = (x - x_0) + x_0$ durch, so erhalten wir:

$x^3 + x + 3 = [(x - x_0) + x_0]^3 + [(x - x_0) + x_0] + 3 =$

$= (x - x_0)^3 + 3 \cdot (x - x_0)^2 \cdot x_0 + 3 \cdot (x - x_0) \cdot x_0^2 + x_0^3 + (x - x_0) + x_0 + 3 =$

$= (x_0^3 + x_0 + 3) + (3 \cdot x_0^2 + 1) \cdot (x - x_0) + 3 \cdot x_0 \cdot (x - x_0)^2 + (x - x_0)^3$

Extrahieren wir wieder den linearen Anteil, so lautet die optimal approximierende Gerade (= Tangente):

$t : x \rightarrow f(x_0) + f'(x_0) \cdot (x - x_0)$

mit

$f(x_0) = x_0^3 + x_0 + 3$ und $f'(x_0) = 3 \cdot x_0^2 + 1$

Das Algebrasystem setzen wir nun als Funktionenmikroskop ein, um die „Güte der Approximation" von f durch t in einer Umgebung von x_0 zu betrachten.

Das Funktionenmikroskop in MAPLE:

```
> with(plots);
> f:=x->x^3+x+3; x0:=-3; t:=x->f(x0)+(3*x0^2+1)*(x-x0);
```
$f := x \rightarrow x^3 + x + 3$

$x_0 := -3$

$t := x \rightarrow f(x_0) + (3 \cdot x_0^2 + 1) \cdot (x - x_0)$
```
> plot({f(x),t(x)},x=x0-0.1..x0+0.1,color=black);
```

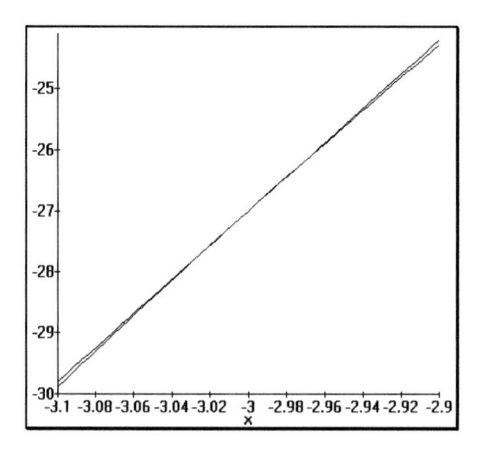

Das Funktionenmikroskop zeigt uns: Die Differenz zwischen $f(x)$ und $t(x)$ für $x \in U_\varepsilon(x_0)$ [$\varepsilon = 0.1$] ist sehr gering.

Vergrößern wir den Radius unserer ε - Umgebung auf $\varepsilon = 0.5$, so erwarten wir für x-Werte aus dem Randbereich der neuen Umgebung eine merklich größere Differenz zwischen $f(x)$ und $t(x)$.

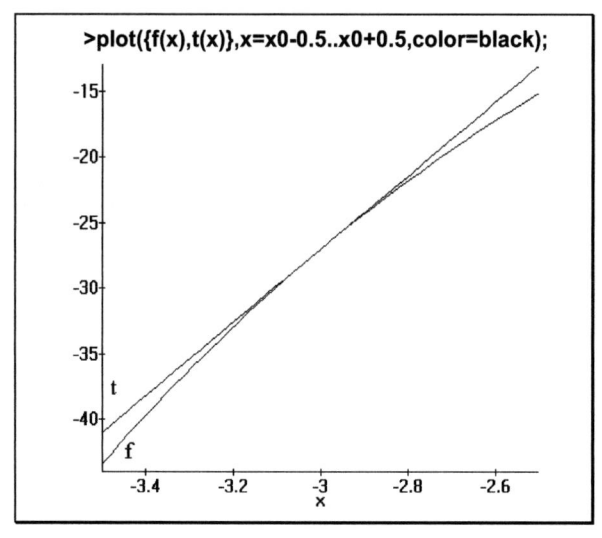

Unsere Vermutung wird durch die Aufnahme mit dem Funktionenmikroskop bestätigt.

Das Funktionenmikroskop in DERIVE:

Betrachten wir f und t in einer Umgebung von x_0, so finden wir auch mit DERIVE unsere Vermutung bestätigt.

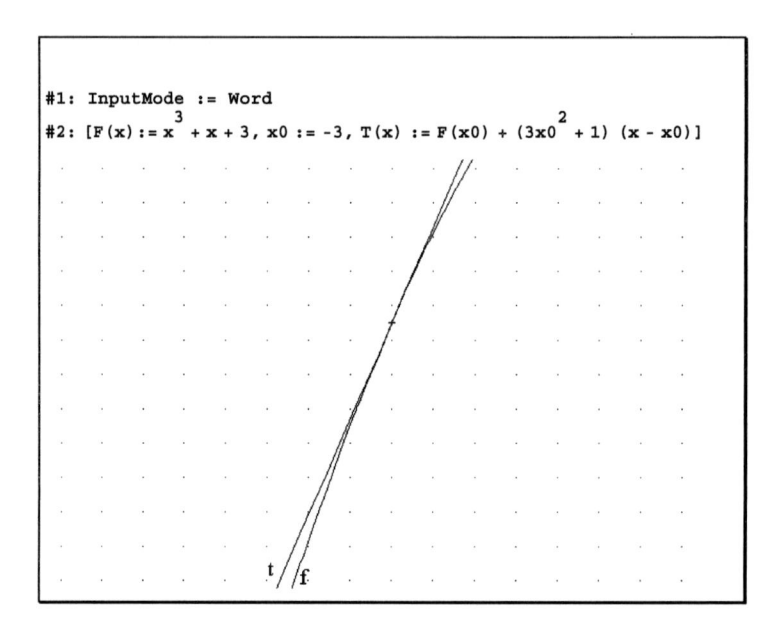

```
#1: InputMode := Word
#2: [F(x) := x^3 + x + 3, x0 := -3, T(x) := F(x0) + (3x0^2 + 1) (x - x0)]
```

Wie man weiters die Idee der Linearisierung und das Instrument Computeralgebra zielführend im Unterricht einsetzen kann, damit die Schüler erste Einsichten in Differentiationsregeln gewinnen, habe ich im nachfolgenden Unterrichtsmodell als Beitrag für die Zeitschrift Praxis der Mathematik [FUCHS 1999] dargestellt. Das Unterrichtsmodell folgt Vorschlägen von Karl-Heinz LUNTER [1982] und Fritz SCHWEIGER [1988].

7.4 Ableitungsregeln: Experimentieren, Visualisieren und Begründen mit DERIVE

Aufgrund der algebraischen Orientierung des Zugangs zum Ableitungsbegriff über die Linearisierung in Kapitel 7.3, lag es für mich nahe, ein Algebrasystem als Rechenhilfe für algebraische Umformungen bei der Entwicklung von Rechenregeln für das Differenzieren heranzuziehen.

Tatsächlich zeigte sich aber im Unterricht, dass das Computeralgebrasystem auch sehr vorteilhaft als „Experte" und als Visualisierungsinstrument zu Rate gezogen werden konnte. Eine besonders große Hilfe als Visualisierungsinstrument war das Algebrasystem bei der Linearisierung der Reziprokfunktion.

So werden im vorgestellten Unterrichtsmodell zunächst die Gesetzmäßigkeiten über die Linearisierung gewonnen, anschließend werden die jeweils abgeleiteten Gesetzmäßigkeiten mit der Differentiationsfunktion von DERIVE auf ihre Richtigkeit überprüft. Ebenso wäre für mich aber auch eine Vorgangsweise denkbar, bei der der Schüler zunächst DERIVE die Ableitungsregel ermitteln lässt, um anschließend eine Untersuchung der von DERIVE gelieferten Gesetzmäßigkeit anzustellen.

Die Unterrichtssequenz

Zu Beginn definieren wir eine Liste der Funktionen F, G, deren erste Ableitungen $FDER1$ (= F'), $GDER1$ (= G'), sowie die Differenzfunktion $DIFF(x, x_0)$ ($= x - x_0$) als Symbolfunktionen.

```
#1: [F(x) :=, FDER1(x) :=, G(x) :=, GDER1(x) :=, DIFF(x, x0) :=]
```

Da F und G differenzierbar in x_0 sind, können wir die beiden Funktionen für x nahe bei x_0 näherungsweise durch die Tangenten $TF(x)=F(x_0)+ F'(x_0)(x - x_0)$ für F und $TG(x)=G(x_0)+ G'(x_0)(x - x_0)$ für G beschreiben.

Mit DERIVE definieren wir

```
#2: TF(x) := F(x0) + FDER1(x0)·DIFF(x, x0)
#3: TG(x) := G(x0) + GDER1(x0)·DIFF(x, x0)
```

Anschließend tragen wir die Summe aus $TF(x)$ und $TG(x)$ auf dem Algebrablatt ein.

$$\boxed{\text{\#4:} \quad \text{TF(x)} + \text{TG(x)}}$$

Faktorisieren wir den obigen Term, so erhalten wir

$$\boxed{\text{\#5:} \quad \text{DIFF(x, x0)} \cdot (\text{FDER1(x0)} + \text{GDER1(x0)}) + \text{F(x0)} + \text{G(x0)}}$$

Als erste Ableitung entnehmen wir $F'(x_0) + G'(x_0)$.

Bilden wir die erste Ableitung $DIF(F(x) + G(x), x)$ von $F + G$ zur Probe mit DERIVE

$$\boxed{\text{\#6:} \quad \frac{d}{dx}\,(\text{F(x)} + \text{G(x)})}$$

Vereinfachen wir den Ausdruck in Zeile 6, so erhalten wir

$$\boxed{\text{\#7:} \quad \text{F'(x)} + \text{G'(x)}}$$

Regel 1: *Die Ableitung der Summe zweier reeller Funktionen*
Es seien F und G zwei reelle Funktionen, die differenzierbar in x_0 sind, dann ist die Summe aus F und G differenzierbar in x_0 mit

$$(F + G)'(x_0) = F'(x_0) + G'(x_0).$$

In gleicher Weise gewinnen wir leicht Einsicht in die folgenden Sätze.

Regel 2: *Die Ableitung der Differenz zweier reeller Funktionen*
Es seien F und G zwei reelle Funktionen, die differenzierbar in x_0 sind, dann ist die Differenz aus F und G differenzierbar in x_0 mit

$$(F - G)'(x_0) = F'(x_0) - G'(x_0).$$

Regel 3: *Die reelle Konstante c*
F sei eine reelle Funktion und differenzierbar in x_0, dann ist

3.1 die Funktion $F + c$ differenzierbar in x_0 mit
$$(F + c)'(x_0) = F'(x_0)$$
3.2 die Funktion $c \cdot F$ differenzierbar in x_0 mit
$$(c \cdot F)'(x_0) = c \cdot F'(x_0)$$

Nun werden wir darangehen eine Regel für die Verkettung zweier reeller Funktionen F und G mit F differenzierbar in x_0 und G differenzierbar in $F(x_0)$ zu finden.

In Zeile 3 ersetzen wir x im Definiens durch $F(x)$ und x_0 durch $F(x_0)$.

$$\boxed{\text{\#8:} \quad \text{G(F(x0))} + \text{GDER1(F(x0))} \cdot \boxed{\text{DIFF(F(x), F(x0))}}}$$

Anschließend definieren wir die Differenzfunktion *DIFF(F(x), F(x₀))* neu

```
#9:  DIFF(x, x0) := x - x0

#10: DIFF(F(x), F(x0))
```

wird zu

```
#11: F(x) - F(x0)
```

vereinfacht.

Da F differenzierbar in x_0 ist, kann F für x nahe bei x_0 durch *TF* beschrieben werden.

```
#12: TF(x) - F(x0)
```

wird von DERIVE zu

```
#13: (x - x0)·FDER1(x0)
```

vereinfacht.

Da also *DIFF(F(x), F(x₀))* gleich $(x - x_0) \cdot FDER1(x_0)$ für x nahe bei x_0 ist, erhalten wir $G'(F(x_0)) \cdot F'(x_0)$ als Steigung für die Tangente *TG(F(x))*.

Bilden wir die 1. Ableitung zur Probe wieder mit DERIVE.

```
#14:  d/dx G(F(x))
```

wird vereinfacht zu

```
#15: F'(x)·G'(F(x))
```

Wir sehen, dass das Ergebnis mit der Steigung von *TG(F(x))* übereinstimmt.

Regel 4: *Die Ableitung der Verkettung zweier Funktionen -*
　　　　　　Die Ketten - Regel

Es seien F und G zwei reelle Funktionen, F sei differenzierbar in x_0, G differenzierbar in $F(x_0)$, dann ist die Verkettung $G(F(x))$ differenzierbar in x_0 mit

$$(G(F(x_0)))' = G'(F(x_0)) \cdot F'(x_0)$$

Nun suchen wir eine Regel für die Ableitungen der quadratischen Funktion und der Reziprokfunktion.

Bevor wir die Linearisierung der quadratischen Funktion durchführen können, haben wir noch ein kleines technisches Problem. DERIVE vereinfacht mit der *Expand*-Funktion nämlich den folgenden Ausdruck

$$\#15: \ (x0 + DIFF(x, x0))^2$$

aufgrund unserer in Zeile #9 vorgenommenen Neudefinition von *DIFF* zu

$$\#16: \ x^2,$$

was an dieser Stelle völlig unerwünscht ist. Wir müssen also die Differenzfunktion $DIFF(x, x_0)$ wieder als Symbolfunktion

$$\#17: \ DIFF(x, x0) :=$$

festsetzen. Haben wir die Differenzfunktion $DIFF(x, x_0)$ wieder als Symbolfunktion definiert, so erhalten wir nach Anwendung der *Expand*-Funktion von DERIVE aus dem Ausdruck

$$\#15: \ (x0 + DIFF(x, x0))^2$$

den evaluierten Ausdruck

$$\#18: \ DIFF(x, x0)^2 + 2 \cdot x0 \cdot DIFF(x, x0) + x0^2$$

Extrahieren wir aus dem Ausdruck den linearen Anteil, so erhalten wir $2 \cdot x_0$ für die 1. Ableitung.
Wir verwenden DERIVE als „Experten", der die 1. Ableitung der quadratischen Funktion auffinden soll.

$$\#19: \ \frac{d}{dx} x^2$$

wird von DERIVE zu

$$\#20: \ 2 \cdot x$$

vereinfacht.

Regel 5: ***Die Ableitung der quadratischen Funktion***
Die quadratische Funktion $f: x \rightarrow x^2$ ist differenzierbar in $\mathbb{R}$.
Die 1. Ableitung f' von f lautet $f'(x) = 2 \cdot x$.

Eine beachtenswerte Schülerlösung

Besonders beeindruckt hat mich die Strategie, die ein Schüler zur Ermittlung der 1. Ableitung von $f(x) = x^2 - 7 \cdot x + 3$ an der Stelle x_0 über Linearisierung mit Hilfe von DERIVE in einer anschließenden Übungsphase einschlug. Der Schüler ging dabei einen eigenen Weg, indem er das Problem durch Substitution ohne Verwendung der in der Erarbeitungsphase definierten DIFF-Funktion löste.

Zunächst wurde die Funktion

#1: $F(x) := x^2 - 7 \cdot x + 3$

definiert und der Funktionswert für $F(r + s)$ mit DERIVE berechnet:

#2: $r^2 + r \cdot (2 \cdot s - 7) + s^2 - 7 \cdot s + 3$

Nun wurde die Linearisierung vorgenommen. Dazu eliminierte er den quadratischen Subterm s^2

#3: $r^2 + r \cdot (2 \cdot s - 7) - 7 \cdot s + 3,$

um anschließend für s den Term $x - x_0$ einzusetzen, für r wurde x_0 substitutiert.

#4: $x0^2 + x0 \cdot (2 \cdot (x - x0) - 7) - 7 \cdot (x - x0) + 3$

Der Ausdruck in Zeile #4 wurde vom Schüler mit

#5: $\text{EXPAND}\left(\dfrac{x0^2 + x0 \cdot (2 \cdot (x - x0) - 7) - 7 \cdot (x - x0) + 3}{x - x0}, \text{Rational}, x, x0\right)$

zu

#6: $\dfrac{x0^2}{x - x0} - \dfrac{7 \cdot x0}{x - x0} + \dfrac{3}{x - x0} + 2 \cdot x0 - 7$

vereinfacht.

Der Subterm $2 \cdot x_0 - 7$ wurde vom Schüler als 1. Ableitung für $f(x) = x^2 - 7 \cdot x + 3$ an der Stelle x_0 angegeben.

Die Linearisierung der Reziprokfunktion gestaltet sich schwieriger. DERIVE wird uns aber bei der Lösung des Problems als Visualisierungsinstrument von großer Hilfe sein.

Zunächst formen wir den Ausdruck $\frac{1}{x}$ auf

$$\frac{1}{x_0 + DIFF(x, x_0)}$$

und dann auf

$$\frac{1}{x_0} \cdot \frac{1}{1 + \frac{DIFF(x, x_0)}{x_0}}$$

um. Der Teilausdruck

$$\frac{1}{1 + \frac{DIFF(x, x_0)}{x_0}}$$

ist wichtig für unsere weiteren Betrachtungen.

Wählen wir x nahe bei x_0 - wie wir es bisher auch schon getan haben - so ist der Quotient

$$\frac{DIFF(x, x_0)}{x_0}$$

sehr klein. Wir geben ihm den Wert ε.

Da unser Ziel eine Linearisierung ist, vermuten wir, dass $\frac{1}{1+\varepsilon}$ für unser kleines ε annähernd $1-\varepsilon$ sein könnte.

Wir verwenden nun DERIVE als Funktionenmikroskop (vgl. Kapitel 7.3), um unsere Vermutung zu überprüfen. Dazu zeichnen wir die Funktionen *F1* und *F2*.

$$\#21: \left[F1(\varepsilon) := \frac{1}{1 + \varepsilon},\ F2(\varepsilon) := 1 - \varepsilon \right]$$

und betrachten anschließend die beiden Graphen in der Umgebung des Punktes P(0,1) mit dem Funktionenmikroskop.

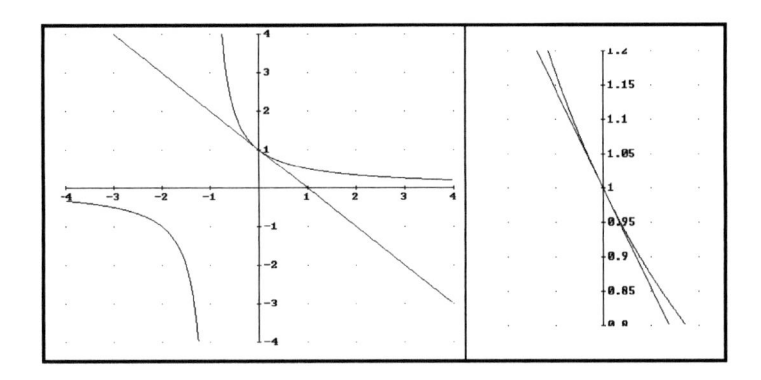

Das Funktionenmikroskop zeigt uns, dass die lineare Funktion $1-\varepsilon$ die Funktion $\frac{1}{1+\varepsilon}$ in der Umgebung von $P(0,1)$ näherungsweise beschreibt.

Wir können also für x nahe bei x_0 den linearen Term

$$1 - \frac{DIFF(x, x_0)}{x_0}$$

als Näherung für den Reziprokterm

$$\frac{1}{1 + \frac{DIFF(x, x_0)}{x_0}}$$

verwenden. Wir ersetzen also

$$\frac{1}{x_0} \cdot \frac{1}{1 + \frac{DIFF(x, x_0)}{x_0}}$$

durch

$$\#22: \quad \frac{1}{x0} \cdot \left[1 - \frac{DIFF(x, x0)}{x0} \right]$$

Multiplizieren wir Ausdruck #22 aus, so erhalten wir

$$\#23: \quad \left[\frac{1}{x0} - \frac{DIFF(x, x0)}{x0^2} \right]$$

305

$-\dfrac{1}{x_0^2}$ ist die Steigung der Tangente und somit die 1. Ableitung unserer Reziprokfunktion.

Auch diesmal verwenden wir zur Probe DERIVE als „Experten": Die Eingabe

$$\#24: \quad \frac{d}{dx}\frac{1}{x}$$

wird vereinfacht:

$$\#25: \quad -\frac{1}{x^2}$$

Regel 6: *Die Ableitung der Reziprokfunktion*

Die Reziprokfunktion $f: x \to \dfrac{1}{x}$ ist differenzierbar in $\mathbb{R} \setminus \{0\}$.

Die 1. Ableitung f' von f lautet

$$f'(x) = -\frac{1}{x^2}$$

Abschließend wollen wir noch Regeln für die Ableitung des Produkts und die Ableitung des Quotienten zweier reeller Funktionen F und G finden. Eine wichtige Strategie beim Lösen eines neuen Problems besteht darin, die neue Aufgabe auf bekannte Lösungen zurückzuführen.

Wir schreiben $F \cdot G$ als äquivalenten Term

$$\frac{1}{2}((F+G)^2 - F^2 - G^2).$$

Wenden wir die Regeln 1, 2, 3, 4 und 5 auf

$$\frac{1}{2}((F+G)^2 - F^2 - G^2)$$

an, so erhalten wir

$$\frac{1}{2}(2(F+G)(F'+G') - 2F \cdot F' - 2G \cdot G')$$

als 1. Ableitung.

DERIVE als symbolischer Rechner vereinfacht den Ausdruck

#26: $\dfrac{2 \cdot (F(x)+G(x)) \cdot (\text{FDER1}(x) + \text{GDER1}(x)) - 2 \cdot F(x) \cdot \text{FDER1}(x) - 2 \cdot G(x) \cdot \text{GDER1}(x)}{2}$

zu

#27: $\text{GDER1}(x) \cdot F(x) + G(x) \cdot \text{FDER1}(x)$

Die Probe mit den Symbolfunktionen $F(x) :=$ und $G(x) :=$

#28: $\dfrac{d}{dx} (F(x) \cdot G(x))$

führt zu

#29: $G(x) \cdot F'(x) + F(x) \cdot G'(x)$

Regel 7: *Die Ableitung des Produkts zweier Funktionen*

Es seien F und G zwei reelle Funktionen, die differenzierbar in x_0 sind, dann ist das Produkt aus F und G differenzierbar in x_0 mit

$(F \cdot G)'(x_0) = G(x_0) \cdot F'(x_0) + F(x_0) \cdot G'(x_0)$.

Da wir nun eine Regel für die Ableitung des Produkts zweier reeller Funktionen F und G kennen, schreiben wir den Quotienten $\dfrac{F}{G}$ als $F \cdot \dfrac{1}{G}$. Auf diesen Ausdruck wenden wir die Regeln 4, 6 und 7 an und erhalten $\dfrac{1}{G} \cdot F' + F \cdot \left(-\dfrac{1}{G^2} G' \right)$ als 1. Ableitung für $F \cdot \dfrac{1}{G}$.

Vereinfachen wir den Term

#30: $\dfrac{\text{FDER1}(x)}{G(x)} + \dfrac{F(x) \cdot (- \text{GDER1}(x))}{G(x)^2}$

mit der *Factor*-Funktion von DERIVE, so erhalten wir

#31: $\dfrac{G(x) \cdot \text{FDER1}(x) - \text{GDER1}(x) \cdot F(x)}{G(x)^2}$

Auch für die „Quotientenregel" machen wir die Probe mit dem „Experten" DERIVE, die Ableitung des Quotienten

$$\#32:\ \frac{d}{dx}\frac{F(x)}{G(x)}$$

wird folgenderweise vereinfacht:

$$\#33:\ \frac{F'(x)}{G(x)} - \frac{F(x)\cdot G'(x)}{G(x)^2}$$

Faktorisieren wir den Ausdruck in Zeile 33, so erhalten wir

$$\#34:\ \frac{G(x)\cdot F'(x) - F(x)\cdot G'(x)}{G(x)^2}.$$

Regel 8: *Die Ableitung des Quotienten zweier Funktionen*

Es seien F und G ($G(x) \neq 0$) zwei reelle Funktionen, die differenzierbar in x_0 sind, dann ist der Quotient aus F und G differenzierbar in x_0 mit

$$\left(\frac{F}{G}\right)'(x_0) = \frac{G(x_0)\cdot F'(x_0) - F(x_0)\cdot G'(x_0)}{G(x_0)^2}.$$

7.5 Präformales Beweisen mit Algebrasystemen

Eine bedeutende Anwendung der Tangentenlinearisierung in der numerischen Mathematik stellt das Newtonsche Näherungsverfahren zur Berechnung der Nullstellen reeller Funktionen dar. Leider erschöpft sich die Behandlung des Verfahrens im Mathematikunterricht der 7. Klasse zumeist in einer kurzen Darstellung der Vorgangsweise. Nachfolgend einige Beispiele aus Schulbüchern:

> **Das NEWTONsche Näherungsverfahren**
>
> Beim NEWTONschen Näherungsverfahren − der Tangentenmethode − wird der Graph der Funktion f durch die Tangente in einem zu einem ersten Näherungswert gehörenden Punkt X_1 des Graphen ersetzt. Der Schnittpunkt der Tangente mit der x-Achse ist ein zweiter Näherungswert x_2 für die Nullstelle der Funktion f. Nun wird im Punkt $X_2(x_2/f(x_2))$ wieder die Tangente gelegt, ... Man erhält wieder eine Folge von Näherungswerten und bei entsprechenden Voraussetzungen schließlich einen Näherungswert mit beliebig vorgegebener Genauigkeit.

[SZIRUCSEK et al. 1991, S. 248, 249].

> **1. Das NEWTONsche Näherungsverfahren**
> Die Idee ist die folgende (Fig. 4.14): Kennt man einen Näherungswert x_1 der gesuchten Nullstelle, so liefert der Schnittpunkt der Tangente t im Punkt $A(x_1|f(x_1))$ mit der x-Achse offenbar den besseren Näherungswert x_2. Rechnerisch geht man wie folgt vor: Aus dem grünen Dreieck in Fig. 4.14 liest man ab:
> $$f(x_1) + f'(x_1) \cdot (x_2 - x_1) = 0$$
> woraus folgt:
> $$x_2 = x_1 - \frac{f(x_1)}{f'(x_1)}$$
> Genügt dieser Näherungswert noch nicht den Erfordernissen, so errechnet man in analoger Weise aus x_2 einen Näherungswert x_3:
> $$x_3 = x_2 - \frac{f(x_2)}{f'(x_2)}$$
> Genügt auch dieser Näherungswert noch nicht den Erfordernissen, so errechnet man in analoger Weise die Näherungswerte x_4 usw.
>
> Leicht merkbar (und programmierbar) ist die Prozedur in Form der folgenden *Rekursionsformel*:
>
> **NEWTONsches Näherungsverfahren:** $x_{n+1} = x_n - \frac{f(x_n)}{f'(x_n)}$, Startwert x_1

[REICHEL et al. 1991, S. 143]

Auch in begleitenden Lehrbüchern zur Einführung von Computeralgebrasystemen im Mathematikunterricht finden wir immer wieder Beiträge zum Newtonverfahren.

Das Algebrasystem wird meist nur als funktionales Programmierwerkzeug zur Kodierung der Rekursionsformel vorgestellt. Auch dazu einige Beispiele:

> Figure 8.1 shows the graph of a function $f(x)$, and how the tangent to the curve gives an improved estimate x_{n+1} from a previous estimate x_n.
>
> Figure 8.1
>
> The gradient of the tangent at $x = x_n$ is given by $f'(x_n)$. It is also possible to find the gradient of the tangent by examining the triangle shown in Figure 8.1. The height of the curve at x_n is $f(x_n)$, so the slope of the tangent is given by
>
> $$\frac{f(x_n)}{x_n - x_{n+1}}.$$
>
> These two expressions can now be equated to give
>
> $$f'(x_n) = \frac{f(x_n)}{x_n - x_{n+1}}.$$
>
> This can be rearranged to give
>
> $$x_n - x_{n+1} = \frac{f(x_n)}{f'(x_n)}$$
>
> or
>
> $$x_{n+1} = x_n - \frac{f(x_n)}{f'(x_n)}.$$
>
> This iterative scheme is known as the *Newton-Raphson method* and provides a powerful method for finding the solutions of equations.

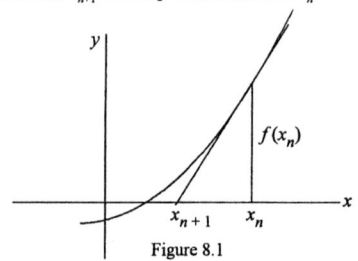

[BERRY et al 1993, S 242, 243].

In der Zusammenfassung wird auf die Notwendigkeit, den Startwert x_1 nahe an der gesuchten Nullstelle zu wählen und auf die Bedingung $\frac{df}{dx} \neq 0$ an der Nullstelle hingewiesen: „... Finally if $\frac{df}{dx} = 0$ at the root then the Newton-Raphson method is not an appropriate method to use..." [BERRY et al 1993, S. 247]

Das Newtonverfahren

Das **Newtonverfahren** ist ein Iterationsverfahren zur näherungsweisen Berechnung der Nullstelle einer Funktion f in einem gegebenen Intervall I:

$x_{n+1} = x_n - f(x_n)/f'(x_n)$ und $f'(x_n) \neq 0$

mit $n \in N$, $u = f(x) = 0$ und $x, x_0 \in I$.

Bemerkungen:
1) Das Intervall I können wir mit DERIVE einfach **graphisch** bestimmen. (Konvergenzbedingungen wollen wir nicht betrachten.)

[SCHEU 1992, S. 64]

Erst in [KOEPF et al 1993; Kapitel: Lokale Konvergenz und Globale Konvergenz] und in [TREIBER 1992; Kapitel: Lineare Konvergenz und Quadratische Konvergenz] werden erstmals Konvergenzkriterien und Newtonverfahren gemeinsam in Zusammenhang mit Computeralgebra diskutiert. Nun ist aber gerade die Ausbildung von Grundvorstellungen und Grundverständnissen von den für die einzelnen Gebiete fundamentalen Begriffen und Strategien eine wesentliche Voraussetzung für das Treiben sinnhafter Mathematik [vgl. dazu auch BENDER 1990].

Newtonverfahren und Computeralgebra

Das nachfolgende Unterrichtsmodell ergänzt die Behandlung des Newtonschen Näherungsverfahrens im Unterricht durch die Besprechung der Konvergenzkriterien, wobei das Algebrasystem als Rechen- und Visualisierungshilfe eingesetzt wird. Das Modell orientiert sich dabei an folgenden Bedingungen „präformalen" Beweisens [vgl. auch FREYTAG 1993]:

(1) Strategie und Formalisierung entsprechen dem formalen Beweisen,

(2) die Betrachtungen erfolgen unter Rücksichtnahme auf die Argumentationsbasis des Schülers,

(3) geeignet gewählte Beispiele und vorteilhafte Darstellungen unterstützen die Ausbildung von Grundvorstellungen und Grundverständnissen. Hier liegt auch der wesentliche Anteil des Algebrasystems am dargestellten Modell, enaktive Dimension (aktive Handlungen der Schüler), ikonische Dimension (graphische Darstellungen) und symbolische Dimension (symbolische Rechenhilfe) werden gemeinsam angesprochen.

Gehen wir zunächst davon aus, dass die Schüler in der Lage sind die Nullstellen zu einer vorgegebenen Funktion f nach dem algorithmischen Verfahren, das durch die Rekursionsformel

$$x_{n+1} = x_n - \frac{f(x_n)}{f'(x_n)} \; ; \; n \in \mathbb{N}$$

gegeben ist, näherungsweise zu berechnen.

Kriterienkatalog:

Besitzt die Newtonfunktion $F(x) = x - \dfrac{f(x)}{f'(x)}$ mit $f'(x_0) \neq 0$

(1) einen Fixpunkt in x_0, $F(x_0) = x_0$ und ist
(2) F in x_0 differenzierbar,

$$F(x) \approx t(x) = F(x_0) + F'(x_0) \cdot (x - x_0) = x_0 + F'(x_0) \cdot (x - x_0)$$

und gilt weiters

(3) $|F'(x_0)| \leq \alpha < 1$, so konvergiert $x_{n+1} = F(x_n)$ gegen x_0
($\forall \; x_n \in U_\varepsilon(x_0)$).

Als erstes Beispiel betrachten wir die reelle Funktion

$$f: x \to x^4 - 3 \cdot x^3 + 2 \cdot x^2 - 4.$$

Als Polynomfunktion ist f differenzierbar auf ganz $\mathbb{R}$. Definieren wir die Funktion in MAPLE

```
>f:=x->x^4-3*x^3+2*x^2-4;
```
$$f := x \to x^4 - 3x^3 + 2x^2 - 4$$

und zeichnen wir den Graphen von f auf $[-1, 3]$:

```
>plot(f(x),x=-1..3);
```

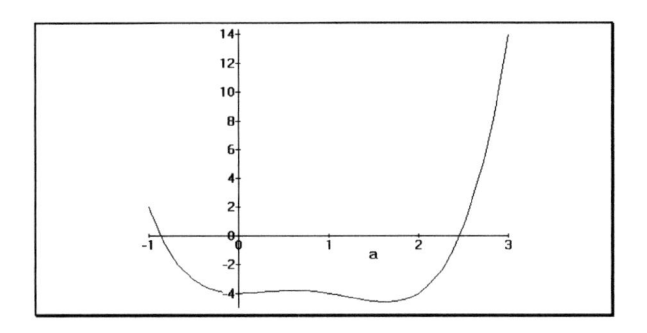

Dem Graphen entnehmen wir Nullstellen bei $x_0 \approx -0.8$ und $x_1 \approx 2.5$.
Definieren wir anschließend die Newtonfunktion

$$F: x \to x - \frac{f(x)}{f'(x)}$$

```
>F:=x->x-f(x)/diff(f(x),x);
```
$$F := x \to x - \frac{f(x)}{\mathit{diff}(f(x),x)}$$

und zeichnen wir den Graphen von F gemeinsam mit dem Graphen der ersten Mediane, der Menge aller Fixpunkte $x \to x$.

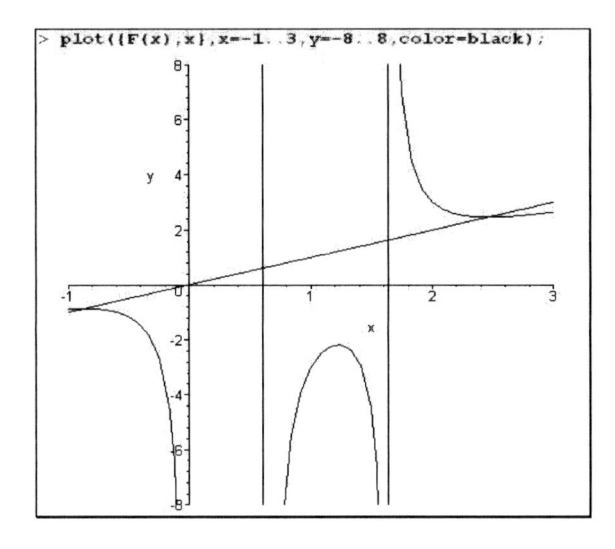

Der Graphik entnehmen wir zwei Fixpunkte an den Stellen $x_0 \approx -0.8$ und $x_1 \approx 2.5$.
Berechnen wir die Fixpunkte von F mit MAPLE:

```
>evalf(solve(F(x)=x,x));
```

Wir erhalten $x_0 = 2.455674123$ und $x_1 = -0.8651615551$ als reelle Lösungen der Gleichung $F(x) = x$.
Ermitteln wir nun mit MAPLE die erste Ableitung der Newtonfunktion F an den Stellen x_0 und x_1.

```
>subs(x=2.455674123,diff(F(x),x));
                          .7357622828 10⁻⁸
>subs(x=-0.8651615551,diff(F(x),x));
                         -0.2270146644 10⁻⁸
```

Da
$$|F'(x_0)| \approx .7357622828 \cdot 10^{-8} = \alpha_1 < 1$$
und
$$|F'(x_1)| \approx .2270146644 \cdot 10^{-8} = \alpha_2 < 1$$

ist, konvergiert die Newtonfunktion F für Werte x_n in der Nähe von x_0 gegen x_0 bzw. für Werte x_n in der Nähe von x_1 gegen x_1. Die Fixpunkte x_0 und x_1 sind anziehend (= attraktiv). Wollen wir den Verlauf der x_i- Werte mit einem MAPLE- Programm[10] visualisieren. Die Kodierung setzt spezielle Kenntnisse im Programmieren voraus. Der Lehrer wird daher diese Aufgabe vor allem besonders interessierten Schülern übertragen, die die dafür erforderlichen speziellen Kenntnisse im Selbststudium oder im Wahlpflichtfach Informatik in der 6. / 10. Schulstufe und 8. Klasse / 12. Schulstufe des Gymnasiums erwerben könnten. Eine Präsentation des lauffähigen Programmes vor der gesamten Klasse durch die Schüler ist dabei erfahrungsgemäß besonders motivierend.

```
folge:=proc(start,schritte)
    wert[0]:=start;
    for i to schritte do wert[i]:=subs(a=wert[i-1],F(a));
    od;
    liste:=seq(wert[j],j=0..schritte);
    print(evalf(liste));
    plotliste:=seq([j,wert[j]],j=0..schritte);
    plot([plotliste],style=LINE);
end;
```

---

[10] Die Kodierung des Programmes wurde in einem prozeduralen Programmierstil vorgenommen. Das Algebrasystem MAPLE stellt auch eine prozedurale Programmiersprache, die über bekannte Kontrollstrukturen - wie etwa FOR-TO-DO in unserem Beispiel - verfügt, zur Kodierung von Algorithmen bereit.

Erzeugen wir fünf Folgenelemente mit einem Startwert *3* in der Nähe von $x_0 \approx 2{,}4$

> >folge(3,5);

so erhalten wir

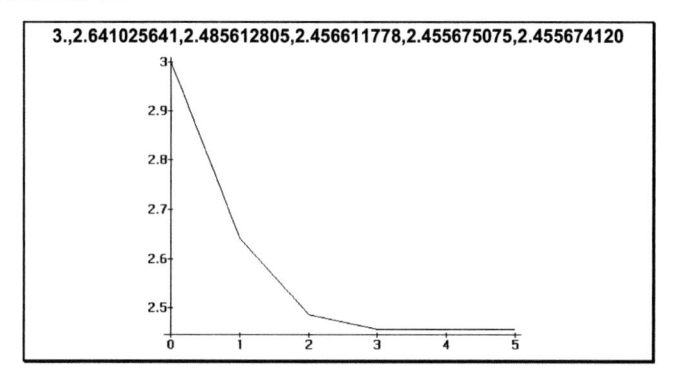

3.,2.641025641,2.485612805,2.456611778,2.455675075,2.455674120

Die Folgenwerte nähern sich sehr rasch dem Fixpunkt
$$x_0 = 2.455674123$$
Ebenso erzeugen wir fünf Folgenwerte mit einem Startwert − *0.5* in der Nähe von $x_1 \approx -0{,}86$.

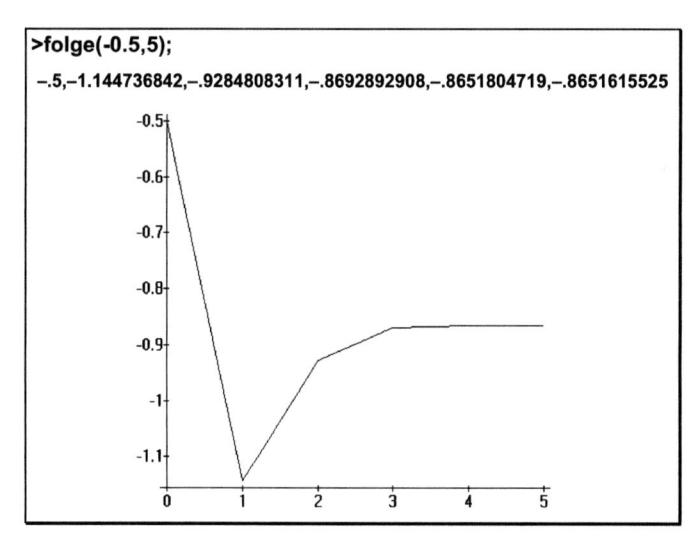

> >folge(-0.5,5);
> −.5,−1.144736842,−.9284808311,−.8692892908,−.8651804719,−.8651615525

Die Werte nähern sich wiederum sehr rasch $x_1 = -0.8651615551$.

Dass es lohnenswert ist, die Behandlung des Newtonschen Näherungsverfahrens im Unterricht durch Konvergenzbetrachtungen zu ergänzen, soll uns das nachfolgende Beispiel zeigen.
Betrachten wir die reelle Funktion
$$f: x \rightarrow \sqrt[3]{x^3 + x + 3}.$$
Wir definieren die Funktion f neu :

```
>f:=x->(x^3+x+3)^(1/3);
```
$$f := x-> (x^3 + x + 3)^{1/3}$$

Mit der Neudefinition von f wird auch die Newtonfunktion $F(x)$ neu festgelegt.
Von f zeichnen wir den Graphen $[-3,3]$:

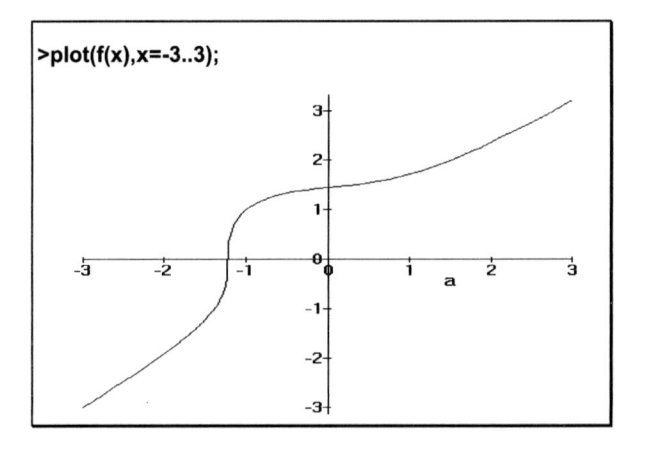

```
>plot(f(x),x=-3..3);
```

Die Funktion f besitzt eine Nullstelle bei $x_0 \approx -1.2$. Berechnen wir die Nullstelle mit MAPLE. Wir sehen, dass $f(x) = 0$ genau dann gilt, wenn $x^3 + x + 3 = 0$ ist. Wir lösen die Gleichung dritten Grades mit MAPLE

```
> evalf(solve((x^3+x+3)^(1/3)=0,x));
```

und erhalten die reelle Lösung $x_0 = -1.213411663$.

Zeichnen wir auch für dieses Beispiel den Graphen der Newtonfunktion F und den Graphen der ersten Mediane mit MAPLE.

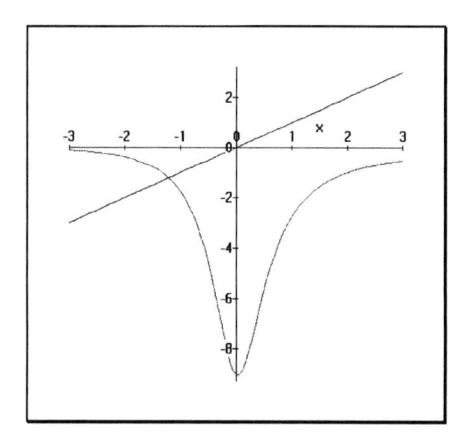

Aufgrund der Graphik vermuten wir einen Fixpunkt bei $x_0 \approx -1.2$.
Berechnen wir den Fixpunkt mit MAPLE, so erhalten wir
$$x_0 = -1.213411663$$
als einzige reelle Lösung der Gleichung $F(x) = x$.
Die Newtonfunktion unserer Funktion f ist eine rationale Funktion

>F(x);
$$x - 3 \cdot \frac{x^3 + x + 3}{3x^2 + 1}$$

und F ist „friedlich" im Fixpunkt $x_0 = -1.213411663$.

Bei der Berechnung von $F'(x)$ ist uns das Computeralgebrasystem eine große Hilfe.

>diff(F(x),x);
$$-2 + 18 \cdot \frac{(x^3 + x + 3)x}{(3x^2 + 1)^2}$$

Für $F'(x_0)$ erhalten wir den Wert -2, da $x_0^3 + x_0 + 3 = 0$ ist.
Offenbar haben wir bisher zu wenig darauf geachtet, wie es um die Differenzierbarkeit von f an der Stelle x_0 bestellt ist.

Berechnen wir also $f'(x)$ mit MAPLE.

>diff(f(x),x);
$$\frac{1}{3} \cdot \frac{3x^2 + 1}{(x^3 + x + 3)^{2/3}}$$

Die Funktion f ist an der Stelle x_0 nicht differenzierbar, da $x_0^3 + x_0 + 3 = 0$ ist.

Was bedeutet aber nun die Tatsache, dass $|F'(x_0)| = 2 > 1$ ist, für den Verlauf der Folgenelemente bei der Iteration. Visualisieren wir dazu den Verlauf der Folgenelemente mit unserem MAPLE-Programm:

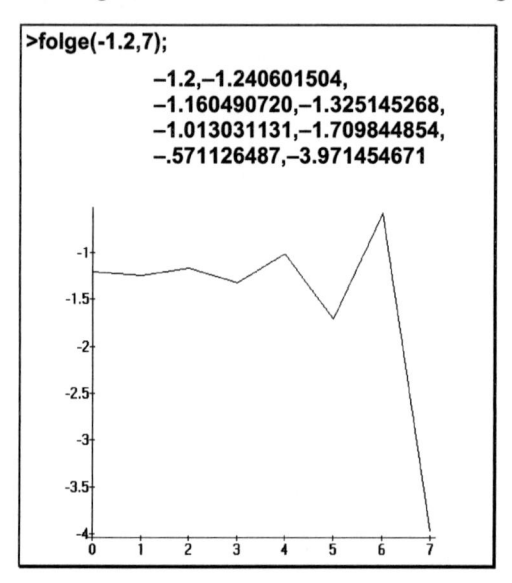

```
>folge(-1.2,7);
        -1.2,-1.240601504,
        -1.160490720,-1.325145268,
        -1.013031131,-1.709844854,
        -.571126487,-3.971454671
```

Obwohl wir nahe bei x_0 starten, entfernen wir uns bei Anwendung der Newtonfunktion F „Schritt für Schritt" von x_0. Der Fixpunkt x_0 ist für die Newtonfunktion F ein abweisender (=repulsiver) Fixpunkt.

7.6 Der Integraph als aktivierender Modul

Problemstellung

Der Integraph ermöglicht das Zeichnen einer Stammfunktion. Werner Blum weist [BLUM 1982a, 1982b] auf die Möglichkeit der Visualisierung des Hauptsatzes der Differential - und Integralrechnung durch Einsatz eines Stammfunktionszeichners hin.

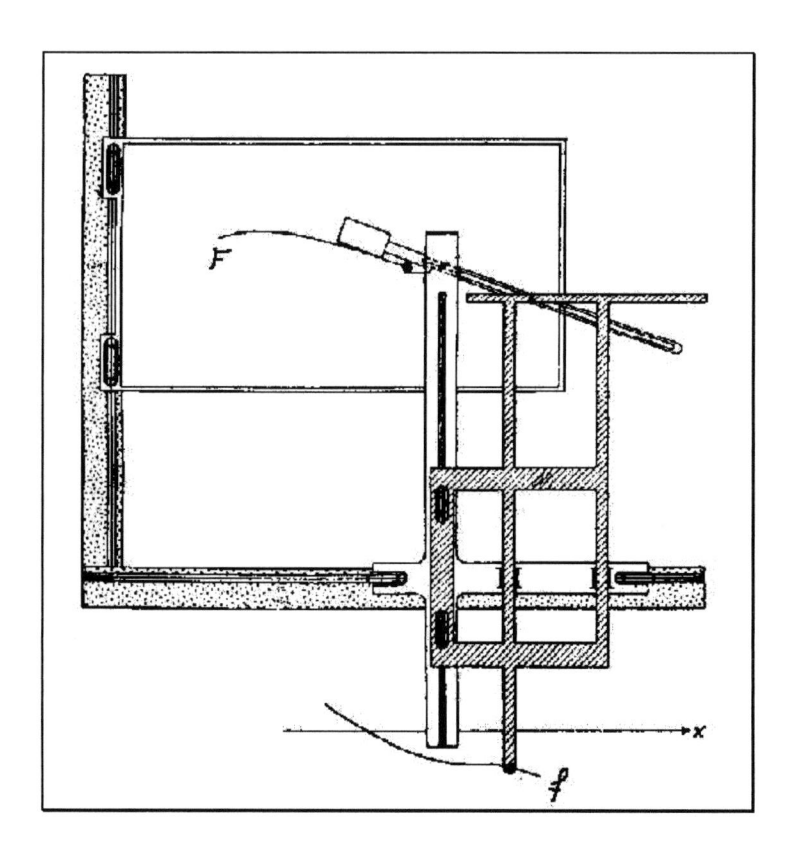

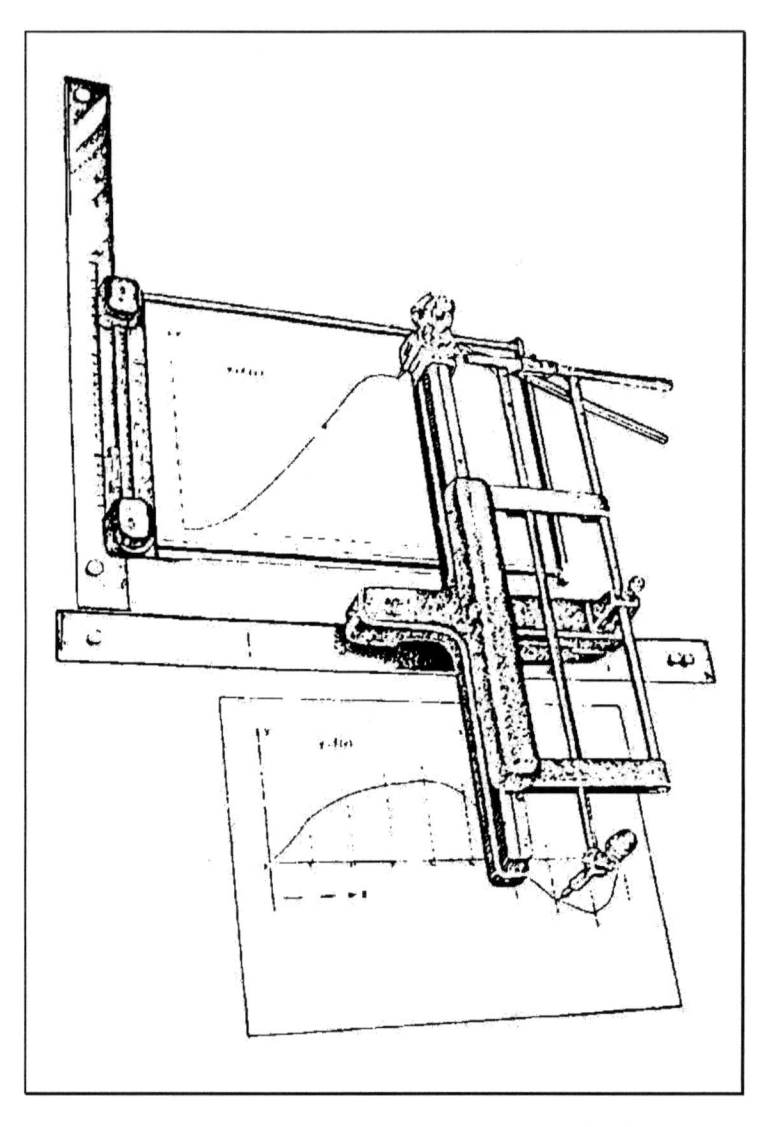

Eine mitunter mühsame Aufgabe ist die Behandlung des Hauptsatzes der Differential - und Integralrechnung in der 8. Klasse / 12. Schulstufe. Dabei ist die Aufgabe zu einer vorgegebenen Funktion f eine differenzierbare Stammfunktion F mit $F' = f$ zu finden, didaktisch anspruchsvoll und reizvoll.

Wir bauen einen Integraphen, der zu einer vorgegebenen auf einem Intervall [a,b] stetigen Funktion f den Graphen einer Stammfunktion F approximierend durch Streckenzüge $t_i(x)$ mit
$$t_i(x) = T[i] + f(a + i \cdot \Delta x) \cdot (x - a - i \cdot \Delta x)$$
und
$$x = a + i \cdot \Delta x \,..\, a + (i+1) \cdot \Delta x, \quad i = 0 \,..\, n-1$$
stückweise zeichnet. Dabei wird als Anfangsbedingung $T(0) = 0$ gesetzt (d. h. der Integraph ermittelt näherungsweise den Graphen jener Stammfunktion F von f, die an der Stelle a eine Nullstelle besitzt).

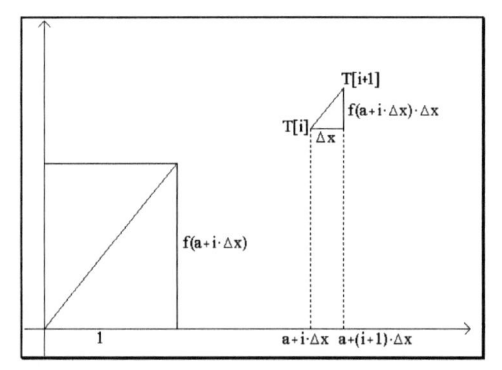

Wir starten mit dem Zeichenstift bei $T(0) = 0$ und führen an jeder Stelle $x_i = a + i \cdot \Delta x$ mit $i = 0 \,..\, n-1$ eine Richtungsänderung
$$f(a + i \cdot \Delta x) \cdot \Delta x$$
durch.

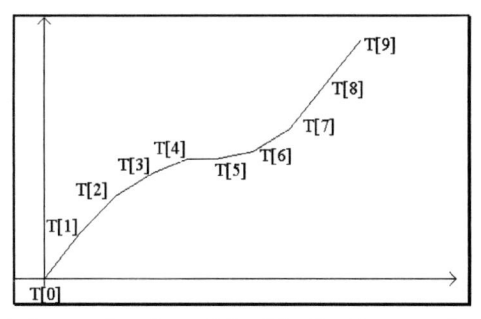

Dadurch erhalten wir eine „Maschine", die zu einer auf dem betrachteten Intervall [a,b] ($b = a + (n-1) \cdot \Delta x$) stetigen Funktion f näherungsweise den Graphen einer Stammfunktion F mit $F' = f$ zeichnet.

Bereits 1985 konstruierte ich einen Integraphen, der den Graphen von F zu einer vorgegebenen Funktion f mittels kleiner Schritte und abschnittsweiser Richtungsänderung zeichnet, für den Computerbildschirm, um diese „Maschine" möglichst vielen Schülern und Kollegen zur Verfügung zu stellen [FUCHS 1985]. Die „Steuerung" der Bewegungen des Zeichenstiftes des Integraphen erfolgte über die Bewegungskommandos der DYNAMIC TURTLE, dem LOGO-Zeichenstift [ABELSON, DI SESSA 1981]. Setzte das LOGO-Modell somit noch die Kenntnis der Programmiersprache LOGO voraus, um eine annähernd ansprechende Problemlösung zu erhalten, so ermöglichen Computeralgebrasysteme eine einfachere Kodierung (vgl. Länge und Struktur der Quellcodes der Integraphen – Arbeitsweise in [FUCHS 1985]).

Der Stammfunktionszeichner - Kodierung mit MAPLE

Die Schrittweite setzen wir zunächst mit $dx = 0.1$ fest:

```
>dx := 0.1;
```

Anschließend definieren wir die Funktion

```
> f := x->x^2;
```

und schreiben unser integraph - Programm:

```
integraph := proc(a,n)
    T[0] := 0;
    for i from 0 to n-1
    do
    T[i+1] := T[i]+f(a+i*dx)*dx;
    od;
    punkteliste := seq([dx*i,T[i]], i=0..n);
    plot([punkteliste], style=line,axes=none);
end;
```

Rufen wir unser integraph - Programm auf

```
> integraph(-2,40);
```

so erhalten wir:

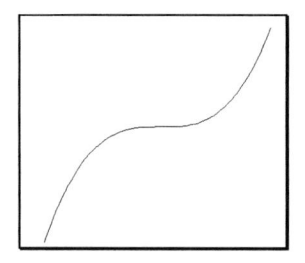

Vergleichen wir den Pfad unseres **integraph** - Programmes mit der Lösung des Algebrasystems, indem wir die Funktion F plotten.

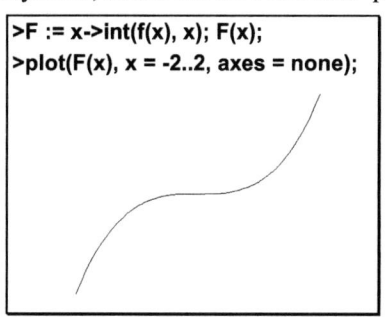

```
>F := x->int(f(x), x); F(x);
>plot(F(x), x = -2..2, axes = none);
```

Kodierung mit DERIVE

1. Schritt: Festsetzung der Schrittweite

```
#1: dx := 0.1
```

2. Schritt: Definition der Funktion f

```
#2: F(x) := x²
```

3. - 4. Schritt: Definition des INTEGRAPH – Programmes

```
#3: T(a, i) := IF(i = 0, 0, T(a, i - 1) + F(a + (i - 1)·dx)·dx)
#4: INTEGRAPH(a, n) := VECTOR([dx·i, T(a, i)], i, 0, n)
```

5. Schritt: Aufruf des INTEGRAPH - Programmes

```
#5:    INTEGRAPH(-2, 40)
```

Durch den Aufruf des INTEGRAPH - Programmes wird eine Punkteliste $[dx \cdot i, T(a, i)]$ mit $i = 0..n$ erzeugt, die in Zeile #6 steht. Plotten wir die Punkteliste (benachbarte Punkte werden durch Streckenstücke verbunden), wobei wir einen geeigneten Bildschirmausschnitt wählen, so erhalten wir:

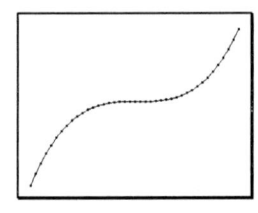

Kontrollieren wir unsere Lösung auch mit DERIVE:

#7: $\int F(x)dx$

Den Ausdruck in Zeile #7 vereinfacht DERIVE zu

#8: $\dfrac{x^3}{3}$

und anschließend lässt sich der Graph plotten.

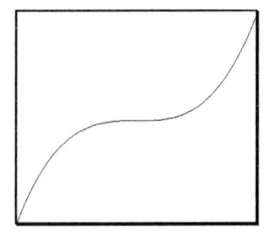

Unterrichtliche Hinweise

Aus didaktischer Sicht halte ich das Modell in mehrfacher Weise für bedeutsam [vgl. BLUM 1982b].
- Der Integraph ist keine „Black - Box", da das Arbeitsprinzip vom Schüler verstanden werden kann.
- Das Modell ist aktivierend. Durch die Verfügbarkeit im Klassenzimmer (dies spricht wohl auch für den Einsatz von Computer-

algebrasystemen im Mathematikunterricht) kann sich der Schüler aktiv mit dem „Gerät" auseinandersetzen.
- Das „Gerät" verdeutlicht den dynamischen Charakter von Funktionsgraphen, d. h. der Schüler erlebt im Gegensatz zum oft mühsamen Erzeugen von Funktionsgraphen im Schulübungsheft das Entstehen von Funktionsgraphen im Zeitraffer auf dem Computerbildschirm. Dem Schüler bleibt somit mehr Zeit, den Blick auf Zusammenhänge zwischen f und Stammfunktion F zu richten, etwa: Eine Nullstelle von f bedeutet ein waagrechtes Tangentenstück bei der Beschreibung von F.
- Mit Werner Blum teile ich auch die Vermutung, dass die Beschäftigung mit dem Stammfunktionszeichner das Bedürfnis und die Motivation des Schülers steigern werden, tiefere Einsichten in die visualisierten Sachverhalte zu gewinnen.

Die Flächeninhaltsfunktion

Reizvoll ist nicht zuletzt die Möglichkeit, Zugang zu Stammfunktionen F zu erhalten, für die keine geschlossene Termdarstellung bekannt ist. Als Stammfunktion F wird die (orientierte) Flächeninhaltsfunktion F_a

$$F_a : [a,b] \mapsto \mathbb{R} \quad : x \mapsto \int_a^x f(t)dt$$

näherungsweise als Summe der Trapezflächen

$$\frac{(T[i+1] + T[i]) \cdot dx}{2}$$

mit $i = 0 .. n - 1$ berechnet.

Kodierung mit MAPLE

Ermitteln wir zunächst die Funktion F

```
>F := x-> int(f(x), x); F(x);
```

für

```
> f := x->exp(-x^2);
```

mit dem Algebrasystem. Wir erhalten:

$$\frac{1}{2}\sqrt{\pi} \; erf(x)$$

Lassen wir MAPLE das numerische Integral auf $[-1,1]$ berechnen:

```
>evalf(int(f(x), x = -1..1));
```

liefert

```
1.493648266
```

Bauen wir nun unser **integraph** - Programm zu einem Programm zur Berechnung des Flächeninhalts um:

```
flaecheninhalt := proc(a, n)
    T[0] := 0; Trapez[0] := 0;
    for i from 0 to n-1 do
    T[i+1] := T[i] + f(a+i*dx)*dx;
    Trapez[i+1] := Trapez[i] + (T[i+1]+T[i])*dx/2;
    od;
    Trapez[n];
end;
```

Berechnen wir die numerische Approximation, so erhalten wir

```
>dx := 0.1
                                    1.454588458
```

für flaecheninhalt(-1,20) und

```
>dx := 0.001
                                    1.493269197
```

für flaecheninhalt(-1,2000).

Kodierung mit DERIVE

Definieren wir $G(x)$ mit

```
#1:  G(x) := e^{-x^2}
```

Nach Vereinfachung von

```
#2:  ∫G(x) dx
```

erhalten wir - wie nicht anders zu erwarten - den Ausdruck

```
#3:  √π  ERF(x)
         ─────
           2
```

Berechnen wir den Flächeninhalt auf $[-1,1]$ näherungsweise

$$\#4: \quad \int_{-1}^{1} G(x) \cdot dx$$

so erhalten wir

```
#5: 1.493648
```

Erstellen wir nun auch ein Programm zur Berechnung des Flächeninhalts für DERIVE.

```
#6:T(a,i):=IF(i=0,0,T(a,i-1)+G(a+(i-1)dx)dx)
#7:TRAPEZ(a,i):=
   IF(i=0,0,TRAPEZ(a,i-1)+½(T(a,i)+T(a,i-1))dx)
```

Setzen wir

```
#8: dx:= 0.1,
```

so erhalten wir für

```
#9: TRAPEZ(-1, 20)
#10: 1.45458
```

Verfeinern wir die Schrittweite

```
#11: dx =0.005
```

so erhalten wir für

```
#12: TRAPEZ(-1,400)
#13: 1.49175
```

als Näherungswert.

Das Algebrasystem wird damit vom Schüler bei seiner aktiven Auseinandersetzung mit dem Modell als graphisches, numerisches und symbolisches Hilfsmittel verwendet.

8 ZUR BESCHREIBUNG VON PUNKTMENGEN IN DER EBENE - DIE OPTIMAL EINGEPASSTE GERADE

Auch in der Stochastik halten Computeranwendungen immer stärkeren Einzug. So steht im nachfolgenden Unterrichtsmodell zur „Linearen Regression" der gewinnbringende Einsatz von Algebrasystemen als Rechenhilfe sowie als Visualisierungsinstrument im Mittelpunkt der Betrachtungen.

Algebrasysteme erzeugen also „Black - Box" - Lösungen, die interessierte Schüler provozieren, die Arbeitsweise des Systems zu hinterfragen. Wichtig ist nun, dass der Lehrer diese Interessen der Schüler aufgreift und ihnen jene mathematischen Sätze und Strategien zur Verfügung stellt, die diese zum Analysieren der anstehenden Aufgaben benötigen. Dazu werden aber auch Erweiterungen bekannter Strategien und Ergänzungen durch mathematische Sätze und Definitionen notwendig sein, die den Schülern nur im Wahlpflichtgegenstand Mathematik oder in Plus-Kursen zugemutet werden können.

In 8.1 stelle ich einzelne Unterrichtsausschnitte aus meiner Praxis als innermathematische Problematik vor, die dabei so gesehen werden muss, dass sie die Schüler behutsam auf genetischem Weg von einfachen Fragestellungen schrittweise zu Verallgemeinerungen und schließlich zum Grenzbereich der Modellbildung führt.

Im Abschnitt über das Experimentieren mit Algebrasystemen in der Stochastik zeige ich, wie Computeralgebrasysteme ausschließlich als Rechen- und Visualisierungsinstrumente in Anwendungsaufgaben eingesetzt werden, ohne dass die Schüler die Arbeitsweise einzelner Funktionen hinterfragen müssen.

Neben den Algebrasystemen DERIVE und MAPLE wird auch der Einsatz des Symbolrechners TI-92 und des Kalkulationsprogramms EXCEL angesprochen.

Als „optimal eingepasst" wird im folgenden Konzept jene Gerade verstanden, für die die Summe der Quadrate der Abweichungen der Datenwerte minimal ist.

8.1 Die innermathematische Problematik

Fragestellung 1:

Das Zwei - Punkte - Problem

Betrachten wir zunächst eine klassische Aufgabe aus dem Geometrieunterricht, das Zwei - Punkte - Problem:

Gegeben seien zwei Punkte $P_1(3,4)$ und $P_2(-2,3)$. Gesucht ist die Gerade g_0 durch die beiden Punkte P_1 und P_2.

Es geht hier um die funktionale Beschreibung der Gerade, eine lineare Funktion in der Form $G(x) = k \cdot x + d$.

Wir wissen, dass durch zwei verschiedene Punkte $P_1 \neq P_2$ eine Gerade eindeutig bestimmt ist.

Aus der Bedingung $P_1 \in g_0$ erhalten wir

$$G_0(3) = 3 \cdot k + d = 4,$$

und aus $P_2 \in g_0$ ergibt sich

$$G_0(-2) = -2 \cdot k + d = 3$$

Das Lösen des Gleichungssystems

$$3 \cdot k + d = 4$$
$$-2 \cdot k + d = 3$$

liefert

$$k = \frac{1}{5} \quad \text{und} \quad d = \frac{17}{5}$$

Die gesuchte Gerade g_0 in der funktionalen Darstellung hat die Gleichung

$$G(x) = \frac{1}{5}x + \frac{17}{5} = y$$

Fragestellung 2:

Vom Zwei- zum Drei - Punkte - Problem

Unser Zwei - Punkte - Problem wollen wir nun zu einem Drei - Punkte - Problem ausbauen.
Es lautet:

Gegeben seien die drei Punkte $P_1(3,4)$, $P_2(-2,3)$ und $P_3(0,0)$. Gesucht wird die optimal eingepasste Gerade g.

Lösen wir unser Problem zunächst mit DERIVE, wobei wir den Computer als „Black-Box" verwenden. Die gesuchte optimal einzupassende Gerade beschreiben wir wiederum funktional

$$\#1: \quad G(x) := k \cdot x + d$$

Geben wir unsere Datenpunkte P_1, P_2 und P_3 ein

$$\#2: \quad \text{daten} := \begin{bmatrix} 3 & 4 \\ -2 & 3 \\ 0 & 0 \end{bmatrix}$$

und verwenden wir schließlich die „Einpassungsfunktion" FIT (vgl. Kapitel 5.3)

$$\#3: \quad \text{FIT}([t, G(t)], \text{daten})$$

zur Ermittlung der optimal eingepassten Geraden. Als Funktionsterm $G(t)$ erhalten wir

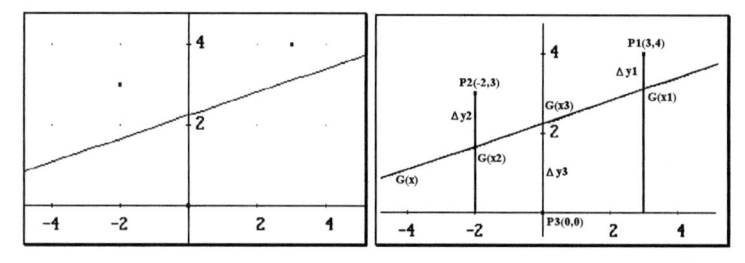

$$\#4: \quad \frac{11 \cdot t}{38} + \frac{85}{38}$$

Die DERIVE - Graphik ist ein guter Ausgangspunkt für ein Arbeitsblatt zur Modellbildung, welches der Lehrer für den Unterricht vorbereitet. Die Schüler ergänzen die DERIVE-Graphik auf dem Arbeitsblatt unter der Anleitung des Lehrers an der Tafel, um die angepasste Gerade interpretieren zu können.

Hier werden mit (x_i, y_i), $i = 1 .. 3$ die Koordinaten der Datenpunkte P_1, P_2 und P_3 und mit Δy_i, $i = 1 .. 3$ die Differenz zwischen tatsächlichen und angepassten Ordinatenwerten bezeichnet.

Aus der Abbildung können wir zunächst sehr einfach die Abweichungen

$$\Delta y_1 = y_1 - G(x_1), \; \Delta y_2 = y_2 - G(x_2) \text{ und } \Delta y_3 = y_3 - G(x_3)$$

entnehmen.

Um das Problem der Vorzeichen zu vermeiden, Δy_1 und Δy_2 sind nämlich positiv und Δy_3 ist negativ, könnten wir

$$a(k,d) := |\Delta y_1| + |\Delta y_2| + |\Delta y_3|$$

als Zielfunktion verwenden. Da jedoch Quadrate mathematisch leichter handhabbar sind, verwenden wir

$$a(k,d) := \Delta y_1^2 + \Delta y_2^2 + \Delta y_3^2$$

als die zu optimierende Zielfunktion.

Fragestellung 3:
Extremwertaufgaben in zwei Variablen

Unsere Zielfunktion *a(k,d)* beschreibt die Summe der Quadrate der Abweichungen zu den Datenwerten.

$$(y_1 - G(x_1))^2 + (y_2 - G(x_2))^2 + (y_3 - G(x_3))^2 =$$

$$= (y_1 - k x_1 - d)^2 + (y_2 - k x_2 - d)^2 + (y_3 - k x_3 - d)^2 = a(k,d)$$

Also *a(k,d)* ist eine Funktion in den zwei Variablen *k* und *d*. Unsere Problemlösung in der „White - Box" - Phase besteht somit in der Extremwertaufgabe, jene Werte *k* und *d* zu ermitteln, für die *a(k,d)* minimal ist.

An Österreichs Gymnasien werden Extremwertaufgaben in zwei Variablen bislang nicht behandelt. Ich teile die Meinung anderer Mathematikdidaktiker, die bedauern, dass die "... Einschränkung auf stets eine Variable auch allgemein das eindimensionale funktionale Denken ..." [REICHEL et al 1987] fördert [vgl. dazu auch SCHWEIGER 1995c].

Die Lösung unseres Drei - Punkte - Problems über eine Zielfunktion in zwei Variablen ist somit auch ein Plädoyer für die Behandlung von Extremwertaufgaben in zwei Variablen zur Unterstützung des mehrdimensionalen Denkens bei den Schülern, zumal gerade Computeralgebrasysteme die Möglichkeit zusätzlicher Unterstützung durch Visualisierung bieten[11].

---

[11] Das vorgestellte Unterrichtsmodell ist für eine Behandlung im Wahlpflichtfach Mathematik mit mathematisch interessierten Schüler abgestimmt. Die Zielfunktion in zwei Variablen lässt sich aber durch algebraische Umformungen auf eine Funktion in einer Variable und damit auf eine traditionelle Extremwertaufgabe zurückführen. Die angesprochenen Umformungen werden etwa in [REICHEL 1987, S. 268, 269, ÖSTERREICHER 1996 oder SCHWEIGER 1995d, S. 13] ausführlich dargestellt.

Vorbereitung der Extremwertaufgabe, erforderliche Kenntnisse:

In der 11. Schulstufe werden die Bedingungen für ein lokales Minimum bei einer Funktion in einer Variablen besprochen:
Ein lokales Minimum liegt für eine Funktion f an der Stelle x_0 vor (sofern f an der Stelle x_0 zweimal differenzierbar ist), wenn

(a) $f'(x_0) = 0$, d. h. wenn deren Tangente

$$t: x \to f(x_0) + f'(x_0)(x - x_0)$$

parallel zur x - Achse ist

und

(b) $f''(x_0) > 0$, d. h. wenn der durch f bestimmte Graph an der Stelle x_0 positiv gekrümmt ist. Dies heißt aber, dass die Punkte $P(x, f(x))$ des Graphen in der Nähe des Berührpunkts oberhalb der Tangente im Berührpunkt liegen.

Versuchen wir nun die Bedingungen für unsere Funktion a in den beiden Variablen k und d zu formulieren.

Eine notwendige Bedingung entnehmen wir [REICHEL et al 1987, S. 267]: „partielle Ableitungen $\frac{\partial z}{\partial k}(k,d)$ und $\frac{\partial z}{\partial d}(k,d)$ gleich Null setzen".

Ein lokales Minimum für $a(k,d)$ liegt an der Stelle (k_0, d_0) vor, wenn

(a) $\frac{\partial a}{\partial k}(k_0,d_0) = 0$ und $\frac{\partial a}{\partial d}(k_0,d_0) = 0$

(b) $\frac{\partial^2 a}{\partial k^2}(k_0,d_0) \frac{\partial^2 a}{\partial d^2}(k_0,d_0) - \frac{\partial^2 a}{\partial k \partial d}(k_0,d_0) \frac{\partial^2 a}{\partial d \partial k}(k_0,d_0) > 0$
und
$\frac{\partial^2 a}{\partial k^2}(k_0,d_0) > 0$ gilt.

Diese hinreichende Bedingung findet sich etwa im Lehrbuch von [FINNEY et al 1994, S. 1023].

Für den Schulunterricht erweist es sich als zweckmäßig, dass wir die beiden Bedingungen an Beispielen überprüfen. Als Rechen- und Visualisierungshilfe ist DERIVE sehr geeignet.

Beim Plotten unserer Zielfunktion $a(k,d)$ setzen wir die Koordinaten von $P_1(3,4)$, $P_2(-2,3)$ und $P_3(0,0)$ in den Funktionsterm ein:

#1: $A(k, d) := (4 - 3 \cdot k - d)^2 + (3 - (-2) \cdot k - d)^2 + (-d)^2$

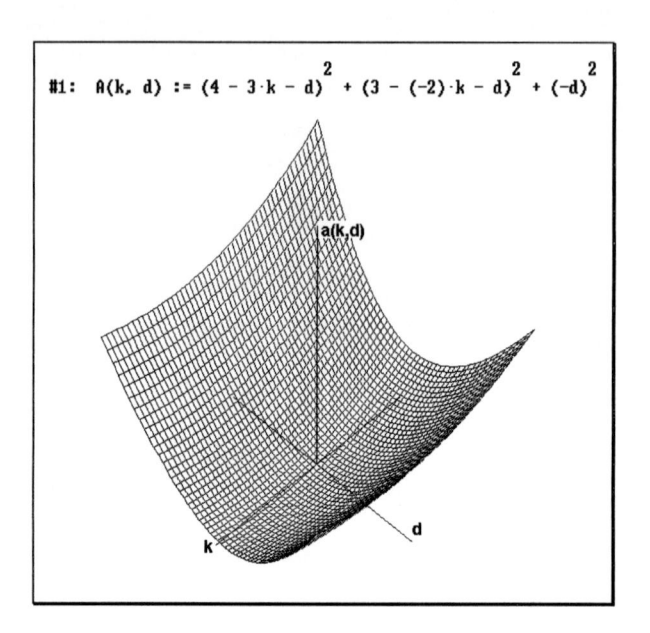

Die partielle Ableitung nach *k* liefert

#2: $\dfrac{d}{dk} A(k, d)$

#3: $2 \cdot (d + 13 \cdot k - 6)$

Die partielle Ableitung nach *d* liefert

#4: $\dfrac{d}{dd} A(k, d)$

#5: $6 \cdot d + 2 \cdot (k - 7)$

Anschließend lösen wir das Gleichungssystem

#6: SOLVE([$2 \cdot (d + 13 \cdot k - 6)$, $6 \cdot d + 2 \cdot (k - 7)$], [d, k])

#7: $\left[d = \dfrac{85}{38} \quad k = \dfrac{11}{38} \right]$

gemäß Bedingung (a).

Um (b) zu bestätigen berechnen wir

$$\left[\frac{d}{dk}\right]^2 A(k,d) \left[\frac{d}{dd}\right]^2 A(k,d) - \left[\frac{d}{dk}\frac{d}{dd}A(k,d)\right]\frac{d}{dd}\frac{d}{dk}A(k,d)$$

an der Stelle $\left(\frac{11}{38}, \frac{85}{38}\right)$ und erhalten den positiven Wert *152*. Für

$$\left[\frac{d}{dk}\right]^2 A(k,d)$$

gemäß Bedingung (b) ergibt sich ebenfalls ein positiver Wert: *26*.

Eigenheiten bei der Anwendung von DERIVE

- Sicherlich ist die Auflösung der Eingabe DIF(A(k,d),d,2) in

$$\left[\frac{d}{dd}\right]^2 A(k,d)$$

durch DERIVE nicht schön. Sollte diese Auflösung durch DERIVE als störend empfunden werden, so kann etwa durch Benutzung der Variablen m und n für die lineare Funktion
$G(x) = m x + n$ anstelle der im Unterricht häufig verwendeten Form
$G(x) = k x + d$ die Schreibweise sehr einfach verbessert werden.

- Selbst wenn die Klammerung im Ausdruck

$$\left[\left[\frac{d}{dk}\right]^2 A(k,d)\right]\cdot\left[\frac{d}{dd}\right]^2 A(k,d) - \left[\frac{d}{dk}\frac{d}{dd}A(k,d)\right]\cdot\frac{d}{dd}\frac{d}{dk}A(k,d)$$

in seiner Schreibweise ungewöhnlich erscheint, sie entspricht dem Bildschirmausdruck.

- Das Lösen des Gleichungssystems

```
SOLVE([2·(d + 13·k - 6) = 0, 6·d + 2·(k - 7) = 0], [d, k])
```

kann vereinfacht eingegeben werden:

```
SOLVE([2·(d + 13·k - 6), 6·d + 2·(k - 7)], [d, k])
```

Fragestellung 4:

Das fehlende lokale Minimum

Untersuchen wir nun als Beispiel die Funktion

$$\#8: \quad B(u, v) := u^2 - v^2$$

Sie beschreibt eine Sattelfläche (siehe auch Farbteil):

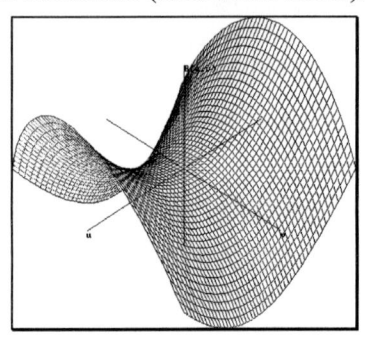

Berechnen wir die partielle Ableitung nach *u*

$$\#9: \quad \frac{d}{du} B(u, v)$$
$$\#10: \quad 2 \cdot u$$

und die partielle Ableitung nach *v*

$$\#11: \quad \frac{d}{dv} B(u, v)$$
$$\#12: \quad -2 \cdot v$$

Lösen wir wieder gemäß Bedingung (a) das Gleichungssystem

$$\#13: \quad \text{SOLVE}([2 \cdot u, \; 2 \cdot v], \; [u, v])$$
$$\#14: \quad [\, u = 0 \; \wedge \; v = 0 \,]$$

Berechnen wir

$$\left[\frac{d}{du}\right]^2 B(u, v) \left[\frac{d}{dv}\right]^2 B(u, v) - \left[\frac{d}{du}\frac{d}{dv} B(u, v)\right] \frac{d}{dv}\frac{d}{du} B(u, v)$$

an der Stelle *(0,0)* so ergibt sich *−4*, wie zu erwarten war. [0,0] ist kein lokales Minimum.

Mit MAPLE visualisieren wir die Fläche, die durch unsere Zielfunktion $a(k,d)$ gegeben ist und die Tangentialebene im Punkt
$$P(\frac{11}{38}, \frac{85}{38}).$$
Zunächst zeichnen wir die von $a(k,d)$ bestimmte Fläche

```
> a:=(k,d)->(4-3*k-d)^2+(3-2*k-d)^2+(-d)^2;
```
$$a:=(k,d)\text{->}(4\text{-}3k\text{-}d)^2+(3\text{-}2k\text{-}d)^2+d^2$$

Zur Ermittlung der Tangentialebene verwenden wir die Idee der Linearisierung.
Die Funktion $a(k,d)$ ist differenzierbar in $P(k_0,d_0)$.
Es gilt $a(k,d) \approx T(k,d)$ mit

$$T(k,d) = a(k_0,d_0) + \frac{\partial a}{\partial k}(k_0,d_0) \cdot (k-k_0) + \frac{\partial a}{\partial d}(k_0,d_0) \cdot (d-d_0),$$

für Wertepaare (k, d) aus einer Umgebung von P.
T ist die Tangentialebene an a im Punkt $P(k_0,d_0)$.

In unserem Einführungsbeispiel ist $k_0 = \frac{11}{38}$ und $d_0 = \frac{85}{38}$.

Damit basteln wir uns schrittweise unser zweites geometrisches Objekt, die Tangentialebene t

```
> grad1:= (k,d)- > diff(a(k,d),k);grad1(k,d);
> grad2:= (k,d)- > diff(a(k,d),d);grad2(k,d);
```
$$grad1:=(k,d)\text{->}diff(a(k,d),k)$$
$$-36+26k+10d$$
$$grad2:=(k,d)\text{->}diff(a(k,d),d)$$
$$-14+10k+6d$$

```
> t_:=(k,d)- > subs(k = 11 / 38,d = 85 / 38,a(k,d)) +
  + subs(k = 11 / 38,d = 85 / 38,grad1(k,d)) * (k - 11 / 38);
```
$$t:=(k,d)\text{->}subs(k=\frac{11}{38}, d=\frac{85}{38}, a(k,d)) +$$
$$+ subs(k=\frac{11}{38}, d=\frac{85}{38}, grad1(k,d))(k-\frac{11}{38})$$

```
> t_(k,d);
```
$$\frac{289}{38} - \frac{116}{19}k$$

```
>t:=(k,d)->t_(k,d)+subs(k=11/38,d=85/38,grad2(k,d))*(d-85/38); t(k,d);
```

$$t := (k,d) -> t\_(k,d) + subs(k = \frac{11}{38}, d = \frac{85}{38}, grad2(k,d))(d - \frac{85}{38})$$

$$\frac{1751}{722} - \frac{116}{19}k + \frac{44}{19}d$$

```
>plot3d({a(k,d),t(k,d)},k=-10..10,d=-10..10,axes=boxed);
```

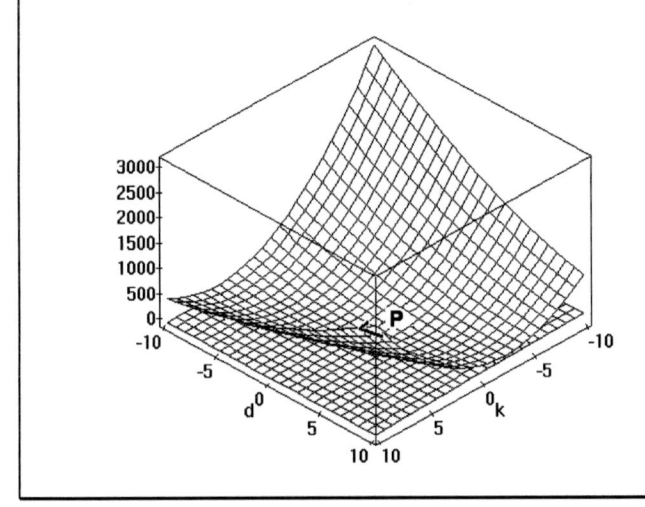

Die graphische Darstellung lässt die Existenz eines *lokalen Minimums* im Punkt P dem Schüler glaubwürdig erscheinen. Die Sonderlage von P wird noch deutlicher, wenn die Schüler den Koordinatenweg zum Punkt P einzeichnen. Die Tatsache, dass man auf Knopfdruck die graphische Darstellung (siehe auch Farbteil) gewinnt, heißt aber nicht, dass man auf den Beweis verzichten sollte.

Fragestellung 5:
Eine Verallgemeinerung des Problems

Schreiben wir unsere Zielfunktion a in verkürzter Schreibweise mit Hilfe des Summensymbols $a(k,d) = \sum_{i=1}^{3}(y_i - kx_i - d)^2$, so drängt sich die Verallgemeinerung des Problems geradezu auf.

Betrachten wir n beliebige Punkte, die alle "mehr oder weniger" entlang einer Geraden liegen, so definieren wir die Funktion $a(k,d)$

$$a(k,d) := \sum_{i=1}^{n}(Y(i) - G(X(i))^2$$

und diskutieren die Extremwertaufgabe mit DERIVE.
Wir definieren die zur Problemlösung erforderlichen Funktionen

#1: $\left[G(t) := k \cdot t + d, X(i) :=, Y(i) :=\right]$

#2: $\left[A(k,d) := \sum_{i=1}^{n}(Y(i) - G(X(i)))^2\right]$

Um die notwendigen Bedingungen zu überprüfen, berechnen wir die partielle Ableitung nach k

#3: $\dfrac{d}{dk} A(k,d)$ #4: $2 \cdot k \cdot \sum_{i=1}^{n} X(i)^2 - 2 \cdot \sum_{i=1}^{n} Y(i) \cdot X(i) + 2 \cdot d \cdot \sum_{i=1}^{n} X(i)$

und für die partielle Ableitung nach d

#5: $\dfrac{d}{dd} A(k,d)$ #6: $2 \cdot k \cdot \sum_{i=1}^{n} X(i) - 2 \cdot \sum_{i=1}^{n} Y(i) + 2 \cdot d \cdot n$

Lösen wir anschließend das Gleichungssystem:

#7: $\text{SOLVE}\left(\left[2 \cdot k \cdot \sum_{i=1}^{n} X(i)^2 - 2 \cdot \sum_{i=1}^{n} Y(i) \cdot X(i) + 2 \cdot d \cdot \sum_{i=1}^{n} X(i) = 0,\right.\right.$

$\left.\left. 2 \cdot k \cdot \sum_{i=1}^{n} X(i) - 2 \cdot \sum_{i=1}^{n} Y(i) + 2 \cdot d \cdot n = 0\right], [d, k]\right)$

#8: $\left[d = \dfrac{\left(\sum_{i=1}^{n} Y(i)\right) \cdot \sum_{i=1}^{n} X(i)^2 - \left(\sum_{i=1}^{n} X(i)\right) \cdot \sum_{i=1}^{n} Y(i) \cdot X(i)}{n \cdot \sum_{i=1}^{n} X(i)^2 - \left(\sum_{i=1}^{n} X(i)\right)^2} \right.$

$\left. \wedge \quad k = \dfrac{n \cdot \sum_{i=1}^{n} Y(i) \cdot X(i) - \left(\sum_{i=1}^{n} Y(i)\right) \cdot \sum_{i=1}^{n} X(i)}{n \cdot \sum_{i=1}^{n} X(i)^2 - \left(\sum_{i=1}^{n} X(i)\right)^2} \right]$

Interessant gestaltet sich die Untersuchung der hinreichenden Bedingungen an der Stelle (k_0, t_0).

Die erste Bedingung (in Zeile 9) hat den Wert (Zeile 10):

$$\#9: \left(\frac{d}{dk}\right)^2 A(k, d) \qquad \#10: 2 \cdot \sum_{i=1}^{n} X(i)^2$$

Der Ausdruck $2\sum_{i=1}^{n} X(i)^2$ ist größer oder gleich Null für alle i. Er ist aber nur dann Null, wenn alle $X(i)$ gleich Null sind, für $i = 1..n$.

Berechnen wir nun aber die zweite Bedingung

$$\#11: \left[\left(\frac{d}{dk}\right)^2 A(k,d)\right] \cdot \left(\frac{d}{dd}\right)^2 A(k,d) - \left(\frac{d}{dd}\frac{d}{dk} A(k,d)\right) \cdot \frac{d}{dk}\frac{d}{dd} A(k,d)$$

$$\#12: 4 \cdot n \cdot \sum_{i=1}^{n} X(i)^2 - 4 \cdot \left(\sum_{i=1}^{n} X(i)\right)^2$$

Wenden wir uns zunächst dem Ausdruck in Zeile 12 unseres Algebrablattes zu. Es gilt zu zeigen, dass der Ausdruck

$$4n\sum_{i=1}^{n} X(i)^2 - 4\left[\sum_{i=1}^{n} X(i)\right]^2 > 0 \text{ an der Stelle } (k_0, d_0) \text{ ist.}$$

Sofort fällt uns auf, dass der Wert des Terms nur von den Werten $X(i)$ abhängt. Wir werden zunächst den Faktor *4* weglassen und den DERIVE-Ausdruck in Zeile 12 umformen.

Da $\sum_{i=1}^{n} X(i) = n\bar{x}$ gilt, formen wir den Ausdruck

$$n\sum_{i=1}^{n} X(i)^2 - \left[\sum_{i=1}^{n} X(i)\right]^2 > 0$$

in den äquivalenten Term $n\sum_{i=1}^{n} X(i)^2 - (n\bar{x})^2$ um, heben n heraus und erhalten $n(\sum_{i=1}^{n} X(i)^2 - n\bar{x}^2)$. Das Vorzeichen des Terms hängt von $\sum_{i=1}^{n} X(i)^2 - n\bar{x}^2$ ab. So untersuchen wir ihn weiter.

Weiters ist $\sum_{i=1}^{n}(\bar{x} - X(i))^2$ größer oder gleich Null für alle *i*. Der Ausdruck ist nur dann Null, wenn alle *X(i)* gleich $\bar{x}$ sind, für *i=1..n*. Formen wir auch $\sum_{i=1}^{n}(\bar{x} - X(i))^2$ in einen äquivalenten Term um, indem wir zunächst das Binom *(x̄ - X(i))²* ausquadrieren und anschließend $n\bar{x}$ für $\sum_{i=1}^{n} X(i)$ einsetzen. Wir erhalten

$$n \cdot \bar{x}^2 - 2 \cdot n \cdot \bar{x}^2 + \sum_{i=1}^{n} X(i)^2 = \sum_{i=1}^{n} X(i)^2 - n \cdot \bar{x}^2.$$

Der neue Term stimmt mit unserem umgeformten DERIVE-Ausdruck überein. Also ist unser DERIVE-Ausdruck auch nur dann Null, wenn alle *X(i)* gleich $\bar{x}$ sind, für *i = 1..n*.

Fragestellung 6:

Grenzen der Modellbildung

Probleme können wir bei Anwendung der FIT-Funktion zur Einpassung einer Geraden erwarten, wenn sämtliche Datenpunkte entlang einer Parallelen zur *y*-Achse liegen, da auch die FIT-Funktion die einzupassende Gerade in funktionaler Beschreibung ermittelt.

Geben wir die Liste m

$$\#1: \quad m := \begin{bmatrix} 2 & 5 \\ 2 & 6 \\ 2 & 12 \\ 2 & 10 \\ 2 & 8 \end{bmatrix}$$

von fünf Datenpunkten P_1 .. P_5, mit $X(i) = \bar{x}$ und *i = 1..5* in DERIVE ein und fordern wir das Algebrasystem auf, eine Gerade einzupassen.

```
#2:   FIT([t, k·t + d], m)

         @1·(2 - t)     41·t
#3:   ─────────────  +  ─────
             2            10
```

Die beiden Parameter @*1* und *t* zeigen an, dass es sich bei der Lösung um ein Geradenbüschel handelt, das wir durch Zeichnung einiger Stellvertreter visualisieren wollen. Den Parameter @*1*, den wir für die

Belegung auf u umbenennen, lassen wir mit Werten von -10 bis 10 in einer Schrittweite von 0.5 laufen.

#4: VECTOR$\left(\left[t, \dfrac{u \cdot (2 - t)}{2} + \dfrac{41 \cdot t}{10}\right], u, -10, 10, 0.5\right)$

Vereinfachen wir den Ausdruck in Zeile 4, so erhalten wir eine Liste von Geradengleichungen. Die Geraden plotten wir anschließend.

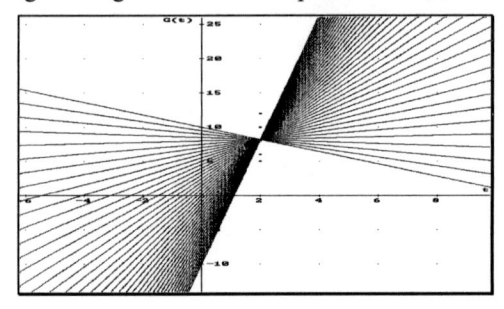

Die Visualisierung zeigt ein Büschel mit dem Scheitel $S(\bar{x}, \bar{y})$.

Wollen wir also die Frage nach der optimal eingepassten Geraden in der gewählten funktionalen Beschreibung eindeutig beantworten, so müssen wir die zu Beginn der Verallgemeinerung formulierte Bedingung '...Betrachten wir also n beliebige Punkte, die alle" mehr oder weniger" entlang einer Geraden liegen...' durch den Zusatz, dass es mindestens ein Paar $i \neq j$ mit $x_i \neq x_j$ gibt, ergänzen.

Das zuvor dargestellte Experiment mit der Geraden erscheint mir einerseits von Bedeutung, da bei vielen Schülern die Implikation
„Der Graph einer linearen Funktion $y = k \cdot x + d$ ist eine Gerade"
auch in der Gegenrichtung
„Jede Gerade ist Graph einer linearen Funktion $y = k \cdot x + d$"
als im allgemeinen richtig angesehen wird. Andererseits hat hier der Schüler die Chance mit Hilfe des Visualisierungsinstruments DERIVE die Notwendigkeit der zusätzlichen Bedingung (mindestens ein Paar $i \neq j$ mit $x_i \neq x_j$) zu entdecken.

Fordern wir, dass unsere Wertepaare

$$\{(X(1),Y(1)),(X(2),Y(2)),...,(X(n),Y(n))\}$$

derart beschaffen sind, dass nicht alle $X(i)$ gleich sind, so ist unsere Lösung des allgemeinen Problems ein lokales Minimum.

8.2 Experimentieren: Beispiele für lineare Modelle verbunden mit Anregungen zur Verwendung weiterer Werkzeuge

Sicherlich muss zum Abschluss einer Unterrichtssequenz die Frage der Sinnhaftigkeit der Linearisierung von Punktmengen gestellt werden.

„...Die kritiklose Rechnung und Benützung von Formeln liefert oft völlig irreführende, falsche und sinnlose Ergebnisse!! Die obige Formel liefert ja für völlig beliebige Meßergebnisse eine Regressionsgerade (= optimal eingepaßte Gerade). Es muß also – zumindest nachträglich – jeweils nach der Relevanz und Sinnhaftigkeit der Regressionsgeraden gefragt werden ..." [vgl. REICHEL et al 1987, S. 270]

Dass die Beschreibung von Punktwolken in der Ebene durch Geraden durchaus sinnvoll sein kann und mit Gewinn eingesetzt werden kann, sollen die abschließenden Beipiele zeigen.

Aufgabenstellung: In 10 verschiedenen Supermärkten wurden die Preise und die Verkaufszahlen für ein Vitamin - C - Getränk in den Monaten Dezember, Jänner und Februar erhoben.

Dabei ergab sich folgende Tabelle:

Supermarkt	*Preis*	*Verkaufte 1-l-Flaschen*
01	14.50	987
02	12.90	1329
03	16.50	617
04	13.00	805
05	15.50	777
06	14.50	925
07	12.50	1503
08	13.50	828
09	15.00	673
10	15.50	902

Linearisiere die Datenpunkte und interpretiere anschließend das Ergebnis!

Wir verwenden DERIVE bei der folgenden Problemlösung als Rechenhilfe und Visualisierungsinstrument.

Zunächst definieren wir die Liste der Datenpunkte, sowie die Extraktionsfunktionen *X(i)* und *Y(i)* für die Abszissen- und Ordinatenwerte der Punkte.

$$
\#1: \quad \text{werteliste} := \begin{bmatrix} 14.5 & 987 \\ 12.9 & 1329 \\ 16.5 & 617 \\ 13 & 805 \\ 15.5 & 777 \\ 14.5 & 925 \\ 12.5 & 1503 \\ 13.5 & 828 \\ 15 & 673 \\ 15.5 & 902 \end{bmatrix}
$$

$$
\#2: \quad [X(i) := \text{werteliste}_{i,1} \,,\, Y(i) := \text{werteliste}_{i,2}]
$$

Anschließend verwenden wir die allgemeine Formel

$$
\#3: \quad d = \frac{\left(\sum_{i=1}^{n} Y(i)\right) \cdot \sum_{i=1}^{n} X(i)^2 - \left(\sum_{i=1}^{n} X(i)\right) \cdot \sum_{i=1}^{n} Y(i) \cdot X(i)}{n \cdot \sum_{i=1}^{n} X(i)^2 - \left(\sum_{i=1}^{n} X(i)\right)^2}
$$

$$
\wedge \quad k = \frac{n \cdot \sum_{i=1}^{n} Y(i) \cdot X(i) - \left(\sum_{i=1}^{n} Y(i)\right) \cdot \sum_{i=1}^{n} X(i)}{n \cdot \sum_{i=1}^{n} X(i)^2 - \left(\sum_{i=1}^{n} X(i)\right)^2}
$$

und setzen *n = 10* ein:

$$
\#4: \quad d = \frac{\left(\sum_{i=1}^{10} Y(i)\right) \cdot \sum_{i=1}^{10} X(i)^2 - \left(\sum_{i=1}^{10} X(i)\right) \cdot \sum_{i=1}^{10} Y(i) \cdot X(i)}{10 \cdot \sum_{i=1}^{10} X(i)^2 - \left(\sum_{i=1}^{10} X(i)\right)^2}
$$

$$
\wedge \quad k = \frac{10 \cdot \sum_{i=1}^{10} Y(i) \cdot X(i) - \left(\sum_{i=1}^{10} Y(i)\right) \cdot \sum_{i=1}^{10} X(i)}{10 \cdot \sum_{i=1}^{10} X(i)^2 - \left(\sum_{i=1}^{10} X(i)\right)^2}
$$

Vereinfachen von Zeile 4 durch *approXimate* führt zu

$$
\#5: \quad [\, d = 3133.18 \quad k = -153.315 \,]
$$

Wollen wir abschließend unsere optimal eingepasste Gerade auch zeichnen, wobei wir für *k* und *d* die gerundeten Werte verwenden.

| #6: G(t) := - 153·t + 3133 |

Zoomen wir einen geeigneten Ausschnitt.

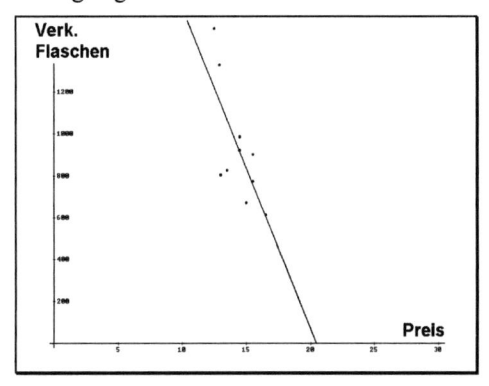

Ein wesentlicher Teil jeder mathematischen Modellbildung ist die Interpretation des entwickelten Modells.

Die Graphik zeigt uns, dass die Verkaufszahlen eines Ladens „negativ" werden, wenn er mehr als *21* Schilling für eine Flasche verlangt. So werden wir die streng monoton fallenden Gerade nur für einen „vernünftig" zu wählenden Ausschnitt [t_0 , t_1] als (lineare) Nachfrage-funktion, wie sie uns aus dem Geographie- und Wirtschaftskundeunterricht bekannt ist, deuten. Unsere optimal eingepasste Gerade beschreibt demnach das generelle "normale" Verhalten eines Konsumenten, wonach "... Konsumenten in ihrer Gesamtheit um so mehr von einem Gut erwerben wollen, je niedriger der Kaufpreis ist..." [vgl. FUCHS et al 1991]. Bei dieser Deutung scheint wohl auch die Linearitätsannahme berechtigt.

Der Symbolrechner TI - 92

Durch den Rechner TI - 92 wird nunmehr Computeralgebra im Taschenformat zu einem günstigen Preis für jeden Schüler erreichbar.

Das Ermitteln der optimal eingepassten Geraden werde ich an einem Beispiel aus der Physik ausführen, nämlich dem Gesetz von HUBBLE.

Tragen wir die Paare (r_i, v_i) in ein rechtwinkeliges Koordinatensystem ein, wobei r_i die Entfernungen der einzelnen Galaxien von der Erde und die v_i deren Fluchtgeschindigkeiten angeben, so stellen wir fest, dass die Datenpunkte weitestgehend entlang einer Geraden liegen.

Dem Stochastik-Lehrbuch von „An Introduction to Mathematical Statistics and Its Applications" entnehmen wir die nachfolgende Tabelle [LARSON und MARX 1986, S. 451].

Galactic clusters	Distance r (millions of light years)	Velocity v (thousands of miles/sec)
Virgo	22	0,75
Pegasus	68	2,4
Perseus	108	3,2
Coma Berenices	137	4,7
Ursa Major No. 1	255	9,3
Leo	315	12,0
Corona Borealis	390	13,4
Gemini	405	14,4
Bootes	685	24,5
Ursa Major No. 2	700	26,0
Hydra	1100	38,0

Öffnen wir den Data/Matrix Editor des TI - 92 und geben die Datenpunkte (r_i, v_i) ein.

Anschließend fertigen wir eine Graphik, einen sogenannten *Scatterplot*, an.

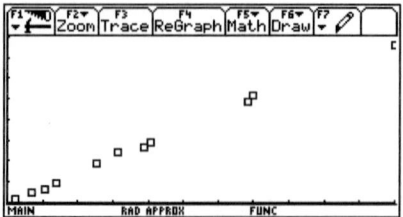

Wir sehen, dass die Punktepaare tatsächlich weitgehend entlang einer Geraden liegen und mindestens ein Paar $i \ne j$ mit $x_i \ne x_j$ existiert. Lassen wir nun den Rechner die optimal eingepasste Gerade ermitteln.

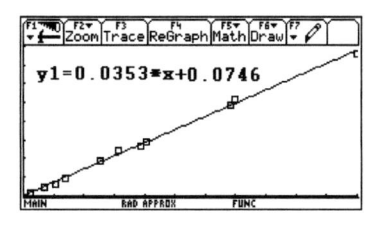

```
  F1    F2▼    F3       F4       F5▼    F6▼  F7
  ▼   Zoom Trace ReGraph Math Draw ▼   ✐
 y1=0.0353*x+0.0746
                                                   ▱
                                              ▱
                                          ▱
                                     ▱ ▱
                               ▱  ▱
                            ▱
                       ▱
                    ▱
                 ▱▱
              ▱
 MAIN        RAD APPROX         FUNC
```

Der Funktionsterm wurde für obige Abbildung der eingepassten Geraden aus dem Graphikdefinitionsfenster Y = des TI-92 übernommen und in das Plotfenster übertragen.

Eingehende Überlegung führt uns dazu, dass in unserem Modell für $r = 0$ zwangsläufig $v = 0$ ist. Wir werden daher die gesuchte Gerade als homogene lineare Funktion $G(x) = k \cdot x$ beschreiben. Die Extremwertaufgabe für die Funktion $f(k)$ lösen wir mit dem TI-92:

$$\sum_{i=1}^{11}(k * r_i - v_i)^2 \to f(k)$$

```
  F1▼   F2▼     F3    F4▼    F5
  ▼    Algebra Calc Other PrgmIO Clear a-z...

 ■(k·22-.75)²+(k·68-2.4)²+(k·108-3.2▶    ∑(k*r_i - v_i)² → f(k)
                                  Done   i=1
 ■ d/dk(f(k))         5370282.·k - 190322.4
 ■ solve(5370282.·k - 190322.4 = 0, k)
                           k=.035439926618
 MAIN      RAD APPROX       FUNC 15/17
```

Für die notwendige Bedingung $\dfrac{d}{dk}(f(k))=0$ erhalten wir $k=.03544$.

Da $\dfrac{d^2 f}{dk^2}$ an der Stelle $k=.03544$ positiv ist, liegt ein lokales Minimum vor. Der Wert für k, die sogenannte HUBBLE-Konstante, ist eine bedeutende Konstante der Astronomie, da der Kehrwert $\dfrac{1}{k}$ [nach LARSEN und MARX 1986] „gewissermaßen eine Abschätzung für das Alter des Universums darstellt".

Durch das Einpassen einer Geraden in eine Punktwolke bestätigen wir also eine allgemeine Gesetzmäßigkeit, $v = k \cdot r$, das Gesetz von HUBBLE, welches besagt, dass die Fluchtgeschwindigkeit v einer Galaxie proportional zu ihrer Entfernung r von der Erde ist.

Das Tabellenkalkulationsprogramm EXCEL

Im Rahmen eines Seminars „Stochastik mit dem Computer" für Lehramtsstudenten an der Universität Salzburg thematisierten mein Kollege Ferdinand Österreicher und ich das Problem einer optimal einzupassenden Geraden, wobei wir als Werkzeug das Tabellenkalkulationsprogramm EXCEL aus dem Microsoft Office Softwarepaket verwendeten.

In einer Unterrichtseinheit zum Thema „Regression" gingen wir von folgender *Aufgabenstellung* aus: *Messen wir verschiedene Gewichte mit einer Federwaage. Die Federwaage habe eine Ausdehnung von d=0, wenn kein Gewicht an der Waage hängt. Wird ein Gewicht von x Kilopond (selbstverständlich für nicht allzu große Gewichte) auf den Haken der Waage gehängt, so wird die Feder um eine Länge von y ausgedehnt.*

Die Ergebnisse der einzelnen Messungen haben wir in der folgenden Tabelle zusammengestellt.

x	0	2	4	6	8	10
y	0	0,12	0,21	0,31	0,40	0,50

Tragen wir nun die Datenpunkte (x_i, y_i) in unser Kalkulationsblatt ein und erstellen wir die Graphik, so sehen wir, dass auch diese Punkte ein Einpassen einer Geraden (durch den Ursprung) in funktionaler Beschreibung nahelegen.

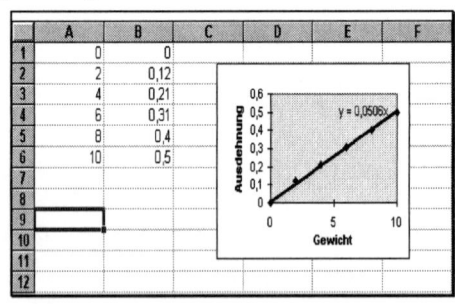

Lassen wir uns von EXCEL die Trendlinie, so heißt in diesem Programm die optimal eingepasste Gerade, ermitteln. Wir erhalten:

$$y = 0{,}0506\,x.$$

Wir ziehen den Schluss: Die Ausdehnung der Feder (y) ist zum Gewicht (x) (bis auf einen Messfehler) direkt proportional. Es handelt sich dabei um eine Gesetzmäßigkeit, die als HOOKEsches Gesetz im Physikunterricht gelehrt wird.

Ausblicke

- Die Beispiele in Kapitel 8.2 zeigen, wie sinnvoll es sein kann, die optimal eingepasste Gerade zu vorgegebenen Datenpunkten zu ermitteln. Mit den vorgeschlagenen Beispielen wird ein wichtiger Beitrag zu einem fächerübergreifenden Unterricht mit Querverbindungen zu den Unterrichtsfächern Geographie und Wirtschaftskunde sowie Physik geleistet.
- Ich habe bei der Modellbildung jene Gerade, für die die Summe der Quadrate der Abweichungen der Ordinaten minimal sind, als optimal eingepasste Gerade bezeichnet. Dies war zunächst wohl dadurch motiviert, dass man sie mit den in den meisten Softwarepaketen angebotenen Anpassungs- und Trendlinienfunktionen behandeln kann.
- Gerade durch die Abnahme aufwendiger Rechenarbeit durch den Computer kann es im Wahlpflichtfach Mathematik auch durchaus reizvoll sein, anstelle der Ordinaten- die Abszissen- oder Normalabstände zu betrachten.
- Lohnenswert ist es auch, mit den beschriebenen Werkzeugen numerische Berechnungen, wie etwa die Betrachtung der Auswirkung von Ausreißern auf die Steigung k und den Verschiebungsparameter d der einzupassenden Geraden anzustellen.
- Die Eingabe und Korrektur von Daten ist bei sämtlichen dargestellten Werkzeugen leicht durchzuführen, die Graphiken sind mehr oder weniger „auf Knopfdruck" herzustellen.

9 ZUM EINSATZ VON ALGEBRASYSTEMEN IN DER SCHULE - EINE KURZE BESTANDSAUFNAHME

Fort- und Weiterbildung

Die Einführung neuer Technologien in der Schule erfordert gezielte begleitende Fort- und Weiterbildungsprogramme für die betreffenden Lehrer. Die Fort- und Weiterbildungsprogramme für Lehrer an Gymnasien werden in Österreich über die Arbeitsgemeinschaften in den einzelnen Unterrichtsfächern unter der Patronanz der Pädagogischen Institute abgehalten. Als Arbeitsgemeinschaftsleiter für Mathematik in den Jahren 1989 - 1996 reagierte ich in der Fortbildung der Gymnasiallehrerkollegen sehr bald auf die sich abzeichnende Entwicklung beim Computereinsatz im Mathematikunterricht. Bereits bei meiner ersten Fortbildungsveranstaltung im Herbst 1989 hatte ich Klaus Aspetsberger und Bernhard Kutzler vom RISC - Linz zu Gast, die das „Computeralgebrasystem DERIVE - Eine Herausforderung für die Schule?" vorstellten. Weitere DERIVE - Workshops für Einsteiger und Fortgeschrittene standen im Sommersemester 1990, 1992, 1994 und im Wintersemester 1994/95 auf dem Programm. Die Entscheidung für das System DERIVE war dadurch vorgegeben, dass sämtliche österreichische Gymnasien durch eine Anschaffung des Unterrichtsministeriums zu Beginn der 90er Jahre über diese Software verfügten. Allerdings stellte ich stets in Workshops für Fortgeschrittene auch Unterrichtsmodelle in MAPLE vor. Für die Fortbildungsveranstaltung im Sommersemester 1997, deren Planung ich noch durchführte, habe ich zwei Kollegen eingeladen, die unter dem Titel „Math and Fun" Unterrichtsmodelle mit dem Algebrasystem MATHEMATICA erstellt haben [WILDING und SIMONOVITS 1997].

Überdies reagieren spezielle Fort- und Weiterbildungsseminare für bereits im Dienst befindliche Lehrer auf die neuen Herausforderungen, die sich durch den Einsatz von Algebrasystemen im Mathematikunterricht stellen. Besonders erwähnenswert erscheint mir das T^3 Fortbildungsprogramm, das an der Ohio State University von Bert Waits und Frankin Demana initiiert wurde, das nun aber bereits als groß angelegtes und von Texas Instruments gefördertes

Fortbildungsprogramm weltweit Lehrer für den Einsatz des TI-92 im Mathematikunterricht vorbereitet.

Durch spezielle Unterrichtsmaterialien [ASPETSBERGER und SCHLÖGLHOFER, 1996; SCHMIDT 1995, 1996; PRÖPPER 1997a, 1997b] soll dem Lehrer der Einsatz des Algebrasystems DERIVE gleichsam im Taschenformat schmackhaft gemacht werden. Meine Vision von Schulklassen, in denen jeder Schüler ständig über einen Symbolrechner verfügt, rückt somit in immer greifbarere Nähe.

Organisatorische Fragen und Hindernisse

Hat man die Einstiegshürde Fortbildung hinter sich und will man Computeralgebra in der Schule einsetzen, so gilt es zunächst noch einige organisatorische Hindernisse zu überwinden.

Alle österreichischen Gymnasien sind mit einem Informatikraum mit ca. 14 Geräten ausgestattet und all jene Gymnasien, die eine Unterstufe (1. - 4. Klasse/5. bis 8. Schulstufe) führen, besitzen zusätzlich einen sogenannter „Trägerfachraum" (vgl. Anhang I) mit ca. 16 Geräten.

Durch die stark zunehmende Wahl des Faches Informatik durch die Schüler der Oberstufe wird die Zahl der Unterrichtsstunden, die im Informatikraum für andere Fächer zur Verfügung gestellt werden kann, immer stärker beschnitten. In Gymnasien, die über einen Trägerfachraum verfügen, sind durch die Inanspruchnahme des Raumes durch die Unterstufe, die sich zumeist aus einer großen Zahl von Klassen zusammensetzt, ebenfalls nur eine geringe Zahl von Stunden für die Oberstufe frei. Durch geschickte Organisation der Unterrichtsstunden lässt sich aber dieses Problem meistern.

Hat man mit seiner Klasse nun den Computerraum verfügbar, so stellt sich den Kollegen ein weiteres Problem. Da im Fach Mathematik keine Teilungen in Kleingruppen vorgesehen sind, sind neue Wege in der Unterrichtsführung beim Einsatz von Computeralgebrasystemen im Mathematikunterricht erforderlich. Einen möglichen Weg zeigt Kollege Otto Wurnig [WURNIG 1996] auf: „...This was the crucial factor in *my decision to teach the class in a more differentiated way.* I wanted to arrange my lessons in a way that made it possible for both pupils using DERIVE and those not doing so to have equal chances with regard to the tests. The method of teaching necessary to be able to do this was made a great deal easier by the arrangement of the computers in the computer room. They were placed both along the back-wall and the left side-wall, still leaving sufficient free space for as many as 30 pupils seated in the traditional way to have enough room. At the beginning of each lesson the pupils usually took their assigned seats and only left their seats when it was really worth making use of the computer. When new topics were studied, all pupils - either alone or in pairs - worked with DERIVE. In the final lessons before a test, however, when exercises were done, those pupils who intended to write their tests without DERIVE had to manage without it. Thereby I was pursuing two goals: On the one hand they should be sufficiently skilled in doing the test examples in time without DERIVE, and on the other hand they should realise at which points their classmates, who made use of DERIVE, had advantages over them...".

Neue Möglichkeiten und Chancen stellt der Symbolrechner TI - 92 dar. Er macht die Übersiedlung in den Computerraum überflüssig.

Lehrbehelfe und Unterrichtsmaterialien

Sind die organisatorischen Hindernisse überwunden, so klagen viele Kollegen über die mangelnden Unterrichtsbehelfe.

Sie haben auch tatsächlich recht, wenn man auf die Liste der approbierten Schulbücher blickt. Neben dem bereits 1994 aufgelegten 16 Seiten starken Ergänzungsheft „DERIVE. Eine Einführung" zum Lehrbuch von Eduard Szirucsek [SZIRUCSEK et al 1994] hat in Österreich in jüngste Zeit nur ein weiteres approbiertes Lehrbuch aus Mathematik für die Oberstufe des Gymnasiums auf die Einführung von Computeralgebrasystemen im Mathematikunterricht reagiert [REICHEL und MÜLLER 1997]. Aufgrund des großen Anklangs, den diese Systeme mittlerweile bei vielen Kollegen finden, ist es verständlich, dass ein gemeinsam mit den Kollegen Klaus Aspetsberger und Walter Klinger verfasstes Lehrerbegleitbuch [ASPETSBERGER, FUCHS, KLINGER 1994], das auf Beispiele aus Schulbüchern Bezug nimmt, großen Anklang bei den Gymnasiallehrern findet. Zwar, so finde ich, sind die Forderungen der Lehrer nach Berücksichtigung der neuen Medien in den Schulbüchern einerseits berechtigt, andererseits jedoch vertraue ich auf die Selbsttätigkeit engagierter Kollegen, die geeignete Aufgaben für den Einsatz von Computeralgebrasystemen für den Unterricht aufbereiten werden. Auch das Studium didaktischer Zeitschriften kann hier den Lehrern als Hilfe angeboten werden, mehren sich doch in letzter Zeit die Beiträge, die Unterrichtsmodelle für den Einsatz von Computeralgebrasystemen im Mathematikunterricht vorstellen.

Prüfungssituation

Doch selbst wenn das Hindernis Unterrichtsmaterial bewältigt ist, bleibt noch die zentrale Frage der Prüfungssituation offen, von der aber letztendlich Wohl und Weh jedes Schülers abhängen.

Betrachten wir zunächst die *inhaltliche Komponente* der Prüfungssituation. Die Vermutung liegt nahe, dass es beim Einsatz von Computeralgebra im Mathematikunterricht zu einer Verschiebung vom kalkülhaften Arbeiten hin zum problemorientierten Arbeiten kommen wird. Dazu berichtet auch Hans-Georg Weigand [WEIGAND 1991] von einer Analyse bayerischer Abituraufgaben, die nach Routine-, Entscheidungs- und Denkaufgaben klassifiziert wurden.

„... Mit dem Werkzeug DERIVE erhält der Schüler ein Werkzeug, das ihm im algorithmischen Bereich Rechenarbeit erspart, d. h. , es entfällt das stupide, immer wiederkehrende Lösen quadratischer Gleichungen, das Lösen von zwei Gleichungen in zwei Unbekannten usw., was einen großen Raum in den Abituraufgaben einnimmt.

Das Lösen der Aufgaben gestaltet sich somit komfortabler. Allerdings ist damit nach unseren Erfahrungen keine Zeiteinsparung beim Bearbeiten der Aufgabe verbunden, denn man benötigt andererseits einen erhöhten Zeitaufwand für Aktivitäten beim Bedienen des Programms..."

Das Problem des Entfalls von „Rettungsinseln" für leistungsschwache Schüler sieht Hans-Georg Weigand folgendermaßen:

„... Die „Nische", in die sich vor allem schwächere Schüler bislang zurückziehen konnten, wird durch den Einsatz eines derartigen Programmes (DERIVE) zerstört. Mit dem kalkülhaften Anwenden von Standardverfahren beim Lösen von Aufgaben kann der Schüler nun kaum Punkte erreichen. Damit läßt sich nun aber die grundsätzliche Frage stellen, welche Fähigkeiten beim Lösen von Schul- und Abituraufgaben überhaupt überprüft werden sollen. Programme, wie DERIVE verlagern die Anforderungen vom algorithmischen in den begrifflichen Bereich. ... Wir glauben allerdings, daß die Zerstörung des „Arbeitsfeldes schwächerer Schüler" sich nicht unbedingt nachteilig auf deren Leistungen auswirken muß. Häufig zeigt sich, daß gerade durch das Durchführen vieler Rechnungen und algorithmischer Verfahren leicht der Überblick über eine Problemstellung verloren gehen kann. Der „Mathematical Assistant" bietet nun die Möglichkeit, daß sich der Schüler auf den wesentlichen Lösungsweg konzentrieren kann und sich nicht im „Dickicht" der Rechnungen" verirrt. DERIVE kann somit auch eine *Hilfe im Problemlöseprozeß* darstellen..."

Die *organisatorische Seite* der Prüfungssituation betreffend, berichtet Otto Wurnig auf der 5. österreichisch-ungarischen Tagung für Didaktik der Mathematik über seine Erfahrungen mit differenzierten Problemstellungen bei Schularbeiten. Bei der „... Schularbeit in zwei Versionen, nämlich mit und ohne DERIVE ..." erhielten die beiden Schülergruppen verschiedene Aufgabenblätter [WURNIG 1997]. Acht der neunzehn Schüler der Klasse - es waren ausschließlich Schüler, die auch zu Hause DERIVE besaßen und laufende Hausübungen mit dem System erledigen durften - entschlossen sich, die Version mit DERIVE zu wählen.

Im Gegensatz zu Kollegen Otto Wurnig steht meinen Schülern bei den schriftlichen Schularbeiten kein Algebrasystem zur Verfügung. Dennoch zielen einzelne Aufgaben unter dem Einfluss des Algebrasystems im Unterricht stärker als früher auf Aufgaben des Argumentierens, Darstellens und Begründens ab. Nachdem etwa im Mathematik- und Informatikunterricht der 8. Klasse mit dem Stammfunktionszeichner experimentiert wurde, enthielt die nachfolgende Klausur die Aufgabenstellung:

Die identische Funktion $f: x \to x$ sei Steuerfunktion eines Integraphen mit grober Schrittweite $\Delta x = 0.5$.
(a) Zeichne den Weg des Integraphen für $x \in [-2, 2]$ nach!
    (Ordentliche Beschriftung der einzelnen Abschnitte erwünscht)
(b) Welche Aussage kannst du - trotz grobem Spurmodus - über den Weg des Integraphen treffen?

Zur Sicherung des Unterrichtsertrags und zur Evaluation von Unterrichtssequenzen beim Einsatz von Algebrasystemen teile ich überdies Arbeitsblätter aus, die von den Schülern in Einzel- oder Partnerarbeit bearbeitet werden. Eine Übersicht über Prüfungsblätter aus der 5. Klasse habe ich auf der 2nd Krems Conference on Mathematics Education in Krems, 1993, geboten [FUCHS 1994b].

Zusätzlich beziehe ich Projektarbeiten, die ich an einzelne Schüler oder Schülergruppen ausgebe, als Element in die Leistungsbeurteilung ein. Im Rahmen dieser Projektarbeiten musste ich als Lehrer schon mehrmals mein Urteil über einzelne Schüler entscheidend verändern, denn unter der stress- und angstfreien Arbeitssituation zeigen viele Schüler einen mitunter unglaublichen Arbeitseinsatz. Dieser konzentriert sich besonders auf die Professionalität der Dokumentation (Textgestaltung, Einbinden von Formeln und Graphiken aus dem Algebrasystem in ein Textdokument). Fachbereichsarbeiten als Vorprüfungen zur Reifeprüfung stellen dabei als Projektarbeiten eine besondere Herausforderung für die Schüler dar.

LITERATURVERZEICHNIS

ABELSON, HAROLD; DI SESSA, ANDREA (1981): *Turtle - Geometry - The Computer as a Medium for Exploring Mathematics.* MIT Press Cambridge, MA

AMALBERTI, ROBERT (1995): *DERIVE et la programmation fonctionnelle.* In: Associat. des Prof. de Math 74, No. 401, S. 911-925

ARTIGUE, MICHELE; LAGRANGE, JEAN-BAPTISTE (1997): *Pupils Learning Algebra with DERIVE - A Didactic Perspective.* In: ZDM 4/97, S. 105-112

ASPETSBERGER, K.; FUCHS, K. (1995a): *Einsatz von Derive im Mathematikunterricht - Beispiele und Ideen.* In: Proceedings Derive Days Düsseldorf, Landesministerium Koblenz

ASPETSBERGER, K.; FUCHS, K. (1995b): *Derive im Mathematikunterricht.* In: Beiträge zum Mathematikunterricht 1995, 29. Kassel S. 74-77. Hildesheim: Franzbecker

ASPETSBERGER, K.; FUCHS, K. (1996a): *DERIVE und der TI - 92 im Mathematikunterricht der 10. Schulstufe.* Proceedings Derive/TI-92 Conference S. 18-27. Münster: ZKL-Texte No.2

ASPETSBERGER, K.; FUCHS, K. (1996b): *Computeralgebrasysteme im Mathematikunterricht.* In: Praxis der EDV/Informatik S. 137-152. Wien: J&V

ASPETSBERGER, K.; FUCHS, K. eds (1996c): *The Austrian Project.* IDJ, Vol 3, No.1

ASPETSBERGER, K.; FUCHS, K.; HEUGL, H.; KLINGER W. (1994): *The Austrian DERIVE project - Final report.* Wien: Sonderschrift des BMUK

ASPETSBERGER, K.; FUCHS, K.; KLINGER, W. (1994): *DERIVE - Beispiele und Ideen für den Mathematikunterricht.* Klagenfurt: Zentrum für Schulentwicklung

ASPETSBERGER, K.; FUCHS, K.; SCHWEIGER, F. (1996): *Fundamental ideas and symbolic algebra.* In: The State of the Art S. 45-51. Bromley, Kent: Chartwell-Bratt

ASPETSBERGER, K.; FUCHS, K.; WATKINS, AJP. (1996): *Reflections on the Austrian DERIVE project based on an Investigation by the Centre of School Development.* In: IDJ, Vol3, No.1 S. 97-106

ASPETSBERGER, KLAUS (1992): *DERIVE - Der Mathematik - Assistent für ihren Personalcomputer (dt. Übersetzung).* Hagenberg: Soft Warehouse GmbH Europe

ASPETSBERGER, KLAUS; SCHLÖGLHOFER, FRANZ (1996): *Der TI-92 im Mathematikunterricht.* TexasInstruments. TI-Eigenverlag

BAIREUTHER, P. (1989): *Zentrale Ideen für den Mathematikunterricht.* In: Beiträge zum Mathematikunterricht 1989, S. 74-77. Bad Salzdetfurth: Franzbecker

BECKER, GERHARD (1995): *Problemsequenzen - ihre Bedeutung für das Erlernen des Problemlösens.* In: Trends im Geometrieunterricht S. 13- 17. Salzburg: ABAKUS Verlag

BENDER, PETER (1987): *Kritik der LOGO-Philosophie.* In: JMD 8, H 1/2, S. 3-103

BENDER, PETER (1990): *Ausbildung von Grundvorstellungen und Grundverständnissen.* In: Beiträge zum Mathematikunterricht 1990, S. 73-76. Bad Salzdetfurth: Franzbecker

BENDER, PETER; SCHREIBER A. (1985): *Operative Genese der Geometrie.* Wien: hpt, Stuttgart: B.G.Teubner

BERRY, J. S. et al (1993): *Learning Mathematics Through DERIVE.* Chichester Ellis Horwood Limited

BLUM, WERNER (1982a): *Stammfunktion als Flächeninhaltsfunktion - Ein anderer Beweis des Hauptsatzes.* In: Mathematische Semesterberichte H 1, S. 126-134

BLUM, WERNER (1982b): *Der Integraph im Analysisunterricht - Ein altes Gerät in neuer Verwendung.* In: ZDM 14, 82/1, S. 25-30

BLUM, WERNER (1986): *Rechner im Analysisunterricht.* Beiträge zum Mathematikunterricht 1986. S. 58-62. Bad Salzdetfurth: Franzbecker

BLUM, WERNER; KIRSCH, ARNOLD (1979): *Zur Konzeption des Analysisunterrichts in Grundkursen.* In: MU Heft 3, S. 6-24

BMUK (1996): *Weißbuch zum Lehrplan '99.* Wien: Sonderschrift des BMUK

BÖHM, JOSEF (1994): *Linear programming with DERIVE.* In: IDJ, Vol. 1, No. 3, S. 46-72

BOROVCNIK, MANFRED; OSSIMITZ GÜNTHER (1987): *Materialien zur Beschreibenden Statistik und Explorativen Datenanalyse.* Schriftenreihe DdM Band 11. Wien: hpt

BOWERS, DAVID (1997): *Opportunities for the Use of CAS in Middle Secondary Mathematics in England and Wales.* In: ZDM 4, S. 113-117

BRUNER, J. (1976): *Der Prozeß der Erziehung.* Berlin, Düsseldf.: Päd. Verlag Schwann

BUCHBERGER, BRUNO (1989): *Should Students Learn Integration Rules?* Technical Report. RISC-Linz

BUCHBERGER, BRUNO (1992): *Teaching Math by Math Software.* Publ. RISC-Linz

BÜRGER, H. et al (1989): *Mathematik Oberstufe 1.* Wien: hpt

BÜRGER, H. et al (1990): *Mathematik Oberstufe 2.* Wien: hpt

CHAR, B. et al (1993): *A Tutorial Introduction To MAPLE V.* Berlin, New York: Springer Verlag

CRAEMER, D. (1985): *Mathematisches Modellieren dynamischer Vorgänge.* Stuttgart: Teubner Verlag

DAVENPORT, J. H. (1994): *Computer algebra - past, present and future.* In: Euromath Bulletin Vol. 1, No. 2, S. 25-44

DEMANA, F.; WAITS, B. (1996): *Where do regression equations come from?* Ohio State University. Publ. Columbus, OH

DEUTSCHE MATHEMATIKER-VEREINIGUNG (1997): *Stellungnahme der DMV im Rahmen der Anhörung zu TIMSS.* TIMSS.html file der DMV

DÖRFLER, WILLIBALD (1991): *Der Computer als kognitives Werkzeug und kognitives Medium.* In: Schriftenreihe DdM 21, S. 51-75. Wien, Stuttgart: hpt/B.G. Teubner

DRIJVERS, P. (1994): *Grafische rekenmachines en computeralgebra in het buitenland.* In: NW, Tijdschrift voor Nederlands. S. 1-6

FINNEY, R. et al (1994): *Calculus - Graphical, Numerical, Algebraic.* New York Reading u. a.: Addison-Wesley Publishing Comp.

FREYTAG, KLAUS (1993): *Präformales Beweisen im Mathematikunterricht.* In: Beiträge zum Mathematikunterricht 1993. S. 136-139. Hildesheim: Franzbecker

FUCHS, KARL JOSEF (1985): *Die Turtle als Integraph - Ein didaktisches Konzept zur Visualisierung des HS.* In: Mathematiklehren, H 13, S. 52-53

FUCHS, KARL JOSEF (1988a): *Projektion, EDV-Nutzung - Zwei fundamentale Ideen.* Dissertation Univ. Salzburg

FUCHS, KARL JOSEF (1988b): *Simulation dynamischer Prozesse.* In: Begabungen gefragt! S. 222-226. Landesschulrat für Salzburg

FUCHS, KARL JOSEF (1988c): *Erfahrungen und Gedanken zu Computern im Unterricht.* In: JMD 9, H. 2/3, S. 247-256

FUCHS, KARL JOSEF (1989): *Computer im Geometrisch-Zeichenunterricht - Integrieren statt Ersetzen.* München: Springer Verlag

FUCHS, KARL JOSEF et al (1991): *Informatik Heute 6.* Salzburg: Salzburger Jugend - Verlag

FUCHS, KARL JOSEF (1992a): *Logische Funktionen mit DERIVE.* In: Teaching Mathematics with DERIVE, S. 247-255. Bromley: Chartwell-Bratt

FUCHS, KARL JOSEF (1992b): *Logic with DERIVE.* In: Derive Newsletter, H 7, S. 12-16

FUCHS, KARL JOSEF (1993a): *VERR3 - Ein Baustein zur Computeralgebra.* In: Computer + Unterricht, Heft 10, S. 33-36.

FUCHS, KARL JOSEF (1993b): *Linearisierung als grenzwertfreier Zugang zur Differenzierbarkeit.* In: Mathematik im Unterricht, Heft 17, S. 7-15

FUCHS, KARL JOSEF (1994a): *Didaktik der Informatik. Die Logik fundamentaler Ideen.* In: Schulpraxis, H4+5, S. 42-54

FUCHS, KARL JOSEF (1994b): *The 5th Class ACDCA Project in Austrian Grammar Schools.* In: DERIVE in Education, S. 139-147. Bromley: Chartwell-Bratt

FUCHS, KARL JOSEF (1995a): *Conic sections escape R2.* In: Derive Newsletter, H 19, S. 5-13

FUCHS, KARL JOSEF (1995b): *Fundamentale Ideen im Mathematikunterricht.* mathe-journal 2/95

FUCHS, KARL JOSEF (1995c): *Computeralgebrasysteme im Unterricht - Einige konkrete Beispiele.* In: DdM 3, S. 228-238

FUCHS, KARL JOSEF (1996a): *Computer im Mathematikunterricht - Erfahrungen und Gedanken.* In: Didaktikhefte der ÖMG, H. 26, S. 21-35

FUCHS, KARL JOSEF (1996b): *The planning of observation windows when using CAS in mathematics teaching.* In: IDJ, Vol. 3, No. 1, S. 39-55

FUCHS, KARL JOSEF (1996c): *Mathematikunterricht und Computer.* In: plus - Univ. Salzburg, Nr. 1, S. 6. Salzburg

FUCHS, KARL JOSEF (1997): *Computer im Mathematikunterricht - Erfahrungen und Gedanken.* In: Integrativer Unterricht in Mathematik S. 41-50. Salzburg: ABAKUS Verlag

FUCHS, KARL JOSEF (1998): *Beobachtungsfenster im Unterricht mit CAS - Eine Charakterisierung tut Not.* Mathematik-Symposium, Pedagogische Akademie Linz.

FUCHS, KARL JOSEF (1999): *Ableiten durch Linearisierung.* In: Praxis der Mathematik, Heft 2, S. 78-81.

GRÄUPL, EDWIN (1990): *Das Spannungsfeld. Lehrerausbildung - Unterrichtspraxis.* In: Beiträge zum Mathematikunterricht 1990. S. 49-55. Bad Salzdetfurth: Franzbecker

GROGGER, GÜNTHER (1995): *Der Einsatz von DERIVE im Mathematikunterricht an AHS.* ZSE Report Nr. 6. Klagenfurt, Graz: Zentrum für Schulentwicklung

HALMOS, P. (1981): *Does Mathematics Have Elements?* In: Math. Intelligencer H 3, S. 147-153

HERBER, HANS-JÖRG (1979): *Motivationstheorie und pädagogische Praxis.* Stuttgart:Verlag Kohlhammer

HEUGL, H.; KLINGER, W.; LECHNER, J. (1996): *Mathematikunterricht mit Computeralgebra-Systemen.* Bonn:Addison-Wesley Dt.

HEUGL, HELMUT (1995): *Computeralgebrasysteme im Mathematikunterricht der AHS in Österreich.* In: MU 41, H 4, S. 5-19

HEYMANN, HANS WERNER (1996): *Mathematikunterricht in der gymnasialen Oberstufe.* In: MU 4/5, S. 107-120

HÜRTEN, K.-H. (1989): *Schüler basteln für Schüler.* In: Mathematiklehren, Heft 36, S. 31-32

JUNG, W. (1978): *Zum Begriff der mathematischen Bildung.* In: Math.did., H 1, S. 161-176

KIRSCH, ARNOLD (1979): *Ein Vorschlag zur visuellen Vermittlung einer Grundvorstellung vom Ableitungsbegriff.* In: MU, H 3, S. 25-41

KLIKA, M. (1989): *Zeichnen und zeichnen lassen. Funktionen in zwei Variablen.* In: Mathematiklehren, Heft 14, S. 61-63

KNOCHE, NORBERT; WIPPERMANN, HEINRICH (1985): *Vorlesungen zur Methodik und Didaktik der Analysis.* Mannheim, Wien: BI Wissenschaftsverlag

KOEPF, W. et al (1993): *Mathematik mit DERIVE.* Braunschweig, Wiesbaden: Friedrich Vieweg & Sohn

KOEPF, WOLFRAM (1993): *Eine Vorstellung von MATHEMATICA und Bemerkungen zur Technik des Differenzierens.* In: DdM 21, S. 125-139

KRONFELLNER, MANFRED (1977): *Studien zur Linearisierung.* Dissertation Univ. Salzburg

KRONFELLNER, MANFRED (1995): *Analysisunterricht. Quo vadis?* In: Beiträge zum Mathematikunterricht 1995. S. 308-311. Hildesheim: Franzbecker

KUTZLER, B.; LICHTENBERGER, F.; WINKLER, F. (1990): *Softwaresysteme zur Formelmanipulation.* Böblingen: expert_Verlag

KUTZLER, BERNHARD (1994): *DERIVE - The future of teaching mathematics.* In: IDJ, Vol.1, No. 1, S. 37-48

LARSEN, RICHARD J.; MARX, MORRIS L . (1986): *An Introduction to Mathematical Statistics and Its Applications.* London: Prentice-Hall Int. Limited

LEHRPLAN-SERVICE (1989): *Lehrplan der allgemeinbildenden höheren Schulen.* Wien: ÖBV, J&V

LENNÉ, HELGE (1969): *Analyse der Mathematikdidaktik in Deutschland.* Stuttgart: Ernst Klett Verlag

LEWISCH, INGRID (1991): *Mathematik 4 - Verstehen - Üben - Anwenden.* Wien: R. Oldenbourg

LINHART, JOHANN (1996): *Diskrete Mathematik.* Salzburg: ABAKUS Verlag

LÖTHE, HERBERT (1987): *Benders Kritik und die Wirkung.* In: JMD 8, H 4, S. 315-319

LUNTER, KARL-HEINZ (1982): *Ein algebraischer Einstieg in die Analysis; 3.4 Ableitungsregeln.* In: DdM. Heft 4, S. 279-280

MARINGER, ROBERT (1990): *Lineare Optimierung als Funktion in einem Compiler.* Fachbereichsarbeit LSR Salzburg

MEISSNER, ANDREAS (1996): *Gedanken zum Erwerb der grundlegenden Begriffe der Analysis unter Verwendung von Computern und grafikfähiger TR.* MU, Heft 6, S. 42-59

MITTERMEIR, R. et al (1992): *Informatik in der Schule -Informatik für die Schule.* Klagenfurt: Verlag Böhlau

MÜNSTER, GERHARD (1997): *Schulgesetze - Leistungsbeurteilung.* Wien: ORAC

NASSI, I., SHNEIDERMAN, B. (1973): *Flowchart Techniques for Structured Programming.* In: SIGPLAN Notices, S. 12-26

NOCKER, ROBERT (1996): *Der Einfluß von Computeralgebrasystemen auf die Unterrichtsmethoden und die Schüleraktivitäten.* In: Beiträge zum Mathematikunterricht 1996. S. 325-328. Hildesheim: Franzbecker

NOLL, GREGOR; SCHMIDT, GÜNTER (1997): *Anschaulicher Mathematikunterricht mit dem Werkzeug Computer.* In: MU, Heft 2, S. 5-11

ÖSTERREICHER, FERDINAND (1996): *Herleitung der Gleichung der Regressionsgerade.* Arbeitsunterlage Stochastik, Univ. Salzburg

PAPERT, SEYMOUR (1982): *Mindstorms - Kinder, Computer und Neues Lernen.* Birkhäuser Verlag

PARISOT, KARL JOSEF (1983): *Beiträge zur Gestaltung aktivierenden Mathematikunterrichts.* Habilitationsschrift Univ. Salzburg

PARISOT, KARL JOSEF; VÁSÁRHELYI, ÉVA, eds (1997): *Integrativer Unterricht in Mathematik.* Salzburg: ABAKUS Verlag

PRÖPPER, WOLFGANG (1997a): *Einführung in das Arbeiten mit dem TI-92.* Texas Instruments. TI-Eigenverlag

PRÖPPER, WOLFGANG (1997b): *Gebrochen rationale Funktionen mit dem TI-92.* Texas Instruments. TI-Eigenverlag

REICHEL, HANS-CHRISTIAN (1995): *Fundamentale Ideen der Angewandten Mathematik.* In: Wissenschaftl. Nachrichten, S. 20-25

REICHEL, HANS-CHRISTIAN et al (1989): *Lehrbuch der Mathematik 5.* Wien: hpt

REICHEL, HANS-CHRISTIAN et al (1991): *Lehrbuch der Mathematik 7.* Wien: hpt

REICHEL, HANS-CHRISTIAN et al (1992): *Lehrbuch der Mathematik 6.* Wien: hpt

REICHEL, HANS-CHRISTIAN et al (1987): *Wahrscheinlichkeitsrechnung und Statistik, M für Schule und Praxis, Bd. 1.* Wien: hpt

REICHEL, HANS-CHRISTIAN; MÜLLER, ROBERT (1997): *Mathematik mit dem TI-92*. Wien: hpt

REITER, A; RIEDER, A. (1990): *Didaktik der Informatik*. Wien: Jugend & Volk

ROBERTS, N. et al (1983): *Introduction to Computer Simulation - A System Dynamics Modelling Approach*. New York Reading u. a.: Addison-Wesley Publishing Comp.

SCHEU, GÜNTER (1992): *Arbeitsbuch Computer - Algebra mit DERIVE*. Bonn: Ferd. Dümmlers Verlag

SCHMIDT, GÜNTER (1995): *Mathematik erleben*. Texas Instruments. TI-Eigenverlag

SCHMIDT, THOMAS UND GÜNTER (1996): *Numerische Verfahren mit dem TI-92*. Texas Instruments. TI-Eigenverlag

SCHNEIDER, EDITH (1997): *Veränderungen der Lern- und Unterrichtskultur im computerunterstützten Mathematikunterricht*. In: Integrativer Unterricht in Mathematik, S. 75-82. Salzburg: ABAKUS Verlag

SCHNEIDER, EDITH (1992): *Computer verändern sowohl das Lehren als auch das Lernen von Mathematik*. In: Informatik in der Schule, Univ. Klagenfurt 10, S. 72-83. Wien, Köln, Weimar: Böhlau

SCHÖNWALD, H. G. (1991): *Zur Evaluation von Derive*. In: DdM 19, S. 252-265

SCHREIBER, A. (1979): *Universelle Ideen im mathematischen Denken*. In: Math. did. H 2, S. 165-171

SCHUPPAR, BERTHOLD (1987): *Reicht es aus, Papert und die LOGO-Philosophie zu kritisieren?* In: JMD 8, H 3, S. 229-238

SCHWARTZE, HEINZ; SCHÜTZE,INGO; ROHDE, CHRISTINE (1997): *Konstruktive Raumgeometrie mit Computerhilfe*. Texte zur DdM. Spektrum Akad. Vlg.

SCHWEIGER, FRITZ (1982): *Fundamentale Ideen zur Analysis und handlungsorientierter Unterricht*. In: Beitrage zum Mathematikunterricht 1982. S. 103-111. Bad Salzdetfurth: Franzbecker

SCHWEIGER, FRITZ (1983): *Analytische Geometrie oder sind die Kegelschnitte noch zu retten? (Kap. 6)*. In: Mathematik im Unterricht, 7, S. 27-29

SCHWEIGER, FRITZ (1988): *Reihenentwicklung - ein Thema für die Schule?* In: Mathematik im Unterricht, 13, S. 11-22

SCHWEIGER, FRITZ (1992): *Fundamentale Ideen - Eine geistesgeschichtliche Studie*. In: JMD, 13, H 2/3, S. 199-214

SCHWEIGER, FRITZ (1993): *Chaotische dynamische Systeme*. In: Mathematik im Unterricht, 17, S. 17-45

SCHWEIGER, FRITZ (1994): *Didaktische Überlegungen zur Spezialfrage der mündlichen Reifeprüfung in Mathematik.* Lehrerfortbildung für Gymnasiallehrer Salzburg

SCHWEIGER, FRITZ (1995a): *Chaotische dynamische Systeme.* In: DdM, H 4, S. 290-309

SCHWEIGER, FRITZ (1995b): *Chaotische dynamische Systeme - ein Erfahrungsbericht.* In: Beiträge zum Mathematikunterricht 1995. S. 428-431. Hildesheim: Franzbecker

SCHWEIGER, FRITZ (1995c): *Funktionen in mehreren Variablen - Aschenputtel der Schulmathematik.* In: Didaktikhefte der ÖMG, H 24, S.21-34

SEDGEWICK, ROBERT (1992): *Algorithmen.* New York, u.a.: Addison Wesley Publ. Co.

STEINBERG, GÜNTER (1991): *Analysis im MU des Gymnasiums - Kommt Bewegung in festgefahrene Spuren?* In: Beiträge zum Mathematikunterricht 1991. S. 69-76. Bad Salzdetfurth: Franzbecker

STIEFEL, EDUARD (1961): *Einführung in die numerische Mathematik.* Zürich, Stuttgart: B. G. Teubner

SVECNIK, ERICH (1995): *Der Einsatz von DERIVE im Mathematikunterricht an AHS.* ZSE Report Nr. 12, Klagenfurt, Graz: Zentrum für Schulentwicklung

SZIRUCSEK, E. et al (1991): *Mathematik 7.* Wien: hpt

SZIRUCSEK, E. et al (1994): *Mathematik 5.* Wien: hpt

SZIRUCSEK, E. et al (1994): *Mathematik 6.* Wien: hpt

TEXAS INSTRUMENTS (1997): *TI-Nachrichten.* TI-Eigenverlag

TIETZE, U. P.; KLIKA, M.; WOLPERS, H. (1997): *Didaktik des Mathematikunterrichts in der Sekundarstufe II, Band 1. Fachdidaktische Grundfragen, Didaktik der Analysis.* Braunschweig, Wiesbaden: Vieweg

TIETZE, U. P.; KLIKA, M.; WOLPERS, H. (1982): *Didaktik des Mathematikunterrichts in der Sekundarstufe II.* Braunschweig, Wiesbaden: Vieweg

TREIBER, DIETMAR (1992): *Wie genau ist das Newton - Verfahren?* In: DdM, Heft 4, S. 286-297

VÁSÁRHELYI, ÉVA; FUCHS, KARL JOSEF (1998): *Geometrie und Algebra - zwei gleichwertige Partner.* In: Beiträge zum Mathematikunterricht 1998. S. 623-626. Hildesheim: Franzbecker

WAGENKNECHT, C. (1992): *Funktionale Implementation mathematischer Begriffe und Techniken.* In: Beiträge zum Mathematikunterricht 1992. S. 475-325. Hildesheim: Franzbecker

WARMUTH, THORSTEN (1995): *Untersuchungen zum Einsatz von CAS beim Bearbeiten realitätsorientierter Aufgaben im Analysisunterricht.* Dissertation Univ. GH Kassel

WATKINS, AJP. (1994): *An Approach to Automating Mathematics Teaching and Learning using DERIVE.* MPhil thesis, University of Plymouth

WEIGAND, HANS-GEORG (1988): *Zur Bedeutung der Darstellungform für das Entdecken von Funktionseigenschaften.* In: JMD Heft 4, S. 287-325

WEIGAND, HANS-GEORG (1990): *Iteration und Darstellungsformen.* In: Beiträge zum Mathematikunterricht 1990. S. 313-316. Bad Salzdetfurth: Franzbecker

WEIGAND, HANS-GEORG (1991): *Das Lösen von Abituraufgaben mit Hilfe von DERIVE.* In: MNU, 44/3, S.177-182

WEIGAND, HANS-GEORG (1992): *Die Bedeutung des Folgenbegriffs für das Verständnis des Grenzwertbegriffs.* In: Beiträge zum Mathematikunterricht 1992. S. 499-502. Franzbecker

WEIGAND, HANS-GEORG (1994): *Überlegungen zum Folgenbegriff in der Sekundarstufe I.* In: Beiträge zum Mathematikunterricht 1994. S. 434-437. Hildesheim: Franzbecker

WEIGAND, HANS-GEORG (1997a): *Computer - Chance und Herausforderung für den Geometrieunterricht.* In: Mathematiklehren, 82, S. 4-8

WEIGAND, HANS-GEORG (1997b): *"Mangelhaft" für den deutschen MU? - Eine Stellungsnahme zur TIMSS-Studie.* In: TI-Nachrichten 1997, H 2, S. 23

WEIGAND, HANS-GEORG (1997c): *Was können wir aus der Vergangenheit für den zukünftigen CUU lernen?* In: Mathematik in der Schule, 35/6, S. 322-333

WEIGAND, HANS-GEORG; WELLER, HUBERT (1996): *Some Reflections on Computer-Algebra-Systems in Classroom Activities.* In: Proceedings Derive/TI-92 Conference S. 518-524. Münster: ZKL-Texte No.2

WILDING, HANS; SIMONOVITS, REINHARD (1997): *Visualisierung funktionaler Zusammenhänge mit animierter Grafik in Mathematica.* In: Didaktikhefte der ÖMG, Heft 26; S. 184-198

WINKELMANN, BERNARD (1984): *Veränderungen von Zielsetzungen des Analysisunterrichts im Computerzeitalter.* In: Informatik als Herausforderung an Schule und Ausbildung, S. 217-221. Berlin

WITTMANN, ERICH (1981): *Grundfragen des Mathematikunterrichts.* Braunschweig, Wiesbaden: Vieweg

WOLFRAM, STEPHAN (1991): *Mathematica.* New York Reading u. a.: Addison-Wesley Publishing Comp.

WURNIG, OTTO (1996): *From the first use of the computer up to the integration of DERIVE in the teaching of mathematics.* In: IDJ VOL3, No.1, S. 11-24

WURNIG, OTTO (1997): *Mein Einsatz des Computers am BRG Graz.* In: Integrativer Unterricht in Mathematik, S. 51-61. Salzburg: ABAKUS Verlag

ZIEGENBALG, JOCHEN (1987): *Anmerkungen zur Kritik der LOGO-Philosophie.* In: JMD, 8, H 4, S. 305-313

ANHANG I: VOM PROGRAMMIERWERKZEUG ZUM SYMBOLISCHEN RECHNER

Vorgeschichte

Als ich nach Abschluss meines Lehramtsstudiums an der Universität Salzburg im Jahr 1982 mit dem Probejahr am Bundesgymnasium in Hallein, einer Stadt nahe bei Salzburg, begann, war von Computeranwendung im Mathematikunterricht noch wenig zu sehen. Doch bereits während des Lehramtsstudiums hatte ich bei Karl Josef Parisot eine Vorlesung über den Einsatz des Taschenrechners im Mathematikunterricht besucht und dabei die verschiedenen Einsatzmöglichkeiten, die die neu auf dem Markt angebotenen programmierbaren Taschenrechner für den Mathematikunterricht bringen würden, kennengelernt. Um der Faszination programmierbarer Taschenrechner weiter auf den Grund zu gehen, erwarb ich den programmierbaren elektronischen Taschenrechner TI-59. Weiters belegte ich ein Proseminar zur numerischen Mathematik und hatte dabei Gelegenheit die Programmierfähigkeit des Rechners anhand von Aufgaben aus der Numerischen Integration kennenzulernen. Sofort erwachte in mir der Wunsch, diese neuen Kenntnisse an die Schüler weiterzugeben. Glücklicherweise erhielt ich auch unmittelbar nach Abschluss des Probejahres eine Anstellung am Bundesgymnasium in Hallein. Der Kanon der Unterrichtsfächer sah damals den Freigegenstand Elektronische Datenverarbeitung mit zwei Wochenstunden in der Oberstufe des Gymnasiums vor. Bereits im zweiten Dienstjahr entschloss ich mich, diesen Unterrichtsgegenstand anzubieten. Erfreulicherweise fand der Gegenstand bei den Schülern sofort großen Anklang. Aus diesen ersten Unterrichtserfahrungen mit dem Programmierwerkzeug Computer erwachte das Interesse an methodisch-didaktischen Fragestellungen des Computereinsatzes im Unterricht von Informatik, Geometrisch Zeichnen und Mathematik. In einem Beitrag für eine Fortbildungstagung der Österreichischen Mathematischen Gesellschaft stellte ich 1996 meine Erfahrungen und Gedanken zu Computern im Mathematikunterricht [FUCHS 1996a] vom Programmierwerkzeug Computer bis hin zur intensiven Auseinandersetzung mit dem Symbolischen Rechner dar.

Das Programmierwerkzeug Computer

Etwa zeitgleich mit dem Beginn meiner Unterrichtstätigkeit am Bundesgymnasium in Hallein, nämlich zu Beginn der 80er Jahre, wurde Seymour Paperts Buch 'Mindstorms - Kinder, Computer und Neues Lernen' in der deutschen Übersetzung [PAPERT 1982] aufgelegt. Zahlreiche Mathematikdidaktiker fühlten sich durch Paperts Erfahrungsbericht darin bestärkt, dass der Einsatz des Computers im Mathematikunterricht für einen modernen und zeitgemäßen Unterricht unerlässlich sei. Bei sämtlichen Modellen, die den Einsatz des Computers im Mathematikunterricht vorsahen, wurde nahezu ausschließlich an das Programmierwerkzeug Computer gedacht. So war es nicht verwunderlich, dass sehr bald die Frage nach der geeigneten Programmiersprache die grundsätzliche Diskussion über die Einsatzmöglichkeiten des neuen Werkzeugs überlagerte. Außerdem blieb die gesamte Diskussion einem sehr 'elitären' Zirkel vorbehalten, da die Programmierung des Computers die Kenntnis der Syntax einzelner Programmiersprachen voraussetzte.

Die Folge war, dass der Computer nicht wirklich auf breiter Basis im Mathematikunterricht Einzug hielt. Der Einsatz blieb vor allem jenen an Informatik interessierten Lehrern vorbehalten, die auch als Pioniere den neu eingeführten Informatikunterricht zum größten Teil bestritten.

Sie entwickelten einerseits mit großem Enthusiasmus Übungs- und Visualisierungsprogramme für ihren Mathematikunterricht oder lehrten die Schüler das Erstellen einfacher Programme für den Unterricht (z. B. ein Programm zur Lösung einer quadratischen Gleichung nach Eingabe der Koeffizienten a, b und c).

Dieser 'elitäre Zug' der Computer im Unterricht - Bewegung war wohl auch ein Hauptbeweggrund von Peter Bender, 1987 seine 'Kritik der LOGO - Philosophie' [BENDER 1987] zu veröffentlichen. Zahlreiche heftige Reaktionen folgten diesem Beitrag. [ZIEGENBALG 1987, LÖTHE 1987, SCHUPPAR 1987] Leider wurde in diesen Diskussionsbeiträgen Benders so wesentlicher Hinweis auf den 'Primat der Mathematik' [BENDER 1987, S. 13] - so glaube ich - übersehen.

Dies veranlasste mich schließlich auch, 1988 in einem weiteren Diskussionsbeitrag auf Benders Artikel zur LOGO - Philosophie zu reagieren [FUCHS 1988c].

Auf dem Weg zur anwenderfreundlichen Software
Wohl stand bereits seit der Einführung des selbstständigen Unterrichtsfachs Informatik mit dem integrierten Softwarepaket OPEN ACCESS auch ein Kalkulationsprogramm zur Verfügung, das Programm wurde jedoch kaum für den Regelunterricht genützt. Im Schuljahr 1987/88 wurde ich vom Landesschulrat für Salzburg mit der Leitung eines Plus-Kurses für Mathematik mit dem Titel 'Dynamische Prozesse' für mathematisch interessierte Schüler betraut [FUCHS 1988b]. Auf der Suche nach geeigneter Software zur Simulation der Modelle und zum Studium der Auswirkungen der Variation einzelner Parameter griff ich zunächst auf den Tabellenkalkulationsmodul von OPEN ACCESS zurück. Im Laufe des Kurses wurde ich aber durch einzelne Veröffentlichungen über das mathematische Modellieren dynamischer Vorgänge [CRAEMER 1985, ROBERTS 1983] auf das Programm DYNAMO aufmerksam. Es handelt sich dabei um eine Software, die eine nahezu unmittelbare Übersetzung der mathematischen Gleichungen in den DYNAMO - Quellkode gestattet.
Betrachten wir zur Illustration etwa die Darstellung aus einer Schülerfachbereichsarbeit [MARINGER 1990], die den Einsatz von DYNAMO als Werkzeug zur Modellbildung im Mathematikunterricht diskutiert.
„... Es sei folgendes dynamisches Modell zu erstellen und zu simulieren: Ein Kapital von öS 10.000 wird 20 Jahre lang angelegt und jährlich zu 6,5% verzinst. Die Zinsen fließen dem Kapital zu. Man stelle die Ergebnisse grafisch dar..." [MARINGER 1990, S. 8]
Nach einer kurzen Diskussion der Stufen der Modellbildung, werden die Besonderheiten von DYNAMO vorgestellt.
„... Es (= DYNAMO) berechnet die aktuellen Werte der Variablen, gibt sie aus und führt dann einen diskreten Zeitsprung *dt* durch, das heißt, die innere Uhr, realisiert in der automatisch vom System verwendeten Variablen *time.k*, wird um *dt* vorgerückt. Dadurch werden die vergangenen Werte vergessen, die aktuellen werden zu vergangenen und es können neue aktuelle Werte berechnet werden..."
[MARINGER 1990, S. 9]

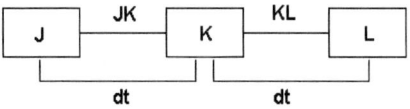

```
        JK          KL
┌───┐ ┌─────┐ ┌───┐
│ J │─│  K  │─│ L │
└───┘ └─────┘ └───┘
  └──┬──┘ └──┬──┘
     dt        dt
```

Auf Seite 12 der Schülerarbeit wird schließlich der DYNAMO - Quellkode für das Simulationsprogramm bestehend aus Konstantengleichungen (Kennung C), Initialisierungsgleichungen (Kennung N), Zustandsgleichungen (Kennung L) und Veränderungsgleichungen (Kennung R) präsentiert. Die Anweisung PRINT gibt die schrittweise errechneten Werte in einer Tabelle auf dem Bildschirm aus.

```
C dt = 1
C prtper = 1
C length = 20
C Zinsfuss = 6.5
N time = 1980
N Kapital = 10000
L Kapital.K = Kapital.J + Zinsen.JK
R Zinsen.KL = Kapital.K * Zinsfuss / 100
PRINT time/Kapitel(2)/Zinsen(2)/Zinsfuss(1)
```

Auf einem einwöchigen Jugendlager am Research Institute for Symbolic Computation in Hagenberg mit den Schülern des Plus-Kurses für Mathematik lernte ich 1989 auch das Computeralgebrasystem DERIVE kennen.

Unter dem Titel 'Informations- und kommunikationstechnische Grundbildung' wurde vom BMUK 1988 eine Offensive zu einem noch stärkeren Einsatz des Computers im Unterricht der Unterstufe gestartet. Als Trägerfächer wurden neben den Unterrichtsgegenständen Deutsch und Englisch auch die Fächer Mathematik und Geometrisches Zeichnen genannt.

Für den Mathematikunterricht war dabei vor allem der Einsatz des Tabellenkalkulationsprogramms SUPERCALC vorgesehen, für den Geometrisch - Zeichenunterricht wurden dem Gegenstand entsprechend Konstruktionsprogramme, wie CAD-2D, CAD-3D, SCHULCAD und PCDESIGN entwickelt. Gleichzeitig entstanden methodisch - didaktische Beiträge, die sich mit dem neuen Medium Computer auseinandersetzten.

So finden wir in einem Tagungband 'Informatik in der Schule - Informatik für die Schule [MITTERMEIR u. a. 1992] im Kapitel 'Informatik in nicht-informatorischen Fächern' einen Beitrag von Edith Schneider, die Parametervariationen an quadratischen Funktionen mit dem Computeralgebrasystem THEORIST vorstellt, sowie experimentelle und strukturelle Überlegungen zum Einsatz von Tabellenkalkulationsprogrammen in der Wahrscheinlichkeitsrechnung von Erich Neuwirth.

Besonders erfreulich war für mich die Wahl des Faches Geometrisch-Zeichnen als Trägerfach, hatte ich doch in meiner Dissertation, die 1988 approbiert wurde, Unterrichtsmodelle zum Einsatz des Computers im Geometrisch-Zeichenunterricht vorgestellt. 1989 habe ich auf einer Tagung der Gesellschaft für Informatik in München einige Gedanken aus der Arbeit unter dem Titel 'Integrieren statt Ersetzen' [FUCHS 1989] veröffentlicht. Dabei habe ich versucht aufzuzeigen, dass das Herstellen und Aufstellen von Konstruktionsbeschreibungen eine Basis für die Idee des Algorithmus darstellt, die genetisch vor dem Umgang mit dem Computer liegt. Durch die geforderte Einbindung informatorischer Inhalte in den Geometrisch - Zeichenunterricht sollte damit der Konstruktionsbeschreibung wieder ein höheres Augenmerk geschenkt werden. Die Geometrie würde somit eine Chance der Grundlegung algorithmischen Denkens, auf die Bender und Schreiber in ihrer 'Operativen Genese der Geometrie' besonders hinweisen, nützen [BENDER und SCHREIBER 1985].

Eine schöne Zusammenschau von Modellen für den Einsatz des Computers im Mathematik und Geometrisch - Zeichenunterricht findet sich auch im 1990 erschienen Sammelband 'Didaktik der Informatik' [REITER und RIEDER 1990].

Der symbolische Rechner im Mathematikunterricht

Als nun das BMUK zu Beginn der 90er Jahre eine Generallizenz von DERIVE für sämtliche höheren Schulen in Österreich erwarb, stand nun der Schule eine Software zur Verfügung, die in ihrer Bedienung sehr einfach war und erstmalig numerische, graphische und symbolische Fähigkeiten vereinte.

Da jedoch Vorschläge für konkrete Unterrichtsmodelle fehlten, blieb der Einsatz von DERIVE auf Einzelaktivitäten in einzelnen Bundesländern beschränkt.

Dies veranlasste Ministerialrat Eduard Szirucsek vom Bundesministerium für Unterricht und Kunst im Sommer 1991, ein Treffen der Arbeitsgemeinschaftsleiter für Mathematik in Linz einzuberufen, bei dem Klaus Aspetsberger und Bernhard Kutzler die vielseitigen Einsatzmöglichkeiten des Programms DERIVE vorstellten. Die Arbeitsgemeinschaftsleiter sollten anschließend als Multiplikatoren eine verstärkte Fortbildung in DERIVE in ihren Bundesländern anregen. In kurzen Abständen wurden weitere Folgetreffen vereinbart, bei denen die teilnehmenden Arbeitsgemeinschaftsleiter Unterrichtsmodelle vorstellten und über die Fortbildungsaktivitäten in ihren Bundesländern berichteten.

Helmut Heugl und Bernhard Kutzler war es schließlich zu verdanken, dass die internationale Konferenz über Methodik und Didaktik von DERIVE im Frühjahr 1992 in Krems stattfand. Bei dieser Konferenz, zu der auch engagierte Lehrer aus vier österreichischen Bundesländern eingeladen wurden, konnten österreichische Lehrer erstmalig ihre Erfahrungen im Umgang mit DERIVE einem internationalen Publikum vorstellen. Man muss sich jedoch dabei vor Augen halten, dass es sich weitestgehend um Erfahrungen aus Schulversuchen und speziellen Plus-Kursen handelte. Erst im Rahmen eines Unterrichtsprojekts, das 1993 vom BMUK in den drei Bundesländern Oberösterreich, Niederösterreich und Salzburg gestartet wurde, wurden die Auswirkungen des Einsatzes von Computeralgebra auf den Regelunterricht auf breiterer Basis untersucht. Zusätzlich wurden dabei einerseits Materialien zum Einsatz von DERIVE im Mathematikunterricht erstellt, andererseits wurden auch begleitende Methodenuntersuchungen von Robert Nocker sowie vom Zentrum für Schulversuche durchgeführt [NOCKER 1996; GROGGER und SVECNIK 1995].

Eine ausführliche Darstellung über die behandelten Inhalte, die verwendeten Methoden und die unterschiedlichen didaktischen Konzepte findet sich im Sonderheft des International DERIVE Journals mit dem Titel „The Austrian Project" [ASPETSBERGER und FUCHS eds. 1996c] bzw. im umfangreichen Beitrag „Computeralgebrasysteme im Mathematikunterricht der Allgemeinbildenden Höheren Schulen in Österreich" [HEUGL 1995].

In keiner Phase der Computeranwendung im Mathematikunterricht wurden Veränderungen am bestehenden Lehrplan für Mathematik aufgrund der neuen Möglichkeiten, die das Werkzeug Computer für den Mathematikunterricht anbot, durchgeführt.

Die Universitäten - wie ich das auch für unsere Abteilung behaupten kann - bereiten durch spezielle Vorlesungs- und Seminarangebote die angehenden Gymnasiallehrer bereits auf die neuen Erfordernisse im Mathematikunterricht, die sich durch den Einsatz von Algebrasystemen ergeben, vor [FUCHS 1996c].

ANHANG II: ORGANISATION UND LEHRPLAN DER OBERSTUFE DES GYMNASIUMS

Organisationsformen und Stundentafeln

Für das bessere Verständnis der Einbettung der Unterrichtsmodelle scheint es mir unerlässlich, jene Strukturen der Oberstufe des Gymnasiums / Sekundarstufe II darzustellen, vor deren Hintergrund die Unterrichtsbeispiele entstanden sind. So gliedert sich die Oberstufe des österreichischen Gymnasiums in die Normalformen Gymnasium, Realgymnasium, Wirtschaftskundliches Realgymnasium sowie Oberstufenrealgymnasium. Da das Bundesgymnasium Hallein sowohl als Gymnasium als auch als Realgymnasium geführt wird, hatte ich Gelegenheit die Einsatzmöglichkeiten an beiden Schulformen kennenzulernen.

Nun zu den Stundentafeln des Gymnasiums und Realgymnasiums [zit. nach Lehrplan-Service - Ausgabe 3: Lehrpläne der Oberstufe 1989]

- Die Oberstufe des Gymnasiums:

aa) Pflichtgegenstände	5. Kl.	6. Kl.	7. Kl.	8. Kl.
Religion	2	2	2	2
Deutsch	3	3	3	3
Erste lebende Fremdsprache	3	3	3	3
Latein	4	3	3	3
Griechisch/Zweite lebende Fremdsprache*	4	3	3	3
Geschichte und Sozialkunde	2	2	2	2
Geografie und Wirtschaftskunde	2	2	2	2
Mathematik	3	3	3	3
Biologie und Umweltkunde	2	2	-	2
Chemie	-	-	2	2
Physik	-	3	2	2
Psychologie und Philosophie	-	-	2	2
Informatik	2	-	-	-
Musikerziehung	2	1,5	2^1	2^1
Bildnerische Erziehung	2	1,5	2^1	2^1
Leibesübungen	3	3	2	2
Summe der Pflichtgegenstände	34	32	31	33
bb) Wahlpflichtgegenstände[2]			8	

[1] Alternativer Pflichtgegenstand
[2] Eine Übersicht über die Wahlpflichtgegenstände findet sich im Anschluß an die Tabellen der Pflichtgegenstände.
*Typenbildender Pflichtgegenstand

- Die Oberstufe des Realgymnasiums:

aa) Pflichtgegenstände	5. Kl.	6. Kl.	7. Kl.	8. Kl.
Religion	2	2	2	2
Deutsch	3	3	3	3
Erste lebende Fremdsprache	3	3	3	3
Zweite lebende Fremdsprache oder Latein	4	3	3	3
Geschichte und Sozialkunde	2	2	2	2
Geographie und Wirtschaftskunde	2	2	2	2
Mathematik	4	4	4	3
Biologie und Umweltkunde*	2	3	-/2	2
Chemie*	-	-	3	2/3
Physik*	2	3	2	2/3
Darstellende Geometrie*	-	-	2/-	2/-
Psychologie und Philosophie	-	-	2	2
Informatik	2	-	-	-
Musikerziehung	2	1,5	2^1	2^1
Bildnerische Erziehung	2	1,5	2^1	2^1
Leibesübungen	3	3	2	2
Summe der Pflichtgegenstände	33	31	32	32
bb) Wahlpflichtgegenstände[2]			10	

[1] Alternativer Pflichtgegenstand
[2] Eine Übersicht über die Wahlpflichtgegenstände findet sich im Anschluß an die Tabellen der Pflichtgegenstände.
* Typenbildender Pflichtgegenstand

Wahlpflichtgegenstände	6. Kl.	7. Kl.	8. Kl.
aa)			
Lebende Fremdsprache[1]	2	2	2
Darstellende Geometrie[2]	-	2	2
Informatik	2	2	2
Musikerziehung/Bildnerische Erziehung	-	2	2
bb) Zur Vertiefung und Erweiterung vom Schüler besuchter Pflichtgegenstände[3]			
Religion	(2)	(2)	2
Deutsch	(2)	(2)	2
Fremdsprachen[4]	(2)	(2)	2
Geschichte und Sozialkunde, Politische Bildung und Rechtskunde	(2)	(2)	2
Geographie und Wirtschaftskunde	(2)	(2)	2
Mathematik	(2)	(2)	2
Biologie und Umweltkunde	(2)	(2)	2
Chemie	-	(2)	2
Physik	(2)	(2)	2
Darstellende Geometrie	-	(2)	2
Psychologie, Pädagogik und Philosophie	-	(2)	2
Musikerziehung	(2)	(2)	2
Bildnerische Erziehung	(2)	(2)	2

[1] Eine vom Schüler nicht im Pflichtgegenstand besuchte lebende Fremdsprache.
[2] Soferne nicht Pflichtgegenstand des Schülers.
[3] Sofern 8 Wochenstunden aus Wahlpflichtgegenständen zu wählen sind (Gymnasium), ist die Wahl in der 6. Klasse nur möglich, wenn daneben kein dreistufiger Wahlpflichtgegenstand gemäß sublit. aa gewählt wird. Wahl für ein Jahr ist nur in der 8. Klasse möglich. In der 8. Klasse muß mindestens ein Wahlpflichtgegenstand gemäß sublit. bb gewählt werden.
[4] Latein, Griechisch, lebende Fremdsprachen, sofern vom Schüler als Pflichtgegenstand besucht.

Neben den Pflicht- und Wahlpflichtgegenständen gibt es eine große Zahl von Erweiterungs- und Vertiefungsmöglichkeiten im Rahmen von Freigegenständen und unverbindlichen Übungen. Eine besondere Einrichtung sind die bereits mehrfach erwähnten Plus-Kurse. Es handelt sich dabei um Freigegenstände für besonders interessierte und motivierte Schüler. Erfahrungsberichte über den Einsatz von Computern und im besonderen über den Einsatz von Computeralgebrasystemen in Plus-Kursen für Mathematik finden sich in [FUCHS, 1988b und SCHWEIGER 1995a, 1995b].

Lehrziele, Lehrstoff und didaktische Grundsätze   **MATHEMATIK**

Aus den Lehrzielen

Im Abschnitt „Mathematisches Wissen und Können" bei der Angabe der Bildungs- und Lehraufgaben finden wir die Formulierung „... Die Schüler sollen ... - mit der Verwendung geeigneter mathematischer Texte und Arbeitsmittel, insbesondere elektronischer Rechengeräte vertraut werden."

Weiters sehe ich eine gute Rechtfertigung für den Einsatz der numerischen, graphischen und symbolischen Fähigkeiten von Computeralgebrasystemen im Abschnitt „Allgemeine mathematische Fähigkeiten - Darstellen und Interpretieren" begründet. Hier heißt es „... Deuten von formalen Begriffen durch Belegen mit Vorstellungen und Inhalten; Wechseln von Darstellungsformen; Herauslesen von Eigenschaften und Beziehungen aus Darstellungen..."

Aus dem Lehrstoff

Bei der Darstellung der Lehrstoffe in den einzelnen Klassen werde ich nur jene Stoffangaben im Detail anführen, die für das Verständnis der Unterrichtsmodelle wesentlich sind. Verbleibende Lehrstoffe werden ich nur als Überschriften anführen.

5. Klasse: Gymnasium und Realgymnasium

Funktionen, Formeln, Gleichungen

„... Die in den vorangegangenen Schulstufen erworbenen Fähigkeiten im Darstellen und Untersuchen von funktionalen Zusammenhängen sollen gefestigt werden. Besondere Bedeutung kommt dabei auch dem Aufstellen, Interpretieren und Umformen von Formeln sowie dem Arbeiten mit graphischen Darstellungen zu.

In Verbindung mit einer Thematisierung des Funktionsbegriffs sollen die Schüler erkennen, daß der Begriff der reellen Funktion eine gemeinsame Sicht vieler Sachverhalte ermöglicht. Einige einfache Typen reeller Funktionen sollen untersucht werden. Dabei kann der Einsatz von Rechengeräten zweckmäßig sein..."

- Lineare Funktionen; Einige nichtlineare reelle Funktionen

$$f(x) = cx^2, f(x) = \frac{c}{x}, f(x) = \frac{c}{x^2}$$

Realgymnasium:

„Graphisches Darstellen der Funktionen der Form $f(x) = ax^2 + bx + c$"

„... Darstellen auf verschiedene Arten. Untersuchen von Funktionstypen, Skizzieren von Graphen, ... Zuordnen bekannter Funktionstypen zu vorgegebenen Graphen. Anwenden solcher Funktionen in außermathematischen Bereichen..."

- Untersuchen von Formeln im Hinblick auf funktionale Aspekte (Allenfalls: Verwenden des Begriffs der mehrstelligen reellen Funktion (Funktion mehrerer Variablen))

  „... Von welchem Typ ist der Zusammenhang zweier Größen (etwa: linear, quadratisch)? Wie läßt sich der Zusammenhang zweier Größen graphisch darstellen?..."

Logische Begriffe und Mengen

„... Ziel ist ein Reflektieren über logische Begriffe und logischen Beziehungen, die in verschiedenen mathematischen Zusammenhängen und auch in umgangssprachlichen Formulierungen auftreten..."

- Arbeiten mit logischen Begriffen

  „... Präzisieren des Gebrauchs folgender Begriffe: „und", „oder", „wenn...dann", „genau dann...wenn";...*Allenfalls: Beweisen von Gesetzen der Aussagenlogik mit Wahrheitstafeln...*"

Realgymnasium:
- Darstellen und Beschreiben von Schaltungen; Rechengesetze für Schaltterme

Lineare Algebra und lineare analytische Geometrie
- Addieren von Vektoren, Multiplizieren von Vektoren mit reellen Zahlen, Rechnen mit dem skalaren Produkt von Vektoren; Rechengesetze für Vektoren;
- Darstellen von Geraden der Ebene und des Raumes in Parameterform

  „... Bestimmen einer Parameterdarstellung zu einer gegebenen Geraden, Zeichnen einer in Parameterform gegebenen Geraden..."
- Darstellen von Geraden der Ebene durch lineare Gleichungen in zwei Variablen; Lineare Gleichungssysteme in zwei Variablen; Bearbeiten von geometrischen Problemen mit algebraischen Methoden; Anwenden von Gleichungssystemen mit zwei Variablen zum Bearbeiten von inner- und außermathematischen Problemen.

Realgymnasium:
- Optimierungsaufgaben

Rechengesetze, Gleichungen in einer Variablen, Ungleichungen
- Die Zahlbereiche N, Z, Q, R; Arbeiten mit Rechengesetzen;
- Quadratische Gleichungen in einer Variablen

  „... Anwenden bei inner- und außermathematischen Problemen... *Allenfalls: Formulieren bzw. Darstellen von Lösungsalgorithmen...*"
- Ungleichungen; Grundgesetze für das Rechnen mit rationalen und reellen Zahlen

Realgymnasium:

„... *Allenfalls: Bearbeiten von zahlentheoretischen Problemen ...*"

Darstellen und Analysieren von Daten und Beziehungsstrukturen

„...Ein kritischer Umgang mit Darstellungsformen und ihren Interpretationen ist anzustreben. Wegen ihres offenen Charakters eignen sich diese Inhalte besonders für projektorientierten Unterricht..."

Realgymnasium:

- Behandeln von Problemen vom algorithmischen Standpunkt
  „...Algorithmisches Aufbereiten von Problemen, die nach Möglichkeit in Verbindung mit Themen der 5. Klasse stehen sollen (etwa Lösen eines linearen Gleichungssystems...). Die Algorithmen sind so weit aufzubereiten, daß sie auf einem programmierbaren Rechner (programmierbaren Taschenrechner, Personalcomputer...) lauffähig sind.
  Gegebenenfalls können damit auch numerische Betrachtungen verbunden werden (etwa Auswirkungen des Rechnens mit Maschinenzahlen)..."

6. Klasse: Gymnasium und Realgymnasium
Potenzen mit ganzzahligen, rationalen und reellen Exponenten, Logarithmen
- Potenzen mit ganzzahligen Exponenten, Wurzeln und Potenzen mit rationalen Exponenten; Logarithmen
  „... Allenfalls: Wurzelgleichungen ..."

Realgymnasium:

- Darstellen von Zahlen in Positionssystemen

Grenzprozesse und reelle Zahlen
- Näherungsweises Berechnen
  „... Etwa von Wurzeln, Nullstellen von Polynomfunktionen, Flächeninhalten ..."
- Unbegrenzte Näherungen
  „... Gewinnen eines intuitiven Begriffes „unbegrenzte Näherung" aus Beispielen, insbesondere aus Verfahren, die sich aus näherungsweisen Berechnungen ergeben..."

Trigonometrie
- Definieren der Winkelfunktionswerte, einfaches Handhaben; Anwenden der Winkelfunktionen in rechtwinkeligen Dreiecken; Anwenden der Winkelfunktionen in beliebigen Dreiecken; Polarkoordinaten

Realgymnasium:

- Abschätzen der Genauigkeit von Berechnungen; Kennen von Additionstheoremen

Lineare Algebra und lineare analytische Geometrie
- Skalarprodukt und Winkel
- Ebenen und lineare Gleichungen in drei Variablen
  „... Untersuchen von Lagebeziehungen zwischen Ebenen, Berechnen von Schnittpunkten und Schnittgeraden. Insbesondere Lösen von Systemen von drei Gleichungen mit eindeutiger Lösung und von Systemen von zwei Gleichungen mit einparametriger Lösungsmenge..."
- Bearbeiten geometrischer Probleme im Raum mit algebraischen Methoden

Realgymnasium:
- Lösungsalgorithmen für lineare Gleichungssysteme
  „... *Allenfalls: Aufbereiten für programmierbare Rechner (programmierbare Taschenrechner, Personalcomputer) ...*"
- Matrizen, Rechnen mit Matrizen

Reelle Funktionen
„... Durch das Arbeiten mit neuen Typen reeller Funktionen sollen die Schüler den Funktionsbegriff besser erfassen, und es sollen weitere Anwendungsmöglichkeiten erschlossen werden. Dabei steht die Untersuchung einzelner Funktionen nicht allein im Vordergrund, wesentlich sind auch vergleichende Betrachtungen (Erkennen von Gemeinsamkeiten und Unterschieden). Außer den bereits bekannten Funktionen sind in erster Linie die Funktionen der Art $f(x) = c \cdot a^x, f(x) = c \cdot \sin x$ und $f(x) = c \cdot \cos x$ zu behandeln. Darüber hinaus kann auch ... mit weiteren Funktionen, etwa der Art $f(x) = c \cdot x^r$ (mit $r \in \mathbb{N}, \mathbb{Z}, \mathbb{Q}$),
$f(x) = c \cdot a^{kx}, f(x) = c \cdot \log x, f(x) = c \cdot \sin(ax + b)$
und $f(x) = \tan x$, gearbeitet werden. ...
Der Einsatz von Rechengeräten kann zweckmäßig sein ..."
- Arbeiten mit reellen Funktionen
  „... Graphisches Darstellen, ... Zu vorgegebenen graphischen Darstellungen passende Funktionsterme finden..."
- Anwenden reeller Funktionen in außermathematischen Situationen
  „... Etwa bei Vorgängen und Problemen aus den Naturwissenschaften, der Wirtschaft oder aus anderen Bereichen;..."

Bearbeiten von Themen aus den Bereichen Geldwesen und Wirtschaft

7. Klasse: Gymnasium und Realgymnasium
Nichtlineare analytische Geometrie
„... Das analytische Beschreiben von geometrischen Objekten durch nichtlineare Gleichungen ...,das analytische Untersuchen von geometrischen Beziehungen und das rechnerische Lösen von geometrischen Problemen sollen die Hauptaktivitäten der Schüler sein..."

- Kreis
- Kegelschnittslinien

„... Allenfalls: Kugel..."
Algebraische Gleichungen, komplexe Zahlen
- Algebraische Gleichungen
- Arbeiten mit komplexen Zahlen

Wahrscheinlichkeitsrechnung und Statistik

- Ermitteln und Deuten von Wahrscheinlichkeiten
- Wahrscheinlichkeitsverteilungen, Testen und Schätzen

Differentialrechnung

- Differenzenquotient, Differentialquotient, Differentiationsregeln
- Untersuchen von Funktionen, in erster Linie von Polynomfunktionen
- Begründung der Differentialrechnung

„... Diese Exaktifizierung der Differentialrechnung kann erfolgen, wenn die Schüler bereits längere Zeit mit dem Differentialquotienten auf der Basis eines intuitiven Grenzwertbegriffs gearbeitet haben..."

„... Begründen von Differentiationsregeln mit solchen Sätzen, etwa mit Sätzen für die Summe, die Differenz, das Produkt, den Quotienten oder für die Verkettung von Funktionen. Auseinandersetzen mit Beweisen solcher Sätze..."

„... Reflektieren über die Differentialrechnung, Erkennen fundamentaler Ideen. Erkennen verschiedener Exaktheitsstufen der Behandlung der Differentialrechnung..."

Realgymnasium:

„... *Approximation von Funktionen durch lineare Funktionen und durch Polynomfunktionen... Näherungsweises Berechnen von Funktionswerten, Untersuchen der Näherung...*"

Realgymnasium:

Untersuchung vernetzter Systeme
„... Beschreiben von Systemen mit Hilfe von Diagrammen ... Formelmäßiges Beschreiben und rechnerisches Auswerten (vor allem mit Hilfe von Computern) ... Reflektieren über Systeme und deren mathematische Behandlung

8. Klasse : Gymnasium und Realgymnasium
Integralrechnung
„... Der Umgang mit dem Integral soll nicht auf das Arbeiten mit Flächeninhalten beschränkt werden. Die Schüler sollen sich mit weiteren Deutungen und Anwendungen auseinandersetzen..."

- Stammfunktion, Berechnen von Flächeninhalten, Bestimmtes Integral
  „... Allenfalls: Berechnen von Näherungswerten von Integralen oder von Stammfunktionen (etwa mit Unter- oder Obersummen), auch unter Verwendung von Rechnern

Differentiation der Exponential- und der Logarithmusfunktion, Differentialgleichungen
Wahrscheinlichkeitsrechnung und Statistik
- Arbeiten mit Wahrscheinlichkeitsverteilungen
  „... Allenfalls: Analysieren von zweidimensionalen Datenmengen (Regression und Korrelation)

Zusammenfassende Wiederholung und Vertiefung
„... Bearbeiten von Problemen unter algorithmischen Aspekten, Behandlung von Fragen der numerischen Mathematik, wie sie besonders bei Anwendungsaufgaben und beim Einsatz von Rechnern auftreten..."

Aus den Didaktischen Grundsätzen

„... Einsatz von Rechengeräten und anderen Hilfsmitteln: Rechengeräte und andere Hilfsmittel sind in einer den Zielen und den übrigen didaktischen Grundsätzen (u. a. Entwicklung von Verständnis für mathematische Begriffe, Sicherung des Unterrichtsertrags, Aktivierung und Motivierung der Schüler) des Lehrplans angemessenen Form als Arbeitsmittel einzusetzen. Die Wahl der Arbeitsmittel obliegt dem Lehrer..."

Aus dem Wahlpflichtgegenstand und der Unverbindlichen Übung Mathematik

Der Wahlpflichtgegenstand Mathematik

Unter den Themenbereichen zur Auswahl finden wir unter „...1. Lern inhalte, die im Lehrplan für den Pflichtgegenstand angeführt und durch *allenfalls* gekennzeichnet sind ..." und weiters unter „... 3. Weitere Themen: ... Rechnerische Behandlung von geometrischen Abbildungen, ... Parameterdarstellung von Kurven...".

Die Unverbindliche Übung Mathematik

Die Unverbindliche Übung Mathematik kann in der 6. bis 8. Klasse mit je 2 Wochenstunden angeboten werden. Die Beschreibung der Lehrziele, Lehrstoffe und Didaktischen Grundsätze ist kurz gehalten.

Vorgesehen ist eine „... Intensive Beschäftigung mit speziellen Problemen und Methoden der Mathematik sowie deren Anwendung auf altersgemäßem Niveau, auch unter Verwendung von Computern und unter besonderer Berücksichtigung des Problemlösens und Beweisens. Die mathematischen Übungen sind keine Erweiterung der dem Pflichtgegenstand Mathematik zugemessenen Unterrichtsstunden. Hauptaufgabe dieser Übungen ist es, zur selbständigen Beschäftigung mit mathematischen Problemen zu führen..."

Lehrziele, Lehrstoff und didaktische Grundsätze   INFORMATIK

Aus den Lehrzielen

Unter dem Aspekt der Querverbindungen zu anderen Fächern finden wir unter den Bildungs- und Lehraufgaben des Informatikunterrichts die folgende Formulierung „... Der Schüler soll befähigt werden, auch über einen fächerübergreifenden Unterricht passende Problemlösungsstrategien zu entwickeln, sie in geeigneter Weise mit Mitteln der Informatik umzusetzen und in geeigneter Form zu beschreiben. Er soll lernen, für sein Handeln den Computer als Werkzeug einzusetzen..."

Aus dem Lehrstoff (5.- 8. Klasse Gymnasium und Realgymnasium)
Die einzelnen Themen der Lehrstoffe behandeln die Bereiche:
- Systematisches Problemlösen in einer höheren Programmiersprache
- Umfassende Kenntnisse von Anwendersoftware, besonders Textverarbeitung, Tabellenkalkulation und Datenbanksysteme (zusätzlich ist die Behandlung spezieller Softwareprodukte möglich),
- Bearbeitung ausgewählter Anwendungsgebiete (Industrie, Wirtschaft, Medizin, Freizeit), sowie die Durchführung eines Unterrichtsprojekts mit fächerübergreifender Problematik.

Aus den didaktischen Grundsätzen

Es soll pro Schuljahr mindestens eine *Projektarbeit* durchgeführt werden. Dabei sollen Schülerwünsche und Schülerinteressen für die Themenwahl mitbestimmend sein. Die *Projektarbeit* soll von den Schülergruppen in weitgehender Selbständigkeit behandelt, ihre Ergebnisse sollen in geeigneter Form präsentiert werden.

Auch Hans-Georg Weigand weist darauf hin, dass „...die Projektidee gerade durch den Informatikunterricht neue Aktualität erhalten hat, da Projektarbeit als eine fundamentale Idee des Informatikunterrichts angesehen und als ein gewichtiges Argument für ein eigenständiges Fach Informatik angeführt wird...". [WEIGAND 1997c]

Weiters heißt es im österreichischen Lehrplan: „...Die Problemstellungen sollen aus möglichst vielen Gebieten der Erfahrungsbereiche der Schüler stammen. In starkem Maße sind Querverbindungen mit anderen Unterrichtsgegenständen herzustellen...".

Lehrziele, Lehrstoff und didaktische Grundsätze **DARSTELLENDE GEOMETRIE**

Aus den Lehrzielen

Im Lehrplan für Darstellende Geometrie werden fächerübergreifende Ziele sogar explizit in den Bildungs- und Lehraufgaben genannt. So heißt es im Anschluß an die Liste der Fachspezifischen Lehrziele:

„... Die Schüler sollen befähigt werden zum

- Denken in räumlicher Anordnung (Raumvorstellung);

- Verwenden der Konstruktionszeichnung als ein in technischen Belangen der Sprache überlegenes Kommunikationsmittel;
- Erkennen von Querverbindungen zur Mathematik, zur Informatik, zu den Naturwissenschaften, zur Technik und zur Bildenden Kunst;
- Weiterentwickeln ihrer grafischen Fähigkeiten..."

Aus dem Lehrstoff (7.- 8. Klasse Gymnasium und Realgymnasium)

Auch bei der Angabe der Lehrstoffe findet sich die Formulierung „... Querverbindungen zu den Unterrichtsgegenständen Mathematik und Bildnerische Erziehung bieten sich bei fast allen Stoffgebieten an...". An Stoffgebieten werden genannt: Grundbegriffe und Lösen stereometrischer Aufgaben in zugeordneten Normalrissen, (Normal) Axonometrische Risse, Schnitte von Pyramiden-, Drehylinder- und Drehkegelflächen, Zentralprojektion.

Aus den didaktischen Grundsätzen

Der Einsatz neuer Technologien wird zwar empfohlen, aber nicht zwingend vorgeschrieben, auf die Schulung ästhetischen Empfindens wird besonderer Wert gelegt und aus der Mathematik vertraute Begriffe, wie Abbildung oder Tangentenbegriff, sind auch im Unterricht der Darstellenden Geometrie zu verwenden.

Einschränkungen für den Einsatz des symbolischen Rechners im Gymnasium ergaben sich für mich durch die reduzierte Zahl von Unterrichtsstunden. Andererseits wiederum ermöglichte mir das Realgymnasium mit stärkerer naturwissenschaftlicher Akzentuierung die Entwicklung von Unterrichtsmodellen zum Einsatz von Computeralgebra, die einen sehr stark fächerübergreifenden Aspekt beinhalten.

Als Beispiel möchte ich den Ausschnitt aus dem Aufsatz „Conic sections escape R2" [FUCHS 1995a] anführen, der eine fächerübergreifende Behandlung von Kegelschnitten in Mathematik, Informatik und Darstellender Geometrie nahelegt.

1 The Problem

The two objects of our investigations are:
(1) **cone** k with right angle at the top
$$k: x^2 + y^2 = z^2 \text{ and}$$
(2) an intersecting **plane** e containing a point $P(0,0,z_1)$, parallel to the x-axis with an angle θ of inclination.

$$e: \begin{cases} x = u \\ y = v \cdot \cos\theta \\ z = z_1 + v \cdot \sin\theta \end{cases},$$

$$a = [1,0,0] \perp b = [0, \cos\theta, \sin\theta]$$

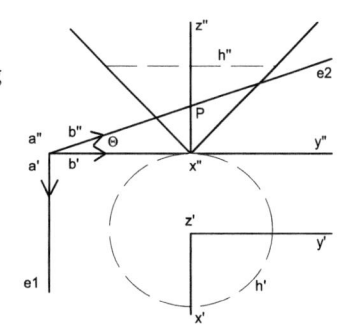

The figure shows the two objects in a horizontal (') and frontal (") normalprojection..."